全国船舶工业职业教育教学指导委员会推荐教材

U0868477

航　海　学

主　编　李　冰　陈　聪
副主编　陈为军　龚　婷　黄玥晖

哈尔滨工程大学出版社
Harbin Engineering University Press

内容简介

本教材根据交通运输部2021年编制的《海船船员培训大纲(2021版)》编写,在指导学员顺利通过适任考试的同时,使学员熟悉实际操作所必需的技能,培养学员分析和解决实际问题的能力,为今后工作的顺利开展打下必要的基础。

本教材采用能力本位、项目化教学方式,将知识结构重组,分为八个项目:航海基础知识、海图、航路资料、船舶定位、天文航海、航线与航法、航行计划与船舶交通管理、电子海图显示与信息系统。再将每个项目细分为若干任务,结合课程定位、学情分析、岗位分析、专业教学标准、人才培养目标、课程标准,制定并落实每个任务的知识目标、能力目标。

本书适合无限航区和沿海航区各个等级二/三副适任考试及培训学习使用,也可用作航运管理相关人员的工作参考书。

图书在版编目(CIP)数据

航海学/李冰主编.—哈尔滨 :哈尔滨工程大学出版社, 2023.10

ISBN 978-7-5661-4000-5

Ⅰ. ①航… Ⅱ. ①李… Ⅲ. ①航海学 Ⅳ. ①U675

中国国家版本馆CIP数据核字(2023)第193770号

航海学

HANGHAI XUE

选题策划 史大伟 雷 霞
责任编辑 张 彦 王雨石
封面设计 李海波

出版发行 哈尔滨工程大学出版社
社　　址 哈尔滨市南岗区南通大街145号
邮政编码 150001
发行电话 0451-82519328
传　　真 0451-82519699
经　　销 新华书店
印　　刷 哈尔滨午阳印刷有限公司
开　　本 787 mm×1 092 mm 1/16
印　　张 23.75
字　　数 612千字
版　　次 2023年10月第1版
印　　次 2023年10月第1次印刷
书　　号 ISBN 978-7-5661-4000-5
定　　价 70.00元
http://www.hrbeupress.com
E-mail:heupress@hrbeu.edu.cn

编 委 会

主　审　陈　聪
主　编　李　冰
副主编　陈为军　龚　婷　黄玥晖
参　编　(按姓氏笔画排序):
王　超　孔祥龙　闫　森
李　朋　何林甫　周志红
赵贵竹　袁富春　黄　耀

前　　言

为有效履行已修正的《1978 年海员培训、发证和值班标准国际公约》(STCW 公约)等国际公约,进一步规范海船船员培训,确保船员培训质量,根据《中华人民共和国船员条例》《中华人民共和国船员培训管理规则》,中华人民共和国交通运输部于 2021 年编制了《海船船员培训大纲(2021 版)》,自 2021 年 10 月 1 日起施行。

本教材内容根据《海船船员培训大纲(2021 版)》编写,采用能力本位、项目化教学方式,将知识结构重组,分为八个项目。本课程紧紧围绕坚定学员的理想信念,培养其正确的人生态度、工作态度、职业道德等进行思政教学设计。

为了指导学员更好地学习本教材内容,编者拍摄了教学视频,并提供了二维码链接。学员可以通过扫描二维码获取视频资源,以加深对知识点的理解。

本书适合无限航区和沿海航区各个等级二/三副适任考试及培训学习使用,也可用作航运管理相关人员的工作参考书。

本书在编写过程中得到了广大同行的大力支持和热情指导,在此编者表示衷心感谢。由于编者水平有限,书中难免有不足和疏漏之处,恳请业界专家、读者对本书予以批评指正,不胜感谢。

编　者

2023 年 6 月

目　　录

项目一

航海基础知识

任务一　地 理 坐 标

一、地球形状

地球形状

1. 人类认识地球形状的过程

人类认识地球经历了漫长的过程，地球形状一直困扰着世界各地的人，并多次引发科学家甚至社会各界的激烈讨论。

我国古人认为，地球的形状是"天圆地方"，大地应该是方形的，我们居于大地之中。古巴比伦人认为，地球是一个闭合箱子的底板，类似方形。古埃及人则认为，宇宙是一个方盒，底面略呈凹形，埃及即在中心。古代印度人更是天马行空，想象出地球是个半球，被乌龟和大象托起。古希腊数学家毕达哥拉斯认为，在所有平面的形状中，圆形是最完美的，而在所有的立体形状中，球形是最完美的，因此认定地球是球形的。然而，毕达哥拉斯却不屑于去寻找大地是球形的证据，他认为自己在数学中的发现已经足够证明这个观点了。缺乏证据，是毕达哥拉斯球形大地说的软肋。用思辨代替实证是人类早期的哲学家们最普遍的一种思维模式，实证思想的源头还是要到古希腊去寻找。

毕达哥拉斯死后 100 多年，一个叫亚里士多德（Aristotle，公元前 384—前 322 年）的哲学家突然站了出来，再次宣称大地是球形的。他的观点在知识分子圈中引起巨大反响，不仅因为他有着巨大的名气和声望，最重要的是，亚里士多德提出了几个重要的证据。亚里士多德结合月食时地球影子是圆形、驶出港口的船只在地平线尽端桅杆慢慢消失等证据猜测地球是圆形的，成为人类认识地球形状过程中的一个里程碑。

此后，人们发现，要认识大自然的真相，光靠脑子想是不够的，一定要通过细致的观测，寻找实证。1522 年，麦哲伦船队环球航行的事实最终证实地球是球形。

2. 大地球体

船舶在海上航行时，需要确定船舶的位置、航向和航程，这就要求人们在地球表面建立坐标系和确定方向的基准线，因此要对地球的形状有一定的了解。

地球的自然表面是不平坦的，是一个非常复杂且不规则的曲面。陆地上有高山、深谷和平地；海洋里有岛屿和海沟。因此，地球的自然表面不是数学曲面，不能直接在其上进行运算，也不能直接在其上建立坐标系。

航海上所研究的地球形状，是指由假想的大地水准面包围的闭合几何体——大地球体。所谓大地水准面，是指与各地铅垂线相垂直且与完全均衡状态的海平面相一致的水准面，详细地说，大地水准面是与平均海面相重合且延伸至大陆底部的一个连续的、无叠痕的、无棱角的闭合曲面。大地球体仍是一个不规则的球体，不是数学曲面，不能直接在其上进行运算，也不能直接在其上建立坐标系。一般在航海上，以大地球体的近似体代替大地球体建立坐标系来进行航海计算，以地球圆球体作为它的第一近似体，而以地球椭圆体作为它的第二近似体。

(1)第一近似体——地球圆球体

在解决一般航海问题时，为了计算上的简便，通常将大地球体当作地球圆球体，其半径$R=6\ 366\ 707$ m。

(2)第二近似体——地球椭圆体

在较为准确的航海计算中，需要将为大地球体当作地球椭圆体，如图 1-1-1 所示，地球椭圆体是由椭圆 P_NQP_SQ'绕其短轴 P_NP_S 旋转一周而形成的几何体。地球椭圆体的参数有：长半轴 a、短半轴 b、扁率 c 和偏心率 e，它们之间的相互关系是：

$$c=\frac{a-b}{a}$$

$$e=\frac{\sqrt{a^2-b^2}}{a}$$

$$e^2\approx 2c$$

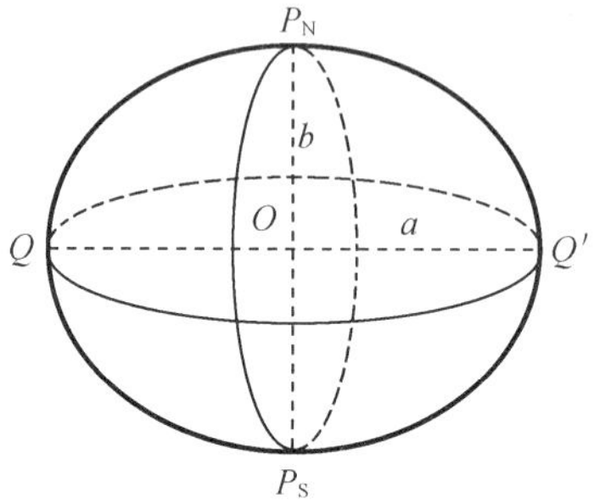

图 1-1-1　地球椭圆体示意图

在不同的历史时期，依据的测量结果不同，因而所推算出的地球椭圆体的参数也不相同，见表 1-1-1。各国或地区为了使选定的地球椭圆体与其所在地区的大地水准面更为接近，往往采用不同的大地坐标系。自 2008 年起，我国启用 2000 国家大地坐标系（CGCS 2000）。不同的坐标系中，对于处于同一位置的船舶或物标，其经、纬度可能有所不同，因此应注意不同坐标系之间的坐标转换。如在某英版海图标题栏内有如下文字：

SATELLITE-DERIVED POSITIONS

Positions obtained from satellite navigation systems are normally referred to WGS-84 Datum;

such positions should be moved 0.09 minutes NORTHWARD and 0.11 minutes WESTWARD to agree with this chart.

该段文字意思是，从卫星导航系统中得到的船位一般是在 WGS-84 坐标系下，该位置须北移 0′.09 和西移 0′.11 才能与本海图中位置相对应。

表 1-1-1　地球椭圆体参数

椭圆体名称	年份	长半轴 a	扁率 c	主要使用国家及说明
克拉克	1866	6378206.4	1:294.978	美国、加拿大、墨西哥
海福特	1910	6378388	1:297.0	美国、西欧国家
克拉索夫斯基	1940	6378245	1:298.3	中国、苏联、东欧国家
IUGG 推荐值	1975	6378140	1:298.257	16 届国际大地测量学与地球物理学联合会(IUGG)推荐
IUGG 推荐值	1983	6378136	1:298.257	16 届国际大地测量学与地球物理学联合会(IUGG)推荐
WGS-84	1984	6378137	1:298.257223563	美国 GPS 卫星导航系统
CGCS 2000	2000	6378137	1:298.257222101	中国

二、地球上的基本点、线、圈

地球上的基本点、线、圈

把地球看作第二近似体即椭圆体，如图 1-1-2 所示。

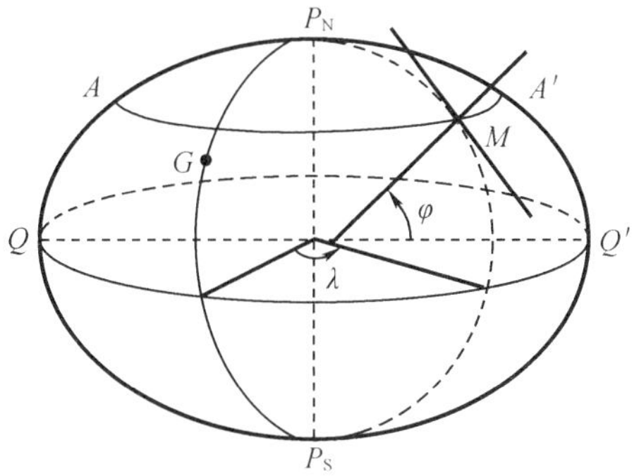

图 1-1-2　地理坐标

地轴(axis of the earth)——地球自转的轴($\overline{P_N P_S}$)，即通过地球中心连接北极和南极的一条假想的线。

地极(terrestrial poles)——地轴与地球表面相交的两点。从地极上空俯视，以地极为中心，地球呈反时针方向旋转的一极是北极 P_N，相反，顺时针方向旋转的一极是南极 P_S。

赤道(equator)——通过地心，垂直于地轴的平面与地球表面的截痕(QQ')。它将地球分为南、北两个半球，包含北极的半球称为北半球，包含南极的半球称为南半球。

经线(meridian line，longitude line)——又称子午线，通过地面某点并连接地球南北两极之间的半个大圆(P_NMP_s)。

格林经线(Greenwich meridian)——通过英国伦敦格林尼治天文台原址的经线(P_NGP_s),又称本初子午线或零度经线。

纬度平行圈简称纬圈(parallel of latitude)——平行于赤道的小圆(AA')。纬圈的一段圆弧称为纬线(latitude line)。

三、地理坐标

平面上某点的位置可以用直角坐标和极坐标确定,地面上某点的位置可以用地理坐标来确定,它建立在地球椭圆体表面上,包括地理经度和地理纬度。

1. 基准圈、辅助圈和坐标原点

在地理坐标中,以赤道和格林经线为基准圈,以赤道和格林经线的交点为坐标原点。辅助圈是纬线和经线。

2. 地理纬度(Geographic latitude) φ

地理纬度简称纬度——地球椭圆子午线上某点法线与赤道面的夹角,如图 1-1-2 所示,用 φ 或 Lat 表示。度量方法是从赤道起,向北或向南计量,范围是 0°~90°,从赤道向北计量的叫北纬,用"N"表示;向南计量的叫南纬,用"S"表示,如某点的地理纬度为:$\varphi=51°54'22''$N。

3. 地理经度(Geographic Longitude) λ

地理经度简称经度——格林经线与某点经线在赤道上所夹的短弧长,或该短弧所对的球心角(或极角),一般用 λ 或 Long 表示。度量方法是从格林经线起,在赤道上向东或向西量到通过该点的经线止,范围是 0°~180°,从格林经线向东计算的叫东经,用"E"表示;向西计算的叫西经,用"W"表示,如某地的地理经度为:$\lambda=65°28'12''$E。

4. 纬差与经差(difference of latitude and difference of longitude) D_φ 与 D_λ

当船舶由一点航行至另一点时,它的纬度和经度便发生了变化,其方向和大小的改变用纬差和经差来表示。

纬差 D_φ——地面上两点间纬度之差,范围是 0°~180°,当到达点在起航点之北,则纬差为北,用"N"表示;反之,当到达点在起航点之南,则纬差为南,用"S"表示。

经差 D_λ——地面上两点间经度之差,范围是 0°~180°,当到达点在起航点之东,则经差为东,用"E"表示;反之,当到达点在起航点之西,则经差为西,用"W"表示。设到达点地理坐标为(φ_2, λ_2),起航点地理坐标为(φ_1, λ_1),则经差和纬差的计算公式如下:

$$D_\varphi=\varphi_2-\varphi_1$$

$$D_\lambda=\lambda_2-\lambda_1$$

运用上述两式计算时应注意:

(1)北纬、东经取正值(+),南纬、西经取负值(-);

(2)纬差、经差也有符号,正值(+)为北纬差、东经差,负值(-)为南纬差、西经差;

(3)经差不大于 180°,如果大于 180°,应用 360°减去该值,并改变其原来的方向符号。

例 1-1-1 某船由 33°48′.0N、123°16′.0W 航行至 46°28′.0N,96°14′.0W,求两地的经差和纬差。

φ_2 46°28′.0N(+) λ_2 96°14′.0 W(-)

−) φ_1　33°48′.0N(+)　　　　−) λ_1　123°16′.0W (−)

D_φ　12°40′.0N　　　　D_λ　27°02′.0E

例 1-1-2　某船由 55°18′.0S、122°21′.0E 航行至 66°24′.0N、154°13′.0W,求两地的经差和纬差。

φ_2　66°24′.0N (+)　　　　λ_2　154°13′.0W (−)

−) φ_1　55°18′.0S(−)　　　　−) λ_1　122°21′.0E (+)

D_φ　121°42′.0N　　　　D_λ　276°34′.0 W　即 83°26′.0 E

任务二　航向和方位

一、方向的确定、划分和换算

方向的确定、划分和换算

1. 四个基本方向(N、E、S、W)的确定

船舶驾驶员引导船舶从起航点驶向到达点,首先必须明确到达点在起航点的什么方向上,然后沿着这个方向航行,才能到达目的地。所谓方向(direction)是指空间的指向。但航海上所指的方向是在测者地面真地平平面上的指向。如图 1-2-1 所示,测者站在 A 点,A'为测者的眼睛,$A\,A'$为测者眼高,通过测者眼睛 A'且与测者铅垂线 OA'垂直的平面 NESW 即为测者地面真地平平面;P_NAQP_SQ'为测者子午圈平面,过测者铅垂线 OA'且与测者子午圈平面相垂直的平面为测者东西圈(天文上又称卯酉圈)平面。测者子午圈平面与测者地面真地平平面的交线 NS 称为南北线,其中靠近北极 P_N 一端的方向为正北方向,用"N"表示;相反的方向为正南方向,用"S"表示。测者东西圈平面与测者地面真地平平面的交线 EW 称为东西线,当测者面向正北方向时,右手所指方向为正东方向,用"E"表示;左手所指方向为正西方向,用"W"表示。为记忆方便,请记住"面北背南,左西右东"。

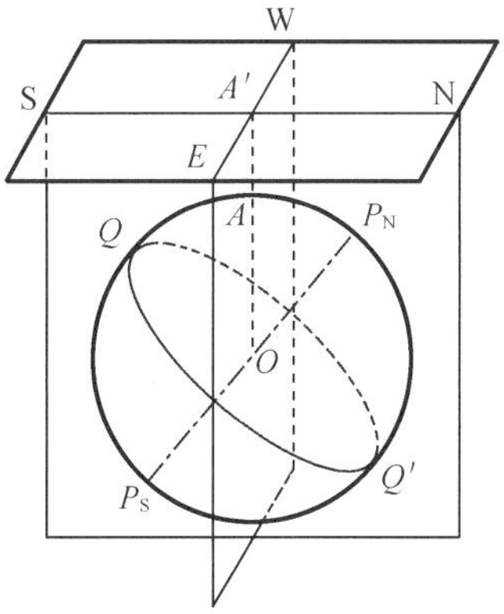

图 1-2-1　四个基本方向确定示意图

2. 方向的划分

在航海实际工作中，仅有四个基本方向是远远不够的，还需要在这四个基本方向的基础上，通过不同的方法做更详细的划分。航海上划分方向的方法有三种。

(1) 圆周法

圆周法是航海上表示方向的最常用的一种方法。它是从正北开始，按顺时针方向度量，由 000°～360°，其中正北方向为 000°，正东方向为 090°，正南方向为 180°，正西方向为 270°。为区别其他方向的表示方法，在书写圆周法方向时要用三位数字表示，如 030°、097°等。

(2) 半圆法

半圆法主要用于天文学中来表示天体的方向。如图 1-2-2 所示，它是将测者地面真地平平面分成 2 个 180°的半圆，然后从北或从南向东或向西各以 0°计量到 180°。半圆法除用度数表示大小外，还在度数后面用 2 个字母标明方向的起算点和计量方向，其中第一个字母表示该方向从北点(N)还是南点(S)起算；第二个字母表示方向起算后是向东(E)还是向西(W)计量，如 35°NE，表示 35°的方向是以(N)点起算，向 E 计量。

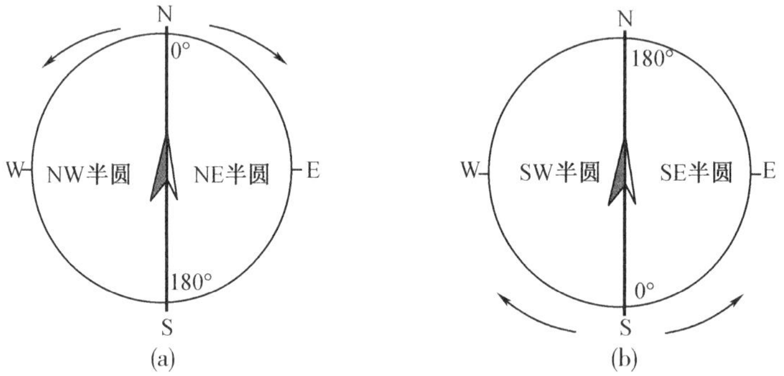

图 1-2-2　半圆示意图

(3) 罗经点法

大家肯定见过如图 1-2-3 所示的罗经面板，罗经面板上列出了 32 个方向(又称 32 个罗经点)，在粗略表示方向的时候，可以用这种方法。如在表示风向的时候，平时听天气预报，说明天预计吹北风，这里预报的“北风”是大概的，绝对不是每时每刻都是 000°，是一个大概的方向，因为大自然中的风向每时每刻都在变化着。这样把测者地面真地平平面分成 32 个方向的方法就是罗经点法。每个点(即每两个方向之间间隔)为 11°. 25。这 32 个点由 4 个基点(N、E、S、W)、4 个隅点(NE、SE、NW、SW)、8 个三字点(NNE、ENE、ESE、SSE、SSW、WSW、WNW、NNW)和 16 个偏点(N/E、NE/N、NE/E……)组成，其所有点均冠有方向名称。三字点的名称由基点名称之后加上隅点名称组成；偏点名称由基点名称或隅点名称之后加上偏向的方向组成。

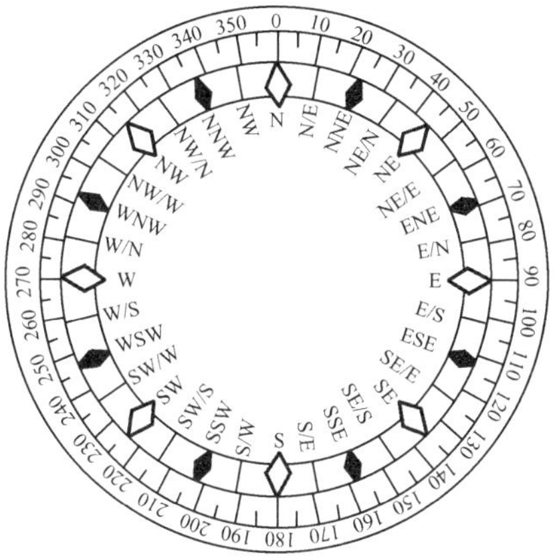

图 1-2-3　罗经点示意图

3. 方向的换算

(1)将半圆法换算为圆周法

通过半圆法和圆周法的划分方法便知它们之间的换算关系如下：

在 NE 半圆：　　　　　　圆周度数＝半圆

在 SE 半圆：　　　　　　圆周度数＝180°−半圆度数

在 SW 半圆：　　　　　　圆周度数＝180°+半圆度数

在 NW 半圆：　　　　　　圆周度数＝360°−半圆度数

例 1-2-1　已知半圆法方向 40°NE、70°SE、100°SW 和 120°NW，分别求出各自对应的圆周度数。

解　根据半圆法与圆周法的换算关系可得出下列结果：

半圆度数：40°NE	70°SE	100°SW	120°NW
圆周度数：040°	110°(180°−70°)	280°(180°+100°)	240°(360°−120°)

(2)将罗经点法换算为圆周法

根据一个点等于 11°.25，二者的换算可以通过下列两种方法来解决：

①记住基点与隅点共 8 个点的圆周法度数，然后根据所求罗经点在最靠近的基点或隅点的左、右第 1 或 2 个点，加或减 1 或 2 个点的度数，即 11°.25 或 22°.5，其结果就是圆周法的度数。

②用所求罗经点所位于的点数乘上 11°.25 即可求出圆周法的度数。

例 1-2-2　已知罗经点 SE/E，求圆周法方向。

解　用第一种方法：由于 SE/E 位于隅点 SE(135°)左第 1 个罗经点，故：

$$SE/E\ 的圆周法度数 = 135° - 11°.25 = 123°.75$$

用第二种方法：由于 SE/E 位于第 11 个罗经点，故：

$$SE/E\ 的圆周法度数 = 11 \times 11°.25 = 123°.75$$

航海上半圆法与圆周法的换算使用得比较普遍，罗经点法与圆周法的换算用得较少。

二、航向、方位和舷角

航向、方位和舷角

在航行中,驾驶员要时刻掌握船舶航行的方向,以及各种物标如灯塔或会遇船等的方向。它们的定义如下。

1. 航向(course)C

航向线(course line)CL:当船正浮时,通过船舶铅垂线的纵剖面是船的首尾面。船首尾面与地面真地平平面相交的直线称为船首尾线,其中船首尾线向船首方向的射线称为航向线。

船首向(heading)Hdg:船舶航行时,船首所指的方向。

航向即船舶航行的方向,是船舶航向线与某基准方向之间的夹角。由于基准方向的不同,航向又分为真航向(true course)TC、磁航向(magnetic course)MC、罗航向(compass course)CC 和陀罗航向(gyrocompass course)GC 四种,如图 1-2-4 所示。

(1)真航向是从真北起算顺时针由 0°~360°计量到船舶航向线的角度,用 *TC* 表示。

(2)磁航向是从磁北起算顺时针由 0°~360°计量到船舶航向线的角度,用 *MC* 表示。

(3)罗航向是从罗北起算顺时针由 0°~360°计量到船舶航向线的角度,用 *CC* 表示。

(4)陀罗航向是从陀罗北起算顺时针由 0°~360°计量到船舶航向线的角度,用 *GC* 表示。

航向一般用 3 位数来表示,如 102°、195°等。

2. 方位(bearing)B

方位线(bearing line)BL:在测者地面真地平平面上,测者与物标的连线称为物标方位线。

在测者地面真地平平面上,测者看物标所在方向,即物标方位线与基准方向之间的夹角称为方位。由于基准方向不同,方位又分为真方位(true bearing)TB、磁方位(magnetic bearing)MB、罗方位(compass bearing)CB 和陀罗方位(Gyrocompass bearing)GB,如图 1-2-5 所示。它们分别是物标方位线与真北、磁北、罗北和陀罗北之间的夹角,度量方法是从各自的北开始,顺时针旋转由 0°~360°计量到物标方位线的角度。

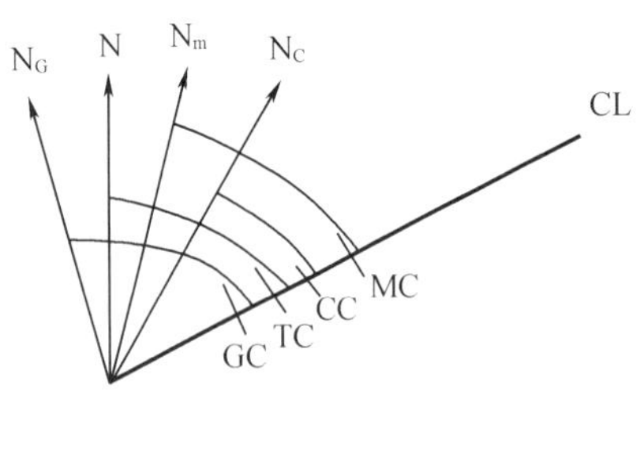

图 1-2-4　四种航向示意图

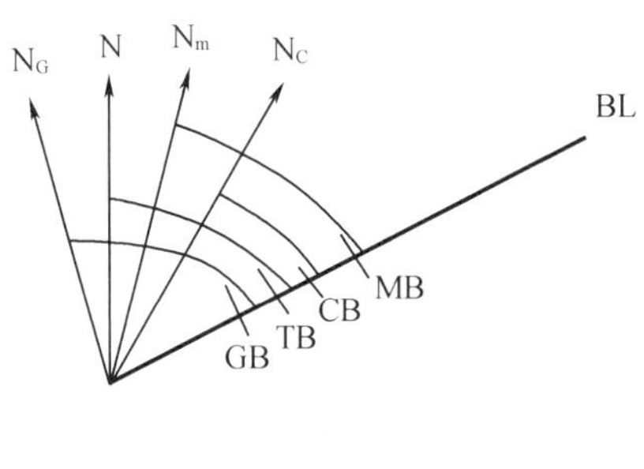

图 1-2-5　四种方位示意图

3. 舷角(relative bearing)*Q*

物标方位线与船首线之间的夹角称为舷角或相对方位,舷角的度量方法有两种:一种是从船首线开始,按顺时针方向由 0°~360°计量到物标方位线,也可称之为圆周法舷角,简称舷角；另一种是从船首线开始，向左或向右由 0°～180°计量到物标方位线，也可称之为半圆法舷角，向左计量的称左舷角，向右计量的称右舷角。圆周法舷角在书写时用 Q 表示，半圆法舷角中左舷角用“$Q_{左}$”或“Q_L”表示，右舷角用“$Q_{右}$”或“Q_S”表示。当舷角 Q 为 090°或右舷角 $Q_{右}$ 为 090°时称为物标的右正横；当舷角 Q 为 270°或左舷角 $Q_{左}$ 为 090°时称为物标的左正横。

4. 航向、方位与舷角的关系如图 1-2-6 所示：

$$TB = TC + Q\begin{cases} Q_{右} \text{ 为}(+) \\ Q_{左} \text{ 为}(-) \end{cases}$$

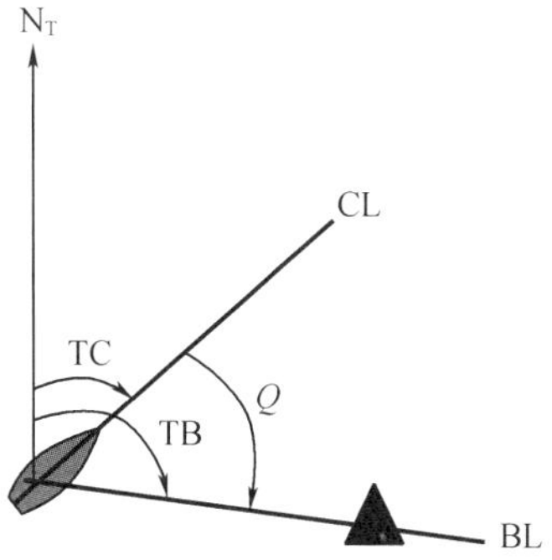

图 1-2-6　航向、方位及舷角之间的关系

任务三　向位的测定与换算

船舶在海上航行时有了指向仪器才不会迷失方向。船舶在海上航行的指向仪器是罗经。罗经分为陀螺罗经和磁罗经两种。

一、陀螺罗经及其误差

陀螺罗经及其误差

1. 陀螺罗经

陀螺罗经又称电罗经，原理是高速旋转的陀螺仪在受到适当的阻尼力作用之后，能迫使其旋转轴保持在其子午圈平面内。其不受地磁场和电磁场影响，具有较大指北力，能带动若干个分罗经，分别安装在驾驶室、驾驶台两翼、海图室、船长房间，为雷达、自动舵和航海记录仪等提供航向信息。

2. 陀螺罗经指向误差

陀螺罗经刻度盘 0°所指示的方向称为陀螺罗经北，简称陀罗北，用 N_G 表示。

陀螺罗经指向误差习惯上称为陀螺差，它是陀罗北 N_G 偏离真北 N_T 的角度，用 ΔG 表示。它的符号是以真北为基准来确定的，当陀罗北偏离真北以东时，陀罗差为东，用“E”或

“+”号表示；反之，陀罗北偏离真北以西时，陀罗差为西，用“W”或“-”号表示。陀罗差与航向无关，只有在地理纬度发生变化、航速改变时，陀罗差才会发生变化。但陀螺罗经在正常工作时，其值为一固定值(陀螺罗经会自动消除纬度与航速变化所引起的误差)，一般小于0°.5。

3. 陀螺航向(GC)、陀螺方位(GB)

如图1-3-1所示，真向位与陀螺向位之间的关系为：

$$TC = GC + \Delta G$$

$$TB = GB + \Delta G$$

二、磁罗经及其误差

1. 磁罗经(magnetic compass)

我国古代就发明了指南针，磁罗经就是在指南针的基础上发展起来的一种指向仪器，它是利用磁针在地磁场作用下能指向磁北的原理而制成的一种指示方向的仪器，不依赖任何外界条件就能工作。基于此，船舶上配备的标准罗经就是磁罗经。

2. 磁差

磁差

(1)磁差定义

如图1-3-2所示，地球本身是一个大磁场，它的两个磁极分别位于两个地极附近，其中靠近地理北极的称为地磁北极，用“NM”表示；靠近地理南极的称为地磁南极，用“SM”表示。地磁极不是固定不变的，而是有规律地绕地极按椭圆轨道运动。据推算，大约650年绕地极变化一周。如1980年，地磁北极在φ78°12′.0N、λ102°54′.0W，1984年地磁北极在φ77°17′.0N、λ102°18′.0W。由此可见，地磁两极与地理两极是不重合的，加之地球内部结构不均匀，地球上某一点的磁北线(指向磁北极的线)与真北线(指向地球北极的线)往往不能重合，它们之间的夹角称为磁偏角，航海上将某地的磁北线与真北线之间的夹角即磁偏角定义为磁差，书写时用V_{ar}表示，如图1-3-3所示。磁差的符号是以真北为基准线来确定的，当磁北线偏在真北线之西时，磁差为西，书写或计算时用“W”或“-”表示；当磁北线偏在真北线之东时，磁差为东，书写或计算时用“E”或“+”表示。磁差最小值为0，位于φ14°14′.0N附近；最大值为180°，位于同名磁极和地极之间的连线上。

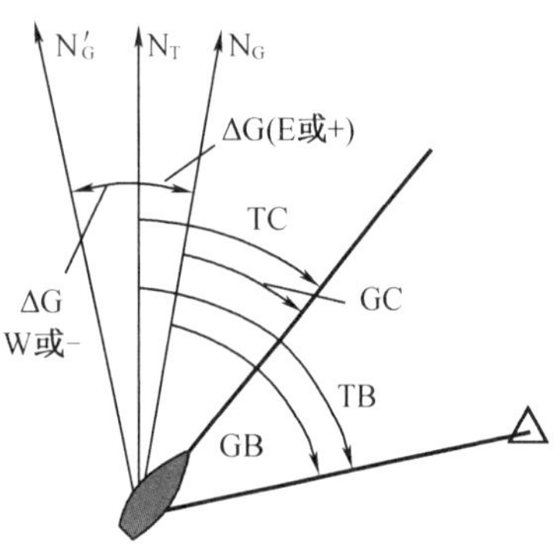

图1-3-1 陀螺向位

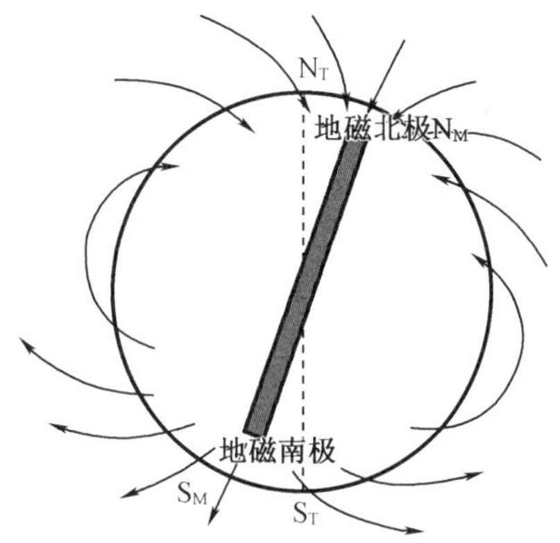

图1-3-2 地球磁场

(2)年差

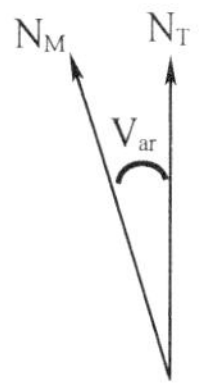

图 1-3-3　磁差定义示意图

地球上某点的磁差不是固定不变的,其每年的改变量称为该点的年差。年差的大小通常在0°～±0. 2°。年差的符号在海图上表示有两种方法,一种是用“+”或“-”表示,其中“+”或“-”是指磁差绝对值的增加或减少;另一种是用东(E)或西(W)来表示,其中东(E)或西(W)是指年差是向东(E)或向西(W)变化。例如磁差偏西 4°11′. 3W (2022),年差约+2′. 0,是说明该地 2022 年磁差偏西 4°11′. 3,以后每年向西增大 2′. 0。又如磁差 2°59′. 0W(2023)(1′. 5E),说明 2023 年该地磁差偏西 2°59′. 0,磁差每年向东变化 1′. 5。

(3)磁差的计算

根据磁差和年差的定义,不难得出以下公式:

所求年磁差=测定年磁差±年差(所求年-测定年)

其中±的判断要看年差的符号。年差的符号与磁差符号没有直接联系,因此在计算磁差时,不能直接加减。另外,有些地区磁差较小,在改正年差后磁差符号可能改变,如磁差偏西 0°15′. 0W (2002),年差约-2′. 0,则 2022 年该地磁差是 0°5′. 0E。

例 1-3-1　某地磁差资料为:磁差偏西 0°30′(2009),年差-2′. 0,则该地 2019 年的磁差为________。

A. 0°10′E　　B. 0°10′W　　C. 0°50′W　　D. 0°50′E

解　Var_{99}=0°30′W-2′. 0(2019-2009)= 0°10′W,所以答案为:B

例 1-3-2　某地磁差资料为:*Var.* 0°40′E(2009),increase about 2′. 5annually,则该地 2019 年的磁差为________。

A. 0°15′E　　B. 1°05′E　　C. 0°15′W　　D. 1°05′W

解　Var_{99}=0°40′E+2′. 5(2019-2009)= 1°05′E,所以答案为:B

(4)影响磁差变化的因素

磁差的大小和符号并不是固定不变的,它将随下列因素的影响而变化。

①与地区有关

地磁磁轴并不与地轴重合,而且地磁磁轴也不通过地球球心,加上地磁磁场的不规则性,使得地面上磁力线的分布与走向相当复杂。因此,各地磁差的大小和方向,随各地相对于地理北极和地磁北极的方向的不同而各不相同。低纬地区磁差一般较小,最小可为 0°;高纬地区,尤其是靠近地磁磁极的地区,磁差最大可达 180°。因此,船舶在磁极地区航行时是无法用磁罗经导航的。

②与时间有关

地磁极是不断围绕地极移动的,地磁极移动引起地球表面同一地点的磁差大小和符号在不断变化。

③与磁暴有关

地磁要素的偶然波动称为磁暴。据研究,磁暴与太阳黑子的爆发有关,磁暴发生时间短暂,但磁差变化都很大,最大可达几十度。

④地球上存在异常磁区

地球上局部地表下埋藏大量磁性矿物，使得局部地区的磁差大小和符号与周围地区有着显著的差别，这些地区被称为异常磁区。如台湾地区的花瓶屿和山东省威海市附近的鸡鸣岛等地区都有异常磁区，异常磁区在海图上通常标明为“异常磁区”或“地磁异常”。当船舶航行在此类海区时，应尽可能避免使用磁罗经。

(5)磁差资料的查取

①在远洋航行图和总图上，由于不便印罗经花，因此在这些图上印有等磁差曲线，但磁差的测定年份是印在海图标题栏内的，因此，磁差资料在等磁差曲线和海图标题栏内查取。每条等磁差曲线上都注有磁差的数值、符号和年差的数值、符号。

当船位介于两个罗经花之间时，应根据船位与两个罗经花的不同距离，按比例进行内插求磁差。

②在一般航用海图上，通常印有 2~4 个罗经花，磁差资料在罗经花中心附近查取。其资料包括磁差的大小、符号和测量年份、年差的数据和符号。

③在港湾图上，区域较小，磁差资料标示在海图标题栏内，所以磁差资料在海图标题栏内查取。

自差

3. 自差(deviation)

(1)自差产生的原因

船舶是钢铁制造的，钢铁受到地磁场磁化后也形成了磁场，加上船上一些电气设备本身要产生电磁场，所有这些由船舶本身产生的磁场统称为船磁。磁罗经在船磁和地磁的共同影响下，磁罗经指北端指示的北称为罗北 N_C。正是船磁的影响使磁罗经指向发生了偏差，罗北 N_C 与磁北 N_m 不重合，它们之间的夹角称为自差，用 *Dev* 表示。自差的符号是以磁北为基准来确定的，如图 1-3-4 所示，当罗北偏在磁北之东时，自差为东，书写时用“E”、计算时用“+”来表示；当罗北偏在磁北之西时，自差为西，书写时用“W”、计算时用“-”来表示。自差的最小值为 0°，最大值为 180°。

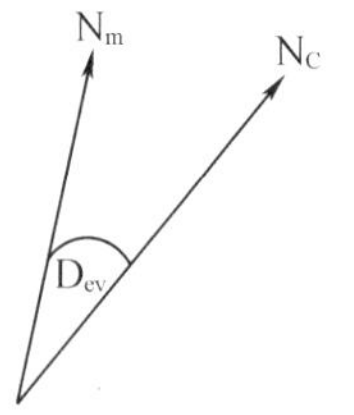

图 1-3-4　自差示意图

(2)影响自差变化的因素

自差的大小与符号并不是固定不变的，它将随下列因素的影响而变化。

①船磁

自差产生的原因是由于船磁的影响，所以船磁不同，自差不同。因此船舶大小、船舶材质、所装货物都会对自差产生影响。同一艘船，当船上装有钢铁和磁性物质以及磁罗经附近铁器和电器位置发生变动都会引起自差的改变。

②航向

当船舶航向(即船首所指的方向)改变后，船磁与地磁间的合力方向发生变化，使得自差随之改变。

③纬度

当船舶所在纬度发生变化时，地磁的大小发生改变，因而船磁发生改变，自差也随之而变。

(3)自差的查取

当船舶磁罗经自差较大时,会给罗经的使用带来不便,甚至会造成船员错觉而发生海上事故,如船舶真航向 030°,自差 100°E,磁差 3°E,则船舶用磁罗经指向须走 287°,也就是说磁罗经指在 287°代表船舶真航向 030°,非常不方便。因此,当船舶发现自差较大或某些特殊情况下都需要对磁罗经进行校正,并加以消除。但不可能将所有方向上的自差都消除掉,一般还会有 0°~±3°的自差,称之为剩余自差。在实际航海中的自差,通常是指剩余自差。那么,剩余自差在实际航海中怎样查取呢?剩余自差是经罗经校正后测定出来并编制成剩余自差表或剩余自差曲线来表示的。

①剩余自差表

剩余自差见表 1-3-1,它是以罗航向为查表引数编制的一张表,使用时非常方便。当已知罗航向求剩余自差时,直接查表即可,必要时进行内插。

表 1-3-1　剩余自差表

CC	*Dev*	CC	*Dev*	CC	*Dev*	CC	*Dev*
000°	-2°.5	090°	-1°.5	180°	2°.5	270°	2°.3
010°	-2°.7	100°	-1°.0	190°	3°.0	280°	1°.8
020°	-3°.0	110°	-0°.5	200°	3°.3	290°	1°.5
030°	-3°.2	120°	0°.0	210°	3°.6	300°	1°.0
040°	-3°.2	130°	0°.5	220°	3°.7	310°	0°.5
050°	-3°.0	140°	1°.0	230°	3°.5	320°	0°.0
060°	-2°.7	150°	1°.3	240°	3°.2	330°	-0°.5
070°	-2°.5	160°	1°.7	250°	3°.0	340°	-1°.0
080°	-2°.2	170°	2°.1	260°	2°.6	350°	-1°.5

例 1-3-3　已知罗航向 150°,查表求剩余自差。

解　查表 1-3-1 可得剩余自差 1°.3。

②剩余自差曲线图

剩余自差曲线图如图 1-3-5 所示,它是以罗航向为横坐标、剩余自差为纵坐标的一张曲线图。使用方法同剩余自差表。

需要注意的是,不管是使用剩余自差表还是剩余自差曲线图,查表引数均是罗航向,如果无法求得罗航向,可用磁航向代替罗航向查剩余自差表或剩余自差曲线图,不能用真航向代替罗航向查剩余自差表或剩余自差曲线图。

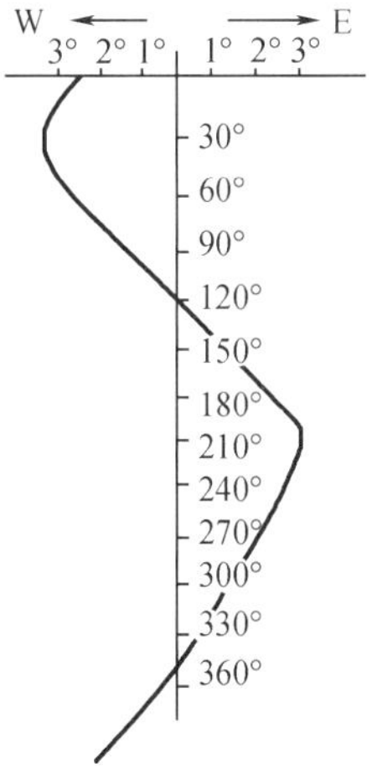

图 1-3-5　剩余自差曲线图

4. 罗经差(compass error)ΔC

(1)罗经差的概念

磁差和自差之和即罗经差,也就是说磁罗经指示的北 Nc 偏离真北 N 的角度,用 ΔC 表示,其符号是以真北为基准来确定的。当罗北偏离真北以东时,罗经差符号为东,用"E"或"+"表示;反之,当罗北偏离真北以西时,其罗经差符号为西,用“W”或“-”表示。

(2)罗经差的计算

由于罗经差为磁差与自差的代数和,即 $\Delta C = Var + Der$,因此计算时罗经差精确到 0°.1 即可。

例 1-3-4 已知某轮磁差 1°W,自差 2°E,求罗经差 ΔC。

解 将有关数据代入公式 $\Delta C = Var + Dev$ 则有:

	Var	1°W
+)	*Dev*	2°E
	Var	1°E

三、向位换算

所谓向位换算即各种航向与向位之间的换算。在航海实践中,不但时常要进行航向之间、方位之间的换算,还要进行航向、方位和舷角之间的换算。

1. 各种航向之间的换算

$$\mathrm{TC} = \mathrm{CC} + \Delta C$$

$$\mathrm{TC} = \mathrm{MC} + Var$$

$$\mathrm{MC} = \mathrm{CC} + Dev$$

$$\mathrm{TC} = \mathrm{GC} + \Delta G$$

2. 各种方位之间的换算

$$\mathrm{TB} = \mathrm{CB} + \Delta C$$

$$\mathrm{TB} = \mathrm{MB} + Var$$

$$\mathrm{MB} = \mathrm{CB} + Dev$$

$$TB = GB + \Delta G$$

3. 磁差、自差、罗经差之间的换算

$$\Delta C = Dev + Var$$

4. 航向与方位之间的换算

$$\mathrm{TB} = \mathrm{TC} + Q$$

$$\mathrm{CB} = \mathrm{CC} + Q$$

$$\mathrm{MB} = \mathrm{MC} + Q$$

$$\mathrm{GB} = \mathrm{GC} + Q$$

例 1-3-5 已知 *CC*050°,Δ*C*3°W,求 TC。

解 由航向换算公式可知,$TC = CC + \Delta C$

代入后则可得:

	CC	050°
+)	Δ*C*	-3°
	TC	047°

例 1-3-6 2020 年 8 月 20 日,某船航行于某海区,已知 TC220°,当地磁差 *Var*5°W (2010)(3′.0W),用自差表求该船的罗航向 CC。

解 在航海实践中，通常是由已知 TC 求 CC，因此在查取自差时，可用磁航向代替罗航向查表求自差，再通过计算求罗航向。由于在正常时磁航向与罗航向之间相差不会大于 3°，经内插求自差后，差值很小，因此用磁航向代替罗航向查表所求的自差值是能够满足航海上需要的。

$$\begin{array}{rl} & Var_{85} \quad 5°.0W \\ 1) & \underline{+)\,(2020-2010) \times 3'.0 = 30'.0} \\ & Var_{2020} \quad 5°30'.0W \end{array}$$

$$\begin{array}{rl} & TC \quad 220° \\ 2) & \underline{-)\,Var_{2020} \quad 5°.5W} \\ & MC \quad 225°.5 \end{array}$$

3)用 225°.5 查自差表 1-1-2 可得：

Dev 3°.6E

$$\begin{array}{l} Var_{95} \quad 5°.5W \\ \underline{+)\,Dev \quad 3°.6E} \\ \Delta C \quad 1°.9W \end{array}$$

$$\begin{array}{l} TC \quad 220°.0 \\ \underline{-)\,\Delta C \quad 1°.9W} \\ CC \quad 221°.9 \end{array}$$

例 1-3-7 已知某物标 CB 055°，ΔC-5°，求 TB。

解 将有关数代入公式可得：

$$\begin{array}{l} CB \quad 055° \\ \underline{+)\,\Delta C \quad -5°} \\ TB \quad 050° \end{array}$$

例 1-3-8 已知某物标 TB030°，该海区磁差 Var7°18′.0W，某船自差，Dev2°.3E，求该物标 CB。

解

$$\begin{array}{rl} & Var \quad 7°18'.0W \\ 1) & \underline{+)\,Dev \quad 2°.3 \quad E} \\ & \Delta C \quad 5°.0 \quad W \end{array}$$

$$\begin{array}{rl} & TB \quad 030° \\ 2) & \underline{-)\,\Delta C \quad 5°W} \\ & CB \quad 035° \end{array}$$

例 1-3-9 已知某物标左舷角 Q_L 65°，求圆周法舷角 Q。

解 将有关数据代入公式可得：

$$\begin{array}{l} 360° \\ \underline{-)\,Q_L \; 65°} \\ Q \; 295 \end{array}$$

例 1-3-10 某船真航向 TC220°，测得某物标右舷角为 Qs35°，求该物标的真方位。

解 将上述有关数据代入公式中，则

$$\begin{array}{l} TC \quad 220° \\ \underline{+)\,Qs \quad 35°} \\ TB \quad 255° \end{array}$$

任务四　求天体位置

一、海上长度单位

海上长度单位

1. 海里(nautical mile)n mile

航海上最常用的长度单位是海里。地球椭圆子午线上纬度 1′所对应的弧长称为 1 n mile,其计算公式为

$$1\ \text{n mile} = 1\,852.25 - 9.31\cos 2\varphi\ (\text{m}) \qquad (1\text{-}4\text{-}1)$$

由公式 1-4-1 可知,1 n mile 的长度不是固定的,而是随纬度的不同略有差异。在赤道上长度最短,其值为 1 842.94 m,在两极长度最长,其值为 1861.56 m,在纬度 45°处,其值为 1 852.25 m。由于各国所采用的地球椭圆体参数不同,因此各国的 1 n mile 长度略有差异。但是,为航海使用方便起见,需要选用一个固定值作为统一使用的标准。目前,我国和世界大多数国家均采用国际水文地理学会、国际海上人命安全会议承认的标准,即 1 n mile 等于 1 852 m,它正好是 φ44°14′.0 处 1 n mile 的长度。

采用 1 n mile 等于 1 852 m 后,对航海影响不大,其误差可忽略不计。如某船沿赤道东西走向航行,若每小时按标准海里航行 10 n mile,则一天后的航行距离为 10×24≈240 n mile,而赤道上 1 n mile 的实际长度为 1 842.94 m,因此在赤道上航行的实际距离应该是 $\dfrac{1\,852\times 240}{1\,842.94}\approx$ 241 n mile。由此引起的误差为航行距离的 5%,若在中纬度航行误差会更小。

2. 海上其他长度单位

在航海工作中还能用到以下长度单位。

(1)米(meter)m:国际通用长度单位,航海上常用它作为计量高程和水深的单位。

(2)链(cable)cab:计量 1 n mile 以下短距离的一种长度单位,等于十分之一 n mile,约 182 m。

(3)英尺(foot)ft:1 ft=0.304 8 m。

(4)码(yard)yd:1 码=3 ft=0.914 4 m。

(5)拓(fathom)fm:1 拓=6 ft=1.828 8 m。

二、能见距离

能见距离

1. 测者能见地平距离(visibility range)*De*

船舶海上航行时,测者与所见最远水天线之间的距离称为测者能见地平距离,如图 1-4-1 所示,眼高为 *e* 的测者 *A*,向远方望去,在几何学理论中所能见到的最远距离是从 *A* 点作地球表面的切线 *AB*,在地球表面,则测者 *A* 能看到的最远距离是以 *A* 点为圆心、*AB* 为半径所形成的圆 *BB*′,*AB* 这段距离称为测者几何视距,用 *DT* 表示,圆 *BB*′称为几何地

平。但是，由于地面大气折射等原因，测者 A 实际所见的最远距离为 AC，大于 AB，以 A 点为圆心、AC 为半径所形成的圆 CC' 称为测者视地平，也就是船舶在海上航行所见到的水天线。AC 这段距离称为测者视距，又称测者能见地平距离，用 De 表示。

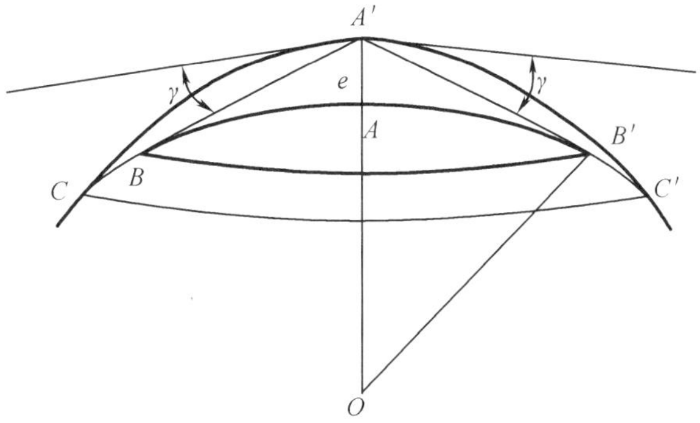

图 1-4-1　测者能见地平距离示意图

经过研究，如将地球当作圆球体并在正常大气状态下，测者能见地平距离的大小可由下列公式得出：

$$De\ (\text{n mile}) = 2.09\sqrt{e(\text{m})} \quad (e\ \text{为测者眼高})$$

由公式可知，测者能见地平距离与眼高有关。此外，测者能见地平距离还与地面曲率、地面蒙气差有关。

例 1-4-1　测者眼高 15 m，求测者视距。

解　$De(\text{n mile}) = 2.09\sqrt{e(\text{m})} = 2.09\sqrt{15(\text{m})} = 8.1$ n mile

2. 物标能见地平距离（horizon range from an object）D_H

眼高为零的测者所能见到的物标的最远距离称为物标能见地平距离，实际上就是测者眼睛位于物标顶点所能见到的最远距离，简称物标视距。因此，物标能见地平距离的计算公式如下：

$$D_H(\text{n mile}) = 2.09\sqrt{H(\text{m})}$$

由公式可知，物标高度越高，D_H 越大；反之越小。式中的 H 是物标顶点的高度。

例 1-4-2　物标高 25 m，求物标视距。

解　$D_H(\text{n mile}) = 2.09\sqrt{H(\text{m})} = 2.09\sqrt{25(\text{m})} = 10.45$ n mile

3. 物标地理能见距离（geographical range of an object）D_O

一定眼高的测者所能见到的一定高度物标的最远距离称为物标地理能见距离，简称物标地理视距。它的大小由图 1-4-2 便可看出，其计算公式为

$$D_O = De + D_H = 2.09\sqrt{e(\text{m})} + 2.09\sqrt{H(\text{m})}\ (\text{n mile})$$

从公式可知，眼高和物标高度越高，Dg 越大；反之越小。

物标地理能见距离是在气象能见度良好（标准大气状态），仅考虑地面曲率和地面蒙气差影响，经过理论计算得出来的，即测者有多大的眼高，理论上就能看到多高的物标，实际上，由于当时的气象能见度以及测者眼睛本身分辨力的影响，在白天测者所能发现的最远

距离往往要小于物标地理能见距离。

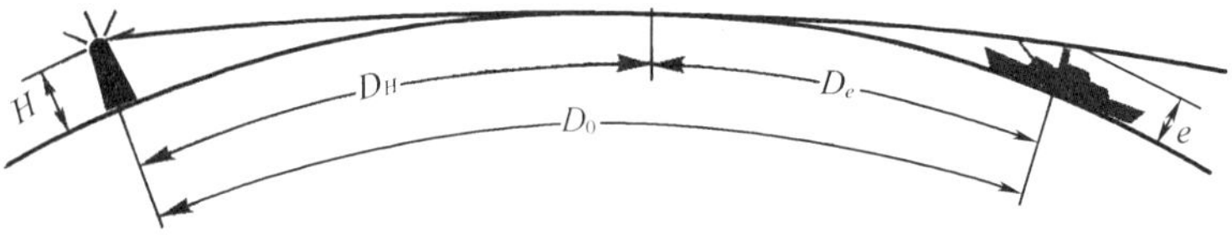

图 1-4-2　物标地理能见距离示意图

三、光达距离

光达距离

为确保船舶安全航行，航标部门在航道、航道附近的岛屿及岸上设置了一些航标，如灯塔、灯船、灯浮和灯桩等，这些航标在夜间灯光能照射的距离就涉及射程的概念。

1. 我国灯光射程的定义

我国海图和《航标表》中所采用的灯光射程是指晴天黑夜，眼高为 5 m 的测者能够看到灯光的最远距离。

晴天黑夜，灯光所能照射的最大距离，叫作光力能见距离。

$$射程=\{光力能见距离、灯标地理能见距离(e=5)\}_{\min}$$

也就是说，当灯标光力射程大于或者等于 5 m 眼高灯标地理能见距离时，这种射程的灯标叫强光灯，取灯标地理能见距作为灯光射程；当灯标光力射程小于 5 m 眼高灯标地理能见距离时，这种灯标也称为弱光灯，取光力射程作为灯光射程。

例 1-4-3　中版海图某灯塔射程 18 n mile，灯高 49 m，已知某船眼高 16 m，试判断该灯塔是强光灯还是弱光灯，并求该中版灯塔的最大可见距离。

解　(1)灯标地理能见距离 $=2.09\sqrt{5}+2.09\sqrt{49}=19.3$ n mile

(2)与灯塔射程比较：19.3>18

结论：该灯塔是弱光灯，故最大可见距离是 18 n mile。

2. 其他国家灯光射程的规定

英版海图和英版《灯标和雾号表》采用光力射程作为灯光射程。其射程有两种情况：一种是采用大气透明系数为 0.85(相当于能见度为 20 n mile)时的光力射程为灯光射程，它不考虑灯高、眼高和地面曲率，只考虑光强和能见度；另一种是采用能见度为 10 n mile 时的光力射程作为灯光射程，也称为额定光力射程(nominal range)，它不考虑灯高、眼高和地面曲率，只考虑光强。

两种规定中，多数国家是采用额定光力射程作为灯光射程。采用光力射程的优点是可以求出当时能见度情况下的射程。

四、灯光初显、初隐及其距离

灯标灯芯初露和初没在水天线的瞬间分别称为灯光的初显和初隐。灯标灯光的初显、初隐距离很明显就是灯标的地理能见距离。灯光初显、初隐情况在航行中时常会遇到，此时只需观测该灯方位并计算出初显或者初隐距离，便可在海图上定出船位，尤其是当船舶由大洋驶进沿岸时，灯标的初显距离有助于判断船位的正确与否。我国灯标制度中所定义的强光灯有可能出现初显和初隐。若有初显和初隐，其初显和初隐距离就等于当时测者所计算出来的灯标地理能见距离。但是，当眼高大于 5 m 时，并不是所有的强光灯都能出现初显和初隐。如根据设计要求，某强光灯光力射程略大于海图和《航标表》中所公布的射程，当测者实际眼高远远大于 5 m，该灯标灯芯露出或隐没在水天线时，由于该灯标的光力所限，测者就看不到该灯芯的灯光，当测者刚好看到该灯标灯芯时，该灯标灯芯已露出在水天线上很高了，因此，当出现这种情况时，应该做到心中有数。另当测者眼高小于 5 m 时，少数弱光灯也有可能出现初显和初隐，例如某弱光灯射程略小于 5 m 眼高的地理视距，而测者当时实际眼高却比 5 m 眼高小很多，这时就可能出现初显和初隐，当然，在实际航海中眼高小于 5 m 的情况是基本没有的。弱光灯高度较低，射程较近，一般不用来定位。

在利用英版资料计算灯光初显、初隐时，只要光力射程大于或等于该灯的地理能见距离时必出现初显、初隐，且初显、初隐距离就是该灯的地理能见距离。

例 1-4-4　某船测者眼高 9 m，我国沿海某灯塔灯质为：闪 5 s16 m11 n mile，该灯塔的初显距离是________。

A. 11 n mile　　B. 14.6 n mile　　C. 12.5 n mile　　D. 弱光灯，无初显

解　判断该灯塔是强光灯还是弱光灯：

首先，求 5 m 眼高的该灯标地理能见距离 $=2.09\sqrt{5}+2.09\sqrt{16}=13.0$ n mile

因为 5 m 眼高的该灯标地理能见距离 13.0 n mile>图注 11 n mile

所以该灯塔为弱光灯，故该灯塔无初显，选 D。

五、测者可见灯标灯光的最远距离

船舶驾驶员在利用灯标定位或导航时，最希望掌握的是灯标的最远距离。中版海图和《航标表》中灯标灯光的最远距离是这样的：强光灯最远可能在灯标地理能见距离上看见该灯；而弱光灯由于光强所限，无论测者眼高多高，最远仅能在资料中所标注的射程距离上看见该标，且此时灯标灯芯早已露在水天线之上。在英版资料中，对于使用光力射程作为灯光射程的灯标，当光力射程大于或等于灯标的地理能见距离时，测者最远可在该灯标地理能见距离上看见它，当光力射程小于灯标的地理能见距离时，测者所见该灯标的最远距离等于光力射程；对于使用额定光力射程作为灯光射程的灯标，只有当时气象能见度为 10 n mile 时才能进行判断。在计算灯标灯光的射程时，由于灯高要受到潮汐的影响，测者所见灯的实际高度不一定是该灯光所标注的高度，因此，所计算的灯光射程将有一定的误差。实际上，能够看到灯标的最远距离除了与光强、能见度、地面蒙气差、灯高、眼高有关外，还与人的眼睛分辨力以及灯标和测者附近背影的亮度等因素有关。因此，理论上测者所能看见灯标的最远距离仅能作为有可能被看到的参考。

例 1-4-5　中版海图某灯塔射程 20 n mile，灯高 64 m，已知某船眼高 9 m，则能见度良好时该灯塔灯光的最大可见距离为_____。

A. 20.0 n mile　　B. 21.4 n mile　　C. 23.0 n mile　　D. 24.2 n mile

解　(1)判断该灯塔是强光灯还是弱光灯：

$$5\ m眼高的该灯标地理能见距离=2.09\sqrt{5}+2.09\sqrt{64}=21.39>20$$

所以该灯塔为弱光灯。

(2)求最大可见距离

因为该灯塔为弱光灯,所以最大可见距离为 20.0 n mile,选 A。

例 1-4-6 中版海图某灯塔射程 20 n mile,灯高 60 m,已知某船眼高 16 m,则能见度良好时该灯塔灯光的最大可见距离为________。

A. 20.0 n mile　　B. 20.9 n mile　　C. 24.5 n mile　　D. 25.8 n mile

解 (1)判断该灯塔是强光灯还是弱光灯:

5 m 眼高的该灯标地理能见距离 $=2.09\sqrt{5}+2.09\sqrt{60}=20.86$,经舍尾取整后为灯塔射程 20 n mile,所以该灯塔是强光灯。

(2)求最大可见距离

$$最大可见距离=2.09\sqrt{16}+2.09\sqrt{60}=24.5,故选\ C。$$

任务五　航速、航程

掌握船舶在海上航行时的速度和航行的距离,如同掌握航向一样重要。因为它们能在一定的准确度上,被用以推算航迹,同时它们也是驾驶员交接班时的主要内容。

航速、航程

一、航速

1. 有关定义

航速(sailing speed)即船舶在海上的航行速度,单位为节(knot,kn)。1 kn=1 n mile/h。由于参照物不同,航速分为以下三种:

(1) 船速(ship speed)——船舶在静水(无风无流)中的航行速度称为船速。

(2)对水航速(speed through water)——船舶相对于海水的航行速度。船舶在航行中使用相对计程仪测定的速度就是对水速度,习惯上又称为计程仪航速(speed by log)V_L。通常所说的航速是指船舶相对于水的速度。

(3)对地航速(speed over the ground)——船舶在风、流和波浪的影响下相对于海底的航行速度,又称实际航速(speed madeg good),用符号 V_G 表示。

从以上定义可知,船舶在有水流影响的海区航行时,船舶的实际航速应等于船舶相对于水的速度与水流速度的矢量和,即:

$$实际航速=对水航速+流速$$

如某船船速 12 kn,流速 2 kn,船舶顺流航行 1 h 后,相对于海底的速度为 14 kn;而在顶流航行 1 h 后,则相对于海底的速度为 10 kn。不论是顺流航行还是顶流航行,船舶 1 h 相对于水的速度都是 12 kn。

2. 利用主机转数求船速

(1)公式测定

船舶是用主机带动螺旋桨转动并利用螺旋桨推水的反作用力使船舶前进,因此,主机转数与船速之间肯定存在某种关系,主机转数越大,反作用力越大,船速则越快,反之亦然。

理论上螺旋桨在固体中每旋转一周所推进的距离,称为螺距 P。由于螺旋桨在水中转动,水有黏性和阻力,因此,船舶实际被推进的距离要小于螺距。船舶按螺旋桨旋转一周前进一个螺距的理论航程与船舶实际前进距离之差称为滑失,滑失与螺距之比的百分率称为滑失比 S,其公式为

$$\text{滑失比 } S=\frac{\text{滑失}}{\text{螺距}}\times100\%=\frac{\text{理论航程}-\text{对水航程}}{\text{理论航程}}\times100\%$$

经变换则为

$$\text{对水航程}=\text{理论航程}\times(1-S)$$

假如螺旋桨每小时转数为 N,航行时间为 T 小时,则上式变为

$$\text{对水航程}=NxPxTx(1-S)$$

则:

$$\text{对水航速}=NxPx(1-\text{S})$$

即:

$$V=NxPx(1-S)$$

这就是利用主机转数求航速的计算公式。需要注意的是,由于风的影响无法使螺旋桨转数增加,故用主机转数所求船速和航程是仅对水而言的,它无法反映风流的影响。然而,由于滑失不是一个固定不变的数,它与风浪影响、吃水和吃水差不同、船底附着物的多少,以及船型、水深和船速有关,因此用此公式来计算航速误差很大。

(2)实际测定

基于以上原因,在实际工作中,船舶主机转数与船速之间的关系一般是在测速场(speed trial ground)的船速校验线上通过实测得到。测速场是测定和检验船速的指定场所。新船和大修后的船舶在此准确测定船速和计程仪改正率,供船舶使用。测速场一般设在重要港口附近,它设有测速标或导标以及测速线。测速标一般有两组或三组横向叠标,有的还增设一纵向导航叠标,并标有导航方向。如图 1-5-1 所示为我国大三山岛测速场示意图。

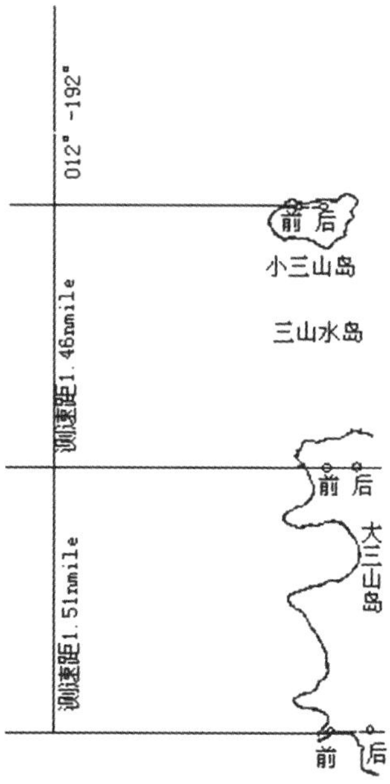

图 1-5-1　大三山岛测速场示意图

良好的测速场应具备下列条件:

①船速校验线上的水深应满足:

$$H\geqslant\frac{V^2}{g}+d$$

式中　h——水深(m);

V——船速(m/s);

g——重力加速度(m/s^2);

d——船舶吃水(m)。

如果水深不够,会产生浅水航行的附加阻力而影响船速测定的精度。

②船速校验线的长度不要过短和过长,过短和过长都会影响测定的精度。一般情况下,船速小于 18 h 时,长度应为 1~2 n mile;船速大于 18 h 时,长度应为 2~3 n mile。

③船速校验线应设在无风浪和无水流影响的地方,如有水流存在,船速校验线应尽可能与流向平行。

④船速校验线两端应有足够的回旋余地,以便船舶在到达第一组横向叠标之前的一定距离上,就能驶上船速校验线。

⑤测速用的叠标灵敏度要高,以保证观测准确。

⑥船速校验线附近应确保无航行危险物,且助航标志易于辨认,确保测速时船舶安全。

在具体测定时,船舶沿着船速校验线即导航叠标线前进,每当横向叠标重合时,立即用秒表记下时间,然后按下列公式计算航速 V:

$$V=\frac{3\ 600\times S}{t}$$

式中 V——船速(kn);

S——船建校验线上的某一段距离(n mile);

t——船舶在船速校验线上航行距离 S 所需的时间。

当没有水流影响时测定一次并按上述公式计算即可;如果有水流影响,则必须在短时间内往返多次测定,消除水流影响后并按下列公式求得船速:

①在恒流影响时,往返测两次,按上述公式分别求出两次测定的 V_1 和 V_2,然后按下列式计算航速:

$$V=\frac{1}{2}(V_1+V_2)$$

②在等加速水流影响时,应往返重复测定三次,并分别求出 V_1、V_2、V_3,则:

$$V=\frac{1}{4}(V_1+2V_2+V_3)$$

③在变加速水流影响时,应往返重复测定四次,并分别求出 V_1、V_2、V_3、V_4,则:

$$V=\frac{1}{8}(V_1+3V_2+3V_3+V_4)$$

测速时一般分为满载和半载两种情况测定,当船速测定后,列出主机转速与船速对照表,见表 1-5-1,放在驾驶台或海图室,供驾驶员或引航员使用。由于滑失与航行条件有关,对照表只能适应测定船速当时航行条件,因此,利用主机所求航速,仅能作为航行参考。

表 1-5-1　主机转速与航速表

主机转速/(r/min)	航速/kn		主机转速/(r/min)	航速/kn	
	满载	空载		满载	空载
170	14.7	15.3	110	10.2	11.2
160	14.0	14.8	100	9.4	10.4
150	13.3	14.2	90	8.6	9.6
140	12.6	13.5	80	7.7	8.7
130	11.8	12.7	70	6.8	7.9
120	11.0	12.0	—	—	—

二、航程(distance)

1. 有关定义

船舶从起航点至到达点的航行距离,以海里(n mile)为常用单位。航程分为以下两种:

(1)对水航程(distance through water)S——船舶相对于海水的航行距离。

(2)对地航程(distance over the ground)S_G——船舶在风、流和波浪影响下相对海底的航行距离,又称实际航程(distance made good)。

与航速一样,在有水流影响时,实际航程、对水航程与流程的关系是:

实际航程=对水航程+流程

2. 用计程仪测定航程

计程仪是船舶测定航速和航程的主要仪器。目前船上使用的计程仪分为相对计程仪和绝对计程仪。相对计程仪仅能提供相对于水的速度和航程,而无法提供相对于海底的实际速度和航程。这种仪器在船上使用较多,如水压式和电磁式计程仪等。水压式计程仪是利用船舶前进中相对于水所产生的动压力大小来记录速度和航程。电磁式计程仪是利用船舶前进中相对于水所产生的感应电势高低来记录船舶的速度和航程。当船舶受风影响时,水压式计程仪所产生的动压力和电磁式计程仪所产生的感应电势都要相应发生变化,而有水流影响时,水流连同船舶一起移动,船舶对水不发生移动,自然不会使水压力和感应电势发生变化。因此,相对计程仪只能提供有风影响下的船速和航程,而无法提供有水流影响下的船速和航程。正是由于船舶与相对计程仪皆随水运动,因此相对计程仪航程只包括风对船舶航程的影响而不包括流对船舶的影响,习惯称相对计程仪“计风不计流”。绝对计程仪是能够记录出船舶相对海底的速度和航程,即船舶受风流影响后的实际速度和航程的,当然,这里的绝对也要加引号,当在深海时,绝对计程仪计量的也是相对某一层海水的速度和航程。目前船上所使用的绝对计程仪有多普勒和声相关计程仪等。

(1)计程仪改正率(percentage of log correction)ΔL

计程仪与所有仪器一样都不可避免地存在误差,在计程仪的显示器上直接读取的数值必须经过误差修正之后,才能得到准确的速度 V 和航程 S。计程仪改正率是用百分率 S_L 表示计程仪误差与计程仪读数差的比值。其公式为

$$\Delta L=\frac{S_L-(L_2-L_1)}{L_2-L_1}\times 100\%$$

式中　ΔL——计程仪改正率；

S_L——计程仪航程；

$(L_2—L_1)$——前后两次计程仪读数差。

不管是相对计程仪还是绝对计程仪，计程仪改正率的计算公式是一致的。

计程仪改正率为"+"，说明计程仪少计了，计程仪改正率为"-"，说明计程仪多计了。

(2)计程仪航程 S_L

当已知计程仪读数差和计程仪改正率时，把计程仪改正率的计算公式变换后便可得计程仪航程公式为

$$S_L=(L_2-L_1)\times(1+\Delta L)$$

根据该公式，我国《航海表》Ⅲ-6 列出了计程仪改正率表。使用者可用读数差(L_2-L_1)和计程仪改正率 ΔL 直接从表中查取计程仪航程 S_L。

(3)求得某一时刻计程仪读数 L_2

在实际工作中，经常需要求得某一时刻或船舶到达某一地点计程仪读数，应按下列公式求取：

$$L_2=L_1+\frac{S_L}{1+\Delta L}$$

例 1-5-1　某轮船速 14 kn，顺风顺流航行，流速 3 kn，航行 1 小时后相对计程仪读数差为 15′.0，计程仪改正率为"0"，则该轮实际航程为________ n mile。

A. 14.0　　B. 15.0　　C. 17.0　　D. 18.0

解　需指出的是，在题目中未指明是相对计程仪还是绝对计程仪，都按相对计程仪计算。

(1)求计程仪航程：$S_L=(L_2-L_1)(1+\Delta L)=15'.0\times(1+0)=15'.0$

(2)求流程：$S_C=V_C\times t=3\times 1=3'.0$

(3)实际航程 $S=S_L+S_C=15'.0+3'.0=18'.0$，故选 D。

例 1-5-2　某轮相对计程仪改正率 $\Delta L=0\%$，$L_1=110'.5$，船速 16 kn，顺风顺流航行，流速 3 kn，风使船增速 1.5 kn，2 小时后计程仪读数 L_2 为________。

A. 145′.5　　B. 151′.5　　C. 148′.5　　D. 142′.5

解　(1)求计程仪航程：$S_L=2(16+1.5)=35'.0$

(2)求 L_2：$L_2=L_1+\frac{S_L}{1+\Delta L}=110'.5+\frac{35}{1+0}=145'.5$，故选 A。

项目二

海　　图

海图(chart)是地图的一种,是航海专用地图,是航海中必不可少的重要工具之一。它的功能是传递地球表面为航海所需要的海洋水域及沿岸地物的各种信息。我国是航海历史悠久的国家,早在13世纪就使用海图了,当时有我国最早的南海诸岛图。公元1405年至1433年,我国航海家郑和已绘制出比较详尽的“郑和航海图”了。郑和七下西洋的航行比哥伦布发现美洲大陆早87年,比达伽马早92年,比麦哲伦早114年。当时明朝在航海技术、船队规模、航程之远、持续时间、涉及领域等均领先于同一时期的西方,创造了世界航海史的奇迹。总而言之,郑和下西洋的船队是一支规模庞大的船队,其船舶技术之先进、航程之长、影响之巨、船只吨位之大、航海人员之众、组织配备之严密、航海技术之先进,在当时的世界上都是罕见的。他们的航海成就显然丝毫不比西方人逊色,甚至在航海时间、船队规模以及航海技术诸方面,均是哥伦布等人的航海活动所望尘莫及的。郑和下西洋是一场播撒文化理念的“香料之旅”,体现了中华民族热爱和平、睦邻友好、自强不息的优良传统。

海图上以统一的图式详细描绘了航海所需要的海洋水域及相关资料,同时还有陆地范围内与航海密切相关的地物、地貌信息,如岸形、岛屿、礁石、浅滩、沉船、水深、底质、水流和各类助航标志等也做了详细描绘。海图对航海工作者来说是必不可少的。在拟订航行计划,航行中进行航迹推算、定位、导航、避险,航行后总结航行经验,发生海事后判明事故责任等工作中,都离不开海图。因此,熟知海图构图特征和各种海图图式的意义,能够正确使用和管理海图是船舶驾驶员必备的知识。

任务一　海图投影

地球是一个圆球体,其表面是一个不可展开的封闭曲面,如图2-1-1所示,而海图是平面图像,为了得到地球表面的平面图像,必须借助于一定的数学法则才能完成。因此,按照一定的数学法则将地球表面信息一一描绘到平面上的方法称为海图投影。

一、投影变形

投影变形

要把不可展开的地球表面信息投影到平面上去,就必须拉长或压缩经、纬线,这就不可避免地会产生变形,包括长度变形、角度变形和面积变形,如图2-1-2所示，实地一个微分圆，投影后变成了椭圆。海图出版部门根据海图的不同用途，对不同的投影变形加以克服或保留。例如，常用的航用海图即墨卡托投影海图，就能满足角度相等、形状相似的投影要求。

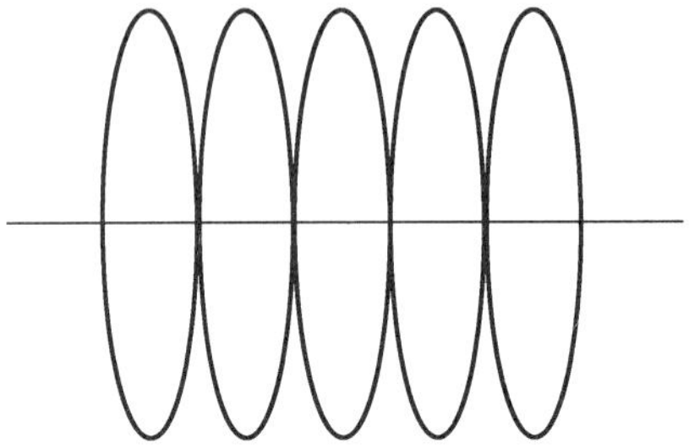

图 2-1-1　地球展开示意图

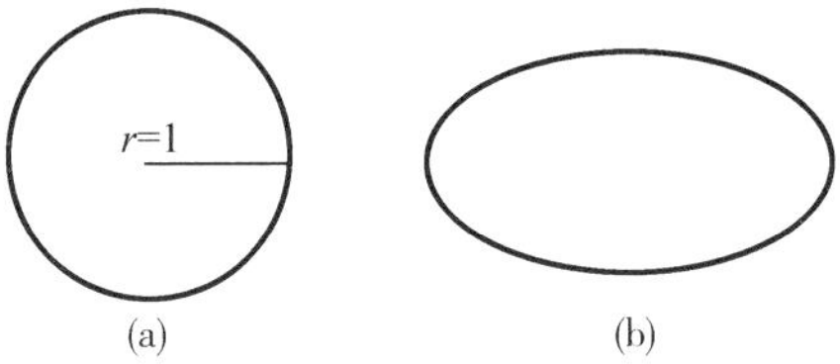

图 2-1-2　投影变形示意图

二、海图比例尺

1. 局部比例尺

如图 2-1-3 所示，图中 A 是地面上任意一点，在它的某一方向上有线段 $\overline{AB}$，如果将它投影到地图上，变成线段 $\overline{ab}$，则该图在 A 点的 $\overline{AB}$ 方向上的局部比例尺 C 为

$$C=\lim_{AB\to 0}\frac{ab}{AB}$$

这种局部比例尺(local scale)在投影中的变化，可以表明海图投影的变形特点。例如，在某点上的各个方向的局部比例尺相等，则地图在这一点上就能保持与地面形状相似，这在地图投影中叫作正形或等角；相反，如果地图上某点的各个方向的局部比例尺不相等，则地图在这一点上就不能保持正形或等角。

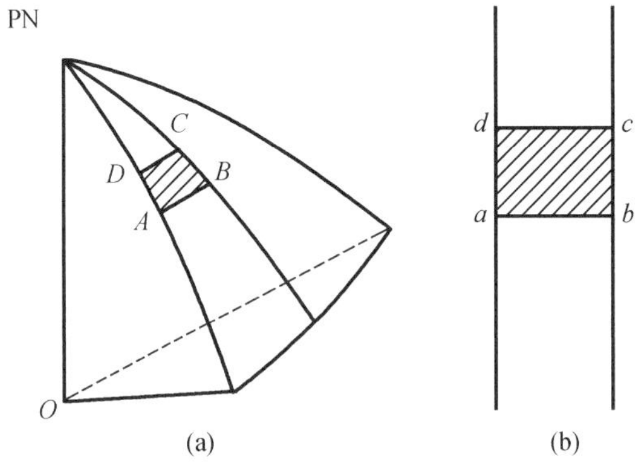

图 2-1-3　局部比例尺示意图

2. 基准比例尺

由于海图上不同地点的局部比例尺可能不相等，如果某纬度处的局部比例尺被采用作为某张海图或某套海图比例尺的计算基准，则该纬度处的局部比例尺称为该张海图或该套

海图的基准比例尺(nature scale)。该纬度称为该张海图或该套海图的基准纬度(standard parallel)。海图上均标明基准纬度与基准比例尺。例如,我国12000号海图就是采用北纬30°的局部比例尺作为该图的基准比例尺。需要注意的是,一张海图的基准纬度并不一定在本图范围内,有时由于海图所需航海资料及比例尺的要求,一个海区往往需要以多幅海图表示,为了使同一海区海图使用起来保持连续性,这一套海图的制作采用统一的基准比例尺。纬度大于或小于基准纬度者,其局部比例尺分别大于或小于基准比例尺。

3. 海图比例尺的表示方法

海图比例尺的表示方法有两种,数字比例尺和直线比例尺(图示比例尺的一种)。以数字形式表示的海图比例尺为数字比例尺,如1∶200 000或1/200 000。海图比例尺的大小是以比例尺比值大小来表示的,如1∶20 000比1∶30 000的比例尺大。一般来说数字比例尺小于1∶250 000的海图为小比例尺海图;大于1∶50 000的为大比例尺海图。直线比例尺是用比例图尺形式绘制海图标题栏或者适当的地方,如图2-1-4所示。海图比例尺的大小决定了海图的极限精度,海图在绘制过程中存在的固定最高精度称为海图的极限精度。正常人的肉眼分辨力不低于0.1 mm,因此在绘制海图的工作中,绘制精度不会低于0.1 mm,这就决定了海图绘制存在一个固定的最高精度,其值等于0.1 mm与海图比例尺的乘积。海图比例尺的大小也决定了海图作业的极限精度,如果用削尖的铅笔在海图上画一小点,其直径最小也有0.2 mm,这就是海图作业中能够量出的最小距离,其值等于0.2 mm与海图比例尺的乘积。例如在一张比例尺为1∶200 000海图上进行海图作业,该精度为海图作业的极限精度,为0.2 mm×200 000=40 m。

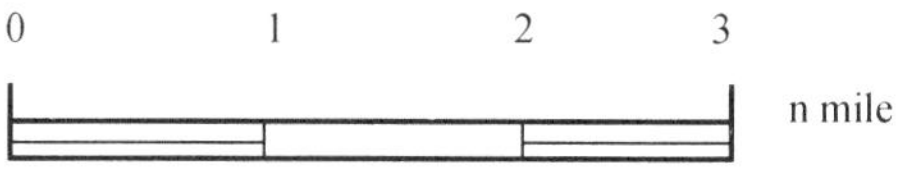

图2-1-4 直线比例尺示意图

海图比例尺还决定了图上资料的详细程度。比例尺越大,图上资料越详细。在进行海图作业时,应根据航区的特点,尽可能地应用较大比例尺的海图,以便获得更多的航海资料和较高的海图作业的精度。比例尺越小,图区范围越大,图上航海资料越少。但在制订航行计划时,必须使用小比例尺海图来做总图,以总览整个航程情况。

三、海图投影分类

海图投影分类

海图投影按不同的分类标准分成不同的种类。

1. 按投影变形性质分

(1)等角投影(equiangle projection):实地任意两个方向之间的夹角投影到图上后保持不变的投影,称等角投影,又名为正形投影。在等角投影中,图上无限小的局部图像,应与实地形状保持相似,但不能保持其对应的面积成比例。因此,在等角投影中,从局部看能够保持形状的相似,但从整个地图来说,图形仍然是变形的。例如,在不同地点的两个相同大小的微分圆,在等角投影的地图上可能被绘成不同大小的两个圆。

(2)等积投影(equalarea projection):保持地面与地图上相对应处的面积成恒定比例的

投影方法。因此,等积投影不一定能保持等角,等角与等积在同一投影中是很难同时被满足的。

(3)任意投影(orthographic projection):除等角和等积之外的其他各种投影方法,它是根据某种特殊需要或是为了解决特定问题而制作的海图的投影方法。

2. 按照构成地图图网的方法分

(1)平面投影:将地面上的经线和纬线直接投射到与地面相切或相割的平面上的投影方法,又称为方位投影。根据视点的位置不同,平面投影又可分为外射、极射和心射投影三种,如图 2-1-5 中的(a)(b)(c)所示。航海上常用极射投影来绘制半空星图(半球星图)。心射投影图上,任意直线都是大圆弧,所以航海上用它来绘制大圆海图,供拟定大圆航线用。此外,心射投影还用于绘制某些大比例尺港湾图和极区海图。

平面投影是利用平面作为辅助面的投影方法。根据投影面与球面相切的位置不同,平面投影可分为极切、赤道切和任意切投影三种,如图 2-1-5 中的(d)(e)(f)所示。

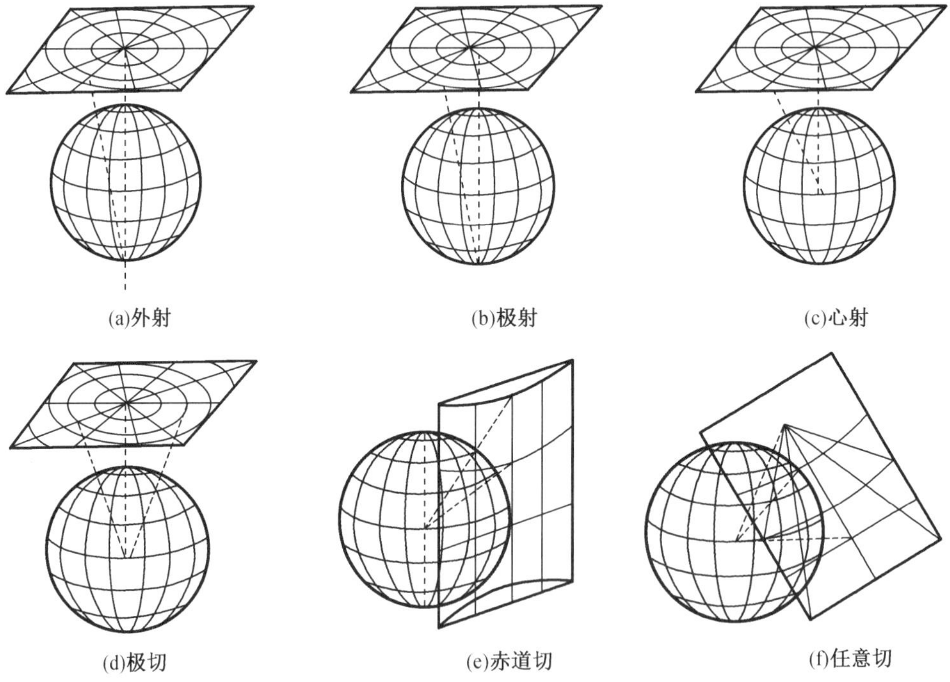

图 2-1-5　平面投影

(2)圆锥投影:用一个圆锥相切或相割于地球仪的纬度圈,圆锥轴与地轴重合,并以地心为视点,将地球仪的经线和纬线投影到圆锥表面上,然后沿圆锥母线切开展平,即圆锥投影图网。按圆锥轴与地轴重合、垂直或斜交三种相对位置关系,圆锥投影可分为正圆锥、横圆锥和斜圆锥投影三种,如图 2-1-6 所示。

(3)圆柱投影:用一个圆柱套在地球仪上,将地球仪的经线和纬线投影到圆柱面上,然后沿圆柱母线切开展平,即圆柱投影图网。按圆柱轴与地轴重合、垂直或斜交三种相对位置关系,圆柱投影可分为正圆柱、横圆柱和斜圆柱投影三种,如图 2-1-7 所示。

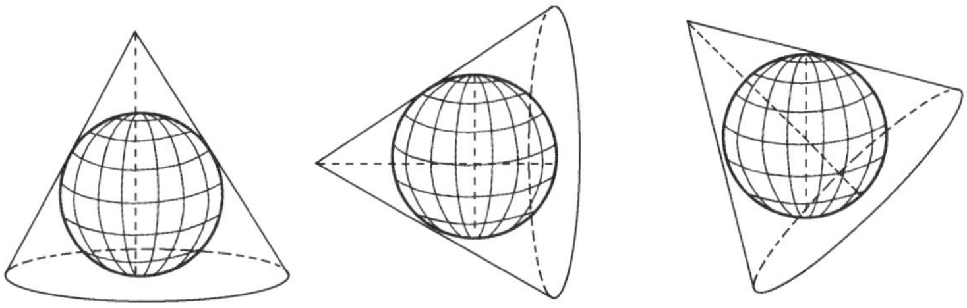

(a)正圆锥 (b)横圆锥 (c)斜圆锥

图 2-1-6 圆锥投影

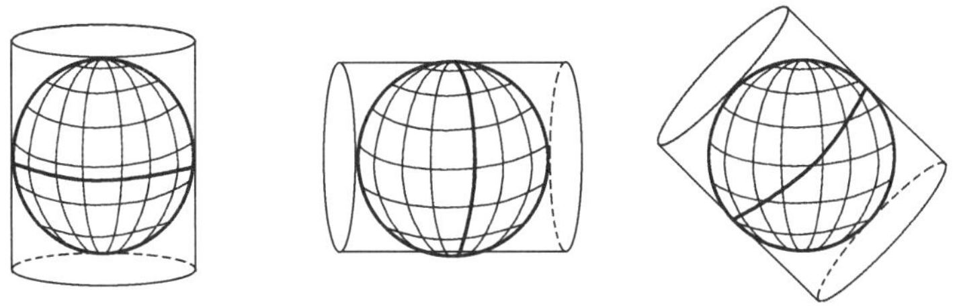

(a)正圆柱 (b)横圆柱 (c)斜圆柱

图 2-1-7 圆柱投影

正圆柱投影——圆柱轴与地轴重合。投影中若能保持等角正形,称等角正圆柱投影,又叫墨卡托投影(Mercator projection),它是航用海图投影的主要方法。

横圆柱投影——如果圆柱轴在赤道面上与地轴垂直,投影中若能保持等角正形,称等角横圆柱投影,又叫高斯投影(Gauss projection),它是大比例尺海图和极区海图的常用投影方法。

斜圆柱投影——圆柱轴与地轴斜交。

(4)条件投影

凡不属于上述三种,而是按一定的数学关系绘制成图网的投影方法,叫作条件投影。

任务二 恒 向 线

一、恒向线

恒向线

恒向线是指在地球表面上与所有经线相交成相同角度的曲线,也叫等角航线。如图 2-2-1 所示,设某船从 *A* 点沿恒定的真航线 050°航行,它将与地面上所有经线相交成等同角度 050°,其轨迹即恒向线,它将绕地球表面,以螺旋状无限地趋向地极,但总不能到达地极,它的形状是一条对数螺旋线。

船舶沿恒向线航行是十分方便的。因为船舶真航线保持在一个稳定的角度上,而不用改变航向,伴随航行而来的所有计算都变得简单。但是,把地球当成圆球体时,地球表面上两点间的最短距离是连接该两点的大圆劣弧，而地面上两点间恒向线不是大圆弧而是球面曲线，因此恒向线不是地面上两点间的最短距离。

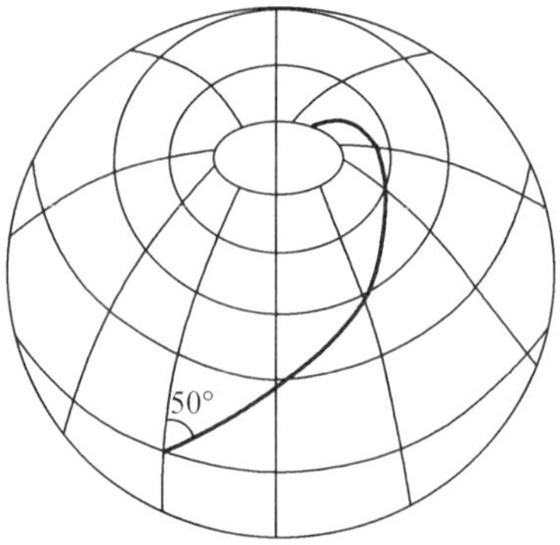

图 2-2-1　恒向线示意图

把地球当成圆球体，设起航点为 $A(\varphi_1,\lambda_1)$，以真航向 C 航行至到达点 $B(\varphi_2,\lambda_2)$，不难求出两点间的恒向线方程为

$$\lambda_2-\lambda_1=\tan C\left[\ln\tan\left(\frac{\pi}{4}+\frac{\varphi_2}{2}\right)-\ln\tan\left(\frac{\pi}{4}+\frac{\varphi_1}{2}\right)\right] \tag{2-2-1}$$

从恒向线方程可以得出恒向线有如下特征：

(1)当 $C=000°$ 或 $180°$ 时，$\lambda_2=\lambda_1$，即恒向线与经线重合，反过来说经线是恒向线的特例；

(2)当 $C=090°$ 或 $270°$ 时，$\varphi_2=\varphi_1$，这时恒向线与纬度圈重合，反过来说纬线也是恒向线的特例；

(3)当航向不为 000°(180°)和 090°(270°)时，在地球表面上，恒向线表现为一条与所有子午线相交成恒定角度、具有双重曲率的球面螺旋线，与同一等纬圈只相交一次，与同一子午线相交无数次，且交点的纬度越来越高，最后接近地极，但不能到达地极。

二、航用海图必备条件

航用海图是船舶航行中，供拟定航线、绘算航迹、测定船位等使用的海图。为了使用方便，航用海图必须具备以下两个条件：

第一，在航用海图上绘制恒向线航线和物标方位线的目的，是利用比较简单的图解方法来确定船舶的运动情况。因此，为了使航用海图能适应于船舶驾驶应用的目的，必须使经过投影后的航用海图上所画的恒向线航线和物标方位线成为直线。因此要求恒向线在航用海图上是直线。

第二，在地球表面上，船舶航线是船舶首尾面与船舶所在子午圈平面间的夹角。而所测定的物标方位是测者经线和物标方位圆间的夹角。它们必须和投影在航用海图上的对应角度相等，这样就可以根据求得的真航向或真方位的度数，直接在航用海图上画出航向线和方位线。与此相同，地面上的其他元素如岸形、物标等，应与投影在航用海图上的图像成正形关系，因此要求航用海图投影必须是等角投影。

任务三 墨卡托投影海图

1569 年,荷兰制图学家格拉德·克列密尔创造了能够满足航用海图两个必备条件的投影方法,因为他的拉丁名字是墨卡托,所以用这种投影方法制成的海图叫墨卡托投影海图,简称墨卡托海图。由于国际航道组织原则上决定航用海图应采用墨卡托投影,所以用墨卡托投影制成的海图占全部航用海图的 95%以上。

墨卡托投影海图

一、墨卡托投影的原理

墨卡托投影的性质是等角正圆柱投影,它是将地球放入一个假想的、与地球直径相等的圆柱内,使地球的赤道与圆柱相切,地轴与圆柱的中轴相重合,将视点置于地心。墨卡托投影是如何满足航用海图两个必备条件的呢?首先,地面上的经线均投影到圆柱面上后,沿着圆柱面上某一条母线剪开后展平,则所有经线相互平行,且经线与纬线相互垂直,这样就满足了恒向线是直线的要求。其次,墨卡托投影采用数学方法来满足等角投影的条件,众所周知,地球表面是一个不可展的曲面,且所有经线都相交于极点。但在正圆柱投影中,所有经线相互平行且间距相等,这样除赤道外,其他所有纬线发生了程度不同的拉长变形,且纬度越高,拉长越大。为了满足墨卡托海图等角投影的要求,相应的经线也应随着纬线的拉长而拉长,且拉长的幅度应相等,这样就保证了等角的性质,如图 2-3-1 所示。

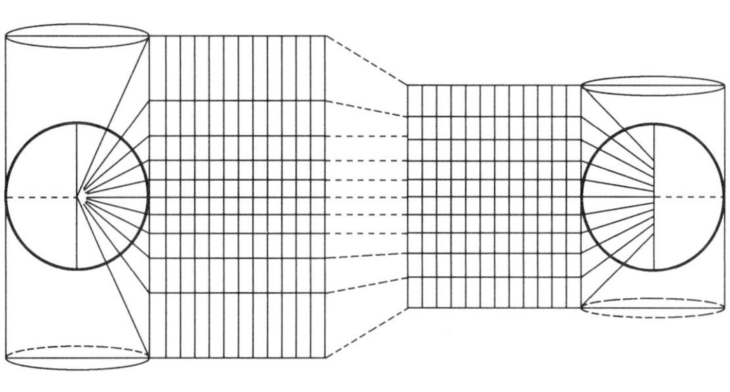

图 2-3-1 正圆柱投影

那么,墨卡托投影每一条纬线到底随纬度的升高拉长了多少呢?在墨卡托投影上拉长的程度用纬度渐长率 MP 来表示。在墨卡托海图上,任一纬线到赤道的距离与该图上经度 1 分即 1 赤道海里的比值叫该纬度的纬度渐长率(meridional parts)MP。如图 2-3-2 所示,纬度 φ_1 处的纬度渐长率:$MP_{\varphi1}=L_1/a$,纬度 φ_2 处的纬度渐长率:$MP_{\varphi2}=L_2/a$。

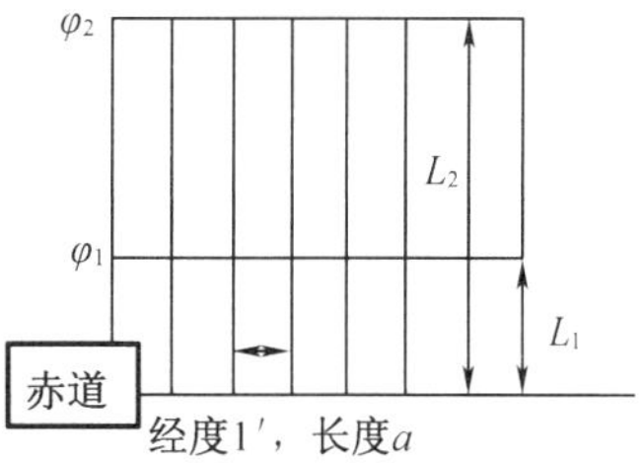

图 2-3-2 纬度渐长率

如果把地球当成椭圆体,不难推算出纬度渐长率的公式为

$$MP=7\ 915.704\ 471\mathrm{g}\left[\tan\left(\frac{\pi}{4}+\frac{\varphi}{2}\right)\left(\frac{1-e\sin\varphi}{1+e\sin\varphi}\right)^{e/2}\right] \tag{2-3-1}$$

可以看出,纬度渐长率有以下特点:

(1)由于纬度渐长率只与纬度有关,每个纬线只有一个固定的纬度渐长率,随纬度升高,纬度渐长率增加;

(2)纬度渐长率与海图的图幅、比例尺的大小无关,即不同比例尺海图上相同纬度具有共同的纬度渐长率值;

(3)在制作海图时,只要符合纬度渐长率,海图就具有等角的性质,这就是墨卡托海图,反之亦然。

为计算方便,有的航海国家根据纬度渐长率公式编制了纬度渐长率表,如我国《航海表》Ⅲ-3。表中以纬度为引数即可查出该纬度的纬度渐长率 MP。在墨卡托投影海图上,两条纬线的纬度渐长率之差或者说任意两条纬线之间的距离与以1赤道海里的比值叫这两条纬线的渐长率差 DMP,渐长率差的计算公式如下:

$$DMP=MP_2-MP_1 \tag{2-3-2}$$

由墨卡托投影的原理可以看出,在墨卡托海图上1分经度的长度是相等的、不变的,而图上的每1分纬度的长度是不相等的,它们是随纬度的升高而逐渐变长的。因此,在墨卡托海图上量取距离时,应该在所量地区的所在纬度图尺上去量取。

综上所述,墨卡托海图有如下特点:

(1)墨卡托海图上恒向线为直线;

(2)所有经线都相互平行,所有纬线也相互平行,经线与纬线互相垂直;

(3)具有纬度渐长特性,即图上1′纬度的长度随纬度变化而变化,纬度越高,图上1′纬度的长度越长,但它所代表的距离均为1 n mile,图上1′经度的长度均相等;

(4)图上同纬度纬线的局部比例相等,不同纬度的局部比例尺,随纬度的升高而增大;

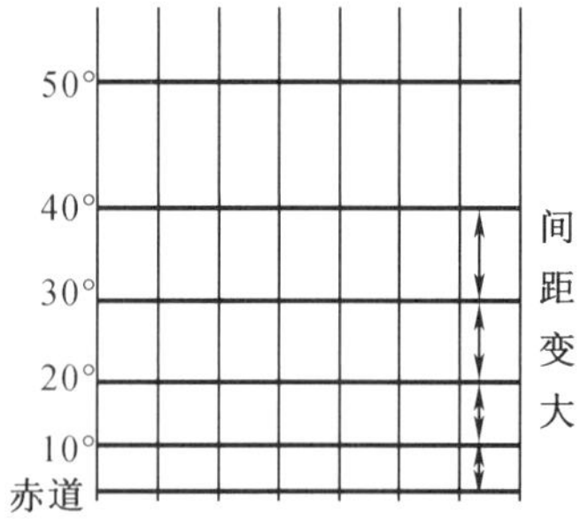

图 2-3-3 墨卡托海图

(5)由于墨卡托投影越往高纬度变形越大,所以墨卡托海图不适用于高纬度地区;

(6)具有等角正形投影的性质,因此可以直接在墨卡托海图上量取方向。

二、绘制墨卡托空白定位图

空白定位图(plotting chart)是一种用墨卡托投影法绘制的空白海图。图上只绘有经线、纬线、经度图尺、纬度图尺和罗经花,纬线标有相应纬度,南、北半球可倒转互用,经线的经度由使用者根据需要填写。在大洋航行中,海图比例尺均较小,为了弥补小比例尺海图作业精度较差的缺点,就要使用空白定位图。此外,发生海事后,需要绘制事故分析图时,也需要空白定位图。所以空白定位图是远洋航行船舶必备的。如果由于某种特殊需要,或缺乏空白定位图时,驾驶员可以根据墨卡托投影的原理自行绘制空白定位图。根据纬度渐长率绘制墨卡托图网的步骤是:

(1)根据图纸大小和图幅经差，计算出图上 1′经度长度，即图上 1 赤道海里的长度；

(2)根据“经差（分）×图上 1 赤道海里长度”，平行画出图幅内整度经线(或根据需要每隔 2°或 5°经线)；

(3)根据图幅纬度查纬度渐长率表，得到图幅上、下纬线纬度渐长率及纬度渐长率差，并乘以图幅上 1 赤道海里的长度，即可得到图幅上、下纬线间的距离，并按此画出图幅上、下纬线；

(4)图中其他纬线的画法，也是先查出该纬度的纬度渐长率，求出它与图幅中上或下纬线间的纬度渐长率差，乘以图上 1 赤道海里的长度，即可求得该纬线与图幅中上或下纬线间的应有的距离间隔，按此画出该纬线；

(5)图上经度图尺可按图上 1 赤道海里的长度等分画出。但纬度图尺最好以每 10′纬差，按纬度渐长率差计算出，以提高图网的精度，不能用一般平均细分的方法来加密纬线。

任务四 高斯投影、日晷投影和平面图法

高斯投影、日晷投影和平面图法

一、高斯投影

高斯投影(Gauss projection)又称高斯-克吕格投影，它是等角横圆柱投影。它相当于用一个圆柱面横切在地球椭圆体的某一子午线上，圆柱不是与赤道相切，而是与某一经线相切，该经线称中央经线。圆柱轴不与地轴重合，而是与地轴垂直，位于赤道面上。按照等角投影条件，把中央经线东西各一定的经差范围内的地球椭圆面投影到圆柱面上，将圆柱面展开为平面，即得到如图 2-4-1 的高斯投影经纬线图网，很明显，在高斯投影经纬线图网中，除了中央经线和赤道是直线外，其他经线均是曲线，而且离中央经线和赤道越远，弯曲变形程度也越厉害。另外，在高斯投影中还有一种图网，即所有垂直于中央经线的大圆，在图上都像墨卡托图网中经线一样，被等间距地绘成与中央经线垂直的直线，而平行于中央经线的小圆，也都像墨卡托图网中的纬线一样，被绘成与中央经线平行的直线；但它与中央经线的间距与纬度渐长一样，即离开中央经线越远，其放大变形越大，这种垂直正交的网络波称为公里图网。

从高斯投影的投影性质和方法可以看出，高斯投影有如下特点：

(1)具有等角正形投影的性质；

(2)中央经线附近变形很小，因此适宜用来描绘经差小而纬差大的狭长地带；

(3)图上极区的变形也较小，因此它也适宜用来描绘高纬度地区的海图；

(4)图上有经、纬线和公里线两种图网，而后者主要是用在测量和军事上。

我国出版比例尺 1∶20 000 及更大比例尺港湾图一般采用高斯投影图法。在这种图上仍只画出经、纬线图网，而没有公里图网。因为港湾图比例尺大，图区范围小，在中纬度以下，经线的弯曲甚微，甚至小于测量和制图误差，所以可以忽略不计，而把它们都看作直线。

因此,这种图可以当作墨卡托海图来使用。

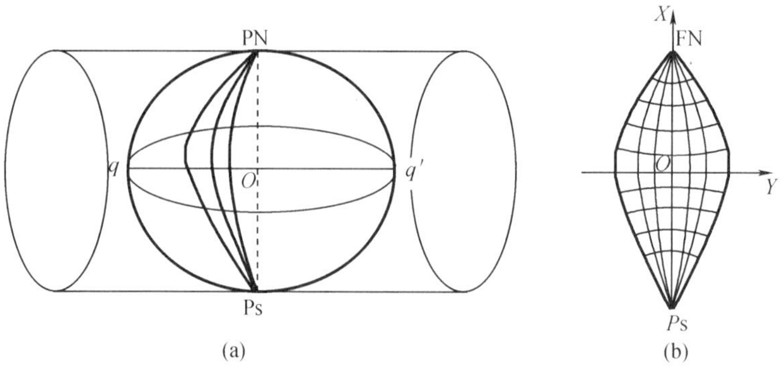

图 2-4-1　高斯投影原理图

二、日晷投影

日晷投影又称心射投影(gnomonic projection),是任意投影的一种,它是将地球球心作为投影中心并将地球表面投影到与地球相切的平面上的投影方法,如图 2-4-2 所示。在投影中,因为地球上任一大圆都过球心即投影的中心,所以投影后大圆弧都变成了直线。在心射投影,只有切点处不产生变形,离切点越远,投影变形越大。在心射投影图上角度变形和长度变形同时存在,但保证了大圆弧是直线这一特点,正因为这个原因,航海上用心射投影来绘制大圆海图。又因为心射投影切点附近变形小,在英版海图中,比例尺大于 1∶50 000 的港泊图均采用心射投影来绘制。根据切点位置不同,日晷投影又分成以下几种类型。

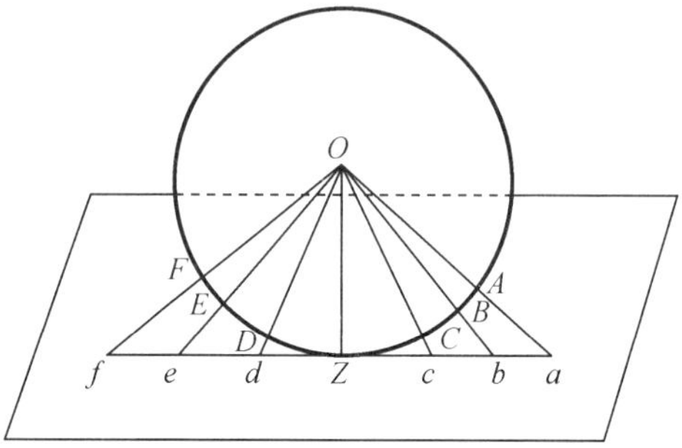

图 2-4-2　日晷投影原理图

1. 正日晷投影

切点在两极时,称为正日晷投影,又称为极切投影,如图 2-4-3(a)所示。此时经线被投影成以极点为中心的射线,纬线被投影成以极点为中心的同心圆,纬差相同的两纬线,随着纬度的不同间隔不同,距离切点越远,间隔则越大,正日晷投影通常用于绘制极区海图。

2. 横日晷投影

切点在赤道时,称为横日晷投影,又称赤道切投影。如图 2-4-3(b)所示,此时经线被投影成平行直线,经线以通过切点的经线为轴左右对称,经差相同的两经线,随着经度的不同间隔不等，离切点越远，图上间隔越宽。赤道被投影成直线，其他纬线被投影成以赤道为对称轴的双曲线，双曲线间的间隔离切点越远越宽。

3. 斜日晷投影

当切点在除了两极和赤道的其他位置时，称为斜日晷投影，如图 2-4-3(c) 所示，此时经线被投影成交汇于极点的一条射线。纬线除赤道被投影成直线外，其他随位置不同分别被投影成双曲线、抛物线或椭圆。这些曲线之间的间隔，随其离切点之间的距离不同而改变。距切点越远，曲线的间隔越宽。在日晷投影的大圆海图上，距离切点 1 000 n mile 以内的变化程度在航海上是可以接受的。

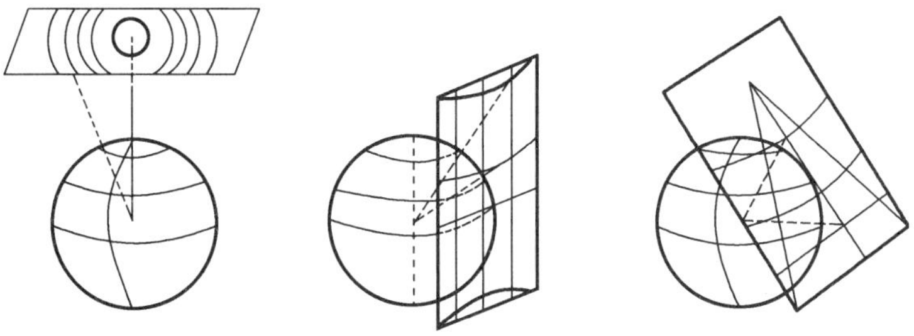

(a)　(b)　(c)

图 2-4-3　日晷投影分类示意图

大圆海图是由日晷投影绘制的，其特点如下：

(1) 大圆弧在大圆海图上为直线；

(2) 正日晷投影绘制的大圆海图为极区图，在极区图上，所有经线向极点辐合，所有纬线为围绕地极的同心圆；

(3) 除横日晷投影绘制的大圆海图外，大圆海图上所有经线向极点辐合，所有纬线为凸向赤道的曲线，赤道为直线；

(4) 心射投影不是等角正形投影，故在大圆海图上不能直接量出方向和距离，只有在图上印有特殊的算图时，方可计量航向和航程。

心射投影切点附近变形小，通常还用来绘制港泊图，把要绘制港泊图的港口置于切点处即可，在英版海图中，比例尺大于 1∶50 000 的港泊图均采用心射投影来绘制就是这个道理。

三、平面图法

英版大比例尺港泊图除了一部分采用心射投影来绘制外，大都采用平面图法。它是将小范围地面当作平面进行测量和绘制海图的方法。由于图区范围小、图网投影变形小于制图的精度，因此平面图的特点是图区范围内各点的局部比例尺相等，可以认为整个地图没有变形存在，可以满足航海上的需要。

任务五　海 图 识 读

在航用海图上仅有经、纬线图网是不够的，还必须将所有航海资料以特定的符号或缩写的形式按各自的地理经、纬度准确地绘制到海图上去，这些符号或缩写叫作海图图式(symbols and abbreviations used on charts)。船舶驾驶员必须了解和熟悉与航海关系密切的各种海图图式的含义，才能正确而熟练地使用海图，最大程度地发挥海图的作用。我国最新出版的海图是根据国家技术监督局 2022 年 7 月 13 日最新发布的《中国海图图式》(GB 12319—2022)绘制的。英版海图是根据英版海图 5011《英版海图图式》(Symbols and Abbreviations Used on Admiralty Charts)绘制的，需要注意的是海图图式在海图上是不按比例画出的。

一、海图标题栏及图廓资料

海图标题栏及图廓资料

1. 海图标题栏(chart legend)

为了不影响船舶安全航行，海图标题栏一般刊印在海图内陆处或航行不到的水面上，特殊情况下也可能印在图廓外适当的地方，海图标题栏是该海图的说明栏，一般制图和用图的重要说明均印在此栏内。标题栏的内容包括出版机关的徽志、比例尺、投影方法、基本等高距、地理位置、深度和高程的基准面及计量单位、图名、图式版别、坐标系和测量年份等编图资料的说明等。海图标题栏通常还印有图区内禁航区、雷区、禁止抛锚区、航标、分道通航制和地磁资料等与航行安全有关的说明和重要注意事项或警告。有些海图标题栏还附有图区内重要物标的对景图、潮信表、潮流表和换算表等资料。使用海图时，应首先仔细阅读标题栏内有关重要说明，特别是其中用红色印刷的重要图注。

图幅位置通常给出该图所属地区、国家和海区。总图的图名一般以海洋区域命名，如“渤海及黄海海区”。航用海图一般用图内较重要的地名作为起讫点来命名，如“日照港至上海港”。当航用海图包括的地理单元较小并相对完整时，也以区域命名，如“长江口及其附近”。港湾图一般以其包括的港湾、锚地、岛屿、水道等命名，如“南通港”。当港湾图为一狭长水域时，也可采用两个地名为起讫点来命名，如“吴淞口至高桥港”。

2. 图廓注记(marginal notes)

在海图图廓四周注记有许多与出版和使用海图有关的资料，这些资料通称图廓注记。

(1)海图图号(chart number)：英版海图图号与地区无关，是按出版海图的时间先后编排的，刊印在海图图廓外右下角和左上角，图号前缀有“BA”以代表英版系列海图。印有台卡、罗兰 C 等位置线图网的海图，在图号前缀有“L(XX)”。有些海图图号前还印有该图的国际系列图号。中版海图图号是按海图所属地区编号的，印在海图图廓的四个角上。不论该图怎样放置，图号均可保持从海图的右下角读出。

(2)图幅(dimensions)：印在图廓外右下角，在括号内给出海图内廓界限尺寸，用以检查海图图纸是否有伸缩变形。中版海图和英版米制海图以毫米为单位，拓制海图以英寸为单位。

(3)小改正(small correction)：印在图廓外左下角，用以登记该图出版(新版或改版)以来改正过的所有小改正的通告年份和通告号码,以备查考该图是否已改正至最新。

(4)出版和发行情况(publication note):印在图廓外下边中间,给出新图(new chart)的出版和发行的单位、日期,其右边还印有该图新版或改版日期。

(5)邻图索引(adjacent graph index):印在图廓外或图廓内适当地方,表示相同或相近比例尺的邻接图图号。

(6)对数图尺(logarithmical scale):在某些大比例尺的港湾图和航用海图的外廓图框上,通常印有对数图尺,位于该图左上方和右下方,以便用来速算航程、航速和航行时间等。

二、海图基准面

海图的高程基准面和深度基准面总称为海图基准面。

1. 高程基准面(height datum,HD/vertical datum,VD)

海图上所标山头、岛屿、明礁等高程的起算面称为高程基准面。我国沿海地区一般采用“1985 国家高程基准”作为高程基准,特殊情况下亦采用当地平均海面作为高程基准,我国港、澳台地区及外国地区采用原资料的高程基准。英版海图一般采用平均大潮高潮面(以半日潮为主的海区)、平均高高潮面(以日潮为主的海区)或当地平均海面(在无潮海区)为高程基准面。

(1)平均大潮高潮面(mean high water of spring tide, MHWS)

海水在月引潮力和太阳引潮力作用下,形成了周期性的海面涨落,称为潮汐(tide)。月亮、太阳与地球相对位置呈周期性的变化,从而引起了海面涨落的周期性变化。当每月朔、望时,太阳引潮力与月亮引潮力互相叠加,就形成了高潮最高,低潮最低,即潮差最大的潮汐,称为大潮。由于多种因素的影响,每一个大潮的潮高也不相等,将多次大潮的高潮面高度加以平均,其值就称为平均大潮高潮面,它是度量灯塔高度(灯高)、架空电缆、桥梁最大净空高度等的起算面。

(2)平均海面(mean sea level, MSL)

由于潮汐的存在,海面的高度随着时间的不同而有所变化。经过长期观测海水水位而确定的海水平均位置称为平均海面。平均海面是根据验潮站点每日整点的观测资料求取的海水水位的算术平均值。由于平均海面受引潮力变化的影响,观测期限不同和不同地点的平均海面略有差异。因此,平均海面根据观测期限的不同又分为日平均海面、月平均海面、年平均海面和多年平均海面。观测时间越长,取得的平均海面的精度越高,常用的平均海面值一般以不少于 9 年的观测为宜。我国现在的平均海面是根据青岛验潮站 1952—1979 年的潮汐观测资料所计算出来的。平均海面是海区、陆地高程和海图深度基准面的起算面。由于海面水位的高度会因气象因素的作用而变化,而气象条件又随季节的变化而不同,因此平均海面的高度也随季节的不同而变化。统计多年的月平均海面与年平均海面之差称为平均海面的季节改正值。

2. 深度基准面(chart datum,CD/sounding datum,SD)

海图上所注水深的深度起算面称为海图深度基准面,也是干出高度的起算面。如果海图基准面定得过高,可能产生负潮高现象,实际水深小于海图水深,对航行安全十分不利;海图基准面定得过低,自然可提高航海安全性,但也会给人以水深过浅的印象,不利于港口水深资源的充分利用。我国沿海地区一般采用理论最低潮面(旧称理论深度基准面)作为深度基准,远海及外国海区采用原资料的深度基准,不受潮汐影响的江河采用设计水位。英版海图水深通常采用天文最低低潮面(lowest astronomical tide,LAT)作为起算面。

三、高程、水深和底质

1. 高程(elevation)

自高程基准面起算的物标高度称为物标高程,又称物标的海拔高度。海图陆地上所标数字以及部分水上带括号的数字,都表示该数字附近物标的高程。物标高程起算面和单位一般在海图标题栏内加以说明。我国沿海地区一般采用“1985 国家高程基准”作为高程起算面,台湾岛、舟山群岛及远离陆地的岛屿采用当地平均海面作为高程基准面。英版海图在半日潮为主的海区用平均大潮高潮面作为高程基准面,在日潮为主的海区采用平均高高潮面作为高程基准面,在无潮海区采用当地平均海面作为高程基准面。

中版海图高程单位为米,高度不足 10 m 的,注记精度为 0.1 m,高度大于 10 m 的,舍去小数注整米数。英版米制海图高程单位为米,拓制海图单位为英尺。山高的高程点一般用黑色圆点表示,并在附近标有高程数值,其他各高程用等高线(contour line)描绘。等高线是高程相等各点的连线,等高线上数字表示该等高线的高程。

高程和高度是两个不同的概念,以下是几个航海上重要的高度概念。

(1)比高(relative elevation)指物标本身的高度,即自地物、地貌基部地面到顶端的高度,3 m 以下的注至 0.1 m,3 m 以上的注至整米,小数舍去。

(2)干出高度(drying heights)指干出礁露出海图深度基准面以上的高度,注至 0.1 m,在整米数字下加一横线表示,如“$\underline{1}5$”表示干出高度为 1.5 m。

(3)灯高(elevation of light)一般是指自平均大潮高潮面至光源灯芯的高度,灯高不足 10 m 的,注至 0.1 m,大于 10 m 的,舍去小数注整米数。

(4)桥梁净空高度(charted vertical clearance)指自平均大潮高潮面或江河高水位到桥下净空宽度中下梁最低点的垂直距离,包括架空管道、电缆等净空高度等,净空高度不足 10 m 的,注记精度为 0.1 m,高度大于 10 m 的,舍去小数注整米数。英版海图净空高度一般自平均大潮高潮面、平均高高潮面或平均海面起算。

2. 水深(sounding)

水深是海图深度基准面到海底的垂直距离。凡海图水面上的数字均表示水深,但不包括号中的数字和数字下有横线的数字。等深线是指水深相同点的连线。有关水深说明见表 2-5-1。

表 2-5-1　水深说明

中版图式说明	英版图式说明
①水深点的位置是在水深整数的中心	①同左
②各种水深注记,水深小于 21 m 的注记 0.1 m,21~31 m 的注至 0.5 m,深于 31 m 的注至整米	②米制海图水深小于 21 m 的注记 0.1 m,有的海图因资料相当精确,则 21~31 m 的注至 0.5 m,深于 31 m 的注至整米,拓制图以拓和英尺为单位则精确到 1.0 m。拓制海图中小于 11 拓的以拓和英尺表示,其余则精确到 1.0 拓;有的海图因资料相当精确,则 11~15 拓也可能以拓和英尺表示
③各种水深以米为单位,小数用拖尾小号数字表示。如 4_5 表示 4.5 m	③米制海图同左

表 2-5-1(续)

中版图式说明	英版图式说明
④$\underline{\dot{}}\atop 50$表示该处水深 50 m 尚未测到底	④同左
⑤水深注记一般用斜体字表示。斜体字表示实测水深,精度良好。但在 1∶500 000 及更小比例尺海图上全部用斜体字表示,如 15_2	⑤通常用斜体字表示水深
⑥直体水深表示深度不准确、采自旧资料或小比例尺海图的水深资料,如 245	⑥同左
⑦$\boxed{11}$表示经过扫海或潜水员探测的水深是 11 m	⑦同左
⑧等深线用实线表示,并注记水深,不精确水深用虚线表示。为满足某些特殊需要,等深线可与浅蓝色带(一般宽 3 mm)组合表示	⑧米制海图 0~5 m 及 5~10 m 等深线内印有浅蓝色或者在 10 m 或 20 m 等深线浅水一侧印浅蓝色
⑨带圆括号的水深如⑧表示特殊水深是指明显浅于周围深度的水深为 8 m	⑨据报或未确定水深或危险物
⑩$\overline{32}$ 表示未曾精测过的水深是 32 m	⑩同左

3. 底质(nature of the seabed)

底质即海底的性质,其种类有很多,如泥(M)、沙(s)、岩(R)、石(st)、贝壳(sh)等。它为测深辨位、选择锚地等提供资料。在表示底质时,一般用“颜色+形容词+性质”来说明,如黄粗沙、黑软泥等。若海底上、下两层底质不同,应先注上层后注下层,如泥/沙(M/S),表示上层为泥,下层为沙。若底质为两种物质的混合底质时,应先注成分多的后注成分少的,如沙泥(S·M),表示沙多于泥。

四、航行障碍物

1. 礁石

礁石有明礁、暗礁、干出礁和适淹礁之分。

(1)明礁(bare rocks)

露出平均大潮高潮面的岩石。中版海图上的图式是:大比例尺海图上,通常根据明礁的大小形状按比例绘出,并注记高程;海中孤立的岩峰为使其明显突出,可在其周围加绘危险线;不能按比例绘出的,可用直径为 0.6 mm 的圆形符号表示,对于群集的可用 0.4 mm 的点状符号表示。英版海图明礁图式与中版海图相同。同一明礁,但由于中、英版海图所采用的高程基准面不一定相同,因此其所注记的高程也不一定相同。

(2)暗礁(reef,submerged rock,sunken rock)

在海图深度基准面以下的礁石。暗礁有的能按比例画出,有的不能按比例画出。暗礁有深度已知和深度不明的暗礁之分,并在海图上用不同的图式表示。深度不明的危险暗礁是指可能会对航行构成危害的暗礁。其上水深大于 20 m 的暗礁称非危险暗礁。暗礁的中英版海图图式基本相同。暗礁对船舶有很大危险,航行时应引起高度重视。

(3)干出礁(dying rock)

在平均大潮高潮面以下,海图深度基准面以上的礁石称为干出礁。干出礁有时淹没,有时露出。中版海图用依比例和不依比例两种图式标出,附近所注记的数字系干出高度,英版海图干出礁图式同中版海图。

(4)适淹礁(rock awash)

在深度基准面上适淹的礁石。中、英版海图图式相同。

各种礁石的示意图如图 2-5-1 所示。

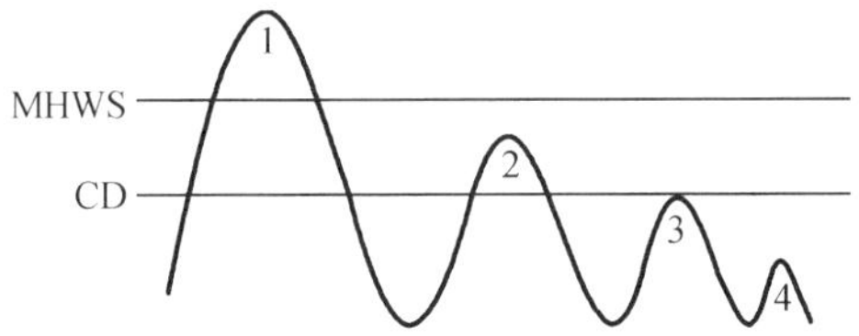

1—明礁;2—干出礁;3—适淹礁;4—暗礁。

图 2-5-1 礁石示意图

2. 沉船(wrecks)

沉船具体分为部分露出水面的沉船、露出桅杆的沉船、危险沉船、非危险沉船、经扫海的沉船、测得其上深度的沉船和其上深度未精测的沉船。沉船图式又可分为船体形状依比例画出和不依比例画出两种。危险沉船是指其上水深小于 20 m(中版海图)或 28 m(英版海图)的沉船,或深度不明,但有碍水面航行的沉船。非危险沉船是指水深大于 20 m(中版海图)或 28 m(英版海图)的沉船,或深度不明,但不影响水面航行的沉船。未精测沉船指未进行精确的测量,沉船最浅深度不明,但表示的深度是采用其他方法估计的沉船水深。

3. 其他障碍物

(1)浪花(breakers)Br

表示多礁地区,浪花冲击波涛汹涌,船只不能靠近的地段。

(2)渔礁

为保护某些珍贵的海上鱼类,人为在海底设置的供鱼类栖息的场所,这些场所一般都由钢筋水泥或其他有碍安全航行的材料制成。

(3)渔栅

捕鱼用的木栅、竹栅或系网捕鱼的桩等。

(4)水草

海上或江河航行水域天然生长的水生植物。

(5)不明性质障碍物

不知其性质的障碍物。常见的礁石、沉船等障碍物和其他一些重要的海图图式与含义见表 2-5-2。在这些海图图式中,“扫海”的意思是在一定海区内进行扫测,以查明该区域内或该区域所规定的深度上是否存在航行障碍物的一种测量。用软扫海具进行扫测的方法分定深和拖底扫测两种。定深扫测是使用扫海具的底索在深度基准面以下保持一定深度的扫海测量,主要用于确定船舶安全航行的深度和航行障碍物的最小深度。拖底扫测是用扫海具的底索进行落底扫测，以便发现和探测航行障碍物。“扫海”的海图图式加“⌴”、危险物外加点线圈者，均为对水面航行有碍的危险物，提醒航海者予以特别注意。危险物位置未经精确测量的，加注“概位”（position approximate）PA；对危险物位置有疑问时，则加注“疑位”（position doubtful）PD；对危险物的存在有疑问时也加注“疑存”（existence doubtful）ED；对船舶或其他途经报告的未经测量的航行障碍物，则加注“据报”（rep）。

五、助航标志

助航标志

助航标志（navigational aids），简称航标，是指供船舶定位、导航用或用于其他专用目的（如测速、校罗经）的人工助航标志，包括灯塔、灯标、浮标、立标、雷达站、无线电导航设备及雾号等。航标包括特定的标志、灯质、音响或无线电信号等，其海图图式与含义见表2-5-2。航标是以其形状、颜色、顶标、灯质和编号等特征相互区别的。各国浮标制度至今仍不完全统一，多数航海国家都采用国际航标协会（IALA）推荐的海上浮标系统。具体细节应查阅有关航路指南、港章和海图标题栏的说明。《中国海区水上助航标志》（GB 4696—2016）是采用IALA海上浮标系统（A区域）的原则，结合我国具体情况制定的。

表2-5-2 常用海图图式与含义

名称		中版	英版	备注
礁石	明礁		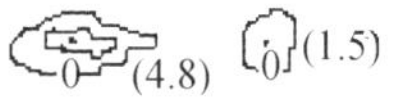	—
	干出礁			—
	适淹礁	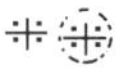	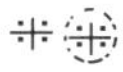	—
	暗礁			—
		23 岩	23 R	—
			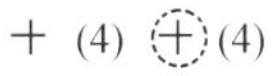	—
	水下珊瑚礁		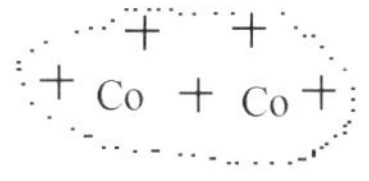	—
沉船	非危险沉船			其上水深中版大于20 m，英版大于28 m
	危险沉船			—

表 2-5-2(续 1)

名称		中版	英版	备注
沉船	部分露出水面的沉船			—
	已知最浅深度的沉船			—
	经扫海已知最浅水深的沉船	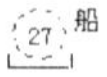		—
	未精确测量沉船			—
其他障碍物	浪花			—
	碍锚地			—
	深度不明障碍物		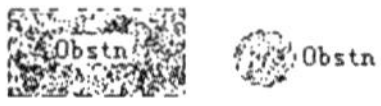	—
	已知最浅深度的障碍物			—
	经扫海的障碍物		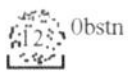	—
	渔栅	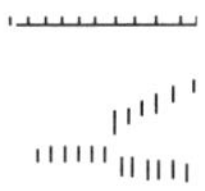	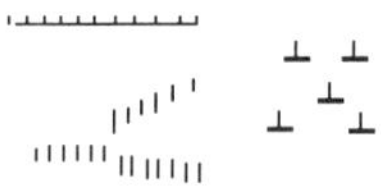	—
	渔礁			—
	贝类养殖场			—
其他重要图式	生产平台、井架			—
	已知最大吃水的航道	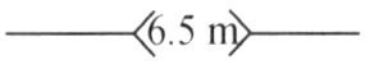	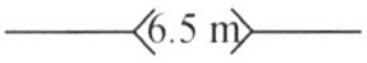	—
	已知最大吃水的推荐航道	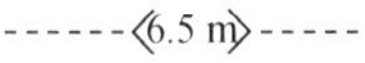	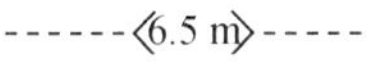	—
	深水航道	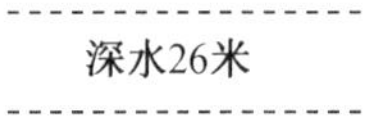		—

表 2-5-2(续 2)

名称		中版	英版	备注
其他重要图式	无线电报告点			—
	限制区界限			—
	引水站			—
航标	灯塔			—
	灯桩			—
	航空灯塔	 航空	 Aero	—
	灯船			—
	雷达反射器	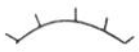	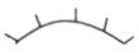	—
	大型助航灯浮(蓝比 LANBY)			—
	海岸雷达站	 雷达	 Ra	—
	雷达指向标	 雷信	 Ramark	—
	雷达应答标	 雷康(o)	 Racon(o)	—
	全向无线电信标	 环向	 Name RC	—
	定向无线电信标	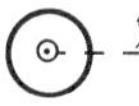 定向270.5°	 RD RD270.5°	—
	旋向无线电信标	 旋向	 RW	—
	无线电测向台	 测向	 RG Ro D.F.	—
	无线电答询台	 答询	 R Ro	—
	航空信标	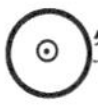 空指向	 Aero RC	—

助航标志的灯质(light character)是指灯光的性质,它是以灯光节奏和灯光颜色来相互

区别的。灯质的种类有很多,但基本灯质有五种,即定光(fixed)、闪光(flashing)、明暗光(occulting)、互光(alternating)和莫尔斯灯光(morse)。通过这五种基本灯质可以引申出很多灯质,具体见表 2-5-3。在这些助航标志中,有关定义如下。

(1)定光:一种颜色灯光发光,长明不灭。

(2)闪光:一种颜色灯光发光,亮比暗短。

(3)明暗光:一种颜色灯光发光,亮比暗长或相等。

(4)互光:几种颜色灯光交替发光,长明不灭。

表 2-5-3　常见灯质海图图式

灯质	中版图式	英版图式	说明	示意图
定光	定	F	一种颜色灯光发光,长明不灭颜色不变	
单闪光	闪	FL	颜色不变,在 1 个周期内只显示单次闪光,明比暗短的灯光	
联闪光	闪(3)	Fl(3)	在 1 个周期内以 2 次或 2 次以上的闪光组成 1 个组	
混合联闪光	闪(2+1)	F1(2+1)	在 1 个周期内相继出现几个不同闪光次数的联闪光	
长闪光	长闪	LFL	持续时间不少于 2s 的闪光,我国规定持续时间为 2s	
连续快闪光	快	Q	颜色不变,每分钟发 50~80 次闪光,我国为每分钟 60 次	
联快闪光	快(3)	Q(3)	在 1 个周期内以 2 次或 2 次以上的快闪光组成 1 个组	
间断快闪光	断快	IQ	有间断的快闪光	
连续甚快闪光	甚快	vQ	颜色不变,明暗次数每分钟 80~160 次,我国为 120 次	
联甚快闪光	甚快(3)	vQ(3)	在 1 个周期内以 2 次或 2 次以上的甚快闪光组成 1 个组	
间断甚快闪光	断甚快	IvQ	有间断的甚快闪光	
连续超快闪光	超快	uQ	颜色不变,每分钟发闪光 160 次以上,一般为 240~300 次	
间断超快闪光	断超快	IUQ	有间断的超快闪光	

表 2-5-3(续)

灯质	中版图式	英版图式	说明	示意图
莫尔斯灯光	莫(A)	Mo(A)	颜色不变,按莫尔斯码显示有节奏的灯光	
定闪光	定闪	FFl	颜色不变,每隔一定时间加发1次更亮闪光的定光灯	
互光	互白红	ALWR	有节奏地交替显示不同颜色的灯光	
明暗光	明暗	Oc	一种颜色灯光发光,亮比暗长或相等	
联明暗光	明暗(2)	Oc(2)	在1个周期内连续熄灭2次或2次以上,明长于暗的灯光	
混合联明暗光	明暗(2+3)	Oc(2+3)	在1个周期内相继出现几个不同熄灭次数的联明暗光	
等明暗光	等明暗	Iso	颜色不变,明暗交替且时间相等的灯光	

(5)周期(period):指有节奏的灯光自开始到以同样的节奏重复时所经过的时间间隔(单位为s)。

(6)灯高(elevation):见前面“高程、底质和水深”。

(7)射程(range):见前面“能见距离”。

(8)雾号(fog signals):即雾警设备,是附设在航标上雾天发出声响的设备。雾号设备种类很多,如雾钟(bell)、雾锣(gong)、雾哨(whistle)、雾角(horn)、雾笛(siren)、爆音雾号(Explos)、雾炮(gun)等。

(9)光弧(sector):用于表示光弧灯的光弧区域,不同光色分别标注。所标注方位为观测者由海上观测灯标的真方位,顺时针方向计算。

在助航标志中,灯标的灯光性质在白天和夜间不同时,则将白天的灯光性质括注在夜间灯光性质的下方并在其后加注“昼(中版)或by day(英版)”。在有雾时灯光性质发生改变,或仅在雾天显示的雾灯,应括注“雾(中版)或in fog(英版)”。无人看守的灯标可在其灯光性质之后括注“无(中版)或u(英版)”。临时的灯注记“临(中版)或temp(英版)”。灯光已熄灭的灯用“熄(中版)或extingd(英版)”。为航空导航而设置的航空灯在灯光性质后括注“航空(中版)或aero(英版)”。

海图图式在海图上占有一定的位置,而物体的实际位置要看具体的海图图式而定。如面状符号(symbols in plan)如“”,位置在符号中心;形象符号(symbols inprofile)如“”,位置在符号底线中心;点状符号(point symbols)如“⊙”,位置在符号的中心点。

任务六　海图分类与使用

一、海图的分类

根据不同的分类标准,海图可分不同种类,根据海图制作材质的不同,分为纸质海图和电子海图两大类。

1. 纸质海图

纸质海图是用传统的方法,以纸作为装载信息的工具印刷而成。纸质海图根据用途的不同可分为航用海图、专用图和参考图三大类。

航用海图大部分是墨卡托海图。航用海图用于拟定航线、航迹推算和定位等海图作业,航用海图按其比例尺的大小又可分为以下几种。

(1)总图(general charts)

总图只能用于船舶在大洋航行时,研究总的航行条件、拟定大洋航线和制订总的航行计划。比例尺一般为1:3 000 000及更小。总图图区包括范围甚广,图上只印有简略的岸线、岛屿、水深点,以及在远离海岸航行时看到的重要物标、灯塔,与海岸有一定距离的航海危险物。沿岸航海危险物仅做概略的描述。

(2)远洋航行图(ocean sailing charts)

远洋航行图是供远洋航行中,研究洋区的地理、水文特点、标示灾害性天气位置、决定改向、改线措施等使用的海图。比例尺一般为1:1 000 000~1:2 990 000。图上详细标有海上平台、井架等近海设施,一般还标有主要的山头及岛顶高程、主要雷达及无线电导航设备和特别重要的灯塔、灯桩、灯船等。

(3)近海航行图(offshore sailing charts)

近海航行图主要是供船舶在近海航行时导航与定位用的海图。比例尺一般为1:200 000~1:9 900 000。图上详细标有雷达站及无线电导航设备、灯塔和射程较远的灯桩、主要灯船、雾号、有雷达反射器和雷达应答标的航标、进港的1号浮及指示航行障碍物的浮标。图上一般还标有沿海较主要的航道、码头、防波堤、港外较大的锚地和港口沿岸较显著的建筑物。

(4)沿岸航行图(coastal sailing charts)

沿岸航行图是供船舶沿岸和狭水道航行用的海图。比例尺一般为1:100 000~1:190 000。沿岸航行图是大比例尺海图,沿岸地形、地物、水深及全部航行障碍物和灯标、浮标等均详细标注。例如图上一般都详细标有除供港湾内用的助航标志以外的助航标志,还详细标有港口附近的主要航道及其疏浚深度或扫海深度、港外锚地和较大港湾内的码头、防波堤、海上平台等近海设施及沿海陆地地貌、烟囱、灯塔、教堂、电线杆等具有航行意义的各种建筑物等。

(5)港湾图(harbour charts)

港湾图是供船舶进出港湾、锚地,通过狭窄水道及港口管理等使用的海图。比例尺一般大于1:100 000。港内地形、地物、水深及全部航行障碍物和灯标、浮标等均详细标注。如图上详细标有港内灯塔、灯标、浮标、立标、雷达站、无线电导航设等各种助航标志。当图幅范围内有更大比例尺的港湾图时,港内助航标志会做较多的取舍。图上还详细标有各种航道及其疏竣深度或扫海深度、锚地和锚位,以及码头、防波堤、船坞和系船灯桩等港口资料。

专用图是为了某种航海特殊需要而专门绘制的海图。如供无线电定位用的"罗兰海图""台卡海图",为设计大圆航线用的"航路设计图""大圆海图"等。

参考图是标绘有关航海资料供航行参考使用的海图,如"等磁差曲线图""地磁要素图""洋流图""冰况图""潮汐图"等。

2. 电子海图

电子海图(electronic chart)是在电子显示器上显示出与纸质海图相同的航海信息以及其他一些纸质海图无法显现的航海信息。目前能查询到的最早的电子海图系统出现在1979年。在20世纪80年代初,人们主要从事电子海图系统的研制和试用;到了20世纪90年代,关于电子海图系统的讨论(包括争论)以及相应的国际规范相应出台。这期间出现了chart plotter设备,实际上是GPS液晶屏幕在显示本船位置的同时显示简单的岸线和水深。chart plotter可以被看作电子海图的雏形或前身,目前国外许多人仍把电子海图系统称为chart plotter。实际上,电子海图系统的英文为electronic chart system,简称为ECS,它的功能比chart plotter要完善得多。一种功能更加完备并可取代纸海图的系统称为"电子海图显示与信息系统",英文缩写为ECDIS。根据1995年出版的*The Future of Electronic Charts in Merchant Ships*统计,当时使用Chart Plotter和ECS的各类船舶有20万艘之多。与此相适应,在20世纪90年代研制或生产ECS/ECDIS的厂商和单位也迅速增加,据《1999年ECS/ECDIS》指南列出的电子海图产品名录,以及近几年出现在各类航海杂志上的广告,参与研制或生产电子海图的厂商和单位有几百家之多。电子海图之所以在海事界引起高度重视,是因为它具有传统纸海图无法比拟的优点。一套性能完善的电子海图系统可以进行航线辅助设计、船位实时显示、航向航迹监测、航行自动警报(如偏航、误入危险区等)、"黑箱"自动存储本船航迹和ARPA目标、历史航程重新演示、快速查询各种信息(如水文、港口、潮汐、海流等)、船舶动态实时显示(如每秒刷新船位、航速、航向等),与其他航海仪器(如GPS、陀螺罗经、计程仪、雷达、Navtex、AIS等)进行数据与信息交流,将雷达/ARPA捕捉到的目标船动态叠显在海图上,与电子海图系统相配的雷达信号综合处理卡可直接处理和显示来自雷达天线的视频信号,自动生成若干类型的搜救(SAR)航线、海图手动改正或编辑,海图自动改正(数千幅海图的改正只需几分钟)。

二、海图的使用和保管

1. 判断一张海图的可信赖程度

海图是船舶海上航行的向导,海图精度直接影响到船舶的安全航行。船舶驾驶员在购置、使用海图时必须懂得判断海图的可信赖程度。一般来说,一张海图精度的高低从以下几个方面加以考虑。

(1)测量和编绘时间

时间越近,可信赖程度越高,反之越低。因为年代越早,则当年测绘中所用的仪器和方法不如现代完善。此外,随着时间推移,海上资料也越来越丰富,例如沉船越来越多等。

(2)资料来源

如果是海图出版国的海道测量机构所测绘的资料就比较可靠,而引用别国资料或从外国海图翻印而来的,海图的可信赖程度低。

(3)海图比例尺

大比例尺海图比小比例尺海图的信赖程度高,因为大比例尺海图的误差总是减少到最小程度,只有最大比例尺海图才优先按照最新的重大测量资料进行详细广泛订正,当然大比例尺海图所示资料也较为详尽。再者,海图变形,比例越大所受影响越小。

(4)出版、新版或改版日期

海图出版一定时期后,对原版做全面的改正和补充后,重新刊印出版的海图称为新版图,对原版图某一局部范围做较大修改和补充后,重新印刷出版的海图称为改版图。因此,海图出版、新版或改版日期是最新的,可信赖程度高。而某张海图出版后很长时间没有改版或者新版,可信赖程度低。

(5)测深的详尽程度

①海图上等深线多,水深点密集,测深工作比较精密,海图可信赖程度高。

②海图在测绘过程中对测深线间隔、水深点间隔是按不同海域、不同比例尺来选定的,可信赖程度高的海图,不应存在巨大的水深空白区,反之,海图可信赖程度低。

③水深点排列有规律,等深线层次分明,有始有终,海图可信赖程度高;如果等深线间断,来去不明,海图可信赖程度低。

(6)陆标

海图上所标注的岸上观测点和显著物标的数量也是评定海图可信赖程度的一个因素,尤其是标注有沿岸、海峡或航道的海图,如靠海一侧缺乏具有显著特征的陆标,则海图可信赖程度低。

(7)岸线

岸线是完整的实线,可信赖程度高,反之,可信赖程度低。

(8)图纸质量

正规出版的海图,图纸质量高,如图纸质量非常差,则海图可信赖程度低。

2. 使用海图注意事项

(1)要使海图所载航海资料保持在最新状态,使用前要查对海图左下角的小改正是否改正到使用之日。

(2)对于水深点之间的空白,应认为是未经水深测量者;对于较浅的水深点之间的空白,应认为可能存在着浅点。

(3)使用外版海图时,要注意其单位是拓制还是米制。同时应持有该图出版国发行的最新海图图式。对新近出版的米制图要考虑其资料来源,因为它们中不少是取材于拓制图,因此要着重看清图上印有的测量时间和资料采用略图,不能只看海图外表。

(4)船上有大比例尺海图的尽量用大比例尺海图,特别是在浅滩或岸边附近航行时,更要用大比例尺海图,因为大比例尺海图航海资料详尽。

(5)船舶在航行中,原则上在海图桌上只可以放上一张海图,以免彼此混淆。

(6)在礁脉绵亘水域或其边缘,往往在一定范围内还延伸着未知的暗礁和浅滩,在珊瑚礁海域航行时,必须考虑到从海图上测量日期至航行之日这段时间中,珊瑚礁生长和碎块沉积可能引起水深减少的情况(因为珊瑚每年都在生长)。

(7)对海图上印有的航行障碍物、危险区、警戒区以及不应进入区域等应予以特别重视。例如马六甲海峡、多佛尔海峡等的海底存在沙波,由于沙波受潮流或巨浪的作用会改变其上水深。因此,受其影响的沉船有时不仅会变更位置,而且会变更沉船上的水深。

(8)对海图要持谅解的态度。因为海图中的资料必须体现易懂性、确切性和可靠性,因此要求在海图上刊印完整的资料,不仅有困难而且不现实。所以海图上资料不够完整的情况是客观存在的。

(9)航行中应使用最邻近的罗经花,如船位处在两罗经花中间位置,则应内插求得。

(10)将船位从某一张海图转移至另一张时,应仔细核对转移海图船位的准确性。

(11)在使用每一张海图之前,一定要仔细阅读图上所有的说明、注解和告诫。

3. 海图管理注意事项

海图的重要性不言而喻,因此应养成爱护它的习惯。不爱护海图不仅会缩短海图的使用寿命,更严重的是会影响海图的精度和可靠性,危及船舶航行安全。

(1)不可因雨、雾、雪而使海图潮湿;如受潮,应平放阴干,切不要曝晒和火烤。海图室内应备有干毛巾,以备擦汗水或雨水,以免海图受潮。

(2)使用海图时,应保持图面清洁,四面资料清晰可见、海图作业用的铅笔以 2B 或 4B 的柔软铅笔为宜,画线或注字要轻,选用优质的软橡皮,严禁在海图上乱涂乱画或把海图当草稿纸使用。

(3)海图应按图号顺序保存,平放在海图柜内,尽量不要死折(不得已尽可能虚折且注意图上罗经花不在褶痕处)。

(4)航行中海图作业及书写文字应保留至下一航次开始时方可擦去。

(5)海图室内要有通风设备保持适当温度和湿度,避免海图因潮湿或干燥而伸缩变形。

(6)使用海图时,应将海图平放,并将四隅压好。

(7)凡作废海图应立即从图柜抽出报废并做报废登记,千万不要与现用海图混淆。

(8)海图在搬运过程中应将海图卷起(图面向里),最好放入海图筒内以防损坏。

项目三

航 路 资 料

我国古代沿海劳动人民早就注意到,海面每天会产生周期性的升降现象,人们将白天海水上涨称为潮,晚上上涨称为汐。海面在周期性外力作用下产生的周期性升降运动称为潮汐(tide),海面上升的过程称为涨潮(rising tide or flood tide),当海面升到最高时,称为高潮(high tide or high water),海面下降的过程称为落潮(falling tide or ebb tide),当海面降到最低时,称为低潮(low tide or low water)。

伴随海水周期性涨落现象,还同时产生海水周期性的水平方向流动,即产生潮流(tidal stream)。潮汐与潮流对船舶航行有着直接的影响,例如由于潮汐的存在,海图上所载的水深与实际水深不同,即实际水深较图载水深大,因此吃水深的船舶就可利用高潮或涨潮时通过浅水航道进入浅水港湾。而潮流则将直接影响船舶航速和航迹,为此可利用顺流航行以提高船舶实际航速,从而减短航行时间和节省燃料。为此船舶驾驶员必须熟练掌握潮汐和潮流的推算方法,利用潮汐和潮流,为安全、经济的航行服务。

任务一　潮汐基本知识

地球表面上任一水质点除受到地心引力和地球自转惯性离心力的作用外,还受到其他天体的引潮力(tide-generating force)的作用。因为地球上某一固定点所受到的地心引力和地球自转惯性离心力的大小和作用方向都是恒定的,所以地心引力和地球自转运动对潮汐不产生影响。潮汐产生的原动力是天体的引潮力,即天体引力和地球-天体相对运动所需的惯性离心力的向量和。其中首先是月球的引潮力,其次是太阳的引潮力。目前,现代潮汐科学发展迅速,潮汐理论更为完善。本章仅从航海实际需要出发,扼要地利用平衡潮理论(静力学理论)分析潮汐的基本成因。为方便月球引潮力的讨论,提出两点假设:(1)整个地球被等深的大洋所覆盖,所有自然地理因素对潮汐不起作用;(2)海水没有摩擦力和惯性力,外力使海水在任何时刻都处于平衡状态。

一、月球的引潮力与潮汐的形成

月球的引潮力与潮汐的形成

1. 月球的引力

由万有引力定律可知:月球及其他星球对地球表面上的海水均有吸引力,现首先研究月球对地球的引力。如将地球、月球都看成质点,则月引力

的大小可用下式表示为

$$F_1 = K \cdot M_1 \cdot M_2 / D^2 \qquad (3\text{-}1\text{-}1)$$

式中　F_1——月球对地球的吸引力；

M_1, M_2——地球和月球的质量；

D——月球与地球之间的距离；

K——两质点在单位距离的引力常数。

由于地球上各点距月球球心的距离不同，因此地球上各点所受月球引力的大小也不相同，且方向也不同，但其方向均向着月球球心，如图 3-1-1 所示。经计算：近月点的月引力是远月点的月引力的 1.065 倍。

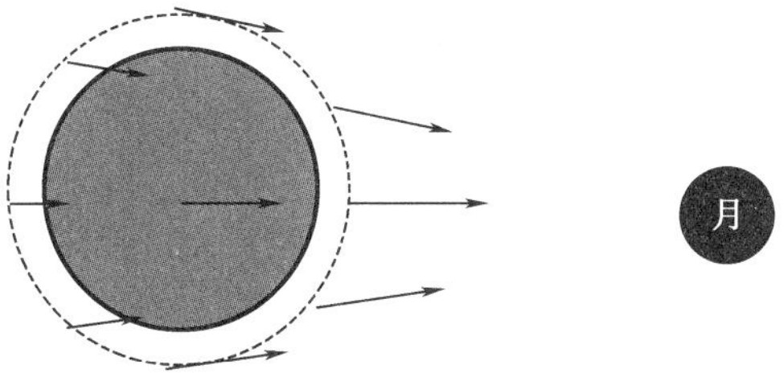

图 3-1-1　月球的引力

2. 地球绕月球和地球的公有质心旋转时所产生的惯性离心力

众所周知，月球不停地绕着地球公转，但严格地说，月球并不是绕地球中心公转，而是绕着月球和地球的公有质心旋转。与此同时，地球除自转和绕太阳公转外，也会绕月球、地球的公有质心旋转，其旋转的周期也是一个月，地球这种绕月球、地球公有质心的旋转运动，称为地球的月运动。如图 3-1-2 中，设 G 为月球和地球的公有质心，则根据计算，G 的位置在月、地连线上，距地球中心 E 约为 0.73r 处（r 为地球半径）。在旋转过程中，月心、地心与公有质心永远在一条直线上，且月心和地心分别位于公有质心的两边。

因为地球绕公有质心 G 做水平运动，平动的特征是地球上各点在任一瞬间都具有相同的速度和加速度，即都等于地心 E 绕 G 运动的速度和加速度，因此地球表面上各单位质量的水质点都具有和地心 E 处单位质量的水质点大小相等、方向相同的惯性离心力的作用，图 3-1-3 表示地球上各点的惯性离心力。

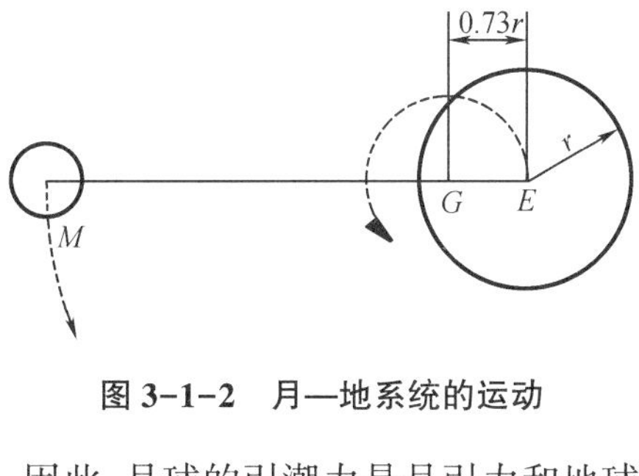

图 3-1-2　月—地系统的运动

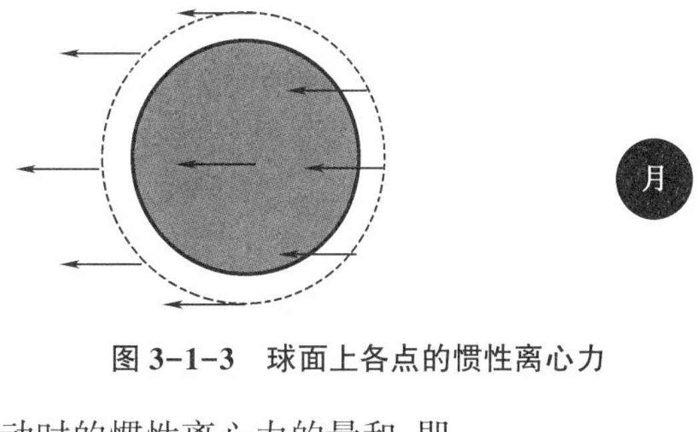

图 3-1-3　球面上各点的惯性离心力

因此，月球的引潮力是月引力和地球月运动时的惯性离心力的量和，即：

月引潮力矢量=月引力矢量+地球月运动的惯性离心力矢量

地球上各点在地球月运动时的惯性离心力，其大小均相等，等于地心处的月引力大小，而方向也均相同，均背向月球，但地球上各点所受月引力的大小和方向则均不相同，因此除地心外，地球上各点所受的力均不平衡，从而便有一个合力存在，这个合力便是月引潮力 。球面上各点所受的月引潮力如图 3-1-4 所示。

根据假设，整个地球表面被等深的海水所覆盖，则在引潮力的作用下，形成了长轴与月地连线重合的椭圆体，称为月潮椭圆体（图 3-1-4），它上面所受引潮力指向球心的各点所组成的水圈称为照耀圈。

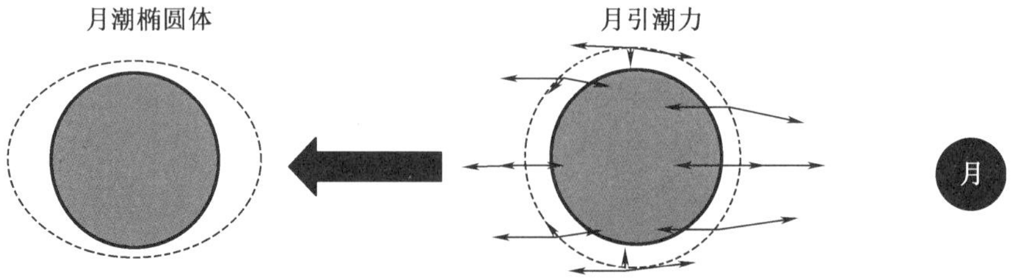

图 3-1-4　地球表面各点的月引潮力与潮汐椭圆体

3. 潮汐的形成

图 3-1-5 是假定月球赤纬为零时的月潮椭圆体，P 为地极，A_1、A_2、A_3、A_4 分别表示地球表面上任意一点 A 随着地球自转中的 4 个位置。这个潮汐椭圆体的长轴在月地中心的连线上。

当 A 在 A_1 点时，月球在该点上中天，该地海面水位升到最高，产生该地该日第一次高潮；当 A 在 A_2 点时，海面水位下降到最低，产生该地该日第一次低潮；当 A 在 A_3 点时，即月下中天，海面水位再次升到最高，即发生该地该日第二次高潮；当 A 在 A_4 点时，海面水位再次下降到最低，则发生该地该日第二次低潮。月球连续两次上（下）中天的时间间隔称为一个太阴日，约为 24 h 50 min。相邻两个高潮（低潮）的时间间隔（约为 12 h 25 min）称为潮汐周期。可见，我们所讨论的潮汐是以半个太阴日为周期的，故称为半日潮（semi-diurnal tide）。

二、潮汐不等现象

潮汐周日不等现象

1. 潮汐周日不等现象

（1）月球赤纬（δ_D）等于 0°时的潮汐现象

月球绕地球公转的轨道——白道，其与地球赤道最大的夹角 28°36′，因此月球相对于地球的位置每天都是变化的。当月球的赤纬等于 0°时，地球上各地的潮汐现象如图 3-1-6 所示。归纳其特点如下。

①除两极无潮汐外，各纬度所在地区在一个潮汐周期内都出现两次高潮和两次低潮；

②各纬度所在地区从高潮到低潮，与从低潮到高潮的时间间隔均为 6 h12.5 min；

③高潮时，赤道上的潮高最高，随着纬度的增加，潮高逐渐降低，但相同纬度所在地的两次高潮潮高相等，两次低潮潮高也相等。

月球赤纬等于 0°或太阳赤纬等于 0°时的潮汐现象，称为分点潮（equinoctial tide），也叫赤道潮。太阳赤纬等于 0°时的潮汐现象与月球赤纬等于 0°时的潮汐现象相似，但潮高较低。

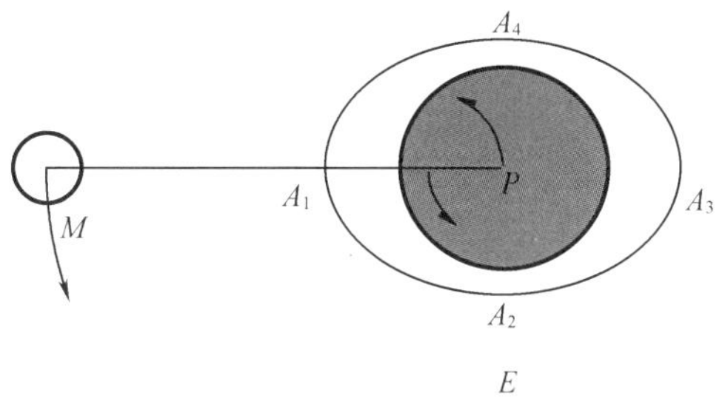

图 3-1-5 潮汐的形成

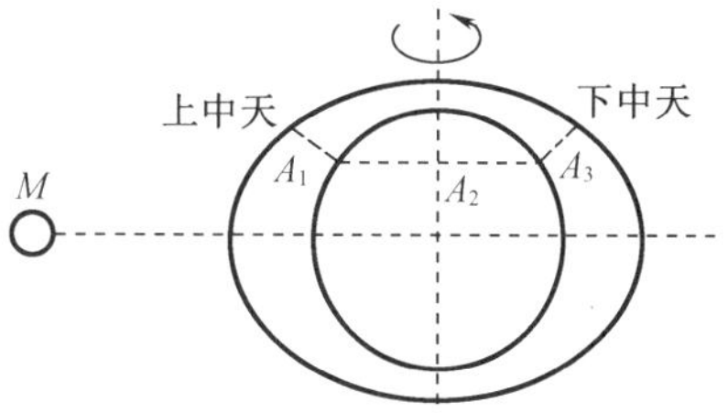

图 3-1-6 月球赤纬等于 0°时的潮汐椭圆体

(2)月球赤纬(δ_D)不等于 0°时的潮汐现象

实际上,在同一太阴日中所发生的两次高潮或两次低潮的潮高以及相邻的高、低潮的时间间隔并不相等,这种现象称为潮汐周日不等(diurnal inequality of tide)。

图 3-1-7 是当月球赤纬不等于 0°时的潮汐椭圆体,这时潮汐椭圆体的长轴与赤道平面之间的夹角等于当时的月球赤纬。当测者的纬度不为零时,如点 Z,由于地球自转的缘故,当 Z 点在 Z_1 处时,发生第一次高潮,过一段时间后,处在 Z_2 位置时,发生第一次低潮。第二次高潮则发生在 Z_3 处,显然,同一太阴日中两次高潮(低潮)的潮高不等,而且 $Z_1Z_2 \neq Z_2Z_3$,即相邻的高、低潮之间间隔不等,或涨落潮时不等。当月球赤纬增大时,这种潮汐周日不等现象更为显著。另外,如果纬度等于或大于 90°与月球的赤纬之差,则每天就只有一次高潮和一次低潮了,如图中的位于 D_1D_2 纬圈上的各点。但是对于赤道上的测者情况就不同了,其在 Q_1 处经历高潮、Q_2 处经历低潮、Q_3 处经历第二次高潮。因为 Q_1 和 Q_3 是潮汐椭圆体的包含长轴的椭圆的通过中心的直线与椭圆面的两个交点,所以 Q_1 和 Q_3 处的潮高相等,即赤道上的测者经历的两次高潮的潮高相同。再者因为 Q_2 和其地球另一侧的相对点都位于照耀圈上,所以赤道上的测者经历的两次低潮的潮高也相同。此外,因为 $Q_1Q_2 = Q_2Q_3$,所以赤道上的涨落潮时也相同,即赤道上无潮汐的周日不等现象。

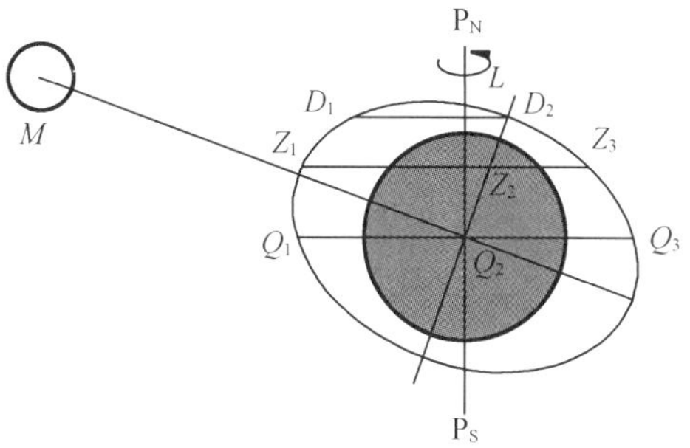

图 3-1-7 月赤纬不等于 0°时潮汐椭圆体

所以,当月球赤纬不等于 0°时,纬度不为零的地方存在潮汐的周日不等现象;月球的赤纬越高,这种现象越显著;某点的纬度越高,这种现象也越严重;纬度等于或大于 90°与月球赤纬之差的地方,一天只有一次高潮一次低潮。

当月球赤纬最大,并在回归线附近时,上述潮高和涨、落潮时间间隔不等的现象即潮汐周日不等的现象最为明显,这种潮汐称为回归潮(tropic tide)。

2. 潮汐半月不等

潮汐半月不等

潮汐现象主要是月亮和太阳共同作用的结果。由于月球、太阳和地球在空间的相对位置不断地循环变化，从而引起地球上的潮汐现象也发生相应的周期性的显著变化，这种现象称为潮汐的半月不等。在朔（农历初一，也称新月）或望（农历十五、也称满月）日，太阳、月亮和地球的位置差不多在一条线上（或在同一子午圈上），如图 3-1-8，这时太阳引潮力和月球引潮力几乎作用于潮汐椭圆体长轴的同一方向，互相叠加，因而出现了高潮最高和低潮最低的潮汐现象，这时高潮潮高与低潮潮高之差也最大，即潮差最大，称为大潮（spring tide）。

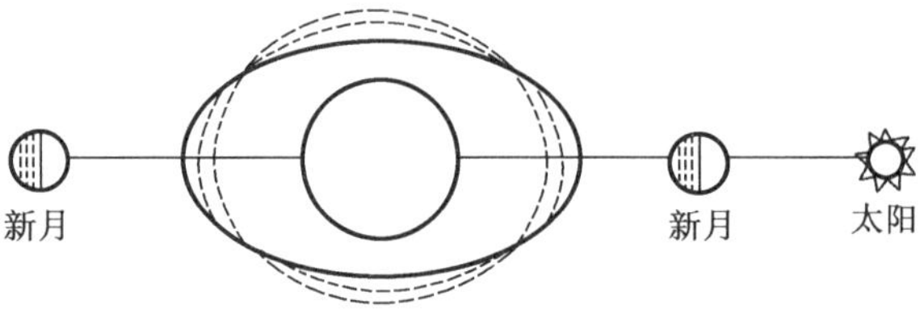

图 3-1-8　大潮的产生

在上弦（农历初七、初八）或下弦（农历二十二、二十三）日，太阳、月亮和地球三者的空间位置近于成直角（图 3-1-9），太阳引潮力方向与月亮引潮力方向近于垂直，最大限度地互相削弱，使潮汐椭圆体最不扁长，因而出现了高潮最低和低潮最高的潮汐现象，这时潮差最小，称为小潮（neap tide）。

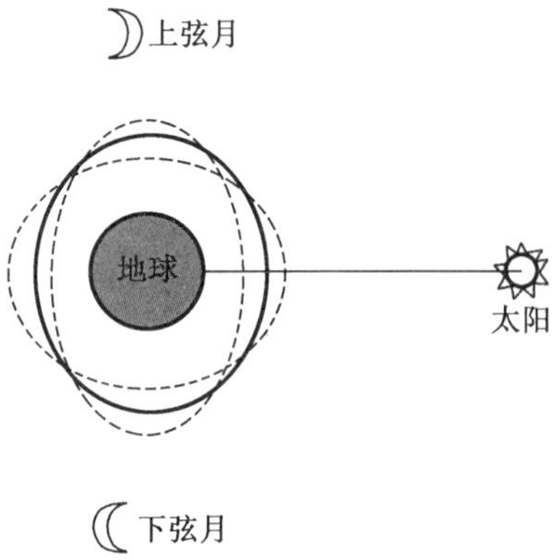

图 3-1-9　小潮的产生

大潮和小潮在农历一个月中各出现两次，因此潮差是以半个太阴月（约 14.5 天）为周期变化的，故称为潮汐半月不等。除朔、望、上弦和下弦日以外，其他日期的潮汐情况则介于大潮日和小潮日之间。

3. 潮汐的视差不等

由于月球绕地球公转的轨道——白道呈椭圆形，而地球则位于椭圆轨道的一个焦点上。当月球位于近地点时（距离约等于 57 个地球半径），其引潮力要比在远地点（距离约等于 63.7 个地球半径）时大 40%左右，这种潮汐不等是由地球和月球距离变化所产生的，故称为潮汐的视差不等或月视差不等，其周期为 27.32 天。同理：太阳潮中也有视差不等现象,当太阳位于近地点时,其引潮力比在远地点时的引潮力大 10%左右,但其周期为 365.25 天,故称为太阳视差不等或年视差不等。

三、实际潮汐的差异性

海水有黏滞性,海洋深浅不一,海底崎岖不平,海水与地面有很大的摩擦力,因此,高潮并不发生在月上(下)中天之时,而是滞后一段时间才发生;大潮也不发生在朔望之日,而往往发生在朔望后的 1~3 天。

另外,地理环境的差异以及气象条件的变化使潮汐出现异常的变化。例如,我国的钱塘江大潮,是由杭州湾喇叭口的特殊地形所造成的特大涌潮,每年农历八月十五左右,钱塘江涌潮最大,潮头可达数米。沿海地区由于受到台风等恶劣天气的影响会产生异常的风暴潮。入海河口的潮汐明显受到河流水位的影响。

四、潮汐类型

根据潮汐性质可以将潮汐分为 4 种类型。

1. 正规半日潮

正规半日潮是在一个太阴日内发生两次高潮和低潮,并且两次高潮和两次低潮的高度都相差不大,涨落潮时也很接近的潮汐类型。正规半日潮港有青岛港、巴拿马港等。

2. 不正规半日潮混合潮

不正规半日潮混合潮是基本上还具有半日潮的特性,但在一个太阴日内相邻的高潮或低潮的潮位相差很大,涨潮时和落潮时也不等的潮汐类型,如浙江镇海港、亚丁港。

3. 不正规日潮混合潮

不正规日潮混合潮是在半个月中日潮的天数不超过 7 天,其余天数为不正规半日潮的潮汐类型,如泰国湾等。

4. 正规日潮

正规日潮是半月中有连续 1/2 以上天数为日潮,其余日为半日潮的潮汐类型。我国南海有许多地点(北部湾、红岛、德顺港等)都属于正规日潮型。

五、有关潮汐与潮流的名词术语

有关潮汐与潮流的名词术语

在论述潮汐成因、潮汐不等等问题时已介绍了一些潮汐术语,为了便于掌握和运用潮汐计算方法,再介绍一些潮汐术语如下(有关概念可参照图 3-1-10 理解)。

(1)平均海面(mean sea level,MSL):根据长期潮汐观测记录算得的某一时期的海面平均高度。

(2)海图深度基准面(chart datum,CD):计算海图深度的起算面。

(3)潮高基准面(tidal datum,TD):计算潮高的起算面,一般即为海图深度基准面。如二者不一致时,则应进行订正,才能将潮高应用到海图上。

(4)涨潮时间(duration of rise):从低潮时到高潮时的时间间隔。

(5)落潮时间(duration of fall):从高潮时到低潮时的时间间隔。

(6)平潮(slack)与停潮(stand):当高潮发生后,海面有一段时间呈现停止升降的现象,称为平潮。低潮发生后,海面也有一段时间呈现停止升降的现象,称为停潮。

(7)潮差(tidal range):相邻高、低潮潮高之差。

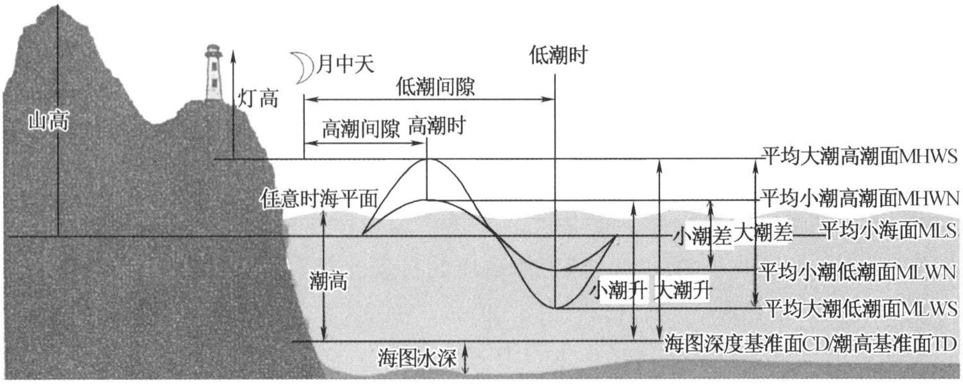

图 3-1-10 潮汐图解

(8)大潮升(spring rise,SR):从潮高基准面到平均大潮高潮面的高度。

(9)小潮升(neap rise,NR):从潮高基准面到平均小潮高潮面的高度。

(10)回归潮(tropic tide):月球赤纬最大时(此时月球在北回归线或南回归线附近)的潮汐称为回归潮。此时,日潮不等现象最显著。

(11)分点潮(equinoctial tide):月球赤纬最小时的潮汐称为分点潮。此时,潮汐日潮不等现象最小。

(12)高高潮(higher high water,HHW):在一个太阴日中发生的两次高潮中潮高较高的高潮。

(13)低高潮(lower high water,LHW):在一个太阴日中发生的两次高潮中潮高较低的高潮。

(14)高低潮(higher low water,HLW):在一个太阴日中发生的两次低潮中潮高较高的低潮。

(15)低低潮(lower low water,LLW):在一个太阴日中发生的两次低潮中潮高较低的低潮。

(16)潮龄(age of tide):由朔望至实际大潮发生的时间间隔称为潮龄。潮龄一般为1~3天。

(17)平均高潮间隙(mean high water interval,MHWI):每天月中天时刻至高潮时的时间间隔的长期平均值。

(18)平均低潮间隙(mean low water interval,MHLI):每天月中天时刻至低潮时的时间间隔的长期平均值。

任务二 中版《潮汐表》

为了满足安全航行和进出港的需要,航海人员要对当地水域进行必要的潮汐推算。即利用《潮汐表》或海图上的潮信资料推算当地水域的高(低)潮时和潮高,以及任意潮时或潮高。本节将介绍我国的《潮汐表》及利用它来推算潮汐的方法。

中版《潮汐表》

一、中版《潮汐表》的出版情况

我国出版的《潮汐表》主要由国家海洋局海洋信息中心和中国人民解放军海军海道测量局两家单位分别出版。本教材以国家海洋局海洋信息中心出版的《潮汐表》为例，进行介绍，共分六册，各册范围如下：

第一册：中国渤海和黄海沿岸，从鸭绿江口至长江口。

第二册：中国东海沿岸，从长江口至台湾海峡。

第三册：中国南海沿岸及诸群岛，从台湾海峡至北部湾。

第四册：太平洋及毗邻水域。

第五册：印度洋沿岸(含地中海)及欧洲水域。

第六册：大西洋沿岸及非洲东海岸。

《潮汐表》每年出版一次，下年度《潮汐表》均在本年度提前编好发行。根据实用情况，本书对中国沿岸三册《潮汐表》的使用做详细介绍。

二、中版《潮汐表》的主要内容

(1)主港潮汐预报表：这部分刊载了各主港的逐日高、低潮时和潮高预报，以及我国部分港口的逐时潮高。

(2)潮流预报表：这部分刊载了部分海峡、港湾、航道以及渔场的潮流预报。

(3)差比数和潮信表：这部分附港和主港差比数用以推算附港潮汐，用潮信资料概算潮汐。

此外，《潮汐表》中还有《站位分布示意图》《部分港口潮高订正值表》《格林尼治月中天时刻表》《东经 120°月中天时刻表(北京标准时)》《月赤纬表(世界时 0 时)》以及梯形图卡。

三、中版《潮汐表》的注意事项

(1)《潮汐表》中所给的潮时为当地使用的标准时。我国沿海港口用北京标准时(东八时)；第四、五、六册中的外国诸港均在每页左下角注明所用标准时，若主、附港的标准时不同，在附表的潮时差中已包含其差别，使用者在计算附港潮时无须再做此修正。

(2)求实际水深时，必须注意海高基准面(TD)与海图深度基准面(CD)是否一致。若两者不一致，应予以修正。

(3)《潮汐表》的误差及水文气象的影响在正常情况下，中国沿岸三册《潮汐表》预报潮时的误差在 20~30 mm，潮高误差在 20~30 cm。但在下列情况下误差较大。

①有寒潮、台风或其他天气急剧变化时，水位随之发生特殊变化，潮汐预报的潮高将与实际出入较大。在山东高角以北及渤海，主要应注意冬季寒潮引起的“减水”，寒潮常使实际水位低于预报很多，个别强烈的寒潮可使实际水位低于预报 1 m 以上。夏、秋季节受到台风侵袭的地区(尤其是闽、浙沿海)常常引起较大的“增水”，个别情况也有引起实际水位高于预报 1 m 以上的现象。此外长江口附近春季经常有气旋出海而引起大风，也能引起水位的较大变化。

②处在江河口的预报点，如营口、燕尾、吴淞、温州、海门、马尾等，每当汛期洪水下泄时，水位急涨，实际水位都会高于预报很多。

③南海的日潮混合潮港，如海口、海安、北海等，因高潮及低潮常常有一段较长的平潮时间，预报的潮时有些会与实际差 1h 以上，但这对实际使用影响不大，所报时间的潮高仍

与实际比较相符。

四、求主港潮汐

求主港高、低潮的潮时和潮高，或求部分港口每小时潮高，可直接查《潮汐表》求得。但应注意船时和表列标准时是否一致，若不一致，应将求得的潮时修正到相应的船时。

五、求附港的高、低潮时和潮高

1. 名词解释

高(低)潮时差：主港与附港高(低)潮时之差。正号(+)表示附港高(低)潮比主港高(低)潮发生得晚；负号(-)表示附港高(低)潮比主港高(低)潮发生得早。

潮差比：对半日潮港来说，是指附港的平均潮差与主港的平均潮差之比；对日潮港来说，是指附港的回归潮大的潮差与主港的回归潮大的潮差之比。

改正值：使用潮差比由主港潮高计算附港潮高时，若附港基准面不是用主港基准面确定的，需要对附港潮高加以订正，使之变为从附港基准面起算，此订正数就是表列的改正值。

2. 应用差比数进行推算的公式

附表中给出了附港相对于其主港的高潮时差、低潮时差、潮差比和改正值，统称为差比数。

附港潮时的计算公式为

$$附港高(低)潮时=主港高(低)潮时+高(低)潮时差 \tag{3-2-1}$$

附港潮高前三册的计算公式，当主、附港季节改正数较大(一般指|平均海面季节改正|≥10 cm)时为

$$附港高(低)潮高=[主港高(低)潮高-(主港平均海面+主港季节改正数)]×潮差比+(附港平均海面+附港季节改正数) \tag{3-2-2}$$

当主、附港季节改正数不大(一般指|平均海面季节改正|<10 m)时，可不必进行平均海面的季节改正，而直接用差比数栏中的改正值求得附港的潮高，即

$$附港高(低)潮高=主港高(低)潮高×潮差比+改正值 \tag{3-2-3}$$

此处的改正值是当平均海面季节改正忽略不计时根据公式算出来的，即

$$改正值=附港平均海面-主港平均海面×潮差比 \tag{3-2-4}$$

其他三册的计算公式为

$$附港高(低)潮高=主港高(低)潮高×潮差比+改正数+潮高季节改正数 \tag{3-2-5}$$

在利用上述公式求附港潮汐时，应首先在“差比数和潮信表”中查取附港编号和其主港的名称(前三册按序查取，第四册至第六册从地名索引查取)，进而查出主港资料，从而计算附港潮汐。

3. 利用潮信资料概算潮汐

潮信资料包括平均大(小)潮升、平均高(低)潮间隙和平均海面。

(1)利用潮信资料概算

利用潮信资料可以大致概算高、低潮时和潮高：

当地高(低)潮时=当地高(低)潮间隙+格林尼治月上或下中天时

当不知道格林尼治月上(下)中天时间时，对于半日潮港，可用以下方法近似求取月中

天时间：

上半月：　　月上中天时＝(农历日期−1)×0.8+1 200

月下中天时＝月上中天时±1 225

下半月：　　月上中天时＝(农历日期−16)×0.8

月下中天时＝月上中天时±1 225

(2)用潮升估算潮高

平均大潮高潮高＝大潮升

平均大潮低潮高＝2×平均海面−大潮升

平均小潮高潮高＝小潮升

平均小潮低潮高＝2×平均海面−小潮升

所求日的潮高可以根据大潮日至小潮日约 7.5 天和所求日期与大(小)潮日期的关系内差求取：

$$\text{所求日高潮高}=\text{大潮升}-\frac{\text{大潮升}-\text{小潮升}}{7.5}\times(\text{所求日与大潮日相隔天数})$$

所求日低潮潮高＝2×平均海面−所求日高潮潮高

中国沿海的潮龄取 3 日。

例 3-2-1　某港的平均高潮间隙为 0925，平均低潮间隙为 1313，推算该港 5 月 20 日(农历四月十九)的概略潮时。

解

高潮潮时＝(19−16)×0.8+0925＝1149

低潮潮时＝(19−16)×0.8+0313＝0537

第二次低潮潮时＝0537+1225＝1802

例 3-2-2　我国沿海某地大潮升 4.4 m，小潮升 3.0 m，平均海面 2.5 m，求农历初五的高、低潮高。

解

$$\text{所求日高潮高}=\text{大潮升}-\frac{\text{大潮升}-\text{小潮升}}{7.5}\times(\text{所求日与大潮日相隔天数})$$

$$=4.4-(4.4-3.0)\div7.5\times(-3)=4.0\text{ m}$$

低潮潮高＝2×平均海面−高潮潮高＝2×2.5−4＝1.0 m

六、求任意时的潮高和任意潮高的潮时

1. 公式法

在实际航行中，往往需求某一港口某日某时刻所对应的潮高，或求某一潮高所对应的时刻，例如船舶通过浅水航道时，需趁潮水进出，在此情况下，就要进行这种类型的潮汐计算。为解算这类问题，首先必须研究潮汐随时间变化的规律。

在整个潮汐周期内，潮汐涨落的速度是变化的。在高、低潮的附近，潮汐涨落较缓慢，而在高、低潮的中间时刻，即接近半潮时，其涨落速度最快。

为求得相邻的高低潮间任意时刻的潮高，通常将潮汐的涨落运动视为简谐运动，运动曲线近似于余弦曲线，如图 3-2-1 所示。

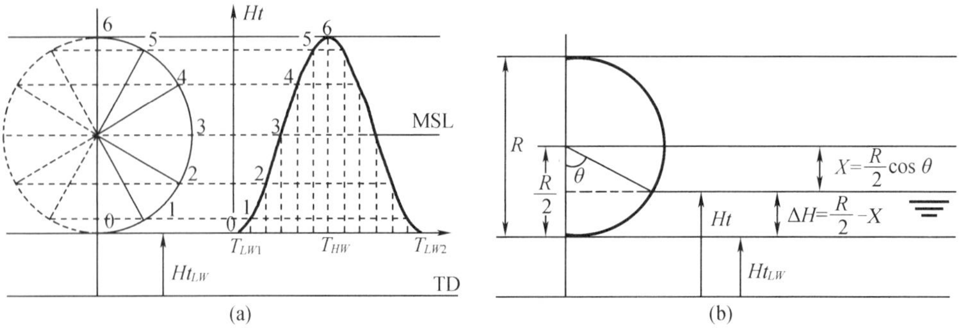

图 3-2-1　任意时潮高

可以推出，涨潮公式：

$$Ht = Ht_{LW} + \frac{1}{2} \cdot \text{潮差} \cdot \left[1-\cos\left(\frac{t}{T}\times180^\circ\right)\right] \tag{3-2-6}$$

式中　Ht——任意时潮高；

Ht_{LW}——低潮潮高；

t——任意时与低潮时的时间间隔；

T——涨潮的时间间隔。

落潮公式：

$$Ht = Ht_{HW} - \frac{1}{2} \cdot \text{潮差} \cdot \left[1-\cos\left(\frac{t'}{T}\times180^\circ\right)\right] \tag{3-2-7}$$

式中　Ht——任意时潮高；

Ht_{HW}——高潮潮高；

t'——任意时与高潮时的时间间隔；

T——落潮的时间间隔。

例 3-2-3　已知铜沙××年 9 月 8 日中午及午后的潮汐为：1157、4.01m，1902、1.30m，求 1400 潮高和中午后潮高为 3.0m 的时刻。

解　(1)求：1400 潮高

$\because t=1400-1157=0203=123\ \text{m}, T=1902-1157=0705=425\ \text{m}$

$\therefore \theta=t/T\times180^\circ=\times180^\circ\approx52^\circ.1$

又$\because$ 潮差 $A=4.01-1.30=2.71\ \text{m}$

$\therefore \Delta h=A/2(1-\cos 52^\circ.1)=1/2\times2.71(1-\cos 52^\circ.1)\approx0.52$

$\therefore$ 1400 潮高 $=4.01-0.52=3.49\ \text{m}$

(2)求潮高为 3.0 m 的时刻

$\because \Delta h=4.01-3.00=1.01$ 米，$T=1902-1157=0705=425$ 分

$\cos\theta=1-2\times\Delta h/A=1-2\times1.01/2.71=0.2546$

$\therefore \theta\approx75^\circ$

$\because \theta=t/T\times180^\circ$

$\therefore t=\theta/180^\circ\times T=75^\circ/180^\circ\times425\ \text{m}=177\ \text{m}$

$\therefore$ 潮高为 3.0 m 的时刻是 $1157+0257=14\ \text{h}\ 54\ \text{m}$

2. 图解法

利用我国《潮汐表》中介绍的“等腰梯形图卡”，求取任意潮时及潮高，如图 3-2-2 所示。

此“图卡”由三部分组成。

(1)主图

由左右两个等腰梯形构成。左侧表示潮时,右侧表示潮高。

(2)潮时尺

分两侧读数:涨潮时尺和落潮时尺。涨潮时应将涨潮时尺向上,落潮时应将落潮时尺向上,尺的两头可以相接,使时间相连续,以便查算跨日潮汐。

(3)潮高尺

分上、下两种刻度。上段大刻度为 1~8 m,适用于一般潮高,下段小刻度为 1~12 m,适用于潮高大于 8 m 或小于 1 m 者(小于 1 m 时,可将潮高扩大 10 倍,查后再缩小 1/10)。

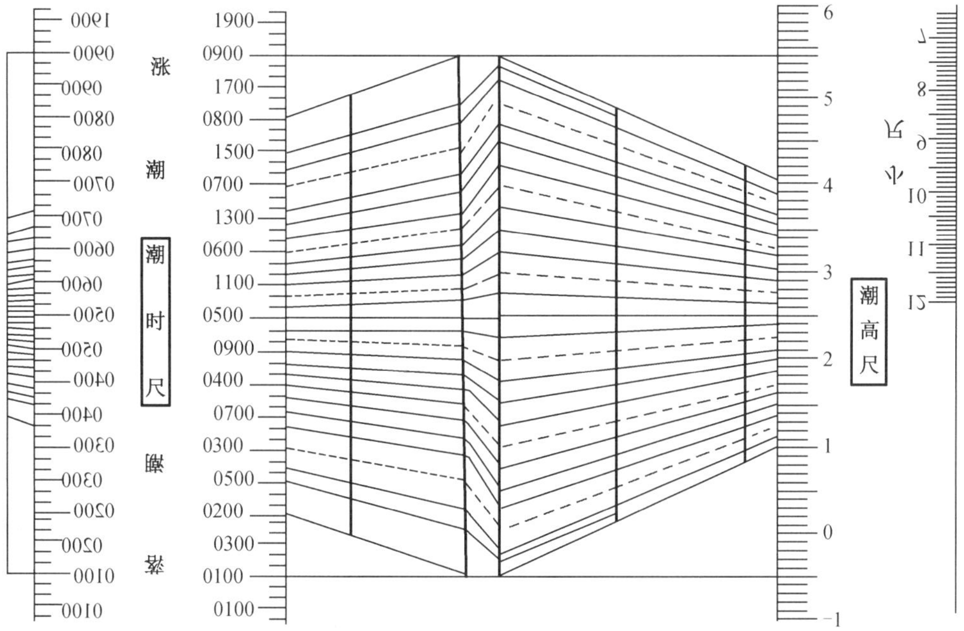

图 3-2-2 等腰梯形图卡

七、潮汐推算在航海上的应用

潮汐推算在航海上的应用

2016 年东莞,一艘装运水泥的货船在通过桥区时,由于疏于核实桥梁的净空高度,也未考虑潮汐变化、水位上涨及本船水线上最大高度等因素,导致船舶未预留足够的剩余高度,致使该船顶部与大桥通航孔发生碰撞事故。船舶在航经受潮汐影响的水域时,船员一定要具备最基本的安全意识,认真核算潮汐,仔细分析船舶是否能够安全通过桥梁等架空建筑物或浅水区,以免发生安全事故。

1. 船舶过浅水区时的潮汐计算

船舶过浅水区时的潮汐计算,主要是计算出船舶过浅水区时所需的潮高,然后再求得该潮高所对应的时刻,如图 3-2-3 所示。

过浅水区的最小安全水深=最大吃水+船底富裕水深=海图水深+潮高

∴ 过浅水区时的潮高=最大吃水+船底富裕水深-海图水深

当潮高基准面与水深基准面不一致时:

过浅水区的最小安全水深＝最大吃水＋船底富裕水深＝海图水深＋潮高＋(CD－TD)
∴ 过浅水区时的最小安全潮高＝最大吃水＋船底富裕水深－海图水深－(CD－TD)

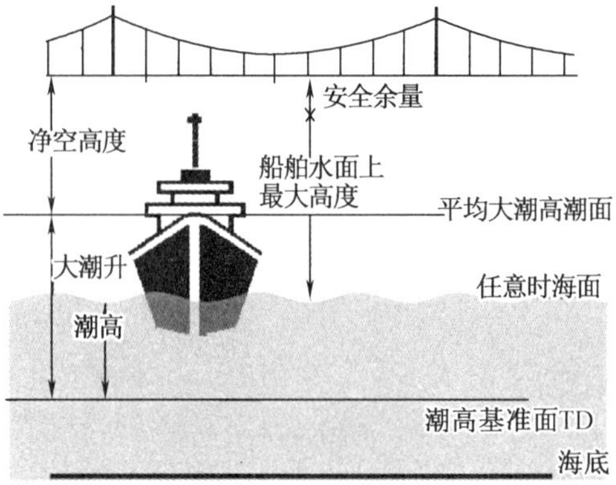

图 3-2-3 过浅水区潮高计算

现举实例如下：

例 3-2-4 某轮满载吃水 4.8 m，于某日上午 10 时抵达海门台州湾候潮，台州湾浅滩海图水深为 2.5 m，问该日最早在何时可过浅滩？（要求船底富裕水深 0.7 m）已知当日海门的潮汐情况如下：

高潮	潮时	潮高	低潮	潮时	潮高
	1256	515		0757	067

解 (1)首先计算过该浅滩时所需潮高：

潮高＝最大吃水＋富裕水深－海图水深＝4.8＋0.7－2.5＝3.0 m

(2)利用潮汐梯形图卡或求任意潮高的时刻的公式，根据海门当日潮汐情况，可求得潮高为 3.0 m 的时刻为 1030。因此当日该轮可开始过浅滩的时刻为 1030。

2. 过空中障碍物的潮汐计算

在某些水道的上空有桥梁或架空电缆等碍航物，为了能安全通过，必须要算出安全通过的最大潮高，如图 3-2-4 所示。

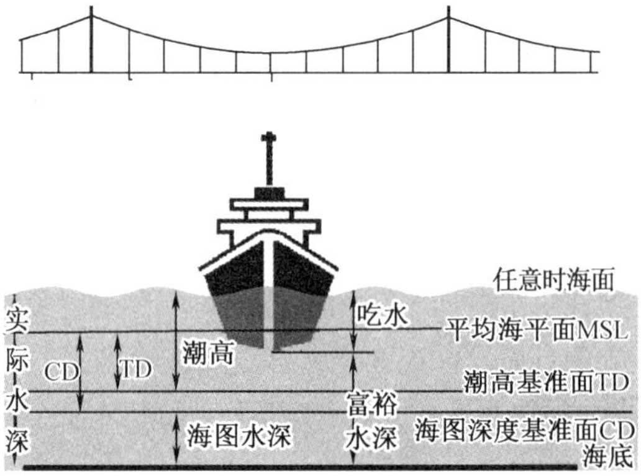

图 3-2-4 过空中障碍物潮高计算

最大安全潮高＝大潮升＋净空高度－水面到船舶的最高点高度－安全余量

求得潮高后，即可求出通过桥梁或架空电缆所用的时间。

例 3-2-5 某船满载某日中午到达某水道，吃水为 9.5 m，龙骨上最大高度为 29 m。该水道海图水深 8 m，潮高基准面在海图基准面下 200 cm，海图深度基准面在平均海面下 220 cm；大潮升 4.5 m；水面上空有桥梁，其净空高度为 20 m；该日午后潮汐为 1 157 401 cm，1 902 130 cm。如果要求富裕水深为 0.7 m，大桅顶端至桥底部的安全余量为 1.5 m，求该船该日午后安全通过该水道的最早和最迟时间。

解 (1)通过水道所需安全潮高：

最小安全潮高=吃水+富裕水深-海图水深-(*CD—TD*)

=9.5+0.7-8-(2.2-2.0)=2.0 m

最大安全潮高=净空高度+大潮升-水面至大桅顶端的高度-安全余量

=20+4.5-(29-9.5)-1.5=3.5m

(2)通过水道的最早、最迟时间：因为午后是落潮过程，所以最早通过时间是落潮至最大安全潮高的时间，最迟通过时间是落潮至最小安全潮高的时间。

最早通过时间 t_1=高潮潮时+$T/180°\times\arccos(1-2\times\Delta h/A)$

$=1157+(1902-1157)/180°\times\arccos[1-2\times(401-350)/(401-130)]$

$=1359$

最迟通过时间 t_2=高潮潮时+$T/180°\times\arccos(1-2\times\Delta h/A)$

$=1157+(1902-1157)/180°\times\arccos[1-2\times(401-200)/(401-130)]$

$=1638$

3. 测深辨位

船舶在航行过程中，如用测深仪测出船底到海底的深度，通过公式换算即可求出测深处的海图水深，从而利用海图辨别测深时船舶的位置，如图 3-2-5 所示。

因为，海图水深+潮高+(CD-TD)= 实测水深+吃水

所以，海图水深=实测水深+吃水-潮高-(CD-TD)

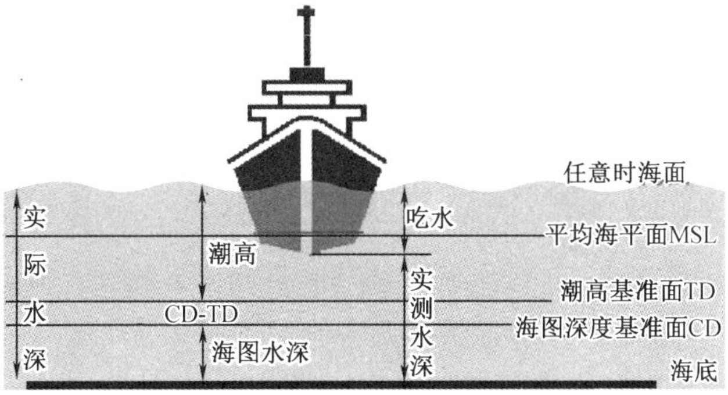

图 3-2-5 测深辨位

例 3-2-6 2002 年 1 月 5 日 1000 在佘山附近用测探仪测得水深为 19.8m，当时船舶吃水 9.3m，求当时海图水深为多少？

解 由潮汐表查得 2002 年 1 月 5 日 100 左右佘山潮汐 0905 92 1458 367

则：1000 此地潮高=92+275/2(1-cos 55/353×180°)= 108

海图水深=19.8+9.3-潮高=28 m

4. 实际山高、灯高的求取

航海图书资料中的高程和灯高都是以一定的基准面起算的,由于潮汐的影响,海面实际高度与资料给出的值有所差异,必须经过修正才可用于航行计算中。

(1)根据中版航海图书资料求取实际山高和灯高

中版航海图书资料中地面点高程的起算面是"1985 国家高程基准",它与黄海平均海面基本一致,所以,如图 3-2-6 所示,可用以下公式求取实际的山高。

$$海面上实际高度=资料中高度+平均海面-潮高 \tag{3-2-8}$$

中版航海图书资料中的灯高的起算面是平均大潮高潮面,所以实际灯高可用以下公式求取。

$$海面上实际高度=资料中高度+大潮升-潮高 \tag{3-2-39}$$

例 3-2-7 中版海图上有一小岛的高程为 65 m,小岛上有一灯塔的灯高为 75 m,已知某日 0800 该地潮高为 1.4 m;该地大潮升 450,平均海面 260。求 0800 海平面上小岛的实际高度和灯塔的实际灯高。

解

$$小岛的实际高度=65+2.6-1.4=66.2\ m$$

$$实际灯高=75+4.5-1.4=78.1\ m$$

(2)根据英版航海图书资料求取实际山高和灯高

英版航海图书资料中的山高和灯高的起算面均为平均大潮高潮面,所以如图 3-2-7 所示,实际山高和灯高均可用式(3-2-8)求取。

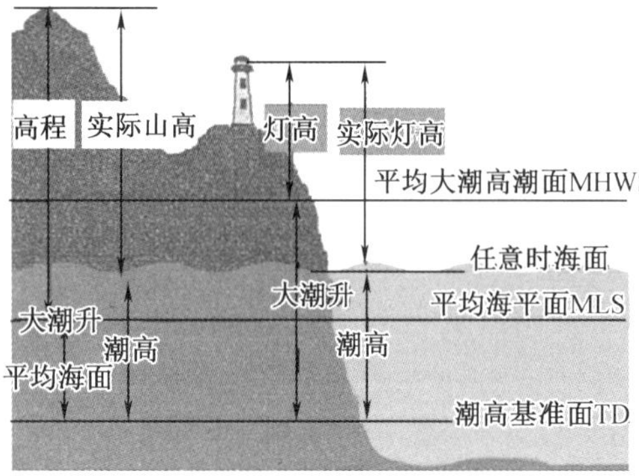

图 3-2-6 中版山高、灯高计算

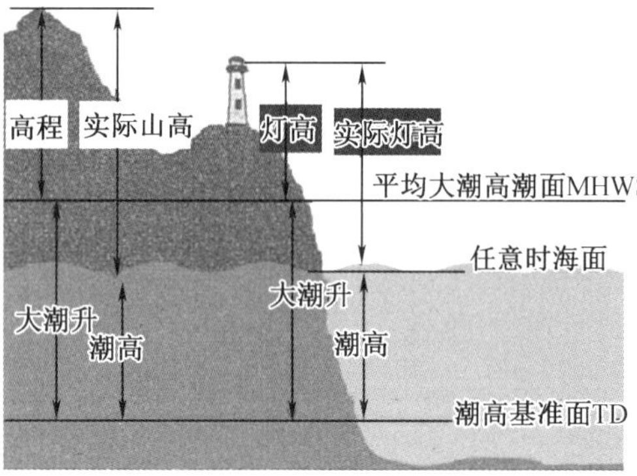

图 3-2-7 英版山高、灯高计算

例 3-2-8 如果例 6-1-11 中小岛的高程和灯高来源于英版米制海图,则 0800 海平面上小岛的实际高度和灯塔的实际灯高各为多少?

解

$$小岛的实际高度=65+4.5-1.4=68.1\ m$$

$$实际灯高=75+4.5-1.4=78.1\ m$$

其他物标、礁石和沉船的高度或其上水深的求取亦可根据其与不同基准面的关系结合潮汐进行。

任务三 英版《潮汐表》

一、英版《潮汐表》介绍

英版《潮汐表》

1. 概述

英版《潮汐表》(*Admiralty Tide Tables* ,ATT)包括世界各主要港口的潮汐预报。共有八卷,书号为 NP201~NP208,各卷《潮汐表》所包括的海区界限可查看《潮汐表》内英版潮汐表界限图。该资料每年出版,本年度《潮汐表》均在上年年底提前编好出版。有关各卷《潮汐表》自付印之后的补遗和勘误等改正资料,均发布于《航海通告年度摘要》第 1 号通知中。该通告为“英版潮汐表的补遗和勘误”(Admiralty Tide Tables—Addenda and Corrigenda),并且亦应注意附在潮汐表中的勘误表。

2. 各卷主要内容:各卷主要由三部分组成

(1)第一部分:主港潮汐预报(Part I Tidal Predictions for Standard Ports)。预报主港每日高、低潮时和潮高,潮高单位均采用 m,各港潮时均采用当地标准时,并在每页的左上角用“TIME ZONE××××”注明。第一卷还有一些主要港口的逐时潮高预报(Part Ia Hourly Height Predictions);第三、四卷还有潮流表(Part Ia Tidal Stream Tables),载有潮流日变化很大的重要海峡和水道的潮流资料,对于具有半日潮性质的潮流的地方,其潮流的推算可以参考适当主港的印在海图上的潮流资料进行。

(2)第二部分:用以预报附港潮汐的潮时差和潮高差(Part Ⅱ Time and Height Differences for Predicting the Tide at Secondary Ports)。表中列出主港(用黑体字印刷)和附港编号(No.)、潮时差(Time Differences)、潮高差(Height Differences),每两页的右下页还印有平均海面季节改正(Seasonal Changes In Mean Level),表后有注意事项(Notes),以便用这些资料求取附港的潮时和潮高。

(3)第三部分:调和常数(Part Ⅲ Harmonic Constants)。这部分提供了编号、地点、平均海面 4 个主要分潮(M_2,S_2,K_1,O_1)的调和常数:振幅(H)和迟角(g),浅水改正(S. W Corrections)数据;每 2 页的右下角还提供了平均海面和调和常数的季节改正(Seasonal Changes in Mean Level and Harmonic Constants),以便利用简化的调和常数法预报潮汐。

第二至八卷其后还印有“关于潮流的调和常数”(Part Ⅲ Harmonic Constants for Tidal Streams),以便利用简化的调和常数法预报潮流。利用调和常数推算潮汐的精度要高于一般方法的精度。但是,由于其计算复杂,对于缺乏较先进计算手段的船舶,这种方法只适合于不能用一般方法求算潮汐的地点求潮汐用。

3. 其他内容:索引

(1)主港索引(Index to Standard Ports):印在各卷最前页,按港名字母顺序排列,给出主港预报资料所在页数。港名前注有“ * ”号者,是指该港预报资料亦刊载于另一卷《潮汐表》

之中。

(2)地理索引(Geographical Index):印在各卷书末,按主、附港名字母顺序排列,其中主港名字用黑体字印刷,给出其每日潮汐预报资料所在页数及该港编号;如系附港,则给出编号,以便用此编号在第二部分中查取该附港的有关资料。

(3)求任意时潮高曲线图(For Finding the Height of Tide at Time between High and Low Water):这是根据潮汐涨落的运动曲线为余弦曲线的原理制成的曲线图,其原理和计算结果均与我国《潮汐表》中的梯形图卡基本相同,可以互用。这种曲线图在第三、四卷中各印一张,供求该卷所有港口的任意潮时和潮高用。在第一卷和第二卷的欧洲水域除威尼斯外,每个主港印有一张与该主港潮汐性质相符的曲线图,供求该主港和其附港任意潮时和潮高使用,且对于一些比较特殊的附港也提供专用的曲线图。第二卷也给出与第三、四卷相同的曲线图,供不能用专用曲线图的港口使用。

此外,还有辅助用表(Supplementary Table)等。

二、利用英版《潮汐表》计算潮汐的方法

1. 求主港潮汐

主港一年中每天的高、低潮潮时潮高,均在当年潮汐表第Ⅰ部分主港潮汐与报表中刊出,各卷潮汐表中的主港名称列在该卷封里,并按英语字母顺序的先后排列,据此可直接从表中查求各主港当日的潮时潮高,如图 3-3-1 所示。表中的潮时系指该地的地方标准时,潮高则是相应港口海图基准面以上的高度(以米为单位)。如船时与表列区时不一致,则应进行改正。

SOUTH AFRICA — CAPE TOWN

LAT 33°54′S LONG 18°26′E

TIME ZONE -0200 | TIMES AND HEIGHTS OF HIGH AND LOW WATERS | YEAR 2009

JANUARY	Time	m		Time	m	FEBRUARY	Time	m		Time	m
1	0559	1.6	16	0032	0.4	1	0018	0.5	16	0104	0.7
	1207	0.5		0655	1.7		0644	1.6		0725	1.4
TH	1805	1.5	F	1321	0.5	SU	1303	0.5	M	1350	0.7
				1916	1.4		1902	1.4	☽	2003	1.2
2	0009	0.5	17	0112	0.5	2	0059	0.6	17	0155	0.8
	0637	1.6		0738	1.5		0730	1.5		0820	1.2
F	1251	0.6	SA	1410	0.6	M	1356	0.6	TU	1505	0.8
	1846	1.4		2006	1.3		1958	1.3		2143	1.1
3	0048	0.5	18	0159	0.7	3	0156	0.7	18	0348	0.9
	0721	1.5		0829	1.4		0833	1.4		1012	1.2
SA	1342	0.6	SU	1513	0.7	TU	1511	0.7	W	1722	0.8
	1937	1.3	☽	2116	1.2	☾	2122	1.2		2352	1.2
4	0136	0.6	19	0307	0.8	4	0329	0.8	19	0600	0.9
	0814	1.5		0939	1.3		1004	1.4		1206	1.2
SU	1444	0.6	M	1639	0.8	W	1652	0.7	TH	1846	0.7
☾	2042	1.3		2254	1.2		2311	1.3			
5	0241	0.7	20	0451	0.8	5	0528	0.7	20	0059	1.3
	0920	1.4		1107	1.3		1141	1.4		0704	0.8
M	1559	0.6	TU	1806	0.7	TH	1821	0.6	F	1308	1.3
	2206	1.3								1930	0.6

MARCH	Time	m		Time	m	APRIL	Time	m		Time	m
1	0539	1.7	16	0605	1.5	1	0036	0.6	16	0056	0.7
	1153	0.4		1219	0.6		0655	1.4		0658	1.2
SU	1756	1.6	M	1832	1.4	W	1316	0.6	TH	1313	0.7
	2355	0.4					1932	1.4		1953	1.2
2	0617	1.6	17	0026	0.7	2	0153	0.7	17	0213	0.8
	1234	0.5		0639	1.4		0813	1.3		0815	1.1
M	1839	1.5	TU	1254	0.7	TH	1441	0.7	F	1442	0.8
				1914	1.3	☾	2108	1.3	☽	2140	1.2
3	0038	0.6	18	0115	0.8	3	0350	0.7	18	0404	0.8
	0703	1.5		0725	1.2		1002	1.3		1012	1.1
TU	1326	0.6	W	1349	0.8	F	1630	0.7	SA	1637	0.8
	1935	1.3	☽	2033	1.2		2256	1.3		2311	1.2
4	0138	0.7	19	0249	0.9	4	0532	0.6	19	0529	0.7
	0810	1.4		0905	1.1		1136	1.3		1136	1.2
W	1444	0.7	TH	1601	0.8	SA	1754	0.6	SU	1749	0.7
☾	2104	1.2		2256	1.2						
5	0330	0.8	20	0614	0.9	5	0010	1.5	20	0007	1.4
	0957	1.3		1125	1.1		0638	0.5		0622	0.6
TH	1641	0.7	F	1759	0.8	SU	1241	1.4	M	1229	1.3
	2308	1.3					1850	0.5		1835	0.6

图 3-3-1　主港潮汐资料

2. 求附港潮汐

附港潮汐是利用该附港与其相应主港的潮时差和潮高差求得的，其计算公式如下：

$$附港高(低)潮时=主港高(低)潮时+高(低)潮时差 \tag{3-3-1}$$

$$附港高(低)潮高=主港高(低)潮高-主港平均海面季节改正+潮高差+附港平均海面季节改正 \tag{3-3-2}$$

计算时，首先在“地理索引”中查取附港的编号，根据编号在“用以预报附港潮汐的潮时差和潮高差”表中查取该附港的主港，潮时差，潮高差和主、附港的平均海面的季节改正；然后根据得出的主港名称在“主港潮汐预报”表中查取主港相关的高、低潮时和潮高。从而利用式(1-3-15)和式(1-3-16)求出附港的潮汐。计算时应注意全部四卷中的表列潮高差、第一卷各港和第二卷的欧洲港口表列潮时差需经内插求取。

例 3-3-1　根据当年《潮汐表》，求英国 Coverack 港 5 月 1 日高、低潮时、潮高。

解　根据该港的位置，应使用英版《潮汐表》第一卷推算潮汐，具体步骤如下：

①从“地理索引”中查得 Coverack 的编号为 4，根据该编号在“用以预报附港潮汐的潮时差和潮高差”表中查得资料见表 3-3-1。

表 3-3-1　用以预报附港潮汐的潮时差和潮高差表(节选)

No.	Place	Lat. N.	Long. W.	Time differences HighWater Zone UT (G. M. T)		LowWater		Height differences (in meters) MHWS	MHWN	MLWN	MLWS	M. L. Zo m.
14	PLYMOUTH (DEVONPORT) (see page 6)			0000 and 1200	0600 and 1800	0000 and 1200	0600 and 1800	5.5	4.4	2.2	0.8	
4	Coverack	50 01	5 06	-0030	-0050	-0020	-0015	-0.2	-0.2	-0.3	-0.2	3.08

SEASONAL CHANGES IN MEAN LEVEL

No	Jan. 1	Feb. 1	Mar. 1	Apr. 1	May. 1	June. 1	July. 1	Aug. 1	Sep. 1	Oct. 1	Dec. 1	Jan. 1
1-60b	Negligible											

从资料中可以得出 Coverack 的主港是 Plymouth(Devonport)，编号为 14，资料从第 6 页开始；如果主港高潮时为 0000 和 1200，附港高潮时差为-0030；如果主港高潮时为 0600 和 1800，附港高潮时差为-0050；如果主港低潮时为 0000 和 1200，附港低潮时差为-0020；如果主港低潮时为 0600 或 1800，附港低潮时差为-0015；与主港高潮高 5.5 m 和 4.4 m 对应的附港高潮潮高差均为 0.2 m；主港低潮高为 2.2 m，对应的附港低潮潮高差为-0.3 m；主港低潮高 0.8 m 对应的附港低潮潮高差为-0.2 m；附港平均海面高度为 3.08 m，主、附港的平均海面季节改正均可忽略不计。

②翻至第 8 页，查得 Plymouth(Devonport)港 5 月 1 日高、低潮资料见表 3-3-2。

表 3-3-2 主港潮汐资料

	Time	m.
	0235	4.7
1	0857	1.5
SA	1516	4.7
	2121	1.5

③根据主港资料,在"用以预报附港潮汐的潮时差和潮高差"表中内插求取潮时差和潮高差。内插方法是线性内插,对于较简单的情况可采用目视线性内插。

潮时差:由于当主港高潮发生在 0000 和 1200 时,附港的高潮时差为-0030,当主港高潮发生在 0600 和 1800 时,附港的高潮时差为-0050,所以主港高潮时为 0235 所对应的附港潮时差为

$$潮时差=(-0030)+\frac{0235-0000}{0600-0000}\times[(-0050)-(-0030)]\approx-0039$$

主港高潮时为 1516 所对应的附港潮时差为

$$潮时差=(-0030)+\frac{1516-1200}{1800-1200}\times[(-0050)-(-0030)]\approx-0041$$

同理可求出主港低潮时 0857 和 2121 所对应的附港的低潮时差分别为-0017 和-0018。

潮高差的求取方法和潮时差的求取方法一样,本题中高潮潮高差均为-0.2m,低潮潮高差均为-025,约为-0.3。

④计算附港的高、低潮高和潮时,可采用竖式计算格式。以下采用英版《潮汐表》的"潮汐预报表格"(该表格以正式出版物形式出版,书号为 NP204)格式进行计算,表格式样和计算步骤如下:

a. 将与求附港潮汐问题有关的主港的高潮时填入第 1 栏,低潮时填入第 2 栏,高潮高填入第 3 栏,低潮高填入第 4 栏。

b. 将主港和附港的平均海面的季节改正分别填入第 6 和 11 栏。该例题中忽略不计,均填 0。

c. 将附港的各高潮潮时差、低潮潮时差、高潮潮高差和低潮潮高差按照与主港的各高潮时、低潮时、高潮高和低潮高的一一对应关系分别填入第 7、8、9 和 10 栏。

d. 将第 1 栏的主港高潮时和第 7 栏的附港高潮潮时差对应相加得附港的高潮时并填入第 12 栏;将第 2 栏的主港低潮时和第 8 栏的附港低潮潮时差对应相加得附港的低潮时并填入第 13 栏。

e. 将第 3 栏的主港高潮高减去第 6 栏的主港平均海面季节改正后和第 9 栏的附港高潮潮高差对应相加,然后再加上第 11 栏的附港的平均海面季节改正,得出附港的高潮潮高填入第 14 栏;采用同样的步骤可由第 4 栏的主港低潮潮高求出附港的低潮潮高填入第 15 栏。

f. 如果需要潮高差值和涨(落)潮时间,可将其求出,并将潮差值填入第 5 栏,将涨(落)潮时间填入第 16 栏。

计算及结果见表 3-3-3。

表 3-3-3 英版潮汐预报格式

TIDAL PREDICTION FORM

STANDARD PORT Devonport　　TIME /HEIGHT REQUIRED ALL

SECONDARY PORT Coverack　　DATE 1st May　　TIME ZONE UT(G. M. T.)

	Time		Height		
	HW	LW	HW	LW	Range
Standard port	1 0223 1516	2 0857 2121	3 4. 7 4. 7	4 1. 5 1. 5	5 /
Seasonal change	Standard port		6 0	6 0	
Difference	7 * -0039 -0041	8 * -0017 -0018	9 * -0. 2 -0. 2	10 * -0. 3 -0. 3	
Seasonal change	Secondary port		11 0	11 0	
Secondary port	12 0156 1435	13 0840 2103	14 4. 5 4. 5	15 1. 2 1. 2	
Duration	16				

3. 求任意时的潮高及任意潮高的潮时的方法

求任意时的潮高和任意潮高的潮时的方法，除了前面介绍过的计算公式和梯形图卡外，利用英版《潮汐表》中提供的“求任意时潮高曲线图”也是一种方便的方法。求任意时潮高曲线图根据潮汐运动曲线近似为余弦曲线的原理制成，其原理和计算结果与我国《潮汐表》中的梯形图卡基本相同。

对于第一、二、八卷中的欧洲港口，每个主港印有一张与该主港潮汐性质和变化相符的“平均大潮和小潮曲线图”（简称专用曲线）（图 3-3-2），供求该主港和其附港任意潮时和潮高用。专用曲线是根据所适用港口的潮汐性质而制定，所以精度要高于用纯余弦公式制成的通用曲线。

在“平均大潮和小潮曲线图”中实线为大潮曲线，虚线为小潮曲线；大潮和小潮的潮差在图的右上方给出。在求任意潮高和潮时时，如果当时潮差等于或接近大潮潮差，则利用大潮曲线；潮差等于或接近小潮潮差，利用小潮曲线；其他情况在两曲线间内插。

第二卷至第八卷中每卷印一张适用于所有非欧洲水域港口的“求任意时潮高曲线图”（简称通用曲线）（图 3-3-3），供求该卷所有非欧洲水域港口的任意潮时和潮高用。

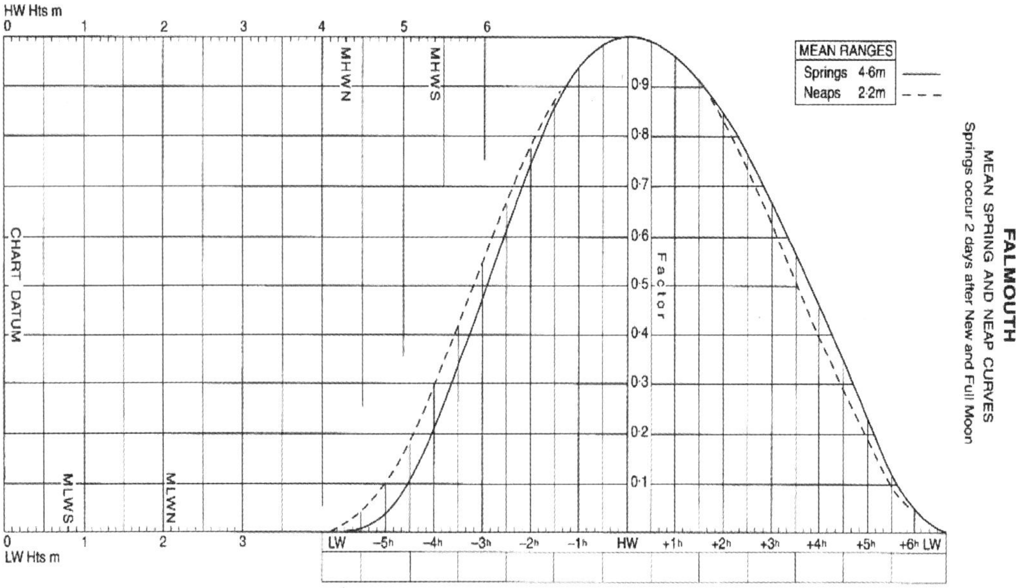

图 3-3-2　平均大潮和小潮曲线图

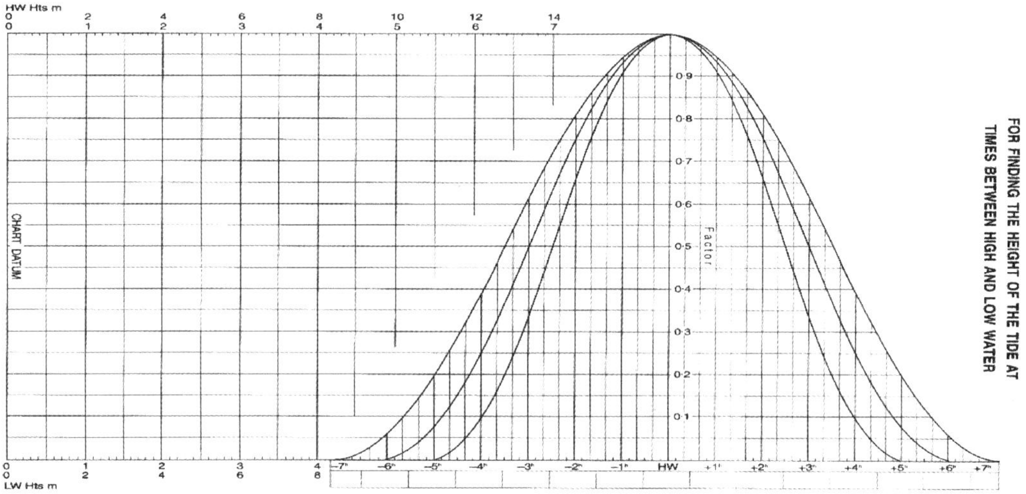

图 3-3-3　求任意时潮高曲线图

任务四　潮流推算

一、概述

潮流推算

由于引潮力的作用，海水会产生周期性运动。伴随潮汐形成，海水水平方向的流动形成了潮流。潮流和潮汐的性质类似，有正规半日潮流、正规日潮流和混合潮流三种形式。按运动形式潮流可分为往复流和回转流两种。往复流是由于地形的影响而产生的涨、落潮流向相反或接近相反的潮流，大多发生在海峡、江河、港湾和沿岸一带。回转流一般表现在一个潮汐周期内流向随时间顺时针（或逆时针）方向变化360°，流速也随时间变化，而且无平流或憩流（流速为0）现象。回转流主要发生在开阔海域，主要是地转偏向力作用于潮流所致，旋转方向视潮流的前进方向和海区的地形特点等因素确定，一般在北半球顺时针方向旋转；南半球逆时针方向旋转，流速在一个周期内出现两次最强、两次最弱。

潮流的大小除受引潮力大小影响外，还受地形和海水的深浅影响。潮流在大洋中一般很小，但在近岸的浅海则非常显著，尤其在海峡、湾口、狭水道中常有强大的潮流，其原因在于每半个周期内必须有大量的海水流经这些通道。例如，英吉利海峡和多佛尔海峡潮流有时可超过5~6 kn。在温哥华岛和大陆之间的西摩尔海峡北端潮流最强时达10 kn。在挪威北部，斯克焦斯塔德峡湾和萨勒特湾之间的狭窄处，流速可达8 kn。另外，深度变浅也会使潮流速度增大。我国著名的钱塘江潮，大潮时的潮流速可达8~10 kn。

二、海图上的潮流资料

1. 往复流（alternating current）

（1）当日最大流速的求取

航用海图上用箭矢和数字标出潮流的资料。往复流用 $\overset{3\ \text{kn}}{\nearrow\!\!\!\!\longrightarrow}$ 表示涨潮流，用 $\overset{3\text{-}1.5\ \text{kn}}{\longrightarrow}$ 表示落潮流。其中箭矢所指方向即流向，其上标有一个数字的表示大潮日最大流速；标示两个数字的，其中较小的数字表示小潮日最大流速，较大的数字表示大潮日最大流速。对于只给出大潮日最大流速的情况，小潮日最大流速为大潮日最大流速的一半。根据所给数据可用以下方法近似确定每日的最大流速：大潮日及其前后一两天内为大潮日流速；小潮日及其前后一两天为小潮日流速；其余数天为平均潮流速。平均潮流速为

平均潮流速＝1/2（大潮流速+小潮流速）＝3/4 大潮流速＝3/2 小潮流速

（2）任意时刻流速的求取方法

①公式法

知道当日最大流速后，便可以根据潮流的变化规律求取具体时间的潮流流速。往复流流速随时间变化的规律是：在转流时流向不定，流速很小，可视为0 kn；转流以后流速逐渐由小变大，到相邻两次转流时间的中间时刻，流速达到最大；以后又逐渐变小，至下次转流时间流速又降至0 kn。可将流速的这种变化规律近似的以正弦函数曲线来描述，如图3-4-1所示。纵坐标为流速 v，横坐标为时间 t。设当天最大流速为 v_m，涨（落）潮流持续时间为 T，所求时（t）与它前面的转流时间间隔为 ΔT，所求时的流速为 v，则

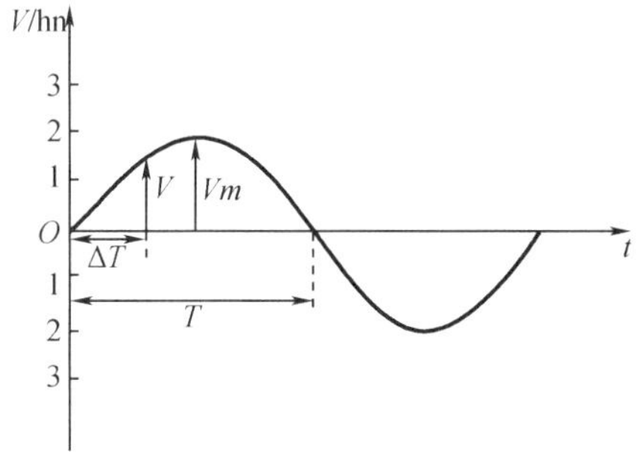

图3-4-1　流速变化曲线

$$v=v_m \sin\frac{\Delta T}{T}180^\circ \qquad (3\text{-}4\text{-}1)$$

可见，只要知道 v_m，T 和 ΔT，即可求得任意时的潮流流速。

例 3-4-1 中国沿海某地往复流图式为 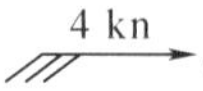

，涨落周期为 6 h，求该处农历初六涨潮流 1 h 30 min 的流速。

解 中国沿海农历上半月大潮日一般发生在初三，初六当日的最大流速为

$$v_m=\frac{3}{4}\times4=3\ \text{kn}$$

涨潮流 1 h 30 min 的流速为

$$v=v_m\sin\frac{\Delta T}{T}180°=3\times\sin\left(\frac{90}{360}\times180°\right)=3\times0.707\ 106\ 781\approx2.1\ \text{kn}$$

②半日潮潮流的近似算法

对半日潮港一天中流速的变化，可认为涨(落)潮流和时间均为 6 h，这样可运用 1,2,3,2,1 的简易运动规律，概略估算任意时潮流的流速，方法是：

转流后 1 h 内的平均流速是当日最大流速的 1/3；

转流后 1~2 h 的平均流速是当日最大流速的 2/3；

转流后 2~3 h 的平均流速是当日最大流速的 3/3；

转流后 3~4 h 的平均流速是当日最大流速的 3/3；

转流后 4~5 h 的平均流速是当日最大流速的 2/3；

转流后 5~6 h 的平均流速是当日最大流速的 1/3。

转流并不都是在高潮时和低潮时，在某些海区，转流往往发生在高低潮后 3~4 h，因此必须查阅《航路指南》《潮汐表》和海图等航海资料掌握转流时间。

例 3-4-2 用半日潮潮流的近似算法求取上例的问题。

解 转流后 1 h 30 min 位于 1~2 h，流速为当日最大流速的 2/3，即为 2 kn。

2. 回转流潮流推算

在航用海图上，回转流的资料用两种方式给出：回转潮流图和回转潮流表。图 3-4-2 是黄海某处的回转流图，中心地名表示主港港名，最外圈数字表示不同时间：0 表示主港高潮时，1、2、3……表示主港高潮前第 1、2、3 小时；Ⅰ、Ⅱ、Ⅲ……表示主港高潮后第 1、2、3 小时。其中箭矢所指方向即流向，其顶部的数字表示流速，较大数字是大潮日流速，较小数字是小潮日流速，其他天数的流速可采用往复流求其他天数的流速的方法求取。

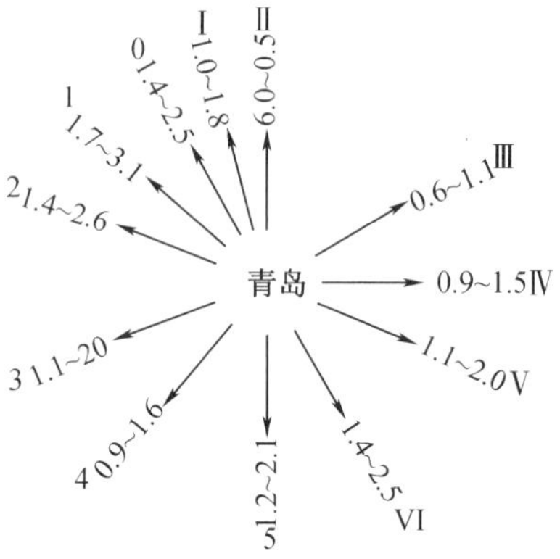

图 3-4-2 回转流图式

表 3-4-1 是回转潮流表的例子。潮流表的使用是为了海图的清晰，它一般印在不影响船舶航行的位置，仅在潮流发生处用符号Ⓐ Ⓑ等表示表列潮流的位置。

回转流的流向可以根据主港高潮时和实际航行时间的关系由图中箭矢的方向或表中给出的方向得出，如果时间不正好是图中或表中的时间，可以进行内插求取。

回转流的流速，可以根据航行日期和大潮日小潮日的关系，参考往复流中求取每日最大流速的规律，根据图中或表给出的大潮流速和小潮流速求取。

表 3-4-1　回转流表

Hours		Ⓐ 51°20′.3N 1°34′.3E			Ⓑ 51°15′.0N 2°14′.0E		
		D_{trn}	Rate(kn)		D_{trn}	Rate(kn)	
			sp.	np.		sp.	np.
Before HW′ Dover	6	199°	2.0	1.2	248°	0.9	0.5
	5	204	2.6	1.5	236	1.6	0.8
	4	208	3.1	1.7	231	1.9	0.9
	3	213	2.8	1.5	225	1.7	0.7
	2	222	1.5	0.8	214	1.2	0.4
	1	357	0.8	0.5	166	0.5	0.2
HW		0.15	2.5	1.4	075	0.7	0.5
After HW Dover	1	023	3.2	1.8	058	1.5	0.8
	2	027	2.9	1.6	052	1.8	0.9
	3	044	2.2	1.3	045	1.7	0.8
	4	059	1.2	0.7	039	1.3	0.5
	5		Slack		006	0.5	0.2
	6	197	1.4	0.8	260	0.7	0.4

三、中版《潮汐表》的潮流表与潮流推算

1. 潮流预报表内容

中版《潮汐表》第一册至第三册中的“潮流预报表”给出了中国一些重要水道、港湾和渔场等的潮流资料。对于具有往复流性质的地点，逐日给出转流时间、最大流速时刻以及相应的最大流速；对于具有回转流性质的地点，给出潮流回转一周(大约一个潮汐周期)过程中的两个极大值和两个极小值以及与其对应的时刻和流向。第四册中的“潮流预报表”只刊载了日潮潮流较大的海区中的一些重要地点的逐日潮流预报，对于半日潮潮流为主的海区，应利用海图上刊载的资料和专用的半日潮潮流图表，根据某一主港的潮汐预报推算临近水域的潮流。每册均在每一页预报资料的上方给出预报位置、经纬度、流速资料中的“+”“-”号所代表的具体流向、预报年度和该地的标准时；其他册还在每页的下方说明了预报值中是否包含海流。

2. 潮流推算方法

(1)往复流

往复流可以根据表中给出的数据，利用公式(3-4-1)求取。

例 3-4-3　求成山角 1999 年 7 月 16 日 1000 的流向和流速。

解　从 1999 年中国《潮汐表》的“潮流预报表”中查得成山角 7 月 16 日的潮流资料为

	7月		
	转流	最大流速	
	时分	时分	流速
	0145	0456	-1.9
16	0807	1113	2.0
SA	1423	1733	-1.8
	2046	2344	1.7

资料中的"+"表示流向343°,"-"表示流向163°。流速单位为节(kn)

由于1000在0807和1423两次转流之间,1000的流向为"+",即343°;因为该方向最大流速为2.0kn(发生在1113),所以1000的流速为

$$v=v_m\sin\frac{\Delta T}{T}180°=2.0\times\sin\left(\frac{1000-0807}{1423-0807}\times180°\right)=1.6\ \text{kn}$$

即1000的流速向为343°,流速为1.6 kn

(2)回转流

对于回转流,由于"潮流预报表"中给出了一个回转周期内的两次极大值和两次极小值的流向和流速,其他时间的流向和流速可在其间内插求取。

四、英版《潮汐表》的潮流表与潮流推算

1.英版《潮汐表》中的潮流表

英版《潮汐表》中仅针对某些重要而且潮流周日不等现象显著的区域编制潮流表。由于欧洲大部分水域的潮流和潮汐均具有半日潮性质,可以基于海图上的潮流资料并参照主港的潮汐资料推算潮流,所以,英版《潮汐表》第一、二卷没有编制"潮流表",仅在第三、四卷中对某些重要而且潮流周日不等现象显著的地方编制了"潮流表"。潮流表资料的具体编排与中国《潮汐表》第四册的"潮流预报表"的编排基本一样,所不同的是在表的开头给出了包括半日潮、日潮和混合潮港等四种类型的典型潮流曲线。

除了潮流表外,英版《潮汐表》第二、三、四卷中都还印有"关于潮流的调和常数",供用简化的调和常数法推算潮流。

2 潮流推算

由于"潮流表"中所预报的各地的潮流均不具备半日潮的特性,在根据其提供的资料推算潮汐时,可利用任意时刻流速的计算公式求取任意时的潮流。但应注意,如果预报数据中包括海流的成分,计算时应在最大流速的取值中将海流减去后计算出任意时的潮流的大小,再与海流矢量合成求出当时的总流速和流向。

用"关于潮流的调和常数"推算潮流的方法与利用潮高的调和常数计算潮高的方法相似,即潮汐预报的简化的调和常数法,只要计算中将潮高的调和常数换为潮流的调和常数,将以米为单位的平均海面作为以节为单位的海流(恒流),将以米为单位的潮高作为以节为单位的漂流流速即可。有条件的船舶,也可以使用光盘版《潮汐表》进行潮流推算。

任务五　航　　标

为引导船舶在正确的航道上航行,航道部门或海上安全监督部门在海上、海岸或江河设置了各种不同类型和不同作用的航行标志或助航标志,它们以特定的标志、灯光、音响或无线电信号来指示或辅助航行,这些助航标志(aids to navigation)简称航标,其位置在海图上加以标绘,并在航标表中加以记载和说明。航标的主要作用有:指示航道、船舶定位、标示危险区和标示特殊水域如锚地、测量作业区、禁区、渔区等。

一、航标的分类

航标的分类 v1.0

(一)按设置地点分类

1. 沿海航标(coastal aids)

(1)固定航标

固定航标是指设置在岛屿、礁石、海岸等上面的航标。包括:

①灯塔(lighthouse):一般设置在明显的海岸、岬角、重要航道附近的陆地或岛屿上,以及港湾入口处。它是由基础、塔身和发光器三部分组成的塔状物,一般比较高大而坚固并会发光(图 3-5-1)。

灯塔塔身具有显著的形状和颜色特征,其上部装有强烈的发光装置,以便航船能在较远的距离上及时发现它。灯塔通常有专人看守,工作可靠,海图上位置准确,是陆标定位的良好标志,因而是一种主要的航标。有的灯塔还附设音响信号、雾号和无线电信号等。

②灯桩(light beacon):一般设置在航道附近的岛岸边,以及孤立的礁石上或港口附近的防波堤上。灯桩是一种柱状或铁架结构的建筑物,其顶部也装有发光器,作用与灯塔相同,但结构较为简单,灯火强度也较弱,一般无人看管,如图 3-5-2 所示。

图 3-5-1　灯塔

图 3-5-2　灯桩

③立标(beacon):一般设置在浅水区及水中礁石上,是一种顶部带有球形或三角形等形状的杆状标,其上无发光设备,用以标示沙嘴尽头、浅滩及险礁的两端、水中礁石及航道中

较小的障碍物;也有的设在岸上作为叠标或导标,用以引导船舶进出港口或测定船舶运动性能和罗经差。

(2)水上航标

水上航标是指用锚或沉锤加锚链系留在预定海床上的浮标。水上航标除灯船及大型浮标外,其外部涂色、顶标、灯质等均按其用处不同有统一的规定。水上航标包括:

①灯船(light vessel)一般设置在周围无显著陆标又不便建造灯塔的重要航道附近,以引导船舶进出港口、避险等。灯船是一种在甲板高处设有发光设备的特殊船舶。灯船具有能经受风浪袭击和顶住强流的牢固结构和锚设备,灯光射程较远,可靠性较好,有的还有人看管。灯船的船身一般涂红色,船体两侧有醒目的船名或编号,桅上悬挂黑球,供白天识别用,如图 3-5-3 所示。

②浮标(buoy)一般设置在海港和沿海航道以及水下危险物附近,用以标示航道,指示沉船、暗礁、浅滩等危险物的位置。浮标是具有规定的形状、尺寸、颜色等的浮动标志,锚泊在指定位置,它可能装有发光器、音响设备、雷达反射器和规定的顶标等。其水线以上部分的基本形状主要有罐形、锥形、球形、柱形和杆形五种。浮标受海流和潮汐的影响,其实际位置以锚碇为中心在一定范围内移动,遇大风浪时可能会移位或漂失。因此,一般不能用浮标来定位。装有发光器的浮标称为灯浮标(light-buoy),如图 3-5-4 所示。

图 3-5-3 灯船

图 3-5-4 灯浮

2. 内河航标(inland river aids)

内河航标(inland river aids)设置在江河、湖泊、水库航道上的助航标志,用以标示内河航道的方向、界限与碍航物等,为船舶航行指示安全的航道。内河航标由航行标志、信号标志和专用标志三大类组成。

3. 船闸航标(lockage aids)

船闸航标是设置在船闸河段上的航标,用以标示船闸内外的停船位置,指示进出船闸的引领航道和节制闸前的危险水域,引导船舶安全迅速地通过船闸。

(二)按技术装置分类

1. 发光航标

灯塔、灯船、灯浮、灯桩等可统称为灯标,以显示的特定的光色、节奏和周期作为标志识别的特征,并将其缩写标注在海图上该灯标符号的旁边。目前我国灯标使用的光色主要有白、红、绿、黄四种。

2. 不发光航标

不发光航标有立标、浮标等。

3. 音响航标

音响航标指附设有雾警设备的航标，其功能是在雾、雪及其他能见度不良天气时发出特定的音响供航海人员导航用。

（1）雾钟（bell）：是一种最古老、简单的音响装置，借助波浪起伏摇摆，自动打钟发声。雾钟的声音强弱取决于钟和波浪的大小，一般有效作用距离为 1～2 n mile。

（2）雾锣（gong）：安装在有人看守的灯塔及灯船上，凡遇下雾或天气朦胧，从听到船舶鸣放雾号时起，每隔一定时间鸣锣，有效作用距离为 1～2 n mile。

（3）雾哨（whistle）：一般装在浮标上，利用波浪的起伏，吸进和压出空气，经气哨而发声。有效作用距离为 1～4 n mile。

（4）雾角（horn）或低音雾角（diaphone）：一般安装在靠近港口的岸边或有发电设备的灯塔上，发音原理和普通电喇叭相似。能清晰地发送信号编码，以便船舶收听和识别，有效作用距离为 3～5 n mile。

（5）雾笛（siren）：多装在灯塔和灯船上，利用压缩空气经发声器而发声。声音清晰、洪亮，有效作用距离为 3～10 n mile。

此外，还有爆响雾号（explosive fog signal，Explos）、莫尔斯码雾号（Morse code fog signals，Mo.）和雾炮（gun）等。

4. 无线电航标

无线电航标是无线电助航设施的总称，包括无线电测向台、全向无线电信标、定向无线电信标、旋转式无线电信标、雷达反射器、雷达指向标、雷达应答标、DGPS 信标、AIS 等，供船舶定位导航用。

二、国际海区水上助航标志制度

国际海区水上助航标志制度

（一）概述

1. 适用范围

本制度适用于所有固定和漂浮的标志（不包括灯塔、光弧灯标、导灯和导标、大型助航浮标、某些大型灯浮和灯船），用以指明：

（1）可航水道的中央线和边侧界限；

（2）固定桥下的可航水道；

（3）天然危险和其他障碍物，如沉船；

（4）可能有待规定的航行区域；

（5）与航海者有重要关系的其他特征。

2. 标志的类型

国际航标制度有六种类型的标志：侧面标志、方位标志、孤立危险物标志、安全水域标志、专用标志和其他助航标志（如新危险物标志、导标、扇形光灯标、灯塔、立标、大型浮标等），可以结合使用。

3. 特征表示方法

(1) 白天:标志的形状、颜色和顶标

国际航标协会航标制度中浮标有五种基本形状:锥形、罐形、球形、柱形和杆形,如图 3-5-5 所示;标志基本颜色包括红色、绿色、黄色、黑黄横纹、红黑横纹和红白竖纹;顶标的基本形状包括罐形、锥形、球形、X 形和十字架形五种,如图 3-5-6 所示。

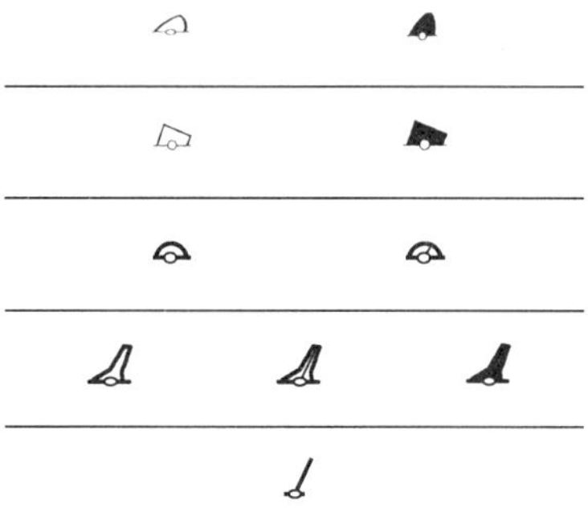

图 3-5-5 浮标海图图式

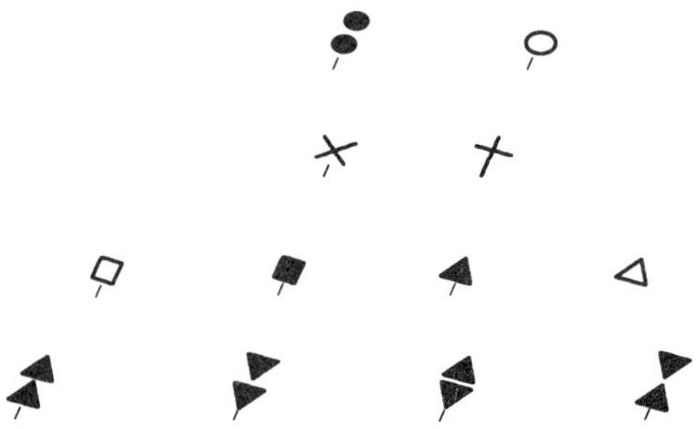

图 3-5-6 顶标海图图式

(2) 夜间:光色和光质

红光和绿光为侧面标志专用,黄光为专用标志专用;白光用于其他类型的标志,并以发光节奏加以区别。

(二) 国际浮标制度区域划分

有两种国际性的浮标制度区域——A 区域和 B 区域,它们的侧面标志的颜色和灯光颜色相反,适用于 B 区域浮标制度的国家或地区包括韩国、日本、菲律宾,以及南、北美洲国家,其他国家适用于 A 区域浮标制度。

(三) 标志说明

1. 侧面标志

(1) 侧面标志结合"浮标习惯走向"使用,通常用于界限明确的航道。这些标志指明应遵循航路的左侧或右侧。

(2) 浮标的走向

浮标习惯走向是按以下两种方法之一规定的。

①浮标的局部走向:航海者从海上驶近港口、河流、河口或其他水道时所采取的走向。

②浮标的总走向:由浮标管理当局所确定的方向,且只要可能,原则上应是环绕大片陆地的顺时针方向。浮标的总走向通常在《航路指南》中说明,并根据需要在海图上用适当的符号标出。

在英版海图上浮标的习惯走向可能用洋红色箭矢符号标明。

(3) 侧面标志说明

左侧标	右侧标
形状:罐形、柱形、杆形	形状:圆锥形、柱形、杆形
颜色:红色	颜色:绿色
顶标:单个红色圆罐	顶标:单个绿色圆罐、锥尖向上

光色:红色(*R*)

光质:除 *F*1(2+1)外任选

光色:绿色(*G*)

光质:*F*1(2+1)

在水道的分岔处,按浮标习惯走向航行时,可用下列经修正的侧面标来指示推荐航道。

推荐航道左侧标

形状:罐形、柱形、杆形

颜色:红色,中间有一条宽阔的绿色横纹

顶标:单个红色圆罐

光色:红色(*R*)

光质:除 *F*1(2+1)外任选

推荐航道右侧标

形状:圆锥形、柱形、杆形

颜色:绿色,中间有一条宽阔的红色横纹

顶标:单个绿色圆罐、锥尖向上

光色:绿色(*G*)

光质:*F*1(2+1)

(4)记忆方法

对侧面标志特征的记忆可主要抓住形状和颜色的规律。A 区标志的规律是左红右绿、左罐右锥,即 A 区左侧标的标志颜色、顶标颜色和光色均为红色,右侧标的均为绿色;左侧标形状和顶标均为罐形,右侧标形状和顶标均为锥形。B 区侧面标志将表示颜色的规律改为左绿右红即可。推荐航道侧面标志与侧面标志仅标志本身颜色和发光节奏不同,标志本身颜色是在同名侧面标志的颜色中间有一条与异名侧面标志颜色相同的横纹,发光节奏为特定发光节奏混联闪 2 次加 1 次。

2. 方位标志

(1)方位象限和标志定义

方位标志结合罗经使用,它们分别设立在以被标志点为基准点的 4 个隅点方位所分割成的四个象限(北、东、南和西)中。方位标志以其所在象限的名称命名,其同名侧为可航水域,危险物位于异名侧。

(2)用途

①指明某区域内最深的水域在该标名称的同名一侧。

②指明通过某危险物的安全一侧。

③引起对航道中的特征的注意,如弯道、河流汇合处、分支点或浅滩两端等。

(3)方位标志的说明(图 3-5-7)

北方位标

形状:柱形或杆形

颜色:上黑下黄

顶标:两尖向上黑色圆锥

光色:白色

光质:*Q* 或:*VQ*

南方位标

形状:柱形或杆形

颜色:上黄下黑

顶标:两尖向下黑色圆锥

光色:白色

光质:*Q*(6)+*LF*1,15s 或:*VQ*(6)+*LF*1,10s

东方位标

形状:柱形或杆形

颜色:黑黄黑横纹

顶标:两锥底相对黑色圆锥

光色:白色

光质:*Q*(3),10s 或:*VQ*(3),5s

西方位标

形状:柱形或杆形

颜色:黄黑黄横纹

顶标:两锥尖相对黑色圆锥

光色:白色

光质:*Q*(9),15s 或:*VQ*(9),10s

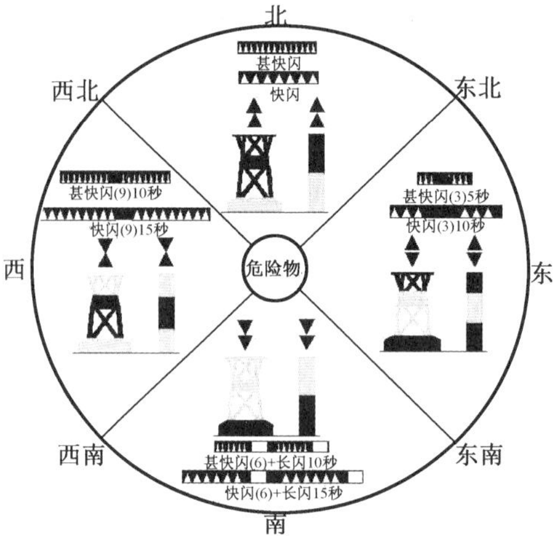

图 3-5-7　方位标志

(4)记忆方法

方位标志的主要特征为顶标、标身颜色与发光节奏,可根据以下规律掌握方位标志的特征。顶标特征可以根据"上北下南、西酒杯东底对"的口诀进行记忆。东、西方位标的顶标形状还可借助汉字的形状帮助记忆。"东"字上下是尖形,对应顶标的上下是锥尖,所以东方位标顶标的两个锥底相对。"西"字上下是平横,对应顶标的上下是锥底,所以西方位标顶标的两个锥尖相对。借助顶标便可记住标身的颜色:顶标的尖端对应标志黑色的位置,锥底对应标志黄色的位置。方位标志发光器的闪光次数可以和时钟联系起来记忆:3 点——东,6 点——南,9 点——西,特殊之处在于南方位标在 6 次闪光后,还紧接 1 次长闪;东、南、西方位标的闪光周期,快闪分别为 10 s、15 s、15 s,甚快闪分别为 5 s、10 s、10 s。

3. 孤立危险标志

(1)用途

孤立危险标志是指竖立或系泊在周围有可航水域、范围有限的孤立危险物之上的标志。

(2)孤立危险标志说明

形状:任选,如果是浮标则使用柱形或杆形

颜色:黑色,中间有一条或多条宽阔的红色横纹

顶标:上下两个黑球

光色:白色

光质:$F1(2)$

4. 安全水域标志

(1)用途

安全水域标志用于指明在该标周围均有可航水域,这种标志可用作中线标志、航道中央标志或航道入口标志或指明固定桥下最好的通过点。

(2)安全水域标志说明

形状:球形浮标或带球形顶标的柱形或杆形浮标

颜色:红白相间竖纹

顶标:单个红球

光色:白色

光质:Iso,Oc,或 *LF*1. 10s 或莫尔斯信号“*A*”

5. 专用标志

专用标志的用途主要不是助航,而是给航海者指出某一特殊区域或地貌。该特殊区域或地貌的性质可参考海图、《航路指南》或《航海通告》,例如:

(1)海洋资料探测系统(ODAS)标志;

(2)分道通航制标志(如使用常规航道标志可能引起混淆);

(3)弃土(淤泥)场地标志;

(4)军事演习区域标志;

(5)电缆或管道线标志(包括排水管);

(6)娱乐区域标志。

专用标志可标注字母以指出其用途。

专用标志的另一个作用是在航道内再划定航道。例如,在某一宽阔河口航道中,正常航行航道的界限用红色和绿色侧面标志标示,而深水航道的边界则用相应的侧面标志形状的黄色浮标标示,或者中心线用黄色球形浮标标示。

专用标志的形状、颜色和顶标等特征如下:

形状:任选,但不得与侧面标志和安全水域标志相抵触

颜色:黄色

顶标:单个黄色“X”形

光色:黄色

光质:除方位标志、孤立危险物标志和安全水域标志使用的白色光质外任选

6. 新危险物

(1)定义

新危险物是新发现的,既没有在海图上和航路指南中标明,也没有利用航海通告充分发布的障碍物。新危险物包括自然出现的障碍物,如沙滩、礁石等,或人为的危险物,如沉船等。

(2)新危险物标志法

①新危险物用一个或几个本制度规定的方位标志或侧面标志来标示。如果这个危险物特别严重,则其标志中至少有一个必须尽快地设置重复标志,直至该危险物的消息已经充分播报为止。

②任何用于这个目的的装灯标志的灯光节奏应是甚快闪或快闪。如果用的是方位标志则显示白光;如果是侧面标志则显示红光或绿光。

③新危险物可以装设雷达应答器来标示,发莫尔斯信号“D”,在雷达显示器上显示出1n mile 长度的信号。

7. 其他标志

(1)导标(leading Lines/ranges)

导标包括两个或多个标记或灯,以便航海人员可以根据导标指引进行航行。导标的结构可以是任何颜色或形状,或提供了一个独特的标志,但不能与相邻的物标混淆。没有规定具体的颜色,主管机关决定最佳的颜色,以与当地的背景环境颜色进行区分。没有规定具体的形状,建议使用矩形或三角形。

(2)扇形光灯标(sector lights)

扇形光灯标是一种固定的导航辅助标志,它可以在指定的范围内显示不同颜色和/或节奏的光。光弧灯标的颜色为航海人员提供了方向性的信息。扇形光灯标可以用来提供航道的方向信息;用来指示转向点,与其他航道、危险区或其他重要的导航物标的连接点;用来提供应该避开的危险区域信息;在某些情况下,可以使用单一灯标。

扇形光灯标光色:如果用来标示航道边界,应遵循浮标所在区域的规定。

(3)灯塔(Lighthouse)

灯塔是在固定地点建造的塔或大型建筑或结构物,配有信号灯并提供重要航行信息,如图所示。它提供了一个长或中距离的光,以在夜间识别。灯塔也可能提供 Racon 或者 AIS 功能以便帮助航行。灯塔的光色规定为白光、红光和绿光。

(4)立标(Beacons)

立标是一个固定的人造导航标记,可以通过其形状、颜色、图案、顶标、灯质或这些特征的组合来识别。安装有信号灯的立标被称为照明立标;如果没有安装信号灯,它被称为未照明立标,只提供白天的标志。立标可以用作导标或显著的雷达物标。通常带有顶标。光色规定为白光、红光和绿光。

(5)大型浮动航标(major floating aids)

大型浮动航标包括灯船、大型浮标和大型助航浮筒。大型浮动航标通常设置在关键位置以协助海上航行。通常用来标记近海交通密集地区的航道入口,也可能提供 Racon 或者 AIS 功能以便帮助航行。大型浮动航标颜色主要为红色,形状为船型或浮标形状。

(6)辅助标志(auxiliary marks)

前文中没有描述过的较小的助航设备。这些标志通常在规定航道外部,通常不用来表明航路的左右边界或应躲避的障碍物。它们还包括那些用于船舶航行安全相关信息的标志。这些标志不得与其他航海标志相冲突,并应在相应的海图和航海资料中公布。如果在航标制度中有更合适的标记,一般不能使用该标志。

(7)港口标志(port or harbour marks)

对于港口标志,航海人员应注意考虑任何可能存在的地方法规所涵盖的地方性标志措施。特别是在第一次穿越一个区域之前,航海人员应了解当地的标志设置情况。地方性标志包括但不限于以下标记:防波堤、码头、桥梁和交通信号、休闲区,以及其他由主管机关负责的河流、运河、船闸和水道标志。

(四)各类航标在海图上的识别

各类航标在海图上可用其图式识别,图式的特点包括了标志的形状、顶标和颜色,具体见表 3-5-1。灯标的符号是在原有航标的符号上加注发光符号和光质,如图 3-5-8 所示。

表 3-5-1　海图图式及说明

编号	海图图式	说明
1		锥形标志
2		罐形标志

表 3-5-1(续)

编号	海图图式	说明
3		球形标志
4		柱形标志
5		杆形标志
6		顶标
7		单色标志:G——绿色
8	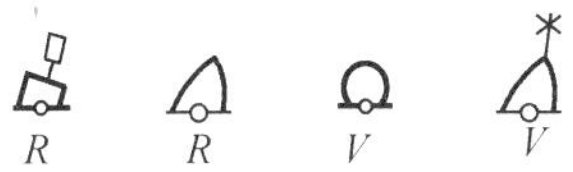	除绿色之外的单色标志: R——红色;Y——黄色
9		多色横纹标志,颜色排列自上而下: BY——黑黄;GRG——绿红绿;BRB——黑红黑
10		多色竖纹标志,深色在前:RW——红白

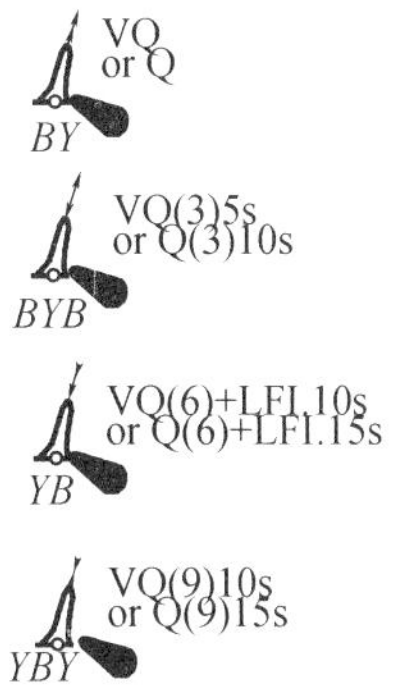

北方坐标:VQ——甚快闪;Q——快闪

东方坐标:VQ(3)5s——甚快闪3次周期5 s;Q(3)10 s——快闪3次周期10 s

南方坐标:VQ(6)+LFl.10s——甚快闪6次加一长闪周期10 s;Q(6)+LFl.15 s——快闪6次加一长闪周期15 s

西方坐标:VQ(9)10s——甚快闪9次周期10 s;Q(9)15 s——快闪9次周期15 s

图 3-5-8　航标海图图式

三、中国水上助航标

我国在国际海上浮标制度(A 区域)的基础上结合我国情况制定了《中国海区水上助航标志》国家标准。该标准适用于中国海区及其海港、通海河口的所有浮标和水中固定标志(不包括灯塔、扇形光灯标、导标、灯船和大型助航浮标)。水中固定标志是指水中的立标和灯桩,其设标点的高程在平均大潮高潮面以下,标志的基础或标身的一部分被平均大潮高潮淹没,如果作用与浮标相同,则其颜色、顶标和灯质也都与相应的浮标或灯浮标一致。

中国海区水上助航标志包括侧面标志、方位标志、孤立危险物标志、安全水域标志和专用标志五类,它们可以结合使用。表示标志特征的方法为:白天以标志的颜色和形状或顶标来表示；夜间以标志的灯质、即光色、灯光节奏和周期来表示。该标准规定的基本浮标形状有罐形、锥形、球形、柱形和杆形五种。而顶标形状只有罐形、锥形、球形和“X”形四种，标志的颜色、形状、顶标、灯质等。

1. 侧面标志

侧面标志根据航道走向配布，用以标示航道两侧界限或推荐航道、特定航道。确定航道走向的原则是：船舶由海向里，即从海上驶近或进入港口、河口、港湾或其他水道的方向；在外海、海峡或岛屿之间的水道，原则上按环绕大陆顺时针航行的方向；在复杂的环境里，航道走向由航标主管部门确定，并在海图上用洋红色的箭头表示；当船舶顺航道走向航行时，其左舷一侧为航道的左侧，右舷一侧为航道的右侧。

侧面标志包括左侧标、右侧标、推荐航道左侧标和推荐航道右侧标。左（右）侧标设在航道的左（右）侧，标示航道左、右侧界限，顺航道走向行驶的船舶应将该标志置于本船同名舷通过。推荐航道左（右）侧标设在航道分叉处，标示推荐航道在该标志的异名侧。用于特定航道时，标示该航道的左（右）侧界限，顺推荐（或特定）航道走向行驶的船舶应将该标志置于本船同名舷通过。

2. 方位标志

方位标志的定义和各项特征与国际航标协会浮标制度有关规定相同。

3. 孤立危险标志

除闪光周期方面的规定外，其余各项特征均与国际航标协会浮标制度有关规定相同。《中国海区水上助航标志》规定，孤立危险的标志的光质为：闪(2)5 s。

4. 安全水域标志

除明暗光不能用作光质外，安全水域标志的其余各项特征均与国际航标协会浮标制度有关规定相同。

5. 专用标志

专用标志主要不是为助航而设置的，它用于指示某一特定水域或特征。专用标志的各项特征基本上与国际航标协会航标制度相同。为了便于识别和使用，另外规定了一些特定的标记，并对灯质做出具体规定，详细如表 3-5-2 所示。

表 3-5-2　专用标志

用途种类	标记		灯质		
	颜色	图形标志	光色	闪光节奏	周期[a] s
锚地	黑			莫尔斯信号“Q” – – · –	
禁航区	黑	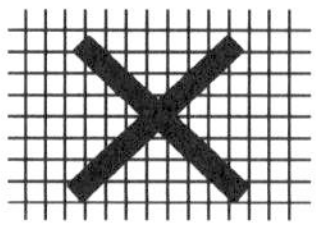	黄	莫尔斯信号“P” · – – ·	12
海上作业区	红、白	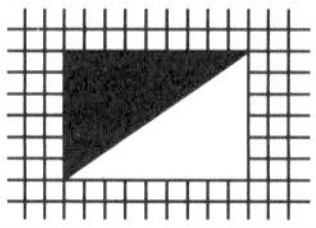		莫尔斯信号“O” – – –	

表 3-5-2(续)

用途种类	标记		灯质		
	颜色	图形标志	光色	闪光节奏	周期[a] s
分道通航	黑	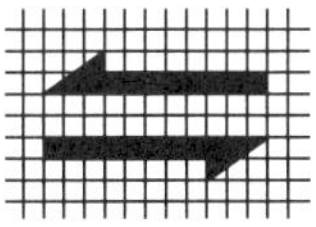		莫尔斯信号“K” — · —	
水中构筑物	黑	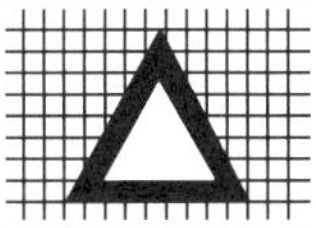		莫尔斯信号“C” — · — ·	
娱乐区	红、白		黄	莫尔斯信号“Y” — · — —	12
水产作业区	黑	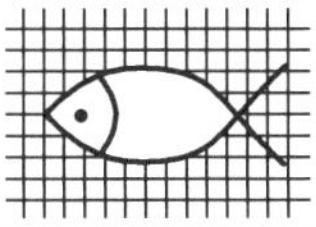		莫尔斯信号“F” · · — ·	
横越区	黑、白	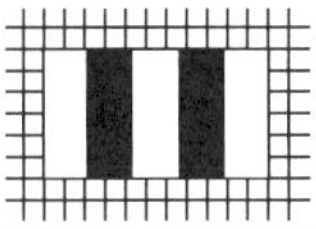		莫尔斯信号“Z” — — · ·	

注:可以 15 s 作为备用周期。

6. 新危险物——应急沉船示位标

为了更有效地标示在我国沿海发生的新危险沉船,保障船舶航行安全,保护水域环境,根据《中国海区水上助航标志》国家标准和有关法规、国际海事组织相关通函和国际航标协会相关建议和指南,中华人民共和国海事局制定《中国海区应急沉船示位标设置管理规则(试行)》,并于 2007 年 9 月 1 日起施行。

应急沉船示位标应设置或系泊在新危险沉船之上,或尽可能靠近新危险沉船的地方,标示新危险沉船所在,船舶应参照有关航海资料,避开此标谨慎航行。

应急沉船示位标(图 3-5-9)的特征应符合表 3-5-3 的规定。

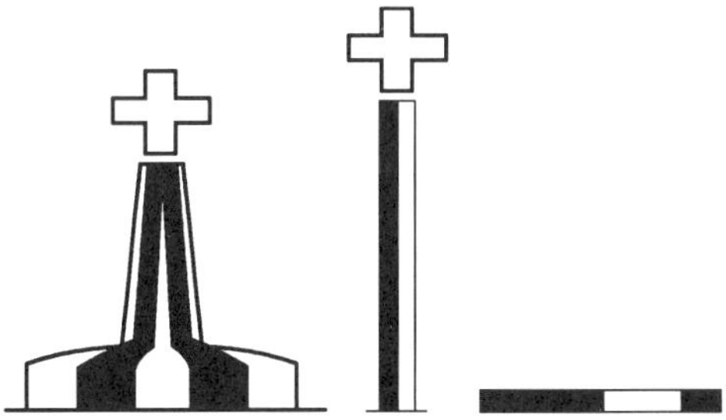

图 3-5-9 应急沉船示位标

表 3-5-3　应急沉船示位标

颜色	浮标表面是等分的蓝黄垂直条纹(最少 4 个条纹,最多 8 个条纹)
形状	柱形或杆形
顶标	如装有,为直立/垂直的黄色十字
灯质	黄蓝互明暗光(顿光)3s,蓝光和黄光轮流各闪 1s,中间暗 0.5s Bu1.0s+0.5s+Y1.0s+0.5s=3.0s
其他	如果为标示同一危险沉船设置了多个标,其灯质必须同步闪光;可以考虑加设雷达应答器(莫尔斯码“D”)和/或 AIS 应答器

任务六　其他航海图书资料

其他航海图书资料

海图和航海图书资料是航海必备的工具,是船舶安全航行的重要保障。驾驶员在设计航线和制订航次计划时以及在船舶航行过程中都要了解和熟悉海区水文气象、推荐航线、特殊规定等信息,这就需要驾驶员熟练借助海图和航海图书资料,获取相关的航海信息。

航海图书资料的运用和管理是按照国家海事局《海船船员培训大纲(2021 版)》要求编入的重要项目,是航海人员在实践工作岗位中必须掌握的基本专业技能。该项目包括了中、英版主要航海图书资料的查阅和使用方法,以及这些图书的管理和更新。学生通过该项目的学习与实践,要具备熟练利用航海图书查阅所需航行信息的能力,并能对航海图书资料进行管理和更新。

一、世界大洋航路

(一)概况

《世界大洋航路》(*Ocean Passage for the World*)由英国海军水道测量局出版,本书推荐航线是通过收集一年以上的世界不同海区船舶 AIS 航线数据信息获取的。按照海区分为两卷,第一卷(Volume 1)书号 NP136(1),海区为大西洋,包括加勒比海和地中海;第二卷(Volume 2)书号 NP136(2),海区为印度洋和太平洋,包括红海、波斯湾和东南亚。现行版为 2018 年第一版。

本书需更新的内容在周版英版《航海通告》的第Ⅶ部分印出,而至年底仍有效的通告重印在英版《航海通告年度摘要》[NP247(2)]的 Part 2 中。使用本书资料时,必须利用周版《航海通告》第Ⅶ部分改正到最新。

(二)主要内容

1. 卷首部分

每卷第一章之前为初始页(Preliminary Page),包括改正登记(Record of Update),前言

(Preface)、新危险报告(How to Report New or Suspected Dangers to Navigation or Changes observed in Aids to Navigation)、反馈(Feedback)、目录(Content)和世界大洋航路第一、二卷分区界限图(Admiralty Ocean Passage for the World Limits of Volume1-2)。

2. 第一章主要内容

(1)航线设计(route planning),包括说明、航线组成和航线的获取与使用。

(2)航线的连接(how route and areas connect passage planning),包括航线选择、气象航线、载重线规范、近海设施、群岛航线、分道通航制、避离区域、海上安全信息、全球航海警告服务船舶报告系统、海域污染等。

(3)自然条件(natural conditions),包括天气条件、季风、热带风暴、低气压、海浪与涌、异常波浪、洋流、冰、珊瑚礁水域、地磁异常等。

3. 推荐航线部分

每卷从第二章开始内容及结构编排大致相同,每章介绍本海区的主要港口和连接点的示意图和名称、地理位置 GP(geographical position)列表,其中示意图中黑色点代表港口,红色点代表连接点。接着介绍本海区有关的自然状况,包括风和气候、涌浪、海流、冰及注意警告等内容,然后详细介绍本海区的推荐航线,有连接点到另一连接点、港口到另一港口、港口到连接点三种类型推荐航线,推荐航线均给出航线示意图、航线列表、转向点列表。

(1)航线示意图

航线示意图中绿色线条代表推荐航线,黑色点代表港口,红色点代表连接点,航线上的绿色点代表转向点,附近的字母数字代表转向点的识别码 ID(identification number)。

(2)航线表格

与航线示意图对应的有三种推荐航线列表。

①港口到另一港口推荐航线列表主要内容包括出发港名称、目的港名称、港口地理位置、所属国家缩写、航线航程及所设计的英版《航路指南》,如图 3-6-1 所示。

Port to Port Routes

PORT		GP	LOCODE	CCODE	LENGTH	FOR	NP
From	Bayuquan	40°18′N 122°03′E	YIK	CN			NP32B
To	Busan	35°05′N 129°07′E	PUS	KR	854		NP43
From	Shanghai 1 (Beilun)	29°41′N 122°33′E	BEI	CN			NP32A
To	Manila	14°20′N 120°31′E	MNL	PH	1052		NP31
To	Singapore	01°16′N 103°46′E	SIN	SG	2139		NP44
To	Tanjungpriok (Route C)	05°59′S 106°54′E	JKT	ID	2571		NP36
To	Tanjungpriok (Route D)	05°59′S 106°54′E	JKT	ID	2591		NP36
To	Tanjungpriok (Route E)	05°59′S 106°54′E	JKT	ID	2840		NP36
To	Tanjungpriok (Route F)	05°59′S 106°54′E	JKT	ID	2564		NP36
From	Shanghai 7 (Beilun)	30°59′N 122°40′E	BEI	CN			NP32A
To	Busan	35°05′N 129°07′E	PUS	KR	494		NP43
To	Busan New Port	34°58′N 128°50′E	BNP	KR	480		NP43
From	Shanghai 8 (Beilun)	31°07′N 122°40′E	BEI	CN			NP32A
To	Kawasaki	35°27′N 139°45′E	KWS	JP	1133		NP42A

图 3-6-1 港口到港口列表

②港口到连接点推荐航线列表主要内容包括出发港名称、港口地理位置、连接点名称、连接点地理位置、航线航程及推荐航线所适用的港口所在海区,如图 3-6-2 所示。

Port to Connector Routes					
FROM	GP	TO	GP	LENGTH	FOR
Hong Kong 2 (Chiwan) (Route A)	22°06′N 113°53′E	Leti	08°17′S 127°24′E	2999	Pacific Ocean ports
Hong Kong 2 (Chiwan) (Route B)	22°06′N 113°53′E	Leti	08°17′S 127°24′E	2980	Pacific Ocean ports
Hong Kong 2 (Chiwan)	22°06′N 113°53′E	Malacca Strait NW	06°16′N 95°04′E	2074	Indian Ocean ports
Hong Kong 3 (Chiwan)	22°11′N 114°11′E	Off Western Reef	02°35′S 144°09′E	2501	Pacific Ocean ports
Hong Kong 3 (Chiwan)	22°11′N 114°11′E	Vokeo Island	02°58′S 144°00′E	2612	Pacific Ocean ports
Hong Kong 4 (Chiwan)	22°14′N 114°17′E	Inubo Saki	35°32′N 141°22′E	1915	Pacific Ocean ports

图 3-6-2　港口到连接点列表

③连接点到另一连接点推荐航线列表主要内容包括两个始发连接点的名称、对应的地理位置和航线航程，如图 3-6-3 所示。

Connector to Connector Routes				
FROM	GP	TO	GP	LENGTH
ASL II	09°03′S 115°42′E	Inubo Saki	35°32′N 141°22′E	3464
Inubo Saki	35°32′N 141°22′E	Mariana Islands	11°54′N 149°37′E	1634
Leti	08°17′S 127°24′E	Torres Strait	10°30′S 142°15′E	904
Malacca Strait NW	06°16′N 95°04′E	ASL II	09°03′S 115°42′E	1618
Malacca Strait NW (Route A)	06°16′N 95°04′E	Inubo Saki	35°32′N 141°22′E	3808
Malacca Strait NW (Route B)	06°16′N 95°04′E	Inubo Saki	35°32′N 141°22′E	3862
Malacca Strait NW (Route C)	06°16′N 95°04′E	Leti	08°17′S 127°24′E	2242
Malacca Strait NW (Route D)	06°16′N 95°04′E	Leti	08°17′S 127°24′E	2223
Malacca Strait NW (Route C)	06°16′N 95°04′E	Selat Ombai	08°24′S 125°13′E	2140
Malacca Strait NW (Route D)	06°16′N 95°04′E	Selat Ombai	08°24′S 125°13′E	2121
Malacca Strait NW (Route E)	06°16′N 95°04′E	Tanjung Semadang	06°30′S 105°02′E	1263
Malacca Strait NW (Route F)	06°16′N 95°04′E	Tanjung Semadang	06°30′S 105°02′E	1283
Malacca Strait NW	06°16′N 95°04′E	Tsugaru Kaikyo	41°32′N 140°42′E	4119
Malacca Strait NW	06°16′N 95°04′E	Vokeo Island	02°58′S 144°00′E	3283
Selat Ombai	08°24′S 125°13′E	Inubo Saki	35°32′N 141°22′E	3011
Tanjung Semadang	06°30′S 105°02′E	Inubo Saki	35°32′N 141°22′E	3751
Tanjung Semadang (Route B)	06°30′S 105°02′E	Inubo Saki	35°32′N 141°22′E	3806
Tanjung Semadang (Route A)	06°30′S 105°02′E	Tsugaru Kaikyo	41°32′N 140°42′E	4062

图 3-6-3　连接点到连接点列表

(3)转向点列表

推荐航线列表后面附有对应航线转向点列表主要内容包括转向点识别号、转向点名称和地理位置，如图 3-6-4 所示。

(三)查阅航线步骤

(1)根据航线所处的海区选择使用的卷号。

(2)根据始发港或连接点名称可以在书后的“索引(index)”找名称，也可以在书前的章节目录中查找名称或者所在的海区，即可查得该航线所在页码。

同样也可以用上面类似的方法，查阅航线所涉及的水文气象资料等。

例 3-6-1　某船在 3 月由新加坡(Singapore)航行至香港(Hong Kong)，试查阅推荐航线的资料。

解　首先根据航线所处的海区应选择使用第二卷，然后根据书后的“索引(index)”找名称，如图 3-6-5 索引，推荐航线所在页码在 176 页，有对应的航向示意图、航线列表及转向点列表；也可以在书前的章节目录查找名称或者所在的海区，即可查得该航线所在页码。

Waypoints

ID	NAME	GP	ID	NAME	GP
OC304	Hino Misaki	33°55′N 134°59′E	OC994	Hiroshima SE	33°55′N 132°38′E
OC305	Ichie Saki	33°31′N 135°25′E	OC995	Kure S	33°57′N 132°43′E
OC306	Shiono Misaki	33°23′N 135°47′E	OC996	Off Kure	34°00′N 132°44′E
OC334	Mizunoko Shima	33°06′N 132°11′E	OC997	Namikata W	34°07′N 132°52′E
OC335	Off Saiki	32°53′N 132°21′E	OC998	Namikata NE	34°10′N 132°55′E
OC336	Okino Shima	32°41′N 132°32′E	OC1005	Niihama NW	34°07′N 133°06′E
OC337	Ashizuri Misaki	32°40′N 133°01′E	OC1006	Niihama N	34°13′N 133°15′E
OC345	O Shima	32°08′N 129°55′E	OC1007	Fukuyama S	34°17′N 133°31′E
OC346	Koshiki Shima Retto NE	31°53′N 130°03′E	OC1014	Mizushima S	34°23′N 133°51′E
OC347	Noma Misaki	31°26′N 130°04′E	OC1020	Tonaikai 3	34°24′N 134°14′E
OC348	Sata Misaki	30°59′N 130°22′E	OC1021	Tonaikai 4	34°24′N 134°21′E
OC405	Tozaki Hana E	31°46′N 132°40′E	OC1023	Kakogawa S	34°34′N 134°51′E
OC417	Suruga Wan	34°26′N 138°42′E	OC1025	Akashi S	34°37′N 134°59′E
OC642	Bungo Suido	32°47′N 132°25′E	OC1026	Tarumi	34°37′N 135°01′E
OC871	Off Nagasaki	32°36′N 129°39′E	OC1027	Kishiwada NW	34°35′N 135°05′E
OC873	Sata Misaki SE	30°56′N 130°47′E	OC1028	Kishiwada SW	34°18′N 134°59′E
OC875	Kanmon Kaikyo	34°03′N 130°47′E	OC1029	Wakayama W	34°16′N 134°59′E
OC985	Seto Naikai 3	33°57′N 131°03′E	OC1030	Off Komatsushima	34°09′N 134°46′E
OC987	Off Ube	33°52′N 131°12′E	OC1031	Komatsushima N	34°10′N 134°41′E
OC988	Higashikunisaki N	33°46′N 131°42′E	OC1033	Tokushima N	34°14′N 134°39′E
OC989	Beppu Wan N	33°38′N 131°48′E	OC1037	Toi Misaki S	31°12′N 131°23′E
OC990	Hayasui Seto	33°18′N 132°00′E	OC1051	Koshiki Shima	33°20′N 129°16′E
OC991	Ya Shima	33°42′N 132°08′E	OC1052	Sasebo W	33°08′N 129°13′E
OC992	Ko-Minase Shima	33°46′N 132°25′E	OC1053	Off Sasebo	33°02′N 129°28′E
OC993	Matsuyama W	33°50′N 132°33′E			

图 3-6-4 转向点列表

图 3-6-5 索引

二、航路设计图

(一)概述

航路设计图(routeing charts)是拟定大洋航线时的重要参考资料之一。图中较为直观、简明地标绘出了各大洋航区的推荐航线及各港间航程,以及各航线附近的风向、风力、洋流等资料。另外在图中还绘有冰区界限,载重线区域、气象附图等资料。此图可与《世界大洋航路》一起阅读使用,互相参阅,以便拟订大洋航线计划。

航路设计图由英国海军水道测量局出版,按墨卡托投影方法绘制,图中未标注水深,具体拟定大洋航线时,可作为大洋总图使用。世界海区被划分为 12 个洋区,每个洋区每个月各一张航路设计图,使用时可根据航行区域及月份选择相应的图号。各洋区的图名及图号如下。

(1)北大西洋航路设计图(Routeing Charts-North Atlantic Ocean):5124(1-12)。

(2)南大西洋航路设计图(Routeing Charts-South Atlantic Ocean):5125(1-12)。

(3)印度洋航路设计图(Routeing Charts-Indian Ocean):5126(1-12)。

(4)北太平洋航路设计图(Routeing Charts-North Pacific Ocean):5127(1-12)。

(5)南太平洋航路设计图(Routeing Charts-South Pacific Ocean):5128(1-12)。

(6)马六甲海峡至马绍尔群岛航路设计图(Malacca Strait to Marshall Islands):5141(1-12)。

(7)墨西哥湾和加勒比海航路设计图(Gulf of Mexico and Caribbean Sea):5142(1-12)。

(8)地中海和黑海航路设计图(Mediterranean and Black Seas):5146(1-12)。

(9)阿拉伯海和红海航路设计图(Arabian and Red Seas):5147(1-12)。

(10)孟加拉湾航路设计图(Bay of Bengal):5148(1-12)。

(11)中国南海航路设计图(South China Sea):5149(1-12)。

(12)中国东海航路设计图(East China Sea):5150(1-12)。

(二)航路设计图的主要内容

航路设计图中的主要内容包括推荐航线、洋流、风花、冰区界限、国际载重线区域界限及气象附图资料等,现分述如下。

1. 推荐航线(recommended route)

推荐航线是指根据各种资料进行分析研究后所提供的比较适宜的航迹线。在航路设计图中,推荐航线用淡绿色实线标绘,其中直线为推荐的恒向线航线,凸向近极的曲线为大圆航线,在各航线上还注明出发港、到达港的名称以及两港间的航程(n mile)。航线箭头所示方向表示航线的走向,如航线两端均有箭头,则表示该推荐航线是双向航线,可以往返使用。以北太平洋航路设计图 5127(7)为例,其中有:San Francisco to Shanghai 5823 to Hong Kong 6234 to Manila6232(旧金山至上海大圆航程 5823 n mile,至香港 6234 n mile,至马尼拉 6232 n mile)。此航线为双向航线可往返使用。

2. 洋流(ocean current)

航路图中所标绘的洋流资料用蓝色箭头的不同线形表示当月该水域表层洋流的主要流向,不同的线形表示该洋流的持续性或稳定性:

———→高持续性,表示该洋流出现频率>75%;

------→中等持续性,表示该洋流出现频率为 50%~75%;

--------→低持续性,表示该洋流出现频率<50%;

┈┈┈→表示观测时该方向洋流微弱。

在各线形末端所标注数字表示平均流速(kn),如有“>1”,表示当地流速略大于 1 kn。观测资料不足之处,用“┈┈┈→”表示可能的流向,那些地方的洋流一般比较弱。

3. 风花(wind rose)

航路设计图中的风花用红色圆圈和不同类型的箭杆,表示当地盛行风的可能风向出现的百分率和风力大小等数据。箭杆细端所指的方向表示风向;箭杆的粗细代表不同的风力;箭杆的长度则按比例尺标示该风向可能出现的百分率,以 2 in 长(约 5cm)表示 100%,如图 3-6-6 所示。

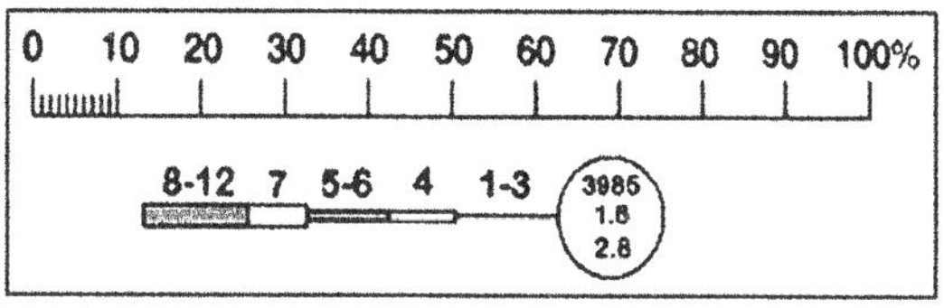

图 3-6-6 风花

风花圈内一般有三个数字,上方的数字表示该月观测风的总次数,中间的数字为不定风向和风速在全部观测次数中所占的百分比,下方的数字则为无风观测次数所占的百分比。

在图 3-6-6 风花中,当月共计观测 3985 次,不定风占全部观测次数的 1.6%,无风占全部观测次数的 2.8%。

4. 冰区界限(limits of ice)

冰区用蓝色"︵ ︵ ︵ ︵"表示流冰冰群、小冰山、冰山等的界限。

5. 国际载重线区界限

各载重线适航的区域界线用不同的颜色表示,其中淡蓝色为冬季载重线适航区(winter zone),棕色为夏季载重线航区(summer zone),淡绿色为热带载重线适航区(tropical zone)。有关详情可参考该公约区带、区域和季节期图或英版海图 D6083,或《世界大洋航路》中的载重线区域图(Load Line Zones)。

6. 气象附图资料

每月的航路设计图中,还附有以下四张气象附图,供拟定大洋航线时参阅。

(1)平均气温气压图

图中绿色等温线表示当月海平面平均气温(℃),红色等压线表示当月海平面平均气压(mb)。

(2)雾与低能见度图

图中红色曲线表示能见度低于 1 000 m(0.6 n mile)的百分率曲线,绿色曲线表示出现能见度低于 8 050 m(5 n mile)的百分率曲线,据此可了解航经海区出现雾和低能见度的可能性。

(3)露点温度与海水温度图

图中红线表示露点温度(℃),绿线表示平均海水表层温度(℃),据此两种要素,可用以分析和了解海雾生成的可能性。在两者温度值较接近的海区,条件适合时易形成雾。

(4)七级及七级以上大风和热带气旋路径图

图中绿色曲线表示当月出现七级或七级以上大风的百分率,红色曲线的走向是指自 1988 年来所选择的若干条以往该月份所产生的热带风暴的路径,其中红色曲线上的红点代表每 24h 热带风暴中心位置。

例 3-6-2 某船拟在 7 月自日本横滨驶往加拿大温哥华,试根据航路设计图说明该推荐航线及沿线附近水文、气象及其有关的情况。

解 查阅英版 5127(7)北太平洋航路设计图,可见由横滨至温哥华的推荐航线仅供单向(东航)航行使用。由该航线及其附近的有关资料可知如下情况:

总航程 4 344 n mile,该推荐航线包括大圆航线和恒向线航线,由横滨至 180°经线可按大圆航线航行,由 180°经线至 140°W 则可按等纬圈航行,由 140°W 至温哥华则仍采用大圆航线航行。洋流总的流向为东流,流速为 0.5 kn 左右。风向基本上偏西风,风力在六级以上的百分率为 10%~20%,过日界线后,七级以上大风偶有出现。沿途属夏季载重线区域。在航经 150°W 以后,出现雾和低能见度的可能性增大。由横滨东航时,该月正处于热带风暴多发的月份,应注意气象预报并按时接收气象传真图。

在具体工作中,还应参阅《世界大洋航路》《航路指南》等。

三、《航路指南》和《进港指南》

(一)中版《航路指南》

1. 概况

《中国航路指南》由海军航海保证部不定期出版,共分三卷,书号分别为 A101、A102、A103,是介绍我国沿海水文气象、航线航法的主要资料,是海图资料的重要补充。

《中国航路指南》出版周期 3~5 年,每 2 年出版一次补篇。各卷按海区划分如下:

第一卷:从鸭绿江口至长江口北角,包括渤海、黄海及沿海岛屿。

第二卷:从长江口北角至闽粤交界处的诏安湾的我国东海海区,包括舟山群岛、台湾岛、钓鱼岛及赤尾屿等沿岸群岛和岛屿。

第三卷:从闽粤交界处的诏安湾至北仑河口的我国南海海区,包括海南岛、南海诸岛、黄岩岛和沿岸岛屿。

除《中国航路指南》外,海军航海保证部还出版了亚洲及太平洋水域的《航路指南》共十八卷,本书仅对《中国航路指南》的内容和使用加以介绍,其他各卷《航路指南》的使用方法基本相同。

2. 主要内容

(1)卷首说明

中版《航路指南》的卷首部分包括前言、说明、索引图、目录和插图目录等几项内容。

(2)正文内容

中版《航路指南》每卷内容的编排基本相同。第一章为总论,介绍本卷包括海区的自然地貌、助航设施、渔港渔场、海难救助、水文气象、航路、港湾锚地等。第二章开始按岸线顺序详略介绍本卷包括海区概况、助航设施、水文气象、助航标志、碍航物、水道航法和港湾锚地等,其中包括一些可贵航行经验。在介绍详细资料前均先给出所应参考的海图图号,正文中还附有大量的有关水深、底质、水文气象和航线等的插图与对景图。

(3)使用方法

首先按照所在海区选择所需卷号,根据目录查取所需要的有关内容。阅读具体内容时应与有关海图对照,便于理解和领会。

(二)英版《航路指南》

1. 概述

英版《航路指南》(*Admiralty Sailing Directions or Pilot*, ASD),该套资料共七十余卷,其书号为 NP1~NP72。各卷《航路指南》所包括的海区范围,可查阅英版《海图及其他水道图书总目录》《航海员手册》中的《航路指南》分区索引图。

《航路指南》通常每隔 3 年再版一次,其间不出补篇。也有隔 2 年、5 年出版的,超过 3 年的,则每隔 3 年出补篇。各卷出版后的改正资料发布于英版周版《航海通告》(Admiralty

Notices to Mariners)的第Ⅳ部分中,每年到1月1日仍有效的仅对《航路指南》进行改正的通告汇编在《英版航海通告年度摘要》(Annual Summary of Admiralty Notices to Mariners)第二分册。关于《航路指南》及其补篇的再版消息,均公布于《航海通告》中。

《航路指南》是对海图上资料的重要补充,是拟定沿岸、狭水道航线的重要参考资料。

2.《航路指南》卷首说明部分

一般包括下列内容:前言(preface)、目录(contents)、注释(explanatory notes)、其他图表(other diagrams)。

(1)前言

前言是说明该卷版本的编者和资料来源。

(2)目录

目录是给出本卷各章内容所在页数。

(3)注释

注释是使用本书时应注意的事项,主要内容有:

①英版《航路指南》适合于长12m及以上的船使用,其扩充了海图上的航海资料,它载有在海图上和其他航海资料中没有的,但是安全航行所必需的参考资料。在阅读《航路指南》时,必须结合书中所引用的海图。

②本书使用时必须参考最新补篇和航海通告的第Ⅳ部分以及其他航海图书资料,如《航海员手册》《世界大洋航路》《灯标表》《无线比信号表》《航海通告年度摘要》《国际信号码语规则》和航路设计图等。

③对一些与航海有关的重要问题的说明和用于本书的计量单位与术语等。

(4)其他图表

①缩写(abbreviations)对照表

当阅读中遇到不明意义的缩写时,可参阅本缩写对照表。

②语汇表(glossaries)

在同一本《航路指南》中可能涉及不同语系国家,而文中的有些地理名称和语汇往往使用当地语言,因此,各卷提供了本卷范围内的地方语言与英语的对照表,供使用者查阅。

③章号索引图(chapter index diagram)

主要包括本卷的地区范围;本卷各章资料的地域范围及叙述顺序,用粗体数字与箭头及虚线框标出,使用者可利用章号及其顺序查找资料。

3.《航路指南》的主要内容

(1)各卷第一章是本卷所述地区的总体介绍,各卷均包括以下三部分:

①A部分——一般航海知识和规则(navigation and regulations)

内容有:本卷范围(limits of volume)、航路与航海危险(routes and navigational hazards)、航海注意(navigational note)、无线电服务(radio services)、扫海区(swept areas)、浮标制度(buoyage)、引航制度(pilotage)、油污染(oil pollution)、规则(regulation)、边防(coastguard)、信号(signals)、海难救助(distress and rescue)、分道通航制(traffic separation)、检疫和海关规定(quarantine and customs regulations)等。

②B部分——国家与港口(states and ports)

内容有:各国的一般情况(general remark)、历史(history)、政府(government)、人口(population)、语言(languages)、工业和贸易(industry and trade)、币制和度量衡(currency, weight and measures)、节假日(public holidays)、运输和交通(transport and communications)、港口(ports)、健康(health)、修理(repairs)、服务实施与供应(facilities and supplies)、灭鼠(deratting)等。

③C 部分——自然条件(natural conditions)

内容有:海底的地形(topography of the sea bed)、地磁异常(magnetic anomalies)、海浪和涌(sea and swell)、海流(current)、海平面改正(change in sea level)、潮流(tidal stream)、气候与天气(climate and weather)、气候表(climate table),换算表(conversion tables)等。

(2)第二章以后各章,一般是分海区顺岸分别叙述的航海有关说明,个别卷的第二章为该卷所包括海区的航线介绍。每章的编排格式基本相同,各章开始前均附有一张索引图,图上提供了本章地域范围、本章各节的范围及介绍顺序,使用者可根据本船的位置查找节号。

各章航海说明的主要内容有:总论(general remarks)、地理情况(aspect)、危险物(dangers)、灯标(lights)、立标(beacon)、浮标(buoy)、锚地(anchorages)、禁止抛锚(prohibited anchorage)、潮流(tidal streams)、航法(directions)、码头(wharf)、突码头(pier)、小码头(jetty)、油船泊位(tanker berth)、登陆处(landing place)、水上飞机场(seaplane station)、港章(harbour regulations)、信号(signals)、暴风信号(storm signals)、交通信号(traffic signals)、港口信号(port signals)、引航(pilots)、供应(supplies)等。

4.《航路指南》附录、索引

(1)各卷《航路指南》均有一些附录(appendix),包括一些对本卷所包括国家和地区的特殊规定、重要设施等的补充说明。

(2)各卷的末尾有该卷的索引(index),按地理名称字母顺序排列,以便查阅,如图 3-6-7 所示。

5.《航路指南》的查阅

(1)首先选择所在海区资料的卷号,根据相关主题,使用目录或索引查找资料。

(2)利用目录查询。如需了解该卷《航路指南》所述地区的总的情况,可查阅第一章的目录。

(3)利用索引查询。卷末索引(index)是按本卷范围内的地域、港口、物标、岛屿、水道河道、岬角、浅滩等的名称字母顺序排列并给出资料所在的章、节号。如需了解沿岸重要物标、岛屿、水道资料及各港的有关航海说明时,则可利用该索引,按地名查找其所在章、节号。

(4)利用章、节号索引图查询。可按船舶所到海区直接从章、节号索引图中查得有关章号,从章、节号索引图中查得所需内容。

(5)阅读《航路指南》时,应查阅其最新补篇和与《航路指南》有关的航海通告。

(6)阅读《航路指南》时,对照相关海图进行研究,更加易于理解。

《航路指南》所提供的资料是对海图资料的重要补充。在拟定航线时,除参阅《世界大洋航路》、航路设计图等资料外,还应同时参阅《航路指南》的有关内容。

INDEX

图 3-6-7 《航路指南》索引

(三)进港指南

1. 概况

《进港指南》(*Guide to Por Entry*)由英国航运指南公司发行,每两年一版,新版发行,即宣布原版本作废。目前该书每版由四本组成,按英文国名第一字母顺序排列分为4册,其中包括A~K、L~Z港口资料正文(text)2册,对应于A~K、L~Z的港口泊位平面图2册,该书是进出港口的重要参考资料。

2. 主要内容

每本正文(Text)部分以国名打头字母顺序排编,各国名除印在有关页介绍该国港口内容之前外,还印在单数页的右上角,各国名后又以其重要港口名的字母先后顺序排列。

各港口资料提供下列内容:港口经纬度、港界(port limits)、进港应提交的文件单证(documents)、引航制度(pilotage)、锚地情况(anchorages)、限制进港时间(restrictions)、最大尺度、健康(health)、无线电台(radio)、高频无线电话(VHF)、雷达(radar)、拖船(tugs)、泊位(berthing)、起重机械(cranes)、散货装卸设备(bulk cargo facilities)、特殊货物起运设备(specialised cargo—handling facilities)、桥梁(bridges)、装卸工(stevedores)、医疗(medical)、油船(tankers)、密度(盐度)[density(salinity)]、淡水(fresh water)、燃料(fuel)、消防措施(fire precautions)、领事(consuls)、修理(repairs)、干船坞(dry docks)、验船师(surveyors)、舷梯/甲板看守人(gangway/deck watchman)、开关舱(hatches)、烟酒的海关允许量(customs allowance: tobacco/wine spirits)、货物传送设备(cargo gear)、遣返回国(repatriation)、航空港(airport)、时制(time)、节假日(holiday)、警察/救护/火警(电话号码)(police/ambulance/fire)、船岸电话(telephones)、服务(service)、登岸(shore leaves)、身份证(identification cards)、规章(regulation)、装或卸燃料预计在泊位的延时(delays)、发展(developments)、船舶驾驶员报告(ship's officers reports)、其他有关资料(general)、港口当局(authority)、代理(agent)。但各港情况有差异,上述内容不一定都有。

我国也出版《港口资料》和《世界港口》。《世界港口》重点介绍了世界各国主要海港的地理位置、港口性质、航道、泊位、引航,以及有关进出港手续和各种服务项目,是对船长、驾驶人员以及外运专业人员而言有用的参考书。《世界港口》共有 10 个分册:亚洲部分 4 册,欧洲部分 2 册,美洲都分 2 册,非洲和大洋洲部分各 1 册。

3. 查阅方法

(1)根据港口所属国家名称的第一个字母确定查阅 A ~ K 卷或 L ~ Y 卷的正文或港图卷。

(2)翻到正文或港图卷后的索引“TEXT OR PLAN INDEX”(橘黄色书页),依据港名可查得资料和港图所在页数,翻到相应页即可查阅有关资料。

四、《航标表》

(一)中版《航标表》

1. 概况

(1)中国沿海《航标表》由中国人民解放军海军海道测量局出版,每年出版一次,按海区分为三卷:第一卷,黄渤海区(G101);第二卷,东海海区(G102);第三卷,南海海区(G103)。

另外,中国海事局也出版了《中国海区助航标志表》。本书仅对海军海道测量局出版的三卷中国沿海《航标表》进行介绍。

(2)每卷《航标表》主要由“航标表”“罗经校正标、测速标表”“无线电指向标及差分全球定位系统表”和“船舶自动识别基站”四部分组成,卷首部分列有中、英文两种文字印刷的前言、改正记录表、目录、说明、航标灯质图解、《中国海区水上助航标志》国家标准简图、本卷航标索引图和改正记录表。改正记录表由《航海通告》期号和日期两栏组成,当驾驶员根据某期《航海通告》对《航标表》进行改正后,应将改正日期填入该《航海通告》期号后面的横线上。

(3)凡使用《航标表》的单位,需及时根据《航海通告》第Ⅳ部分的有关内容对其进行改正。

2. 主要内容

(1)航标表

《航标表》以编号、名称、位置、灯质、灯高、射程、构造、附记 8 栏列出各航标之详细情况,见表 3-6-1。

表 3-6-1　航标信息

编号 No	名称 Name	位置 Position	灯质 Characteristic	灯高 Height	射程 Range	构造 Structure	附记 Remarks
4024	表角灯塔(有) Biao Jiao (Watched)	23 14.3 116 48.4	闪白 8 s	61.8	20	白色圆柱形混凝土塔;15.6	雾号: 周期 20 s(鸣 5 s,停 15 s) 音响距离 2 n mile 雷达应答器: 信号 K(— · —)
4024.05	濠江鱼礁 1 号灯浮 Haojiang Yujiao No1	23 14.8 116 48.0	莫(P)黄 12 s			黄色柱形,顶标为黄色“X”形	专用标

(2)罗经校正标、测速标表

该表以名称、位置、构造、附记四项内容编表。罗经校正标、测速标以场为单位,用前面相应注有“L”和“C”的偶数编排,奇数用作新插入的罗经校正场、测速场的编号。每个罗经校正场、测速场首页均有布标示意图。

(3)无线电指向标及差分全球定位系统表

该表首先给出该册所覆盖海区该种航标和系统的分布图,然后给出每航标系统的编号、名称、位置、射程、频率、工作时间等资料。

(4)船舶自动识别基站

该表首先也给出该册船舶自动识别基站分布图,然后给出每个基站的名称、位置、频率、工作模式及海上识别码(MMSI)等资料。

3. 其他说明

(1)中国海区的灯船船身及灯架,均涂红色,甲板上的建筑物涂白色,船身两舷写白色船名,灯质视需要确定。

有人看守的灯船漂离原位时,分别悬挂下列信号:

日间——在船首、尾各悬挂黑球一个,或红旗一面,并悬挂国际信号旗“PC”,表明“本船不在原位”;

夜间——在船首、尾各悬挂红灯一盏。

当有人看守的灯船离开原位时,原发射的灯光及雾号即停止工作。

(2)浮标和无人看守的灯船容易漂离原位或灯光熄灭,尤其在暴风雨后,更容易发生上述现象,航行时应加注意。

(3)我国沿海各灯塔附设的雾警设备有雾笛、雾角、雾钟、雾锣、雾哨等,航海人员使用时应注意:

①雾警设备发声所达距离,常随天气情况(主要是风向)而变化,船舶不能以其声音大小作为定位依据。

②有时灯塔附近已发生大雾,而灯塔处未发觉,故雾警设备未工作,这种情况夜间较多。

③浮标上装的雾哨、雾钟在有风浪时才能发声,其声音大小随风浪大小而变化。

4. 使用方法

(1)根据所查航标所在的海区,抽选相应册的中国沿海《航标表》。

(2)如需查阅航标资料,可参考目录找到并查相应册第一部分的“航标索引图”,在灯标附近查得一红色数字,此数字为该灯标资料在《航标表》中的页数,然后翻到该页,根据灯标的名称查出该灯标的8栏细节。

(3)如需查阅罗经场、测速场的资料,应先根据目录得出其所在页数,翻至该页即可查出该罗经校正场、测速场的详细资料。

(4)如需查阅无线电指向标和差分全球定位系统的资料,可首先根据目录得出该部分所在的页数,然后在该部分开始的“无线电指向标和差分全球定位系统分布图”中查出航标系统的名称,再根据名称,在正文中查得该指向标或差分系统的详细资料。查阅船舶自动识别基站资料也是如此。

(二)英版《灯标雾号表》

1. 概况

英版《灯标雾号表》(*Admiralty List of Lights and Fog Signals*, ALL),按不同地理区域共分为15卷,书号自NP 74~NP 88,代号为A、B、C、D、E、F、G、H、J、K、L、M、N、P、Q。《灯标雾号表》详细记载了全世界各种灯塔、灯桩、灯浮(主要是灯芯高度大于和等于8m者)、雾号资料,作为海图资料的补充。各卷《灯标雾号表》包括的地区界限图均印在每卷《灯标雾号表》的封底及英版《航海图书总目录》或《航海员手册》中的《灯标雾号表》索引图上。

每卷《灯标雾号表》每年重新出版一次,出版消息见周版《航海通告》第一部分,季末版也刊有各卷的现行版信息。每卷已改正到的日期可在封里查询,付印后的改正应根据英版《航海通告》第V部分的改正资料进行。

2. 主要内容

第一栏:灯标的编号(No.)。该编号前加上《灯标雾号表》的卷代号字母是依照国际水道测量局(IHO)确定的灯标的国际编号,无论什么时候涉及灯标,都要引用这种由字母和数字组成的国际编号。

第二栏:地区、名称(Location, Name)。位置是以大写字母印刷,凡射程等于或大于15 n mile的灯标名称用黑体字印刷;射程小于15 n mile者正体字印刷;灯船名称用大写斜体字印刷,而所有其他灯浮名称则用小写斜体字印刷。

第三栏:纬度、经度(Lat., Long.)均是概位。

第四栏:灯质和灯光强度(Characteristics and intensity)。灯光强度以坎德拉(cd)为单位,用小写斜体数字给出。

第五栏:灯芯高度(Elevation),以米(m)为单位。

第六栏:射程(range),以海里(n mile)为单位,如等于或大于15 n mile者用黑体数字;小于15 n mile者用正体数字。表列射程为主管当局发布的数字,使用额定光力射程(Nominal range)的国家在"特殊说明(Special remark)"部分列出,不列出的国家使用光力射程(Luminous range)。

第七栏:结构的细节和以米为单位的塔(标)高(Structure height in metres),提供有关灯标建筑物结构的说明,所列塔(标)高系指从地面起算的建筑物的高度。

第八栏:备注(Remarks)。注明灯光亮灭(Phase)的时间分配、光弧(Sectors)、可见光弧(Arcs of visibility),如图3-6-8所示。

3. 其他主要内容

(1)改正方法(Directions for updating)与改正登记表(Record of updates)

改正方法与改正登记表印在《灯标雾号表》的封里。改正方法说明了《灯标雾号表》改正资料的来源是英版《航海通告》,解释了改正资料的格式、用语和符号,并简单介绍如何利用改正资料对《灯标雾号表》进行改正。改正登记表与中版《航海表》的编排方法一样。

(2)特殊说明(Special remarks)

各卷《灯标雾号表》的"特殊说明"首先列出本卷中采用额定光力射程的国家和地区名称,未列出的国家则采用光力射程。然后,针对本卷所包括的地区和国家的有关灯标、雾号、遇难信号、危险信号等特殊的规定与特点进行必要的说明。

F3730	- Langgang Shan Liedao. Zhongkui Dao	30 26·16 N 122 55·96 E	Fl(4)W 10 s	107	10	White round concrete tower 14	*(fl 0·5, ec 1) x 3, fl 0·5, ec 5*
⋮	. . .	. .	Racon	. .	. .	. .	ALRS Vol 2 Station 81750
F3746	- **Huaniao Shan**	30 51·67 N 122 40·34 E	Fl W 15s	89	24	Black and white round tower 16	*fl 1.* Vis 071°-294°(223°). Vis 301°-306°(5°)
⋮	- - Emergency light	. .	Oc(4)W 34 s	. .	6		
	- -	. .	Horn(5) 60 s	. .	. .	. .	*(bl 3, si 2) x 4, bl 3, si 37*
	- -	. .	Racon	. .	. .	. .	ALRS Vol 2 Station 81805
	- -	. .	AIS	. .	. .	. .	MMSI No 004132202
				m	M		
F3750	- *Nanzhi Lt V*	30 59·15 N 122 10·46 E	Fl W 10 s	. .	10	Red hull, name on sides	*fl 0·8.* Ra refl
	- -	. .	Bell	. .	. .	. .	Wave activated
	- -	. .	Racon	. .	. .	. .	ALRS Vol 2 Station 81800
	- -	. .	AIS	. .	. .	. .	MMSI : 999412209

图 3-6-8　灯标信息

(3)灯标的有关解释(Regarding Explanations)

(4)地理能见距离表(Geographical Range Table)

(5)光力射程图(Luminous Range Diagram)

(6)雾号(Fog signal)

(7)索引(Index)

索引列在各卷《灯标雾号表》的最后,按灯标名称的字母顺序排列,并给出该灯标的编号,便于查找灯标的细节说明。

4. 查阅方法

(1)根据该灯标所在的地区,查任一卷《灯标雾号表》卷末的"灯标雾号表分卷界限图(Limit of Volumes of Admiralty List of Lights)",即可知该灯标所在的卷号(册号)。

(2)根据卷号,查阅该卷书末索引(Index)部分,根据以英文字母为顺序的灯标名称,查出该灯标的国际编号(No.)。

(3)根据该灯标的国际编号查出其所在的页数,即可阅读该灯标的细节。

五、英版《无线电信号表》

(一)概述

英版《无线电信号表》(*Admiralty List of Radio Signals*, ALRS)共分六卷,书号 NP281~NP286,除第四卷每 18 个月改版一次外,其余每年出版一次。出版消息见周版《航海道告》,季末版也刊有各卷的现行版信息。出版后的改正资料发布于英版《航海通告》的第Ⅵ部分中。各卷主要内容如下:

第一卷(Volume 1, NP281):Maritime Radio Station(海运无线电台)。

主要内容包括:Global Maritime Communication(全球海运通信)、Satellite Communication Services(卫星通信服务), Coastguard Communications(海岸管卫通信)、Telemedical Martime Asistance Service(TMAS,海事远程医疗协助服务)、Radio Quarantine and Pollution Reports(无线电检疫和污染报告)、Anti-Piracy Contact Table(防海盗联络表)等。

该卷按海区分为两册,第一册书号为 NP281(1),海区包括欧洲、非洲和亚洲(不包括远东地区);第二册书号为 NP281(2),海区包括美洲、远东地区和大洋洲。

第二卷(Volume 2,NP282):Radio Direction-Finding Stations(无线电测向台)。

主要内容包括:Radar Beacons(Racons and Ramarks)(雷达航标)、Automatic Identification System(AIS)(自动识别系统)、Differential GPS(DGPS,差分GPS)、Legal Time(法定时)、Radio Time Signals(无线电时号):Electronic Position Fixing System(电子定位系统)以及大量相关图表。

该卷按海区分为两册,第一册书号为NP282(1),海区包括欧洲、非洲和亚洲(不包括远东地区);第二册书号为NP282(2),海区包括美洲、远东地区和大洋洲。

第三卷(Volume 3,NP283):Maritime Safety Information Services(海运安全信息服务)。主要内容包括:Maritime Weather Services(海运气象服务);Maritime Safety Information Broadcasts(海运安全信息广播);Worldwide NAVTEX and Safety NET Information(世界性的NAVTEX和安全网信息)以及与此有关的台站分布图等。

该卷按海区分为两册,第一册书号为NP283(1),海区包括欧洲、非洲和亚洲(不包括远东地区);第二册书号为NP283(2),海区包括大洋洲、美洲和远东地区。

第四卷(Volume 4,NP284):Meteorological Observation Stations(气象观测台站)。该卷仅一册,主要包括气象观测站一览表及其相关图表。

第五卷(Volume 5,NP285):Global Maritime Distress and Safety System,GMDSS(全球海上遇险与安全系统)。

该卷仅一册,主要包括全球海上遇险与安全系统(GMDSS)及供学生使用的GMDSS资料,还有大量解释性图表。

第六卷(Volume 6,NP286):Pilot Services(引航服务)、Vessel Traffic Services and Port Operations(船舶交管服务及港口工作)。

该卷主要包括引航服务、港口业务和船舶交通服务、船舶报告制度的资料及相关图表。

该卷每年海区划分有所变化。该卷按海区分为八册,第一册书号为P236(1),海区包括英国、欧洲(不包括北极,波罗的海和地中海沿岸):第二册书号为NP236(2),海区包括欧洲,包括冰岛和法罗群岛;第三册书号为NP286(3),海区包括地中海、黑海、里海和苏伊士运河;第四卷书号为NP286(4),海区包括印度次大陆、东南亚和澳大利亚:第五册书号为NP286(5),海区包站北美洲、加拿大和格陵兰海:第六册书号为P286(6),海区包括东北亚和俄罗斯太平洋沿岸;第七册书号为NP286(7),海区包括中、南美洲和加勒比海;第八册书号为NP236(8),海区包括非洲(不包括地中海沿岸、苏伊士运河)、红海和波斯湾。

(二)各卷主要内容

英版《无线电信号表》虽然每卷内容不同,但在编排上有很多相同之处,现归纳如下:本卷改正指南、对航海通信类出版物的介绍、总论、缩写、术语和定义,此外还有目录(contents)、前言(preface)、注意(notice)等。

正文编排上大都是同类资料前给出详细资料的编排格式及细节介绍(introduction),最后给出专项索引。以下仅对第二卷的主要内容和使用加以介绍,其他各卷可参照使用。

(三)英版《无线电信号表》第二卷主要内容及使用

1. 主要内容

主要内容可分为无线电航标、雷达航标、卫星导航系统、法定时、无线电时号、电子导航系统和专用索引几大部分,按目录编排顺序介绍如下。

(1)无线电航标地理区域索引(Index of Geographical Sections for Radio Aids to Navigation)

利用该索引可根据国家或地区名称的字母顺序查得无线电测向台、雷达航标、AIS 所在的页码,翻至该页码,可查得该国家或地区的航标的细节。

(2)无线电测向台(radio direction-finding stations)

包括定义与总论(definitions and general information)、说明(introduction)、岸站信息(details)(包括名称、地理位置、远程控制中心)。

VHF 测向台目前仅用于遇难船,由海岸警卫电台管理。在其作用距离内的遇难船可用 VHF 在规定频道上发射信号,VHF 测向台就能测出遇难船的方位。应遇难船请求,海岸警卫台可在其测向点用测向天线发射遇难船的方位信号。这种无线电测向台现在已经较少,如在 NP282(2)中仅有加拿大在太平洋沿岸有 12 个、大西洋沿岸有 26 个。

(3)雷达航标(radar beacons,racons and ramarks)

这部分包括总论(general information)、说明(introduction)和细节(details),其中包括国家、名称、地理位置、波段、有效扇区、作用距离、周期、莫尔斯识别码、信号长度、编号等,见表 3-6-2。其中表的左侧是雷达航标信息,右侧空白处为信息更新改正页。

表 3-6-2　雷达航标资料

Station Name	Position	Frequency (cm)	Sector	Range (n miles)	Sweep (S)	Morse	Flash (n miles)	Station Number
CHINA								
Xiaogui Shan Lt	30°12′.70N 122°35′.50E	3				O		81745
Fengchao Yan Lt Bn	30°22′.30N 122°41′.25E	3				N		81747
Zhongkui Dao Lt	30°26′.16N 122°56′.04E	3	360°			Q		81750
Xiasanxing DaoLt	30°26′.09N 122°31′.65E	3				M		81753

(4)自动识别系统(automatic identification system,AIS)

这部分包括总论(general information)、说明(introduction)和细节(details),其中包括国家名称、地理位置、海上移动识别码、服务细节、类型及发射信息类型,见表 3-6-3。表的左侧是 AIS 信息,右侧空白处为信息更新改正页。

(5)差分 GPS(DGPS)

主要内容包括总论(general information)、说明(introduction)和细节(details),其中包括国家、名称、地理位置、发射频率、发射码率、基准站识别码、发射站识别码、作用距离、完好性监控及发射信息类型等,见表 3-6-4。

(6)标准时和法定时

这部分介绍了统一时间制度(uniform time system),包括海上保持区时制度(system of time-keeping at sea by means of time zone)、国际日界线位置(international date line)、特定标准时名称(standard time designators)和世界时区图(world time zone chart)。

表 3-6-3　AIS 资料

Station Name	Position	MMSI	Service Details	Type	Transmitted Message Types
CHINA (412)(413)(414)(453)(477)					
Changjiang Kou LtBuoyD24	31°13′.26N 122°06′.31E	999412248	Broadcasts every 3 minutes	Real	
Changjiang Kou Lt Buoy D25	31°13′.95N 122°05′.74E	999412249	Broadcasts every 3 minutes	Real	
Changjiang Kou L1 BuoyD26	31°13′.84N 122°04′.75E	999412250	Broadcasts every 3 minutes	Real	
Changjiang KouLt Buoy D37	31°16′.47N 121°51′.21E	999412261	Broadcasts every 3 minutes	Real	
Changjiang Kou Lt Buoy No 47	31°20′.57N 121°41′.05E	999412265	Broadcasts every 3 minutes	Real	

表 3-6-4　DGPS 资料

Station Name	Position	DGPS Corrections		Identification No. of		Range (n miles)	Integrity Monitoring	Transmitted Message Types
		tx fx (in kHz)	tx rate (in bps)	Reference Station	Transmit Station			
CHINA								
Lingkun	27°5869N 120°54 * 01E	286-5	200	634 635	617	162	Yes	9-3 16
Note: BEIDOU information available from this station. Use Transmitted Message Type42. See ALRS Volume 2 DGPS Intro for further infomation								
Nanshan Tou Lt	39°54′.66N 119°36′.97E	287.5	200	606 607	603	162	Yes	1 3 7 16
Naozhou Dao Lt	20°54′.07N 110°36′.40E	301	200	644 645	622	162	Yes	9 16
Sanya Dao	18°17′.46N 109°21′.67E	295	200	654 655	627	162	Yes	9-3 16
Sanzao Dao	22°00′.56N 113°24′.22E	291	200	642 643	621	162	Yes	9 16

按国家或地区首字母顺序给出各国家或地区的法定时，“-”代表东时区，法定时在世界时前，“+”代表西时区，法定时在世界时后。有些国家或地区因季节变化采用夏令时，表中给出其由标准时变为夏令时的生效细节。表中星号(*)表示该国家或地区本年度预期不

执行夏令时,见表 3-6-5。

表 3-6-5 法定时

Territory	Standard Time	Daylight Saving Time		
			Begins (LT)	Ends (LT)
Sweden	-1	-2	Last Sunday in March 0200h	Last Sunday in October 0300h
Switzerland	-1	-2	Last Sunday in March 0200h	Last Sunday in October 0300h
Syria	-2	-3	First Friday in April 0000h	Last Thursday in October 2400h
Taiwan	-8	*		
United Kingdom	0	-1	Last Sunday in March 0100h	Last Sunday in October 0200h
United States of America				
Zone 1 Eastern (EST)	+5	+4	Second Sunday in March 0200h	First Sunday in November 0200h
Zone 2 Central (CST)	+6	+5	Second Sunday in March 0200h	First Sunday in November 0200h
……				

(7)电子定位系统(electronic position fixing systems)

介绍罗兰 C 系统的一般情况和现行工作状态(current operation status)、罗兰 C 台的资料(Loran-C:chains in operation)、罗兰 C 的覆盖区域图。

(8)八个专项索引

①无线电测台索引(index of radio DF stations)

根据无线电测向台的名称查得测向台所在本书的页码,利用页码便可查得资料的细节。

②雷达航标索引(index of radar beacons)

根据雷达航标的名称查得其编号,雷达航标正文是根据其编号(Station Number)顺序排版,利用编号便可查得资料的细节。

③AIS 助航标志索引(index of automatic identification system aid to navigation)

根据 AIS 助航标志的名称查得其所在本书的页码,利用页码便可查得资料的细节。

④DGPS 无线电信标国家索引(radio-beacons transmitting DGPS corrections-index of countries)

根据国家(或地区)名称查得该国家(或地区)DGPS 无线电信标资料所在本书的起始页码,在该页有该国家或地区该项资料的说明。

⑤DGPS 无线电信标改正索引(index of radio-beacons transmitting DGPS corrections)

根据无线电信号标的名称查得该表资料所在的页码,查找资料细节。

⑥无线电时号的国家域索引(radio time signals index of countries)

根据国家或地区的名称查得该国家或地区的时号发射台所在的页码,便可查到资料细节。

⑦无线电时号发射台索引(index of stations transmitting radio time signals)

根据无线电时号发射台的名称查得页码,根据页码便可查得资料细节。

⑧无线电时号发射台呼号索引(index of call signs of stations transmitting radio time signals)

根据收到的无线电时号发射台的呼号或台名查得所在页码,根据页码便可查得资料细节。

2. 第二卷的使用

(1)如果要查阅某国家或地区的无线测向台、雷达航标或时号发射台的资料,首先根据船舶所在的海区,选择对应卷号,利用该卷后面的不同索引,查找相应的内容。如雷达航标资料的查阅,按照雷达航标名称首字母顺序在雷达航标索中引找到对应的航标国际编号,即可在正文中找到具体航标信息。

(2)查找国家和港口的标准时、法定时,可直接查阅目录。

(四)英版《无线电信号表》第六卷的主要内容及使用

1. 主要内容

第六卷主要提供引航服务,船舶交管服务和港口工作情况等方面的资料。

正文内容主要分两部分,第一部分给出国家或地区的“GENERAL NOTES”,介绍有关保安、引航规定、抵港注意事项及报告制度,如图 3-6-9(a)所示。

第二部分给出国家或地区的主要港口水城引航服务、船舶交管服务和港口工作情况的具体信息。这些信息包括概述、服务地区、台站呼号、岸台工作细节、联络情况、法定法、服务时间、申请引航或进港应遵循的要领、报告点的位置、重点报告点、事故报告点、雷达监控、雷达协助、紧急协调中心、信息广播等。图 3-6-9(b)是中国北海港有关的引航灯业务资料。

CHINA

See diagram CHINA (NORTH) Ports.
See diagram CHINA (SOUTH) Ports.

GENERAL NOTES

ISPS DESIGNATED AUTHORITY:
Ministry of Communications, Department of Water Transportation
Telephone: +86(0)1 65292626
Fax: +86(0)1 65292642
E-mail: sys627@moc.gov.cn

PILOTAGE:
Pilotage is compulsory for vessels entering and departing Chinese ports.

NOTICE OF ETA:
(1) Vessels should send ETA to the relevant Harbour Superintendency Administration via agents 7 days in advance.
(2) 24h prior to arrival (or on departure from a port less than 24h away), vessels should confirm ETA and advise draught (fore and aft).
(3) Any changes in ETA should be notified immediately.
(4) Vessels carrying class 1 hazardous cargoes should apply for a visa via agents 3 days prior to ETA.

CHINA SHIP REPORTING SYSTEM - CHISREP:
For details of the China Ship Reporting System (CHISREP), see CHINA - SHIP REPORTING SYSTEM (CHISREP).

(a)

BEIHAI (PEI-HAI) 21°29′N 109°03′E
UNCTAD LOCODE: CN BHY

Pilots and Port
CONTACT DETAILS:
Pilots
VHF Frequency: Ch 16; 14
Telephone: +86(0)779 3922249
Port Authority
VHF Frequency: Ch 16; 14
Telephone: +86(0)779 3903481
Fax: +86(0)779 3906387
Website: www.bhport.cn
Marine Safety Administration (MSA)
VHF Frequency: Ch 09
Telephone: +86(0)779 3033492
Fax: +86(0)779 3032591
HOURS: H24
PROCEDURE:
(1) **Pilotage is compulsory** for foreign vessels entering and leaving the port.
(2) **Notice of ETA:** Vessels should advise ETA via agent 7 days, 5 days, 72h, 48h and 24h in advance.
(3) **Pilot ordering:**
(a) Vessels must apply to the Port Superintendency for pilotage 24h prior to arrival, and confirm 12h prior to arrival at the anchorage
(b) Departing vessels must apply for pilotage 12h prior to departure
(4) **Pilot boards** in the vicinity of Lt buoy No 1 (21°21′·27N 109°00′·22E).

(b)

图 3-6-9 第六卷正文资料格式

2. 第六卷的使用

英版《无线电信号表》第六卷查阅方法如下:

(1)首先在《航海图书总目录》或《无线电信号表》各卷封底查阅分区索引图,选择港口所在的卷号。

(2)如要查阅国家或地区的船舶交通管理规定，用户只要按国家或地区名称从“CONTENTS LIST”中查找页码。

(3)查阅具体港口的引航业务等信息时可根据港口或地区名称的首字母顺序从卷末索引(index)中直接查找页码，也可以按港口属国家或地区名称从“CONTENTS LIST”中查得港口所在页码。

(4)有关缩写、正文中的术语及有关内容的解释、改正等内容可以在目录中查得所在页码。

六、航海图书目录

(一)中版《航海图书目录》

1. 概述

中版《航海图书目录》由海军司令部航海保证部每年出版，供使用者查阅中国海区的现行航海图、港湾图以及渔业图等专用图与航海书(簿)的名称、编号、范围等。该书的修改根据航保部发布的周版《航海通告》进行。

2. 主要内容

如图 3-6-10 所示，中版《航海图书目录》主要有五大部分内容：

第一部分为航海图：首先是海图图号索引(包括图号、图名、页码)；其次是中国海区分区索引图，标识该海区海图所在的页码；再次是中国海区及附近和中国海区的总图索引图，给出小比例尺的图号；最后是各海区海图分区索引图。

第二部分为专用图：包含渔业图和其他专用图。

第三部分为航海书表：用于选择所需图书的卷号，包含航海书表和其他出版物。

第四部分为其他：包含中国航海图书出版社航海图书专销站。

第五部分为航海图书号索引：包含航海图图号索引、专用图图号索引、航海书表、其他出版物书号索引，以及附表“航海通告改正登记”。

3. 应用

(1)抽选航用海图

首先根据航经海区，在分区索引图中得到各分区所在页码，然后翻到各分区图中便可查得本航线所需要的海图图号，在其左页表中，有海图的详细说明，包括图号、图名、比例尺、出版年月等。

(2)抽选航海书表

在“航海书表示意图”中按航行海区找出本航线所需的中版《航路指南》《航标表》《中国港口指南》《潮汐表》等。在其左页表中，有图书的详细说明，包括书号、书名、出版年月等。

(3)查取中版航海图书供应站地点及图书资料的价格

根据“航海图书供应站分布图”，便可查知获取中版航海图书资料的地点，右页是供应站分布示意图，左页是供应站名称、地址、联系方式等。

(4)校验本船航海图书是否适用

作为添置航海图书资料的依据，根据《航海通告》改正到最近之日，即可利用《航海图书目录》中所列的海图和图书的详细资料，检验本船海图和图书是否适用，并据其查出本船需添置的航海图书资料。

目 录

CONTENTS

第一部分 航海图 Nautical Chart

中国海区分区索引 Zoning Index in China Sea Area		2-3
1区：中国海区及附近（≤1：50万） Area1: China Sea Area and Approaches (≤1: 500 000)		4-5
中国海区（1：25万） China Sea Area (1: 250 000)		6-7
1-1区：渤海及黄海北部 Area1-1: Bohai Sea and Northern Part of Yellow Sea		8-9
1-2区：黄海中部及南部 Area1-2: Central and Southern Parts of Yellow Sea		10-11
1-3区 Area1-3	东海北部（长江口） Northern Part of East China Sea (Changjiang Kou)	12-13
	东海北部（南汇嘴至台州列岛） Northern Part of East China Sea (Nanhui Zui to Taizhou Liedao)	14-15
	东海北部（台州列岛至马祖列岛） Northern Part of East China Sea (Taizhou Liedao to Mazu Liedao)	16-17
1-4区 Area1-4	东海南部：包括台湾海峡及台湾东岸（海坛岛至南澳岛） Southern Part of East China Sea: Including Taiwan Strait and Taiwan East Coast (Haitan Dao to Nan'ao Dao)	18-19
	东海南部：包括台湾海峡及台湾东岸（台湾岛） Southern Part of East China Sea: Including Taiwan Strait and Taiwan East Coast (Taiwan Tao)	20-21
1-5区 Area1-5	南海北部沿岸至琼州海峡西口（南澳岛至香港） North Coast of South China Sea to West Entrance to Qiongzhou Haixia (Nan'ao Dao to Hongkong)	22-23
	南海北部沿岸至琼州海峡西口（珠江口） North Coast of South China Sea to West Entrance to Qiongzhou Haixia (Zhujiang Kou)	24-25
	南海北部沿岸至琼州海峡西口（高栏列岛至琼州海峡） North Coast of South China Sea to West Entrance to Qiongzhou Haixia (Gaolan Liedao to Qiongzhou Haixia)	26-27
1-6区：海南岛沿岸及北部湾 Area1-6: Coastal Area of Hainan Dao and Beibu Gulf		28-29
1-7区：西沙、中沙群岛海域 Area1-7: Sea Areas of Xisha Qundao and Zhongsha Qundao		30-31
1-8区：南沙群岛海域 Area1-8: Sea Areas of Nansha Qundao		

第二部分 专用图 Thematic Charts

渔业图 Fishery Charts	32-33
其它专用图 Other Thematic Charts	34

第三部分 航海书表 Nautical Publications

航海书表 Nautical Publications	35-36
其它出版物 Other Publications	37

第四部分 其它 Others

中国航海图书出版社航海图书专销站 Network of CNPP Charts & Publications Distribution	38-39

第五部分 航海图书号索引 Numerical Index of Nautical Publications

航海图图号索引 Numerical Index of Nautical Charts	40-47
专用图图号索引 Numerical Index of Thematic Charts	48
航海书表、其它出版物书号索引 Numerical Index of Nautical and Other Publications	49
附表：航海通告改正登记表 Appendix Table: Record of Corrections	50

图 3-6-10 中版《航海图书目录》内容

(二)英版《海图与其他水道图书总目录》

1. 概况

英版《海图及其他水道图书总目录》(Catalogue of Admiralty Charts and Other Hydrographic Publications)简称《航海图书总目录》，包括由英国海军水道测量局出版的全部海图及其他航海图书的详细信息，书号为 NP131，每年 1 月修订再版。

本书出版时即随附“补遗和勘误表”，用来改正印刷中的遗漏或错误；本书付印之日后根据周版《航海通告》第 I 部分和季末版《航海通告》发布的图书新版、作废消息进行改正。

2. 主要内容

每年版本虽稍有变动，但基本为以下主要内容：

(1)概述

概述部分包括英版海图分区索引图(Limits of Admiralty Charts Indexes)和官方授权经销商(Admiralty Authorized Distributors)。

(2)数字产品服务

数字产品服务部分包括英版矢量海图服务(Admiralty Vector Charts Services)英版光栅扫描海图电子 海图服务(Admiralty Raster Vector Charts/ECDIS Service)、英版数字出版物(Admiralty Digital Publications)、英版电子航海出版物(Admiralty e-Nautical Publications)。

(3)海图(charts)

海图部分内容主要用于抽选和检验航用海图,主要包括:

①索引图 AA 是比例尺很小的制订航行计划用海图索引图;索引图 A 是世界大洋总图的索引图;索引图 A1 是世界 1∶3500000 或同等比例尺的海图索引图;索引图 A2 则是东北大西洋、欧洲水域和地中海小比例尺海图索引图

②各分区海图索引图均印在 B-W 页的右页,左页为该分区内所有海图的细节说明,包括图号、图名、比例、出版年月、新版年月等。凡图号旁注有"*"者,表示该图中另包含一平面图(plan),注有"I"者,表示该图为国际海图(international chart),注有"⊙"者,表示该图另有光栅扫描海图(ARCS)可供使用。

(4)计划用图(planning charts)与参考用图和标绘海图(reference and plotting charts)

计划用图这部分主要包括航路设计图(routeing charts)、航路设计指南图(routeing guides)、海上安保海图(maritime security charts)、进港指南图(port approach guides)。

参考用图和标绘海图(reference and plotting charts)包括世界参考图(world reference charts)、世界时区图(world-time zone chart)、世界载重线界限图(the world-load lines regulations)、心射投影海图(gnomonic charts)、磁差曲线图(magnetic variation charts)、教学用图(introduction charts)、空白定位图(ocean plotting sheets)、英国练习用图(UK practice and exercise charts)、领海基线图(territorial sea baseline charts)、渔业图(fisheries charts)。

(5)航用图书(publications)

本部分内容主要用于抽选和检验航用图书资料,主要包括《航海员手册》(The Mariner's Handbook)、《世界大洋航路》(Ocean Passages for the World)、里程表(Distance Tables)、《航路指南》(Admiralty Sailing Directions)、《灯标和雾号表》(Admiralty List of Lights and Fog Signals)、英版潮汐图书(Admiralty Tidal Publications)、无线电信号表(Admiralty List of Radio Signals)、《航海天文历》(The Nautical Almanac)、英版《航海通告》(Admiralty Notices to Mariners)、《航海通告累计表与年度摘要》(Admiralty Notices to Mariners-Cumulative Lists and Annual Summary)等。

(6)海上安全信息(Maritime Safety Information)。

(7)广告(Advertisers)。

(8)海图图号、图书书号索引(numerical index)一览表等。

3. 主要用途

(1)抽选航用海图

①利用索引图 AA 查取本航线所需制订航行计划用海图,利用索引图 A 查取所需总图,利用索引图 A1 查取 1∶3500000 的海图;利用索引图 A2 查取东北大西洋、欧洲水域和地中海小比例尺海图。

②查阅分区索引图,可知本航线将航经的分区字母代码,即页码。

③分别翻到本航线所找到的分区代码页,查取所需航用海图号。

例 3-6-3 抽选新加坡(Singapore)(Johor Port)至大连(Dalian)所需的各种大小比例尺

航用海图。

解 ①抽选航行计划用海图。

AA:4016;A1:4508,4509;航路设计图:5126。

②根据航路设计图的推荐航线,查分区索引图界线图:I2,J,J3,K,K1。

③翻到各字母页,查得航用海图。

I2:4044,4043,4042,3831,2403,2869;J:3482;J3:3483,3489,1968,2412;K:1760,1761,1754,1759,1199,3480;K1:1254,1255,3697,3690。

注意,在抽选海图之前应初步拟定好航线,并参考有关推荐航线的资料,作为抽选海图的依据。航海图抽选原则是抽选的海图比例尺大小适当,如沿岸及狭水道水域应选较大比例尺海图,洋区一般选小比例尺海图,海图之间相邻水域应能衔接,同时视具体情况,抽选必要的航行参考图。在我国沿海航行应使用中版航海图书资料。

(2)抽选本航次所需航海图书

根据航次命令,利用该书的航海图书(Publications)抽选本航次所需航海图书。如《航路指南》《灯标和雾号表》《潮汐表》《无线电信号表》等。

例 3-6-4 抽选新加坡(Singapore)至安特卫普(Antwerp)航线的《航路指南》《灯标和雾号表》《潮汐表》《无线电信号表》。

解 ①从第五部分的《航路指南》分区索引图(Limits of Volumes of Admiralty Sailing Directions)查得该航线需要的《航路指南》卷号为 NP44、NP38、NP64、NP49、NP45、NP67、NP22、NP27、NP28;

②从第五部分英版《灯标雾号表》分区索引图(Limits of Volumes of Admiralty List of Lights)中查得该航线所需卷号为 F(NP79)、D(NP77)、N(NP86)、E(NP78)、A(NP74);

③从"潮汐图书"(Tidal Publications)查得所需《潮汐表》第五卷(NP205)、第三卷(NP203)、第八卷(NP208)、第二卷(NP202)、第一卷(NP201A);

④从《无线电信号表》中查得所需卷号为:NP281(1)、NP281(2)、NP282(1)、NP282(2)、NP283(1)、NP283(2)、NP284、NP285,NP286(4)、NP286(8)、NP286(3)、NP286(1)。

(3)查验船上所存海图、图书是否适用

①翻至该书的"海图图号索引"(numerical index),根据抽选的本船所存的海图图号或书号,查得该图、书的细节所在页码。

②翻到该图、书所在页码,其中信息中有海图、图书的出版日期(date of publication)、新版日期(new edition),将本船海图、图书的出版日期、新版日期与总目录查得日期比较,便可知本船海图、图书是否适用。

(4)查阅海图和图书代销店和获取航海通告的地点,从而添置航海图书资料和获取航海通告

在目录的第一部分中,利用"官方授权经销商分布图一览表"便可查到本航线沿途可购海图和图书的代销商地址;利用"航海通告的获取"页,可查得本航线沿途获取《航海通告》的机构,在海图和图书代销商可获得《航海通告》的复印本。此外,当新船需要配置航海图书资料时,可首先在目录中查得需要的航海资料清单,然后选择适当的代销商配置资料。

4 抽选海图的注意事项

(1)在抽选航用海图之前应初步拟定航线,并绘画到总图上,作为查找分区代码的依据。

(2)同一海区有不同比例尺海图时,原则是尽量抽选较大比例尺海图,同时视具体情况,抽选必需的航行参考图。

(3)抽选海图时,相邻的海图必须能够很好地衔接。

七、航海通告

(一)中版《航海通告》

《航海通告》(*Notice to Mariners*)是通报涉及航行安全信息,用以改正海图、图书的定期或不定期出版物。通常每周出版一期,不同国家还出版每月、每年的各种汇编。通告按生效情况可分为永久性通告、临时性通告和预告性通告三种。英国水道测量局出版的《航海通告》使用较广。中版《航海通告》有两种版本,即由海军航保部出版的纯中文版和由中国航海图书出版社出版的中英文对照版。《航海通告》的发行有传统的纸面印刷和数字化发行两大类,数字化《航海通告》现已在不少船上使用,中版《航海通告》可直接在海军航保部网站(www. ngd. gov. cn)上免费下载。

1. 中版《航海通告》

中版《航海通告》每周出版一期,如图 3-6-11 所示,主要内容有:

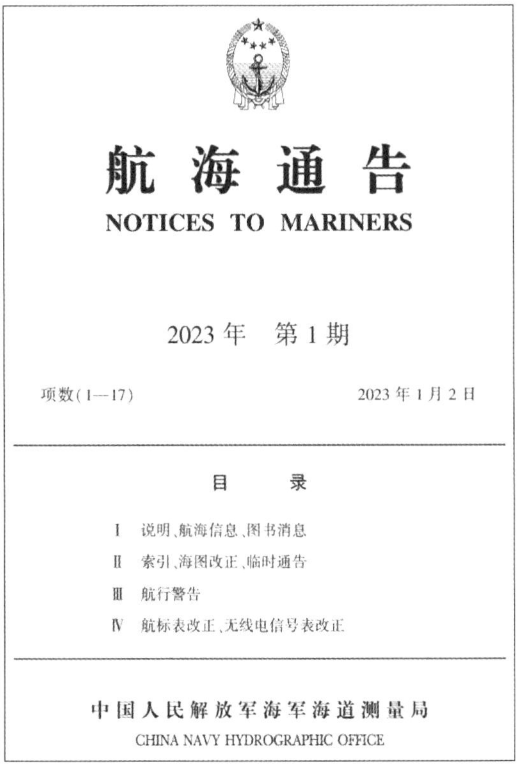
航 海 通 告

NOTICES TO MARINERS

2023 年　第 1 期

项数(1—17)　　2023 年 1 月 2 日

目　录

Ⅰ　说明、航海信息、图书消息

Ⅱ　索引、海图改正、临时通告

Ⅲ　航行警告

Ⅳ　航标表改正、无线电信号表改正

中国人民解放军海军海道测量局

CHINA NAVY HYDROGRAPHIC OFFICE

图 3-6-11　中版《航海通告》封面

Ⅰ. 说明、航海信息、图书消息;

Ⅱ. 索引、海图改正、临时通告;

Ⅲ. 航行警告;

Ⅳ.航海书表改正。

(1)说明、航行信息、图书信息

说明页介绍通告内容,使用方法等。航行信息主要刊载航海图书上未表示但与船舶航行安全有关的信息。图书信息用来公布航海图书出版、改版、作废以及出版预告信息,并每月汇总一次当月图书信息,主要可用于改正中版《航海图书目录》。

(2)索引、海图改正、临时性通告

索引用于检索改正海图的通告项数,由"地理区域索引"和"关系海图索引"两部分组成,根据"地理区域索引"引用地理位置检索通告项数,根据"关系海图索引"利用海图图号检索通告项数。

海图改正是对相关海图进行改正的内容,由项标题、改正内容、关系海图、关系航标表、关系无线电信号表、资料来源等内容组成。项标题由项号、地理名称、改正要素提示三部分组成。项号从每年第1期第1项开始,用阿拉伯数字顺序编号,至年底最后一期止。改正内容以较为固定的格式编写,记载了对海图进行改正的方法、内容和位置。其采用的数学基础和计量单位与所改正的海图相一致。关系海图,在标题词"海图"后依次列出本项通告涉及改正的海图图号、各图在本项通告中须改正的小项号以及各图前次改正通告的年份和项号。关系航标表或无线电信号表为非固定内容,凡改正内容涉及改正航标表或无线电信号表时,用以提示相关航标表或无线电信号表的书号、出版时间等内容。资料来源用于记录本项通告所采用的资料出处,表示内容包括资料提供单位简称或资料文件编号和通告编发单位使用的资料序号。项号后标识" * "的通告是指该项通告依据原始资料编发。

临时通告编排在海图改正之后,单面印刷。临时通告项号前注有" T" 字,在标题后面注"(临)"字。临时通告所列海图图号仅供使用该项通告时参考。每月最后一期通告列出仍然有效的临时通告索引,每年的年中和年底出版《有效临时通告汇编》,以方便用户查找使用。《有效临时通告索引》内容包括所有仍然有效临时通告的项号和标题,依次按海区顺序、年份顺序、项号顺序进行编排。

(3)无线电航行警告

内容覆盖国际划分的NAVAREA Ⅺ区的范围,由两部分组成,前一部分是发布至今仍有效的航行警告的年份与号码的汇编,后一部分刊印新的航海警告内容,单面印刷。

(4)航海书表改正

这部分包括《航标表》《无线电信号表》等航海书表的改正,其改正内容只适用于改正所列版次的航海书表,单面印刷,如图3-6-12所示。

《航标表》的改正按照卷号排列,标题列出书名、书号、出版年份。按照航标的编号顺序编排,每个航标的改正资料按八栏单面印出,便于贴改。改正内容栏中"…"代表该栏原内容不变,"-"代表删去该栏原内容。

《无线电信号表》的改正也是按照卷号排列,标题列出书名、书号、出版年份。无线电通信部分改正内容左边一栏和中间一栏为改正内容所处的位置,即页码和行数,右边宽栏为改正内容;其余部分,改正内容栏中"…"代表该栏原内容不变,"-"代表删去该栏原内容。

2.使用中版《航海通告》的注意事项

(1)《航海通告》中有的通告号后有括号(临)字样,表示该项目内容为临时性的,这类通告仅用铅笔在有关海图和航海图书上进行修改,而凡通告号后未加注者,为永久性内容,应用红色墨水笔在有关海图和航海图书上进行改正。

Ⅳ

航标表改正

黄、渤海航标表　　G101/2021

1628.51	3S1 号灯浮 No 3S1	删除					
1628.52	3S2 号灯浮 No 3S2	删除					
1628.53	3S3 号灯浮 No 3S3	删除					
1628.54	3S4 号灯浮 No 3S4	删除					
1628.55	3S5 号灯浮 No 3S5	删除					

图 3-6-12　航标表改正内容

(2)《航海通告》中给出的位置是以最大比例尺的最新版海图为准,用经纬度或方位、距离表示,如在位置数数据后面附加“概位”或“疑存”等字样,表示为概略位置或怀疑存在(危险物)。

(3)方位均系真方位,但所记灯光光弧或导标方位线等,系自海上视灯塔、灯桩的方位。

(4)每一号航海通告一般由通告号码与标题、通告本文、应改正的海图图号(该图号之后用小括号括起来的数码表示该号海图应该改正本通告中的第几款内容,而中括号内的数码表示该号海图应该改正上次的通告号码)和资料来源四部分组成,例如:

7* 水东海　杭州湾钱塘江口——存在沉船

加绘　　概位(2022)　　　　(1)30°16′03″。0N、120°58′42″.0E

　　　　　　　　　　　　　(2)同上述(1)

海图　　13310(1)〔2022-1412〕　13300(1)〔2022-1613〕　13000(2)〔2022-〕

　　　　10013(2)〔2022-1548〕　F10508(1)〔2022-1748〕　F11004(2)〔2023-6〕

备注　　该沉船为“浙余渔 50010”船。

资料来源　浙航警(2022)712 号　(265572022)

该例中“7”表示项数,标题为东海杭州湾钱塘江口存在沉船,海图后面的 13310(1)[2022-1412]表示对 13310 号海图仅改正通告中的第 1 款内容,而[2022-1412]则表示该海图的上一次小改正应是 2022 年的 1412 号通告。

(二)英版《航海通告》

1. 概述

英版《航海通告》(*Admiralty Notices to Mariners*,ANM)每周末出版一期,它汇集英国水道测量局发布的全部航海通告,提供对所有英版海图及其他航海图书的改正资料。英版《航海通告》可直接在英国水道测量局网站(admiralty. co. uk/msi)上免费下载。周版《航海通告》封面部分内容如图 3-6-13 所示。

Notices
1202 - 1274/23

UK Hydrographic Office

ADMIRALTY NOTICES TO MARINERS

Weekly Edition 14
06 April 2023
(Published on the ADMIRALTY website 27 March 2023)

CONTENTS

I	Explanatory Notes. Publications List
II	ADMIRALTY Notices to Mariners. Updates to Standard Nautical Charts
III	Reprints of NAVAREA I Navigational Warnings
IV	Updates to ADMIRALTY Sailing Directions
V	Updates to ADMIRALTY List of Lights and Fog Signals
VI	Updates to ADMIRALTY List of Radio Signals
VII	Updates to Miscellaneous ADMIRALTY Nautical Publications
VIII	Updates to ADMIRALTY Digital Services

For information on how to update your ADMIRALTY products using ADMIRALTY Notices to Mariners, please refer to NP294 How to Keep Your ADMIRALTY Products Up-to-Date.

Mariners are requested to inform the UKHO immediately of the discovery of new or suspected dangers to navigation, observed changes to navigational aids and of shortcomings in both paper and digital ADMIRALTY Charts or Publications.

图 3-6-13　英版《航海通告》封面

封面的基本信息有：右上角为英国水道测量部徽标；左上角为本期的通告号（英国水道测量局对其所发的通告按发布顺序全年连续进行编号）的范围（如 1202-1274/23），月末版还注有有效的临时通告和预告（T&P Notices in Force），季末版注有有关图书改正或出版标题（如：Updates to Sailing Directions in Force；Current Hydrographic Publications；Cumulative List for Admiralty List of Radio Signals）；周版号（如 Weekly Edition 14）及出版日期；目录（CONTENTS）；对航海者提供有关信息要求；网上《航海通告》的信息等。目前英版《航海通告》，提供以下部分内容：

Ⅰ Explanatory Notices. Publications List（注释、出版物清单）

Ⅱ Admiralty Notices to Mariners. Updates to Standard Nautical Charts（航海通告，海图的更新）

Ⅲ Reprints of Radio Navigational Warnings（无线电航海警告复印电文）

Ⅳ Updates to Admiralty Sailing Directions（《航路指南》的更新）

Ⅴ Updates to Admiralty List of Lights and Fog Signals（《灯标和雾号表》的更新）

Ⅵ Updates to Admiralty Lists of Radio Signals（《无线电信号表》的更新）

Ⅶ Updates to Miscellaneous Nautical Publications（其他各种出版物的更新）

Ⅷ Admiralty Digital Products and Service（英版数字出版物的更新与服务）

英版《航海通告》可以从设于各港的代发单位索取，也可在《航海通告年度摘要》的第14号通告和英版《海图及其他水道图书总目录》中查阅分发地址。

2. 各部分内容的说明

(1)注释、出版物清单(Explanatory Notices,Publications List)

提供网络版通告的形式、网址信息等。注释是关于每期通告的截止日期、改正等的说明,提醒使用者注意。

海图、出版物的出版、新版、作废等信息,是英版《海图及其他水道图书总目录》更新的主要资料。它们的信息有:海图出版日期、图号、标题及说明、比例尺、所在图夹号、该图在本年度总目录中的页码;某张图有光栅扫描海图,则在图号前用符号“⊙”标出,包括以下两部分:

①新图、新出版物(NEW ADMIRALTY CHARTS AND PUBLICATIONS)

②新版图和出版物(NEW EDITIONS OF ADMIRALTY CHARTS AND PUBLICATIONS),如图 3-6-14 所示。

I

ADMIRALTY CHARTS AND PUBLICATIONS NOW PUBLISHED AND AVAILABLE

NEW EDITIONS OF ADMIRALTY CHARTS AND PUBLICATIONS

New Editions of ADMIRALTY Charts published 06 April 2023

Chart	*Title, limits and other remarks*	*Scale*	*Folio*	*2023 Catalogue page*
⊙728	Scotland - East Coast, River Forth, Rosyth.	1:5,000	7	28
	Includes changes to depths from the latest Port Authority surveys.			
⊙736 INT 1546	International Chart Series, Scotland - East Coast, Firth of Forth, Granton and Burntisland to Rosyth.	1:15,000	7	28
	Includes changes to depths from the latest Port Authority surveys.			
⊙737 INT 1547	International Chart Series, Scotland - East Coast, River Forth, Rosyth to Kincardine.	1:17,500	7	28
	Crombie Jetty.	1:7,500		
	Includes changes to depths from the latest Port Authority surveys.			
⊙741	Scotland - East Coast, Plans in the Firth of Forth and River Forth.		7	28
	Ⓐ Alloa to Stirling.	1:20,000		
	Ⓑ Kincardine to Alloa.	1:20,000		
	Ⓒ Grangemouth and River Carron.	1:10,000		
	Ⓓ Methil.	1:10,000		
	Includes changes to depths from the latest Port Authority surveys.			
	Note: This chart remains affected by Notice 1755(T)/20.			

图 3-6-14 新版海图

在每月月末版《航海通告》(在下一个月初出版)的一期航海通告中还包括:临时性通告和预告月度汇编(IA Temporary and Preliminary Notices),首先列出本月取消的临时性通告和预告的清单,然后按 26 个地区汇编列出至该月底仍有效的通告编号、相关海图、位置与主题和图夹编号。在每季度末出版的《航海通告》中还包括季末版《航海图书》增加仍有效的临时性与预告性通告的汇编和图书出版一览表(Current Hydrographic Publications)。该一览表有《航路指南》及其补篇、《灯标和雾号表》《无线电信号表》《潮汐表》等图书现行版本一览表,以便了解和检验航海图书的新版情况。

(2)航海通告、海图的改正(Admiralty Notices to Mariners. Updates to Standard Nautical Charts)

包括三个索引和航海通告:

①地理索引(GEOGRAPHICAL INDEX)

共有27项,前26项是各海区地理索引,第27项为临时通告与预告的索引,如图3-6-15所示。

II

GEOGRAPHICAL INDEX

(1)	Miscellaneous	
(2)	British Isles	2.5 – 2.6
(3)	North Russia, Norway, The Færoe Islands and Iceland	2.8
(4)	Baltic Sea and Approaches	2.8 – 2.10
(5)	North Sea and North and West Coasts of Denmark, Germany, Netherlands and Belgium	2.10 – 2.12
(6)	France and Spain, North and West Coasts, and Portugal	2.12
(7)	North Atlantic Ocean	
(8)	Mediterranean and Black Seas	2.13 – 2.14
(9)	Africa, West Coast and South Atlantic	
(10)	Africa, South and East Coasts, and Madagascar	
(11)	Red Sea, Arabia, Iraq and Iran	2.15
(12)	Indian Ocean, Pakistan, India, Sri Lanka, Bangladesh and Burma	
(13)	Malacca Strait, Singapore Strait and Sumatera	
(14)	China Sea with its West Shore and China	2.15 – 2.20
(15)	Japan	2.20 – 2.22
(16)	Korea and the Pacific Coasts of Russia	
(17)	Philippine Islands, Borneo and Indonesia except Sumatera	2.23
(18)	Australia and Papua New Guinea	
(19)	New Zealand	
(20)	Pacific Ocean	
(21)	Aleutian Islands, Alaska and West Coast of North America including Mexico	2.23
(22)	West Coasts of Central and South America	2.23
(23)	Antarctica	
(24)	East Coast of South America and The Falkland Islands	2.24
(25)	Caribbean Sea, West Indies and the Gulf of Mexico	2.24
(26)	East Coast of North America and Greenland	2.24 – 2.25
(27)	T & P Notices	2.26 – 2.35

图3-6-15 地理索引

②通告与图夹编号索引(INDEX OF NOTICES AND CHART FOLIOS)

通告与图夹编号索引列出了每个通告所在页码和该通告涉及的图夹的编号,如图3-6-16所示。

③相关海图索引(INDEX OF CHARTS AFFECTED)

相关海图索引列出本期有关改正海图图号与通告,供登记与海图相关的通告号码用,如图3-6-17所示。

II

INDEX OF NOTICES AND CHART FOLIOS

Notice No.	Page	Admiralty Chart Folio	Notice No.	Page	Admiralty Chart Folio
1202	2.8	15	**1259(T)/23**	2.32	53
1203	2.15	47	**1260(T)/23**	2.32	54
1204	2.23	47, 48	**1261(T)/23**	2.32	53
1205(T)/23	2.33	48	**1262(T)/23**	2.32	53
1206	2.8	14	**1263(T)/23**	2.33	53
1207(T)/23	2.28	18	**1264(T)/23**	2.33	53
1208	2.8	13	**1265(T)/23**	2.33	53
1209(T)/23	2.27	10	**1266***	2.5	6
1210(T)/23	2.27	10, 12	**1267***	2.5	1, 2
1211	2.8	10	**1268***	2.6	2, 7
1212	2.13	31	**1269**	2.25	81
1213	2.16	47	**1270(T)/23**	2.28	7, 9
1214*	2.10	6, 7, 13	**1271**	2.20	47
1215	2.13	24	**1272**	2.25	81
1216	2.16	50	**1273***	2.12	2, 7
1217	2.14	31	**1274**	2.10	10
1218	2.14	25			
⋮	⋮	⋮			
1249	2.20	55			
1250	2.20	53			
1251	2.21	54			
1252	2.21	54			
1253	2.22	54			
1254	2.22	54			
1255(T)/23	2.30	55			
1256(T)/23	2.30	55			
1257(T)/23	2.31	53			
1258(T)/23	2.31	53			

图 3-6-16 通告与图夹编号索引

II

INDEX OF CHARTS AFFECTED

Admiralty Chart No.	Notices	Admiralty Chart No.	Notices
38	1244	**2213**	1219
44	1224T	**2232**	1219
46	1220	**2282**	1219
110	1270T	**2351**	1206
116	1270T	**2352**	1206
120	1236, 1270T	**2412**	1229
122	1242, 1270T	**2450**	1267
130	1242	**2451**	1267
240	1233T	**2489**	1269
266	1231, 1270T	**2492**	1272
267	1231	**2573**	1233T
272	1273	**2574**	1215
274	1214	**2578**	1233T
341	1271	**2595**	1248
343	1271	**2681**	1215
345	1238P	**2683**	1206
349	1271	**2692**	1228T
536	1267	**2693**	1228T
810	1209T	**2753**	1226
853	1210T	**2755**	1225
857	1211	**2860**	1272
858	1211	**3136**	1202
869	1210T	**3137**	1202
892	1232	**3171**	1223P
926	1239T	**3230**	1216
1077	1266	**3231**	1243
1100	1213	**3232**	1216
1121	1224T	**3233**	1216
1173	1227	**3317**	1217
1174	1227	**3400**	1215
1188	1268	**3480**	1229
1253	1241	**3496**	1268
1254	1241	**3497**	1268

图 3-6-17 相关海图索引

航海通告是对英版海图出版或新版后的更新。航海通告分为永久性通告、临时性通告和预告三种。

①永久性通告

图 3-6-18 所示为某期的一则永久性通告。改正海图的永久性通告内容包括通告编号(如 1229)、通告涉及的地点与更新标题(如 CHINA - Yellow Sea Coast - Wreck. Obstruction.)、资料来源(通告号码旁注有“ * ”者,是指通告来源于原始资料)、通告所涉及的海图(Chart2412、3480)、上次改正的通告号/年份(2412:[previous update 936/23])、海图坐标系(WGS-84 DATUM)、具体更新内容等。

1229 CHINA - Yellow Sea Coast - Wreck. Obstruction.
Source: Chinese Notices 1/5-6/23

Chart 2412 [*previous update 936/23*] WGS84 DATUM

Insert *Rep (2022) ED* 32° 41′·1N., 122° 19′·2E.

Obstn Rep (2022) 31° 59′·8N., 123° 09′·7E.

Chart 3480 [*previous update 1181/23*] WGS84 DATUM

Insert *Rep (2022) ED* 32° 41′·1N., 122° 19′·2E.

Obstn Rep (2022) 31° 59′·8N., 123° 09′·7E.

图 3-6-18　永久性通告

②临时性通告和预告性通告

临时性通告(Temporary Notices)和预告性通告(Preliminary Notices)在通告号码后面分别用缩写(T)和(P)注明,这类通告列于永久性通告的后面,并且单面印刷,以便于汇编成册,如图 3-6-19 所示。

1223(P)/23 UNITED ARAB EMIRATES - Works. Dredging area.

Source: Port of Fujairah

1. Development works and dredging are taking place at Dhadna Yacht Marina in the vicinity of 25° 32′·59N., 56° 22′·40E.
2. Mariners are advised to navigate with caution in the area.
3. Charts will be updated when works are complete.
   (WGS84 DATUM)

Charts affected - 3171 - 3520 (INT 7200)

1233(T)/23 EGYPT - Suez Canal - Works. Buoy.

Source: ENHD

1. Dredging works are taking place in the area bounded by the following positions:

   31° 19′·72N., 32° 22′·62E.
   31° 19′·69N., 32° 22′·82E.
   31° 19′·05N., 32° 22′·48E.
   31° 19′·05N., 32° 22′·41E.
2. The north cardinal pillar light-buoy, *VQ Hm 92*, may be temporarily removed during the dredging works.
3. Mariners are advised to navigate with caution in the area and consult the local port authorities for the latest information.
   (WGS84 DATUM)

Charts affected - 240 (INT 3549) - 2573 (INT 3500) - 2578 (INT 3550)

图 3-6-19　临时性通告与预告

③改正字条与贴图

在该部分最后印有小块复印图,叫贴图(blocks),一般用来根据该部分正文相关通告对较大比例尺海图进行贴改，如图 3-6-20 所示；还有改正字条(notes)，也要根据该部分相关通告贴到有关海图的指定位置，如图 3-6-21 所示。

1272　UNITED STATES OF AMERICA - East Coast - Note.
Source: US Coast Guard District 1 LNM 7/12300/23

Chart 2492 [*previous update 745/23*] NAD83 DATUM

Insert　the accompanying note, AUTOMATIC IDENTIFICATION SYSTEMS, centred on:　43° 30′·2N., 70° 51′·2W.

Chart 2860 [*previous update 745/23*] NAD83 DATUM

Insert　the accompanying note, AUTOMATIC IDENTIFICATION SYSTEMS, centred on:　40° 23′·3N., 74° 23′·4W.

(a)航海通告

1272　UNITED STATES OF AMERICA - East Coast - Note.
Source: US Coast Guard District 1 LNM 7/12300/23

Chart 2492 [*previous update 745/23*] NAD83 DATUM

Insert　the accompanying note, AUTOMATIC IDENTIFICATION SYSTEMS, centred on:　43° 30′·2N., 70° 51′·2W.

Chart 2860 [*previous update 745/23*] NAD83 DATUM

Insert　the accompanying note, AUTOMATIC IDENTIFICATION SYSTEMS, centred on:　40° 23′·3N., 74° 23′·4W.

(a)航海通告

图 3-6-20

1250　JAPAN - Honshū - NM Block.
Source: Japanese Notice 12/140/23

Chart JP 66 [*previous update 5017/22*] WGS84 DATUM

Insert　the accompanying block, centred on:　35° 27′ 13″N., 139° 41′ 06″E.

(a)航海通告

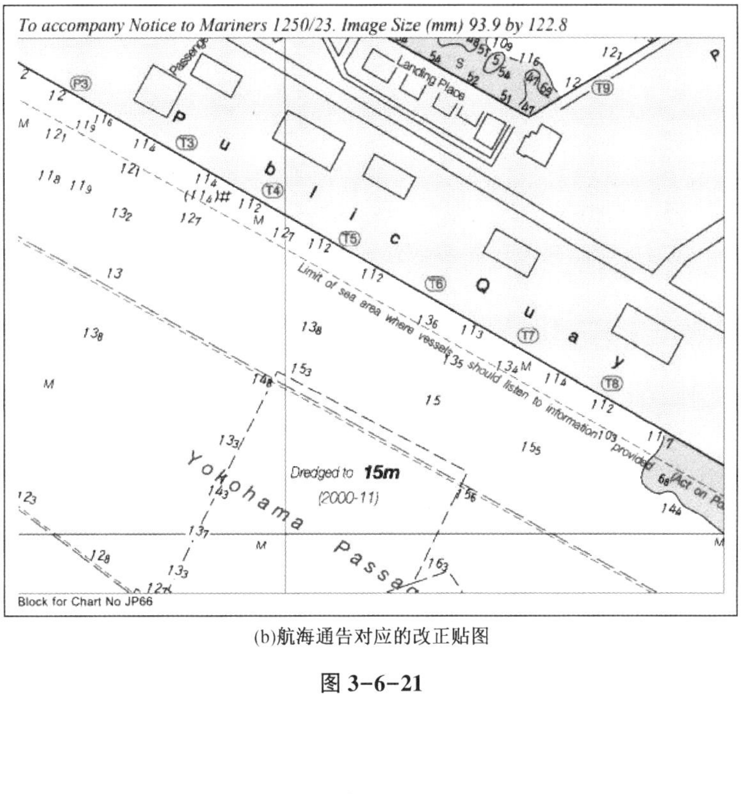

(b)航海通告对应的改正贴图

图 3-6-21

(3)无线电航海警告复印电文(Reprints of Radio Navigational Warnings)

无线电航海警告(Radio Navigational Warnings)是将有关资料变更消息通过无线电快捷地发布出来。周版《航海通告》第三部分就是截至该期通告出版之日仍有效的这些无线电航海警告的编号及本周内发布的警告报文的复印汇编。

无线电航海警告多数属临时性质,有些警告的有效期可达数周,直至最后为航海通告所代替。无线电航海警告可能包括下述内容:定位系统及重要浮标的变迁或变更、在航路附近的石油勘探装置等的动态、在拥挤水域中的工程作业;新发现的危险沉船或弃船、操纵不便的大型船的动态、在拥挤水域中的漂雷、海上军事演习等。

在周版《航海通告》第三部分开始是一个简要的说明,所有重印的警告内容分区编排,并采用单面印刷。每一区域内,先列出至本期出版之日仍有效的警告的年份和号码,已撤销的警告号码不再列出。然后是新近发布的警告内容,文字简明,阅读时应注意。每一条警告仅抄引一张英版海图图号,但这并不意味着该警告只与这一张海图有关。其主要内容形式如图 3-6-22 所示。

Weekly Edition 14 published on the UKHO website 27 Mar 23.

Navarea I (NE Atlantic) *Weekly Edition 14*
The following NAVAREA I warnings were in force at 270500 UTC Mar 23.

2022 series: 220, 226.
2023 series: 042, 044, 046.

Summary of Navarea I warnings issued since Weekly Edition 13:

042 NORWAY.
ISPS ANNOUNCEMENT.
1. Please be informed that the Maritime Security Level is raised to Level 2 in the following Norwegian port facilities:
NOMON-0001, Equinord Mongstad.
NOKAS-0059, Kaarstoe Gas Processing Plant.
NOTBO-0001, Tjellbergodden Port.
NOMLK-0001, Hammerfest LNG Melkoeya.
NOAUK-0002, Nyhamna Gas Plant.
NOAVE-0001, Norsea Vestbase Averoey.
NOSLA-0002, Norsea Tananger.
NOLRI-0003, Norsea Stord Base.
NOHFT-0005, Norsea Polar Base.
NOSVG-0008, Norsea Dusavik.
NOKSU-0014, Norsea Vestbase Kristiansund.
NOMON-0002, Mongstad Base.
NOSSJ-0007, Helgeland Base.
NOTAE-0002, Conoco Phillips Base Tanager.
NOSLA-0003, Offshore Terminal.
NOHAU-0003, Killingoey Subsea and Offshore Base.
Ships calling at these facilities shall respond without delay to this change in security level.
2. Cancel NAVAREA I 168/22.

043 Cancelled.

044 1. Navarea I warnings in force at 241000 UTC Mar 23. 2. Cancel 040/23.

045 Cancelled. Cancel 043/23.

046 1. RIGLIST. Correct at 270500 UTC Mar 23.

Southern North Sea: 51N to 55N

	52-33.2N	003-44.5E	Noble Resolute (ex Maersk) ACP Horizon P9-6
	52-41.8N	004-17.7E	JB-115 ACP HNA
NEW	52-44.3N	003-48.2E	Swift 10 ACP P6-B
	53-00.0N	001-50.8E	Valaris 72 ACP Hewett Gas Field

图 3-6-22 无线电航海警告复印电文

(4)对《航路指南》的改正

第Ⅳ部分中列出了对《航路指南》的改正资料，包括至本期周版通告刊印之日仍有效的关于《航路指南》改正的周版通告期号汇编，该汇编分《航路指南》书号、页数、标题、周版、期号(weekly edition)四栏，如图 3-6-23 所示。

IV

[14/23]

UPDATES TO ADMIRALTY SAILING DIRECTIONS

NP5 South America Pilot Volume 1 (2021 Edition)

Brazil - East coast - Porto de São Francisco do Sul — Directions; buoy

256

Paragraph 8.103 *9* line 4 *For* (special) *Read* (isolated danger)

ENC BR501804 (6.000) **[NP5-No 45-Wk 14/23]**

Brazil - East coast - São Francisco do Sul — Directions; Restricted area

257

Paragraph 8.113 *2* lines 1-5 *Replace by:*

Restricted areas:
Anchoring and fishing are prohibited within an area surrounding a submarine pipeline, marked by V-AIS, which is laid E from the coast to the SBM.
Vessels must avoid transiting between the coast and the SBM.
Vessels must not approach within 500 m of the SBM; V-AIS (cardinal) marks mark the approaches to the buoy.

ENC BR401804 (13.002) **[NP5-No 46-Wk 14/23]**

Chile - Estrecho de Magallanes — Regulations; anchorage

261

Paragraph 7.11 *6* lines 1-5 *Delete*

Hydrographic and Oceanographic Service of the Chilean Navy **[NP6-No 27-Wk 14/23]**

Chile - Estrecho de Magallanes - East entrance — Navigation; draught; visibility

263

Paragraph 7.20 *1-4* *Replace by:*

1 **Tidal streams.** West-bound vessels should aim to arrive off the NE approach to Primera Angostura on the last of the NE-going stream in order to gain the full benefit of the SW-going stream through the narrows which starts to make at 3½ hours after HW Cabo de Hornos. East-bound vessels should aim to arrive off the W end of Segunda Angostura as the E-going stream is starting to make at about 2½ hours before HW Cabo de Hornos.

2 The best time for deep draught vessels to cross the shoal area between the SW end of Primera Angostura and Banco Tritón is at, or soon after, local HW; or at the start of the NE-going stream in Primera Angostura. Mariners are advised that tidal streams,

图 3-6-23　对《航路指南》的改正

月末版的《航海通告》中还有“有效的改正《航路指南》通告月度汇编”。

(5)对《灯标和雾号表》的改正

对《灯标和雾号表》的改正的资料按书卷号的顺序(A、B…L)编排，各卷内的灯标按灯标编号顺序编排，编号前有卷号，如 A2644.5。资料格式与《灯标和雾号表》上的格式完全一致，如图 3-6-24 所示。改正《灯标和雾号表》时，只要将相应的改正条目剪下并贴到相应书卷的对应灯标编号处即可，注意不要贴死原条目的资料。

(6)对《无线电信号表》的改正

对《无线电信号表》的改正资料按书卷号的顺序编排。通告内容如图 3-6-25 所示，包括三个方面：各卷的卷号、版本、出版周；上次改正的通告期号与该期的出版时间；改正内容及所在的页码。改正时按要求进行删改、增设等，还要根据要求将电台资料等剪贴到相应书卷中，但原文不要贴死。

(7)对其他各种出版物的更新

这部分通常针对《潮汐表》《世界大洋航路》《航海员手册》、英版海图图式、国际浮标系统等英版图书资料的改正。

V

UPDATES TO ADMIRALTY LIST OF LIGHTS AND FOG SIGNALS

NP74, Vol A Edition 2022. Weekly Edition No. 14, Dated 06 April 2023.
Last Updates: Weekly Edition No. 12, dated 23 March 2023.

A2644·5	- Tees Dock. Potash Berth. No 1 Quay. Outer Corner. SW Side (GB:THPA)	54 36·26 N 1 09·60 W	2 F R(vert)	6	. . . .		2m apart
*	*	*	*	*	*	*	*
A3223·4	-	56 42·19 N 2 27·75 W	F G	2	. . Green pole		. .
							*

NP75, Vol B Edition 2022. Weekly Edition No. 14, Dated 06 April 2023.
Last Updates: Weekly Edition No. 12, dated 23 March 2023.

B0918·9	- Harlingen	53 11·23 N 5 25·79 E	Iso R 6s	. .	. . . .		. .
*	*	*	*	*	*	*	*

NP76, Vol C Edition 2022. Weekly Edition No. 14, Dated 06 April 2023.
Last Updates: Weekly Edition No. 12, dated 23 March 2023.

C5983·4	Vålsudde	62 46·04 N 18 06·56 E	Q W	14	5 Orange □ on metal framework tower	. .
						*

图 3-6-24 对《灯标和雾号表》的改正

VOLUME 2, NP282(2), Fourth Edition, 2023
Published Wk 12/23
(Last Updates: Weekly Edition No. 13 dated 30 March 2023)

AUTOMATIC IDENTIFICATION SYSTEM (AIS)

PAGE 128, CHINA.
BG 7 Wreck.
Delete entry

Chinese Notice 9/205/23 (RSDRA2023000067808) 14/23

PAGE 130, CHINA, below Binhai Kou Lt Buoy.
Insert:

Binhai Marine Farm Lt Buoy No 1	34°14′·94N 120°48′·93E	994122359	Broadcasts every 3 minutes	Real	

Chinese Notice 9/197/23 (RSDRA2023000067808) 14/23

PAGE 134, CHINA.
CH 18 Wreck.
Delete entry

Chinese Notice 9/209/23 (RSDRA2023000067808) 14/23

PAGE 140, CHINA, below Chenhang Hydrological Warning Lt Bn No 5.
Insert:

Cheniushan Tide Station Lt Bn	34°56′·97N 119°46′·57E	994121347	Broadcasts every 3 minutes	Real	

Chinese Notice 9/196/23 (RSDRA2023000067808) 14/23

PAGE 140, CHINA, below Collapsed Wind Tower.
Insert:

CX 68 Wreck	30°18′·70N 122°16′·22E	994136330	Broadcasts every 3 minutes	Virtual	

Chinese Notice 10/229/23 (RSDRA2023000073704) 14/23

图 3-6-25 对《无线电信号表》的改正

(三)英版《航海通告年度摘要》

《航海通告年度摘要》(Annual Summary of Admiralty Notices to Mariners)是《航海通告》(周版)内容的重要补充,每年再版一次,分2册(part1 和 part2),书号 NP247(1)和 NP247(2)。《航海通告年度摘要》具有航海资料的性质,必要时应予以查阅。

1.《航海通告年度摘要》第一册内容

《航海通告年度摘要》第一册内容分以下两部分。

(1)每年最初的1~25(26)个航海通告

这些通告与改正海图无关,但与航海安全有关。如1号通告是对本年度英版《潮汐表》的补遗和勘误,还包括英版海图和特殊代销店一览表、海难与救助、炮火演习区、《航海通告》的获取、分道通航制、航海图书的配置、加拿大海图与图书规则、美国关于航行、海图与图书的安全规则、高速船、海洋环境高危区域等。年度通告的通告编号、标题与内容每年有所变化,但变化不大。凡通告内容与上年有变化时,在书中左侧用黑线标出,以示醒目,部分内容刊载在《航海员手册》中,在此不再重印。

(2)临时性通告(T)和预告(P)汇编

重印至本年1月1日仍有效的临时性和预告性通告全部内容,通告按26个区域顺序排列。可通过该部分的地理区域索引和通告号索引,查阅所在的页码。

2.《航海通告年度摘要》第二册内容

《航海通告年度摘要》第二册书号为NP247(2),其内容如图3-6-26所示,分以下四部分:

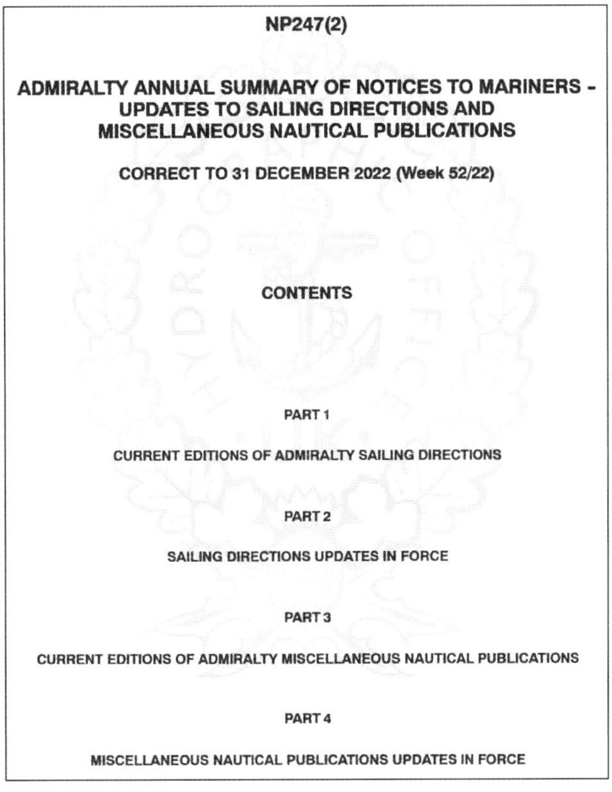
NP247(2)

ADMIRALTY ANNUAL SUMMARY OF NOTICES TO MARINERS - UPDATES TO SAILING DIRECTIONS AND MISCELLANEOUS NAUTICAL PUBLICATIONS

CORRECT TO 31 DECEMBER 2022 (Week 52/22)

CONTENTS

PART 1

CURRENT EDITIONS OF ADMIRALTY SAILING DIRECTIONS

PART 2

SAILING DIRECTIONS UPDATES IN FORCE

PART 3

CURRENT EDITIONS OF ADMIRALTY MISCELLANEOUS NAUTICAL PUBLICATIONS

PART 4

MISCELLANEOUS NAUTICAL PUBLICATIONS UPDATES IN FORCE

图3-6-26　《航海通告年度摘要》第二册内容

(1)《航路指南》及最新补篇的现行版本一览表;

(2)对《航路指南》有效改正的汇编。

本部分重印至本年 1 月 1 日对《航路指南》改正仍有效的通告内容,通过《航路指南》卷号索引,可查得某卷改正通告的所在页。这部分内容作为《航路指南》资料的重要补充,阅读《航路指南》时应查阅该书。

(3)其他图书资料现行版本一览表;

(4)对其他图书资料有效改正的汇编。

(四)英版《航海通告累积表》

英版《航海通告累积表》(Cumulative List of Admiralty Notices to Mariners)书号为 NP234(A)和 NP234(B),是英国海军水道测量局每半年(1 月和 7 月)出版一期的表册,该表册有两大部分。

第一部分是海图改正内容,共三栏,如图 3-6-27 所示。第一栏为英国海图号,首先为英国海图,其次为澳大利亚海图和新西兰海图;第二栏为海图的最新版日期;第三栏为改正的航海通告列表,按照先后顺序列出近两年内的永久性航海通告的编号。例如,海图 2,最新版时间为 2020 年 2 月,涉及的通告为 2021 年第 15 期周版航海通告的 1463 号通告、第 30 期周版航海通告的 2941 号通告……该表不仅可在一定程度上替代海图卡片和“本船航海用海图图号表”,而且可供船舶驾驶员和主管部门检验海图是否为最新版并及时进行改正。

Chart No.	Edition	Notices to Mariners	Chart No.	Edition	Notices to Mariners
2	Feb. 2020	**2021** **(15)** 1463 **(30)** 2941 **(37)** 3613 **(39)** 3791 **2022** **(6)** 475 560 **(27)** 2890 **(38)** 3739 **(45)** 4343 **(47)** 4692 **2023** **(2)** 57	54	Jan. 2020	**2021** **(21)** 2107 **(46)** 4758 **(50)** 5170 **2022** **(11)** 997 **(19)** 1770 **(38)** 3779 **(43)** 4093 **2023** **(13)** 1140
3	Aug. 2017	**2020** **(18)** 2301	55	Jan. 2003	**2022** **(49)** 4874
5	Mar. 2013	**2019** **(34)** 4291	56	Jan. 2003	**2022** **(49)** 4874
6	Jan. 2018	**2022** **(45)** 4409	58	May 2021	**2021** **(44)** 4469 **2022** **(13)** 1195
7	Oct. 2013	**2018** **(19)** 2053	59	May 2019	**2021** **(44)** 4474
9	Oct. 1986	**2021** **(48)** 5035 **2022** **(45)** 4341	60	May 2004	**2022** **(17)** 1516
11	Dec. 2009	**2022** **(28)** 2968	63	Feb. 2012	**2019** **(36)** 4586
12	Apr. 2011	**2020** **(51)** 6095	64	June 2000	**2020** **(29)** 3443
13	Apr. 2011	**2021** **(18)** 1807 **(45)** 4566	66	Nov. 2018	**2021** **(6)** 608 **(33)** 3242 **2022** **(12)** 1079 **(26)** 2755 **(39)** 3808
14	Jan. 2013	**2020** **(49)** 5783			
		⋮			⋮

图 3-6-27　海图改正内容

第二部分是图书出版一览表(Current Hydrographic Publications),如图 3-6-28 所示,该一览表有《航路指南》及其补篇、《灯标和雾号表》《无线电信号表》《潮汐表》等图书现行版本,以便了解和检验航海图书的新版情况。

该累积表与《航海通告》一样,本身是免费提供的,但船方需向代销店支付一定的运输、管理和服务费。

IB

CURRENT NAUTICAL PUBLICATIONS

(ADMIRALTY Sailing Directions, ADMIRALTY List of Lights, ADMIRALTY Lists of Radio Signals, ADMIRALTY Tidal Publications, ADMIRALTY Reference Publications)

(Updated to 29th December 2022)
(Former Listing dated 22nd September 2022 is cancelled)

(1) Current Editions of ADMIRALTY Sailing Directions

NP No	Title	Edition
1	Africa Pilot Volume 1	19th (2020)
2	Africa Pilot Volume 2	19th (2022)
3	Africa Pilot Volume 3	18th (2019)
4	South-East Alaska Pilot	8th (2015)
5	South America Pilot Volume 1	20th (2021)
6	South America Pilot Volume 2	19th (2019)
7	South America Pilot Volume 3	14th (2022)
7A	South America Pilot Volume 4	9th (2022)
8	Pacific Coasts of Central America and United States Pilot	15th (2019)
9	Antarctic Pilot	9th (2019)
10	Arctic Pilot Volume 1	9th (2016)
11	Arctic Pilot Volume 2	12th (2018)
12	Arctic Pilot Volume 3	10th (2018)
13	Australia Pilot Volume 1	6th (2020)
14	Australia Pilot Volume 2	14th (2019)
15	Australia Pilot Volume 3	15th (2022)
18	Baltic Pilot Volume 1	20th (2022)

图 3-6-28 图书出版一览表

（五）英版数字化《航海通告》

目前，英版数字化《航海通告》的主要形式是利用软盘发行和网络版，并附带有支持其数据格式的免费读取软件，提供这种数字化《航海通告》的海图代销店可从英版《海图及其他水道图书总目录》中查取。

1. 软盘版《航海通告》

软盘版《航海通告》除了与纸面印制的《航海通告》具有同样的内容外，还有以下明显的优点：

（1）对通告有选择性。海图代销店可以根据船舶海图的配置情况和需要，对数据进行用户化的选取后利用电子手段向船舶传送。

（2）对通告分类查阅和排序。提高航海者的工作效率，节省了时间。

（3）可打印通告描图，打印在透明纸上改正海图，使海图改正工作更迅速、准确。

（4）存储方便，利用电子手段对资料库副本进行储存和读取，节省空间。

（5）通告和图书改正所需的备用副本可根据需要按区域打印。

2. 网络版《航海通告》

目前，这种《航海通告》有两种方式提供使用。一种为全文下载方式（notices to mariners online），另一种为查询下载方式（searchable notices to mariners）。下载后的读取软件与软盘版相同。

(1)全文下载方式

全文下载方式提供的下载内容包括：

周版《航海通告》(Weekly ANM)，内容与书面印刷版相同，除可以全文下载，也可以单独下载第Ⅱ部分和改正贴图、字条。使用这种方式时，可通过英国水道测量局网站(www.hydro.gov.uk)中航海通告的超级链接(notices to mariners)进入，或者直接输入该下载地址(http:/www.hydro.gov.uk/notices_to_mariners.html)进入，下载所需资料。

(2)查询下载方式

这种下载方式可以下载的内容只是周版《航海通告》中关于海图改正的部分，包括永久性通告、预告和临时性通告。提供的查询项包括：

①仅根据海图图号查询(search NMs by chart number only)：输入海图图号，即查得与该海图有关的2000年1月1日起或海图出版之日以后的航海通告。

②根据海图图号和以前某航海通告的编号和年份查询(search NMs by chart number+previous NM/year)：输入海图图号和通告号及年份，即可查得与该海图有关的输入的通告编号以后的航海通告。

③根据日期查询(search NMs by chart number between previous and present dates)：输入海图图号与开始日期与结束日，即可查得与该海图有关的所需期间的所有航海通告。

④查询单一通告(search for a single NM by NM/year)：输入某通告的编号和年份，即可查得该通告。

⑤查询小艇用通告(search for small craft leisure NM corrections)：输入小艇用图图号，即可查得与该海图有关的2000年1月1日起或海图出版之日以后的航海通告。所查得的通告的正文，改正贴图和改正字条可单独阅读和下载。

任务七　海图与航海图书资料的改正与管理

海图是航海必备的工具，海图和航海图书资料是船舶安全航行的重要依据。有关海图投影原理、航用海图的投影种类、海图资料的读识和海图使用的注意事项等内容在本书的前面已经讨论过；在本章前面介绍了有关航海图书资料的内容与应用等知识；然而，海图和航海图书资料出版发行后，其描述的海区的事物总在不断变化，为了能表明变化了的情况，必须及时对它们进行改正。此外，为了有效地利用海图和航海图书资料，采用一定的方法对其进行有效的管理也是完全必要的。

一、海图改正

海图的改正是根据《航海通告》和无线电航海警告进行的。考虑到远洋船上航海图书资料的配备情况，以下以英版海图的改正为基础进行讨论，其他国家出版的海图的改正方法与此大同小异，可参照使用。

1.《航海通告》的处理

英版《航海通告》是改正英版海图及其他航海资料的依据。因此，必须尽可能及时地取得《航海通告》,以便及时进行海图等资料的改正工作。各期《航海通告》到船后,应立即进行处理,以便及早了解最近发生的变迁或变更,同时为着手对海图及其他航海图书资料的改正做好准备。其要点如下:

(1)船舶在到达某一港口前,应提前发报给代理,代为索取未收到的各期《航海通告》。可以索取英版《航海通告》的港口可查阅英版英版《航海图书目录》或《航海通告年度摘要》中第14号通告。对于有条件使用软盘版数字化《航海通告》的船舶可以仅索取与本船航海图书资料有关的通告。如在某一港口停留时间较长,亦应注意索取在停留期间新发布的《航海通告》。

(2)各期《航海通告》送船后,应检查是否缺期,并在每期通告上注明送船日期及停留港名;对于软盘版《航海通告》应在查明其内容后在盘面上注明送船日期和停留港名;以上工作做完后请船长过目。应当认为,从此开始船长及负责驾驶员(二副)应将这些《航海通告》中的资料应用到以后的航线拟订及航行中去。

(3)可将各期《航海通告》的第Ⅵ部分拆下来(对于软盘版《航海通告》可将有关部分打印出来),送交负责改正《无线电信号》的人员,以便对该表及时进行改正。

(4)可将各期《航海通告》的第Ⅴ部分拆下来,并将各有关页分别插入相关的各卷《灯标和雾号表》中,以便抽空及时贴改。对于软盘版《航海通告》可采取随时检索、打印通告内容并改正的方法进行。

(5)第Ⅳ部分如有要改正的内容,将通告期号登记在相应的《航路指南》的补篇上。

(6)可将各期《航海通告》第Ⅲ部分拆下来,按地区逐期加以汇订。同时根据最近一期《航海通告》中有效的航海警告号码表勾销已失效的警告。这种"航海警告汇编簿"在航海中应置于驾驶台备查。对于软盘《航海通告》可以借助计算机进行工作。

在将《航海通告》Ⅲ、Ⅴ、Ⅳ三部分拆下来的过程中,应注意不要将改正海图用的贴图和改正字条失散。

(7)船长及负责驾驶员应阅读各期《航海通告》第Ⅱ部分中前几个与改正海图无关的通告内容,这些通告可能涉及有关规章、通信方法、定位系统及其他重大的事项的改变。阅读后,应对与本船航行有关的内容摘录备查。

(8)最后,应进行海图卡片或英版《海图改正登记簿与图夹索引》的海图新版及作废的登记。

2. 海图卡片与英版《海图改正登记簿与图夹索引》

(1)海图卡片

海图卡片是船舶海图的档案卡,每张海图配备一张(如果一张不够使用可附加),用于记载海图的图号、图名和出版发行资料,并留出大部分空间用于登记与该海图改正有关的航海通告的编号,如图3-7-1所示。

(2)英版《海图改正登记簿与图夹索引》

英版《海图改正登记簿与图夹索引》(*Chart Correction Log and Folio Index*),书号NP133a,是供管理海图用的空白表格、活页式的出版物。它由3部分组成;第1部分为航用海图;第二部分为英国复制的澳大利亚和新西兰海图;第3部分为其他海图。在第1部分的开头是供登记新图、新版图的方格式空白表格,以及该登记簿的使用说明。

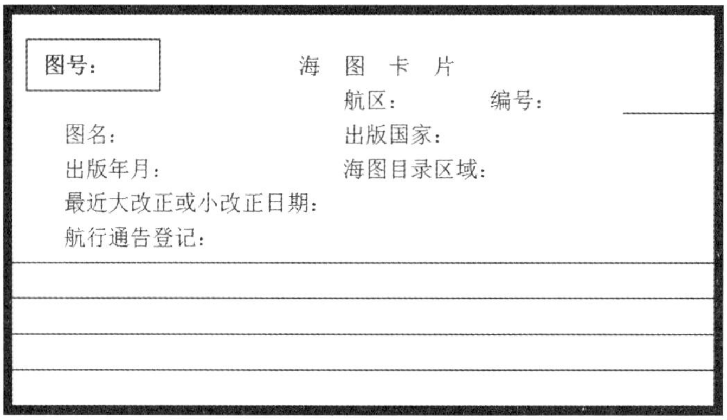

图 3-7-1　海图卡片实例

虽然该登记簿按海图的不同分为 3 部分，但每部分表格的编排是一样的。每页分成 4 个到 6 个横栏，每栏登记 1 张海图，即每页可登记 4 张到 6 张海图。每个海图栏又分 3 格，如表 3-7-1 所示。第 1 格内按海图图号的顺序印出每张海图的图号；第 2 格又分 3 列，第 1 列内数字为海图所在的图夹号；其他两空列留作登记与出版相关的资料用；第 3 格由数行组成，供用户顺序登记与本张海图相关的航海通告号码。

表 3-7-1　海图登记簿的一栏

Chart No.	Folios in which included			Notices to Mariners affecting chart
2693	7			

3. 海图改正及注意事项

海图代销店一般负责将海图改正到供应当时最新的一期周版《航海通告》，但不负责对供应前的临时性通告和预告的改正。因此，海图供应后的一切小改正以及所有的临时性通告和预告均应由海图使用者负责。

(1)海图改正的步骤

海图改正要及时和准确，而且由于远洋船舶配备的海图数量较多，改正工作量很大，因此要求熟练和迅速。显然，没有合理的步骤就容易造成差错和返工，而达不到准确而迅速的目的。改正海图最好按下列步骤进行。

①先将收到的各期《航海通告》中有关改正海图的通告登记在海图卡片上或英版《海图改正登记簿与图夹索引》中。登记前应根据“本船海图图号表”在每期《航海通告》第 1 部分“相关海图索引”(Index of Charts Affected)中将本船配有的海图图号勾出来，以便抽出有关的海图卡片或在英版《海图改正登记簿与图夹索引》中进行登记。

登记时应登记有关通告的年份和号码。

②改正每张海图时，根据该海图卡上或《海图改正登记簿与图夹索引》中所登记的通告逐条进行。可利用该期《航海通告》第 1 部分中的“通告和图夹编号索引”(Index of Notices and Chart Folios),查阅该通告所在页数,以便迅速找到该条通告。

③阅读通告前应先查核该通告末尾“有关海图”(Chart)栏中列出的海图图号是否包括本海图,查核该图的上一次改正[Last correction]的通告号码,同时也应注意到所改正海图与该通告中哪几款内容有关,以免浪费时间。

④在改正前应先阅读通告的标题,特别是标题末尾通常说明通告的主题(此处是有关灯标),这对迅速了解通告内容避免误解很有益处。

⑤改正时可先根据所给出的大致经纬度在海图上找出参考点位置,然后在仔细阅读通告内容,将所需改正的内容或填入,或删除等。填入位置要按通告所给出的经纬度、方位与距离等数据相互核对,务求准确无误。

⑥改正海图应用细尖红墨水钢笔进行,以示醒目。英版航海通告中符号和凡用斜体字印出的文字或缩写,原则上都要求填入海图。符号、文字或缩写的填入要严格按照海图图式的规定进行,字体端正,符号清晰正确,不致被人误解。填入的内容所占位置要足够小,且不可掩盖海图上的原有资料;符号在规定位置填画不下时,可移至一边,并用箭头指明其准确位置;被删除的符号或缩写仅用一红线划掉原内容,这样既表示删除原内容,而且原内容仍完整可辨。

⑦在通告中如果有“伴随贴图”(the accompanying block)或者“伴随改正字条”(the accompanying note)字样,应将贴图或改正字条贴在通告指定的地方。同时,进行贴图的改正时应注意贴图的边线仅是为了印刷的方便,粘贴时尽可能将影响航行的重要部位对齐。最好在涂胶水前将贴图先在海图上对好位置并用铅笔在边框周围点几个点线做记号,再涂胶水于贴图上,找正贴齐。

⑧软盘版和网络下载数字化《航海通告》含有改正用描图,可将有关改正内容打印在透明纸上,然后再将其覆在海图上进行刺透式改正;有的船舶购买专用的改正用描图,可用与此相同的方法进行改正。这种方法可以提高海图改正效率,如果有条件应加以利用。

⑨每条通告改正后,应在海图卡片上或《海图改正登记簿与图夹索引》中将这些通告号码勾掉,并在海图左下角“小改正”登记栏中按年份将所有已改正过的通告号码注明;临时性通告和预告用铅笔改正并另起一行注明。

⑩必须核对海图左下角“小改正”登记栏中的上次改正记录,是否与通告中上次改正通告号码一致。如果不一致,则必须找出上一次应改通告,追索直至衔接一致,并逐一进行改正。

(2)海图改正注意事项

①对本航次需用的海图改正应在航线拟订前结束,并交船长审阅。对航行有重要影响的改正应报告船长,作拟订航线和制定航行计划时的参考。与本航次航行无关的海图,也要根据工作的轻重缓急,安排时间改正,以免长期积压不改,用时只好购买新图,造成不应有的浪费。

②凡涉及灯光光弧及导标方位等改正时,应注意通告中用方位标明的光弧界限及导标方位都是指从海上看灯标的方向;而其他一切用方向、距离来指明位置者,都是指从参考点出发的方向,两者方向恰好相反,不应混淆。

③凡通告中有下列文字时应予注意:“在即将出版(或已经出版)的××号新版(或改版)海图上,已包括此项改正”,因而该海图图号不再列入通告末尾的“有关海图”栏中,该海图卡片上或《海图改正登记簿与图夹索引》中自然对此通告亦未登记。当此新版图尚未买到

而又必须沿用旧版图时,应对该海图补充登记,并进行改正。

④改正海图时应严肃认真,对航行安全负责。所有航海通告内容原则上都应按要求改正到有关海图上去。同一通告可先改大比例尺海图,后改小比例尺海图。对同一张海图上所需改正的各个通告,原则上还是自前至后地进行改正为妥;如采用自后向前地进行改正,则要预先将各通告看一遍,以防发生差错。

⑤应注意通告中的文字也会有差错,特别是方位、距离、经纬度等数据,倘若发现此种情况,要根据所给出的有关资料,反复核对,查实清楚后再进行改正。

⑥英版电子海图的改正,有专用软件和通告,并有另一套付费方法。如果船上有这种设备,应参照说明进行。

(3)临时性通告和预告的改正

①临时性通告和预告因其内容是临时和未来的,所以海图代销店不对这类通告进行改正。因此,使用者对此类通告的有效性要追查到该图出版或新版之日,并对至今仍有效的临时性通告和预告进行改正。

②临时性通告和预告一律用铅笔进行改正,在改正处应注明临时通告或预告的号码与年份,然后在海图“小改正”记录处另起一行专门用以记录这类通告的号码。

③为了查阅方便,每周版《航海通告》第Ⅱ部分最后的临时性通告和预告,可以逐期按26个地区汇订。这种“临时性通告和预告汇编簿”保留一年即可,因为《航海通告年度摘要》中重印至本年1月1日有效的全部临时性通告和预告的内容。

④利用每月末那期周版《航海通告》中的“临时性通告和预告每月汇编”,可按地区查核此类通告是否继续有效。因此,在改正海图时,可根据此汇编查核改正在海图上的通告内容是否继续有效,如已失效应将通告勾销,并将海图上的改正擦去。

4. 无线电航海警告的收听及处理

(1)船舶应建立“无线电航海警告汇编簿”,将每期《航海通告》中重印的航海警告分地区根据编号逐期剪贴汇订。这种汇编簿还应包括通常在每年第一期《航海通告》中重印的仍有效的航海警告的内容。“航海警告汇编簿”以1年为限,次年另设,以免混乱。每期《航海通告》收到后或至少在开航前,应对照最近期通告中有效警告号码表,将业已撤销的警告在“汇编簿”中划去。

(2)船舶开航前,应按所经地区查阅“汇编簿 ”,阅读与本航次有关的内容并用铅笔改注在海图上;对于撤销的警告应予擦去。与船舶航行安全有关的重要警告内容应报告船长,作拟订航线及航行计划的参考。

(3)船舶在航行中要定时收听该地区的全球分区性、沿岸性和地区性航海警告,与航行有关的内容应根据船长指示注在海图上。全球分区性航海警告的抄收稿应保存至这些警告的复印件内容受到后为止;沿岸性和地区性航海警告的抄收稿应保存至本航次结束。

(4)无线电航海警告一面由指定的海岸电台广播,同时通过航空或其他较快的手段将这些报文(称为回头报文,Back messages)分送到某些港口当局或海关,因而通常能在收到《航海通告》之前收到这些报文内容(其分送港口及单位详见《航海通告年度摘要》第13号通告)。因而建议船舶在港期间,向港方有关机构索取这些报文的内容。如船舶在港停留的时间较短,应保持收听本区域的警告,或者至少在开航前保持这种收听。

二、海图管理

1. 海图存放的要求

(1)海图存放应保持干燥。海图一旦受潮后,应平压在玻璃板下阴干,以免变形。每张海图右下角均印有图幅尺寸,伸缩变形过大者不宜使用。

(2)海图在柜内平放时,图号应保持在右下角,便于抽选;海图折放时,背面图号应朝上。

(3)目前使用英版海图的数量较多,有的采用按图号顺序存放,有的则分区域或图夹存放。按图号顺序存放时,常用航线可抽出来单独存放;分区域存放时,每一区中的海图要另编序号和目录,便于抽选和查找。

2. 建立海图卡片

每张航用海图都应建立一张海图卡片,用以反映海图的出版和改正情况,便于登记改正和查阅。全部海图卡片应按图号顺序存放在卡片箱内。海图卡片应妥善保管,卡片上的一切登记及勾销都能正确和及时地反映出海图的新版和小改正情况。如果船上有英版《海图改正登记簿与图夹索引》,应将其中本船所有海图的图号用醒目标记标示,以用这一出版物来代替海图卡片,也可同时代替下面讨论的“本船航用海图图号表”与“本船海图新版及作废登记簿”。

3. 编制“本船航用海图图号表”

应自行打印一份“本船航用海图图号表”,图号可按顺序列出,以反映本船实际备有的全部航用海图。中版、英版可分别单列,中版罗兰海图、英版台卡海图等可作航用海图使用的均按其图号列在清单中;其他专用海图及图书表册可另列清单,以便掌握本船航海图书资料的情况。

4. 建立“本船海图新版及作废登记簿”

关于海图的新版及作废的登记(根据每期《航海通告》),目前有两种方式:一种是建立登记簿,每期逐行登记;另一种是登记在海图卡片上。前者登记简便,但查对时十分混乱;后者虽不易混乱,但登记比较费时,且查对时也有麻烦之处。最好设立“本船海图新版及作废登记簿”,登记簿可与“本船航用海图图号表”合用,登记簿中各栏均用铅笔登记,当新版图到船后,可将原登记出版日期及类别擦去,填入新版类别及日期,这样不仅可以了解本船海图的现行版日期,而且还可一目了然地看出新版和永久作废图的消息,需要时及时购置,此登记簿可长期使用。

英版海图的新版包括新图、新米制图、新版图和改版图等。各种新版图一般图号不变,所以只需填明新版类别及年月。各种新版图出版,旧版图即作废,需要时应予更新。通常当某海图被新米图或不同图号的新版图代替时,该海图被称为永久作废(Permanently withdrawn),因而在登记时应注明“作废”,并记录其替代图图号及新版类别及日期。

“本船海图新版及作废登记簿”可不包括本船未备用的海图的登记,对于可能对本船有用的新图,应改正在本年度的《航海图书总目录》中。

表 3-7-2 是“本船海图新版及作废登记簿”的格式及记录实例。

表 3-7-2　本船海图新版及作废登记簿

图号	出版日期及类别	新版类别及日期	永久作废	替代海图
97	10. 1989	12. 1996NMC	*	1874
325	1991	12. 1996NMC	*	1874
1268	8. 1993	12. 1996NE		
2222	12. 1990	12. 1996NE		
2635	11. 1993	11. 1996NE		
2722	5. 1989	11. 1996NE		
4300	10. 1991	12. 1996NE		

注:(1)NMC:新米制图;NE:新版图;

(2)表中的点线表示本船海图顺序图号;

(3)凡已永久作废海图,其新图登记的新版年月日均指替代海图的新版年月;

(4)上述列举的登记系根据 1997 年第 1、2 期英版《航海通告》进行的。

5. 海图的配备与添置

配备与添置海图时,既要满足航行安全的需要,又要本着厉行节约的精神,反对浪费。

接收新船后,配备海图时,应考虑将本船预定航行区域的总图、航用海图及参考图配齐。配备港泊图时,不仅要考虑到船舶营运可能到达的港口,也要考虑到避风锚地等因素。海图常有新版,久备不用,易造成浪费。

远洋船舶还应备有足够数量的空白定位图,其纬度范围应包括大洋可航水域,同时,同一纬度范围的空白定位图应有必要的重复数量。

海图送船后,应检查该图是否最新版,海图中的小改正是否改正到最近的有关通告,不合格的应予退回。

新图及新版图添置或更新后,应设立或更换海图卡片。卡片上的出版、新版或改版年月应按新图填写,同时应将新置图小改正栏中注明的第一个航海通告(即出版单位在新版图中纳入的最后一个通告)的年份及号码填入新卡中,再登记自此通告后与此新置图有关的所有永久的或临时通告和预告号码。同时凡经出版单位及海图代销机构改正的通告号码,应在卡片上划去,表示已经改正。

海图更新后,原"本船海图新版及作废登记簿"中的登记应擦去,表示本船配有的该海图为最新版海图。

新图添置后,其图号应插入"本船海图图号表"及"本船海图新版及作废登记簿"中。

如果使用英版《海图改正登记簿与图夹索引》,亦要同样登记。

海图的使用、改正与管理,是航线拟订及安全航行的重要保证,因而是远洋船上二副工作的一项重要内容,工作重要而烦琐。因此,应以严肃认真的态度,建立科学而合理的管理制度,务求把这一工作做好。

三、《航路指南》的改正与管理

1.《航路指南》的改正

(1)补篇(Supplements)及处理

每卷《航路指南》大约每隔 3 年发行一期补篇,汇集《航路通告》中有关《航路指南》的改正资料。每期新补篇发行,即宣布上期补篇作废。

补篇按本卷《航路指南》的页数(以黑体数字印在行间的中央)、行数(左行以 L,右行以 R 并跟以行数)顺序列出改正资料,其中常见的改正用语有:

For…read…将… …改写为……

Delete…to…and substitute…删去… …并代之以……

After…insert…在… …之后填入……

Line…add…在… …行中增加……

补篇中常有"新旧名称对照表"(New and aftered names),是地名及物标新、旧名称一览表,新名称业已在所有新版版图书资料中采用。

收到各卷《航路指南》的最新补篇后,应夹在对应的卷中,并抽出原补篇作废,然后登记到"本船《航路指南》及补篇表"(表 6-3-4)中。还应将补篇中的改正内容在《航路指南》的相应处做一记号,以便提醒读者注意该处应参阅最新补篇。如果是简单的改正,可用红笔在书中直接改注。

(2)仅与《航路指南》有关的通告及处理

在上述新补篇发行前后的有关《航路指南》的改正资料均载于每周版的《航海通告》的第Ⅳ部分中,在《航海通告年度摘要》中,又将此类至本年 1 月 1 日仍有效的通告全部重印。《航海通告》到船后,应将通告号码注明在相应的补篇上(新系列《航路指南》登记在原书上),并登记到"本船《航路指南》及补篇一览表"中,以便参考。

2.《航路指南》的管理

为做好《航路指南》的管理工作,应建立"本船《航路指南》及补篇一览表"(表 3-7-3),用铅笔将本船所备有的《航路指南》的书号、书名、版别/出版年份、补篇的期数/年份、通告号码/期号填在表中,以便与每季末的周版《航海通告》中所刊印的各《航路指南》及其最新补篇的现行版别、年份、期数进行核对和及时更新、索取。新版的《航路指南》或补篇收到后,表中原有记录应予更新;通告号码/期号在《航海通告年度摘要》出版到船后也可擦去,此表可长期使用。同时,在阅读《航路指南》时,查阅此表,便可知道与本卷《航路指南》有关的最新补篇期数、通告期号,以便一并抽出阅析。

表 3-7-3 本船《航路指南》与补篇表

书号 NP. No	书名 Title	版别(年份) Edition	补篇号/年份 Supplement No	备注
1	Africa Pilot Vol. Ⅰ	13^{th}(1982)	6/1995	
2	Africa Pilot Vol. Ⅱ	12^{th}(1977)	10/1995	
3	Africa Pilot Vol. Ⅲ	13^{th}(1980)	9/1998	
4	South-East Alaska Pilot	6^{th}(1993)	1/1996	
63				
72				
100	The Mariner's Handbook	6^{th}(1989)		不是航路指南,为方
136	Ocean Passage for the World	4^{th}(1987)		便管理列于此处

四、《灯标和雾号表》的改正与管理

1.《灯标和雾号表》的改正

(1)新版各册《灯标和雾号表》改正到付印之日,付印日期印在各册的副封面中。图书代销机构不负责任何改正。各册《灯标和雾号表》自付印后的一切改正资料均发布于《航海通告》第Ⅴ部分中。《航海通告》第Ⅴ部分的改正资料按 A-Q 册的顺序单面印出,以便贴改。

(2)收到《航海通告》后,将第Ⅴ部分内容拆下来分别插入各册以便抽空剪贴。应注意改正资料是用来改正最新版本的,不要改贴到旧版《灯标和雾号表》上去。

(3)改正资料亦分 8 栏,格式和《灯标和雾号表》原资料一致。空白栏表示无更改。这部分改正资料与《航海通告》第Ⅱ部分内容可能是重复的,但较小的和临时性的改正资料只印在这一部分中。

(4)应按照灯标的国际编号,将剪下来的改正贴条贴在响应编号的灯标细节说明上,各栏应予对齐且不要贴死,保留说明资料仍可见。简单的改正内容可用红钢笔直接改注在原来的资料上。当新的灯标增添时应根据其编号顺序插入在有关灯标之间,注意不要将原上下灯标资料贴死。

(5)改正资料第 8 栏(Remarks)内的文字除改正栏内容外,也可能涉及该灯标目前的状态,如 Cancel 撤销;Extinguish 熄灭;Deleted 删除;Delete Remarks 删除备注;Delete Phase 删除灯光亮、灭的说明;Substitute 代替;Amend 改正;Insert 填入;Destroyed 损坏;Remove from list 从灯标和雾号表中去掉;Renumbered 重新编号;Replaced 重新设置等。

(6)改正后,在《灯标和雾号表》封里的"改正登记表"中登记改正的日期。

2.《灯标和雾号表》的更新

英版《灯标和雾号表》各卷每年再版,新书再版及修订的消息查阅《航海通告》季末版中有关水道图书的通告。在此通知中,列出了现行版各册《灯标和雾号表》的新版年份。本船可编制一份"本船《灯标和雾号表》登记表",将本船配有的各卷灯标和雾号表的新版年份用铅笔填明。利用它与最近季末《灯标和雾号表》现行版情况进行查对,即可了解本船《灯标和雾号表》是否需要更新。新的《灯标和雾号表》送船后,表格中应重新填写本船《灯标和雾号表》的新版年份,此表可以长期使用。

五、其他航海资料的改正与管理

《航海图书总目录》的改正应根据其附有的补遗和勘误表、《航海通告》发布的航海图书新版与作废通告和季末版的航海图书一览表进行。并注意其再版消息,及时更新。

《潮汐表》的改正资料在《航海通告年度摘要》的第 1 号通告中,该通告为"英版潮汐表的补遗勘误"(Admiralty Tide Tables-Addenda and Corrigenda),并且还应注意表本身附的勘误表。

《无线电信号表》是利用《航海通告》第Ⅳ部分提供的单面印刷资料进行粘贴改正的,改正方法类似于《灯标和雾号表》的改正。

《世界大洋航船》和《航海员手册》的改正资料来源于其出版后发行的补篇和《航海通

告》的第Ⅳ部分，其改正方法与《航路指南》的改正相同。

有关海图图式的增补和改变消息，发布在《航海通告》中，应将改变的内容改正到英版《海图图式》（NP5011）中去。

以上各图书的管理方法与《航海指南》和《灯标和雾号表》的管理方法类似。

项目四

船舶定位

船舶在航行中确定船位的方法，按照取得船位所采取的手段不同，通常可以分为两大类：航迹推算（dead reckoning）和观测定位。航迹推算包括航迹绘算（track plotting）和航迹计算（track calculating）两种。航迹绘算简单直观，是目前常用的一种方法；航迹计算可作为对航迹绘算不足的一种补充，也有利于实现驾驶自动化。观测定位包括陆标定位、天文定位和无线电定位（俗称"电子定位"）。

- 船位确定
  - 航迹推算
    - 航迹绘算
    - 航迹计算
  - 定位
    - 陆标定位
    - 电子定位
    - 天文定位

任务一　航迹推算

航迹推算是指驾驶员根据罗经和计程仪所提供的航向航程，结合海区内的风流资料，在不借助外界物标和航标的情况下，从某一已知船位起，推算出具有一定精度的航迹和某一时刻的船位的方法；或者根据海图上的计划航线，预配风流压差，作图求出应执行的真航向，最后转换成罗经航向落实实施。

航迹推算

航迹推算是驾驶员在任何时候、任何情况下获取船位的最基本的方法；它可以使驾驶员清晰地了解船舶在海上运动的连续航迹，从而了解船舶继续航行的前方是否存在危险；它又是陆标定位、天文定位和电子定位的基础，它的精度还会直接影响到陆标船位、天文船位和电子船位的精度。

航迹推算工作应该在船驶出引航水域或港界、定速航行后立即开始。推算起始点必须是准确的观测船位。准确的起始点可以采用过港界（门）时的船位或离锚地时的锚位或利用港内附近的显著物标进行定位后的船位。在整个航行过程中航迹推算工作应该是连续不断的，不得无故中断，直到驶抵目的地或领航水域或接近港界有物标可供导航时，方可终止。但当船驶经险要航区，如渔区、狭水道，由于机动操纵频繁，可暂时中止，驶过后应立即恢复。航迹推算的起始点、终止点应载入航海日志，途中的中止点和复始点应在海图上画出并记入航海日志。

航迹推算工作，在沿岸水流影响显著的航区应该每小时进行一次，在其他航区应该每2~4小时进行一次。

一、航迹绘算基础理论

（一）有关基本海图作业的概念

观测船位（observed position, OP）：用某种观测手段（陆标、天文、电子观测手段之一），对已知确切地理位置的物标进行观测而得到的船位，以符号⊙在图上标示。

推算起始点（point of departure）：被选作航迹推算开始的观测船位点。

推算船位（estimatedposition）EP：通过航迹推算所确定的船位。

积算船位（dead reckoning position）DR：无风流情况下，根据计程仪航程在计划航线或真航向线上所截取的船位。

航迹线（track）：船舶在海上运动的轨迹线，实际上是一条接近直线的曲线，推算时以直线视之。代号为TR。

计划航迹线（简称：计划航线，intended track）ITR：本着安全和经济的原则，在船舶开航前在海图上拟定的航线，即：船舶计划航行的轨迹线，如图4-1-1所示。

计划航迹向（简称：计划航向，course of advance）CA：沿着顺时针方向，由真北线量到计划航线的角度，用以表达计划航迹前进的方向，如图4-1-1所示。

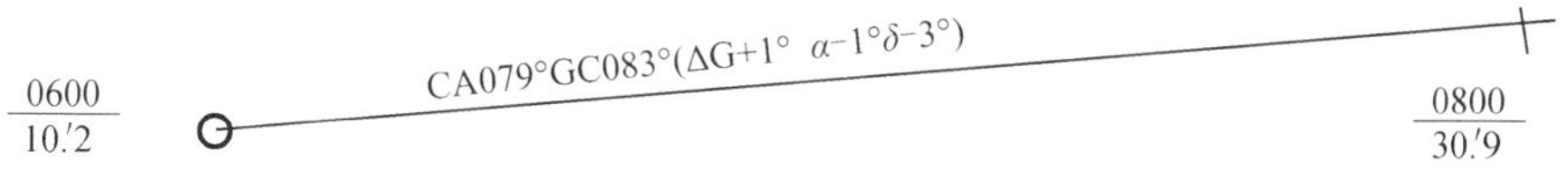

图 4-1-1 计划航线与计划航向

推算航迹线（estimated track）TR：在已知航向、计程仪航程（速）和风流要素的前提下，推算出的航迹线。

推算航迹向（course made good）CG：沿着顺时针方向，由真北线量到推算航迹线的角度，用以表达推算航迹前进的方向。

（二）标定航迹绘算起始点

以观测船位点为推算起始点，在其附近用分数形式标明观测船位的时刻和计程仪读数，分子用四位数字表示时刻，前两位为小时数，后两位为分钟数，精确到整分数。分母为当时计程仪读数，而不是航程，精确到0.1海里，中间横线应大致与纬线平行。

（三）标注航迹线

1. 求应采取的罗经航向

（1）当真航向已知时：若用磁罗经导航，则执行的磁罗经航向，即罗航向（$CC=TC-Var-Dev$）；若用陀螺罗经导航，则执行的陀螺罗经航向，即陀罗航向（$GC=TC-\Delta G$）。

（2）当计划航向已知时，则根据风流资料，测算出风压差、流压差，将计划航向换算成真航向（$TC=CA-\alpha-\beta$），再将真航向换算成执行航向，即罗经的航向（GC 或 CC）。

2. 标绘航迹线

一种方法是：从推算起始点开始，根据计划航向 CA 画出一条射线，此线即计划航迹线；另一种方法是：先推算出下一个时刻的船位来，再从推算起始点向推算船位画线段，此线即推算航迹线。

在计划或推算航迹线上应进行标注，标注内容包括：计划航迹向或推算航迹向 CA、陀螺航向 GC 或磁罗经航向 CC、陀罗差 ΔG 或磁罗经差 ΔC、风流压差（α,β,γ）。（见图 4-1-2）其中后两者应标在小括号内。若不便标在线上或者当航迹线接近南北方向时，则用带箭头的线引出，标在航线附近的某一个合适的地方，且在标注的一行内容下划条横线（图 4-1-3）。

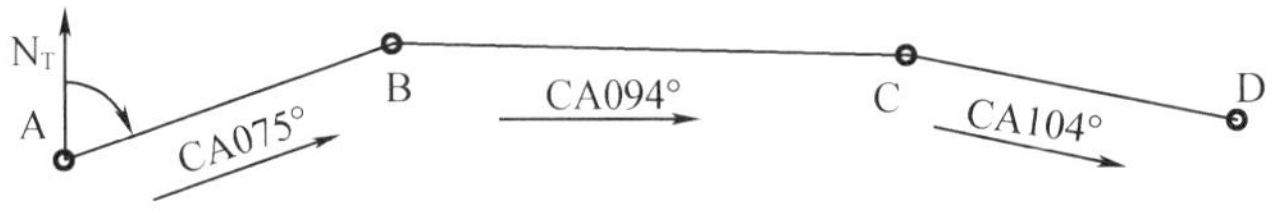

图 4-1-2　起始点和航线的标绘图

（四）标注推算船位

推算船位（estimated position）是指驾驶员根据航向航程和风流资料，从推算起始点开始推算出的下一个指定时刻的船位（包括绘算船位和计算船位），代号为 EP；在图上用符号"+"标示；推算船位的标注与推算起始点的标注相同，如图 4-1-3、4-1-4 所示。

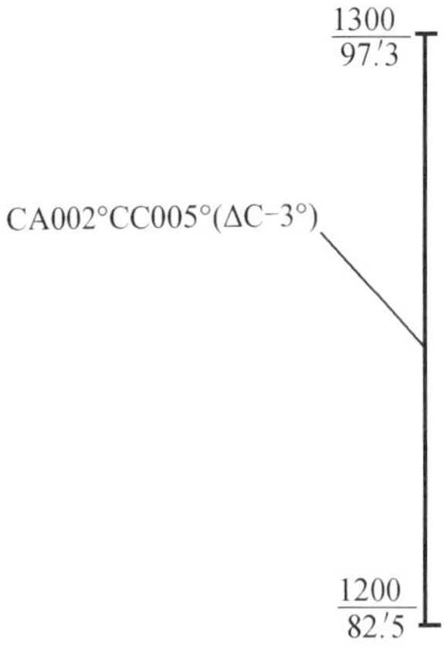

图 4-1-3　航线接近南北时的标绘图

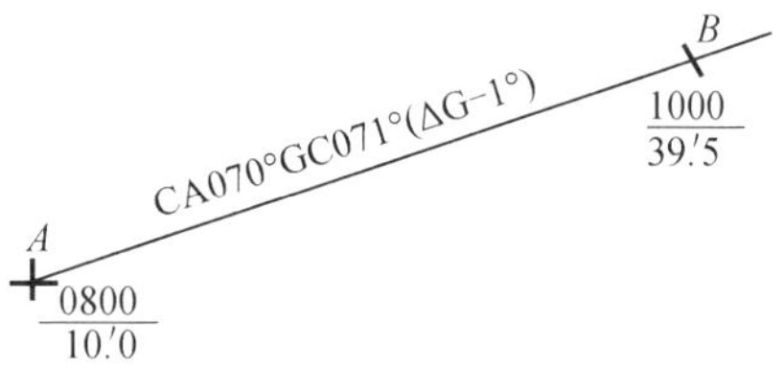

图 4-1-4　无风流时的航迹绘算图

（五）无风流时的航迹绘算

所谓无风流影响，是指风流影响很小（微风、流速一般小于 0.25 kn），其对航向的影响小于 1°，可以忽略不计。此时的航迹绘算最为简单：具体做法是：

一方面，在海图上拟定计划航线、量出计划航向、以计划航向作为真航向、再把它换算成罗经的航向（即 $CA=TC=GC+\Delta G$ 或 $TC=CC+\Delta C$），航行中驾驶人员只要实施此罗经航向，则船舶一定会行驶在计划航线上。另一方面，推算航程就是绝对计程仪航程或相对计程仪航程(此时 $S=S_L$),或者是实际航速或对水航速乘以航行时间。

在海图上从推算起(始)点画出计划航线或真航向线,以推算航程截取积算点、得到积算船位(它属于一种特殊的推算船位)。标注如图 4-1-4。

(六)转向

转向以后的推算,将以转向点作为新的推算起始点。所以要掌握船到转向点的时间,计程仪读数,以便推算出船到转向点的准确船位。条件许可时最好通过观测获取转向点船位。转向后,风流压差往往随之改变,即使在转向前后风向风力、水流要素不变,但风舷角流舷角变了,风流压差也会变。转向会引起磁罗经自差和陀螺误差的变化,因此转向后应查算出新的磁罗经自差和陀螺罗经冲击误差,并待航向刻度盘稳定后再读取罗经航向。

(七)换图

航线所需的一套海图中,每两张邻接图应相互衔接得当,有一定的重叠区,中间不得有脱节,比例尺大小不得相差太大。

在前一张海图上的计划或推算航线上定出推算终止点,量出其经纬度、航迹向,求出船抵该点时的时间计程仪读数;在后一张海图上定出前图上的推算终止点,以此作为新的推算起始点。

在前图航线结束处标注"下接 XX 号图"或"下接 XX 号航线",在后图航线开端处标注"上接 XX 号图"或"上接 XX 号航线。"

二、风中航迹绘算

风中航迹绘算

(一)船风、真风和视风

船舶航行时,由于船舶自身运动而产生的风叫船风;船风的方向与航迹向相同。例如船朝正东航行(即航迹向为 90°),则船风的方向为 90°(东风)。船风的速度大小等于船速。真风是指实际存在的风。船在风中航行时,驾驶人员测量到的风是真风与船风的合成风,叫视风。船风、真风和视风三者的关系为:视风等于真风与船风的矢量和,如图 4-1-5 所示。

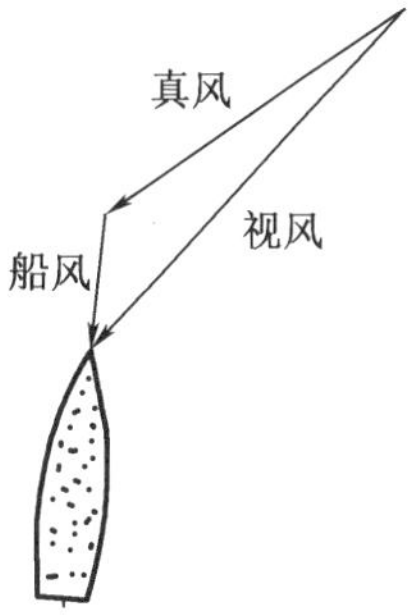

图 4-1-5　风速矢量三角形

(二)风舷角(Q_W)

风舷角是指风向与船首向间的夹角。风向是指风的来向,而流向是指流的去向(俗称"风来流去")。风舷角的范围为 0°~180°。航海上,把 θ_W 在 0°~10°之间的风叫顶风;在 170°~180°之间的风叫顺风,在 80°~100°之间的风叫横风;在 10°~80°之间的风叫偏顶(逆)风;在 100°~170°之间的风叫偏顺风(图 4-1-6)。

（三）风压差（Leeway, α）

1. 定义

船在风中航行时，一方面在推力作用下，以船速 V_E 沿着船首向运动，另一方面在风的作用下以速度 R 向下风侧漂移，在推力和风力的共同作用下，船沿着新的方向——风中航迹线运动，如图 4-1-7 所示。风中航迹向与真航向之差叫风压差，$CA = CG_\alpha = TC + \alpha$，或者真航向线与风中航迹线的夹角，叫风压差。风压差有正负之分，左舷受风时为正，右舷受风时为负。

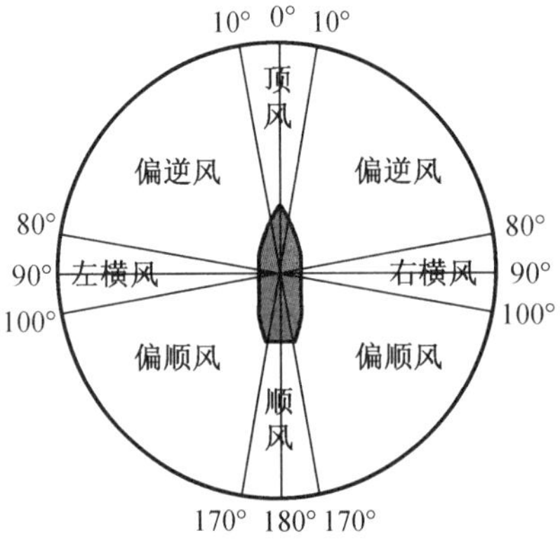

图 4-1-6　不同方位风的名称图

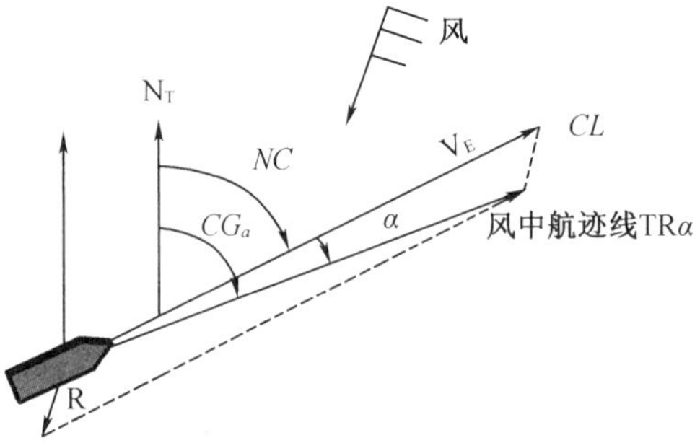

图 4-1-7　船在风中的运动图

2. 影响风压差（α）的因素

（1）风舷角（Q_W）：Q_W 接近 90°时 α 最大；

（2）风速（V_W）：V_W 越大则 α 越大；

（3）航速（V_L）：V_L 越大则 α 越小；

（4）吃水和水下船型：吃水越大 α 越小，平底船产生的 α 要比尖底船大；

（5）船舶受风面积和水上船型：同一船舶受风面积越大则 α 越大。

3. 求取风压差

由于影响风压差的因素较多，且影响复杂，船在风中漂移的速度和方向又不易掌握，因此，风压差的求取，不采用速度矢量三角形求解，往往采取直接观测或估计的方法。

风压差还可以用公式求取，经实测并经统计处理，可得到风压差公式：

（1）仅适用于实际风压差的绝对值不超过 10°~15°的公式。

$$\alpha° = K° \cdot (Vw/V_L)^2 \cdot \sin Qw \tag{4-1-1}$$

（2）通用公式：

$$\alpha° = K° \cdot (Vw/V_L)^{1.4} \cdot (\sin Qw + 0.15\sin 2Qw) \tag{4-1-2}$$

其中，Vw 为风速（m/s）；V_L 为航速（m/s）；K 为平均风压差系数（°）。

客船和军舰，由于其装载情况稳定，因此 K 为常数；而货船，由于其装载情况不稳定，因 K 是变数。K 怎样获得？各船必须在各种风力和吃水条件下，实测风压差 25~30 次，然后用公式反推出风压差系数 $K_1, K_2 \cdots K_{25} \cdots$，最后求出风压差系数的平均值 K。有了 K 后，就不必再实测各种条件下的风压差了，而是在已知 K 的前提下用公式直接算出，算出的风压差的误差约为0°.5~1°.0。

将实测的风压差和用公式算出的风压差汇总起来,列出风压差表,供航迹绘算时查取使用。对表4-1-1中所列数据还要不断地进行实践检验和修正,以求更为准确地掌握风压差。

表4-1-1 风压差表(船速12 kn)

××船

风舷角(°)	不同吃水和装载条件下的风压差(°)									
	4级		5级		6级		7级		8级	
	满	空	满	空	满	空	满	空	满	空
0	0	0	0	0	0	0	0	0	0	0
20	0.8	2.2	1.3	3.4	1.9	5.0	2.7	6.9	3.6	9.2
40	1.6	3.9	2.5	6.2	3.5	8.9	4.9	12.5	6.5	16.6
……	……	……	……	……	……	……	……	……	……	……
180	0	0	0	0	0	0	0	0	0	0

(四)风中航迹绘算

1. 由真航向求风中航迹向的绘算($TC\Rightarrow CG_\alpha$)

(1)确定推算的时间间隔t,从推算始点起按真航向作一条带箭头的长约2~4 cm的线段,以此代表真航向线;

(2)先根据“是左舷受风还是右舷受风”,判断风压差的正负,再根据公式

$$CG_\alpha = TC+\alpha \tag{4-1-3}$$

算出风中航迹向,据此做出风中航迹线,或者以真航向线为基准,按照风压差的大小向下风侧作风中航迹线;

(3)根据公式$S_L=(L_2-L_1)\times(1+\Delta L)$或$S_L=V_L\cdot t$算出计程仪航程,再在风中航迹线上截取之,所得的截点即推算船位;(注:在本章中如无特别说明,计程仪是指相对计程仪)

(4)在风中航迹线上正确标注。

例4-1-1 某船0800观测船位在A点,真航向090°,$\Delta G=+2$,$\Delta L=+2\%$,$L_1=151'.5$视风SE,风力6级,α取8°。0930$L_2=169'.4$,求0930时的推算船位。(为保证作图精度比例尺应尽量取大些,如1 cm=2 n mile)

解 如图4-1-8:

(1)标出0800观测船位A点(即:推算起始点);

(2)自A点以TC 090°做真航向线;

(3)因右舷受风,故$\alpha=-8°$,风中航迹向$CG_\alpha=TC+\alpha=082°$,自A点以CG_α082°做风中航迹线;

(4)算得计程仪航程S_L18′.3,有风无流时,S_L即是推算航程,在风中航迹线上截取S_L

得 0930 推算船位；

(5)在风中航迹线上正确标注。

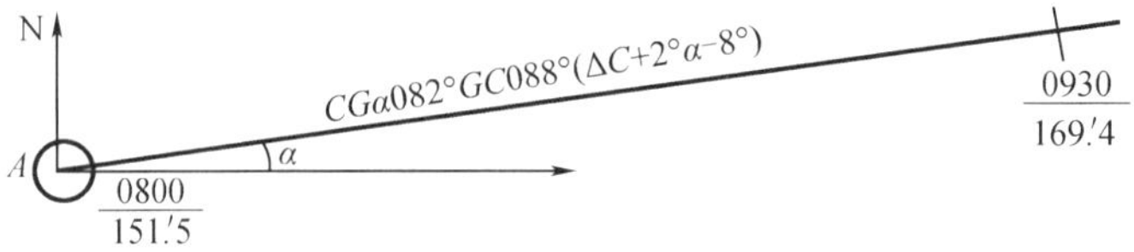

图 4-1-8 “$TC \Rightarrow CG_{\alpha}$”型风中绘算图

2. 由计划航迹向求真航向的绘算($CA \Rightarrow TC$)

(1)确定推算的时间间隔 t，从推算始点起，以计划航迹向画计划航线；

(2)判断风压差的正负，根据公式：

$$CA = TC + \alpha \tag{4-1-4}$$

算出真航向，以真航向作真航向线，或者以计划航线为基准，按照风压差的大小向上风侧作真航向线；

(3)算出计程仪航程，在计划航线上截取之，所得的截点即推算船位；

(4)在计划航线上正确标注。

例 4-1-2 某船 CA 082°，ΔG-1°，ΔL-5%，所在航区刮偏北风、风力 3~4 级、α 的绝对值取 4°，0800 L_1 11′.0、1000 L_2 41′.5。求：在 0800~1000 时段应采取的 GC 和 1000 时刻的推算船位。

解 如图 4-1-9：

(1)因左舷受风，故 $\alpha = +4°$，$TC = CA - \alpha = 082° - (+4°) = 078°$；$GC = TC - \Delta G = 078° - (-1°) = 079°$

(2)从推算起始点起，以 TC 078°作真航向线、以 CA082°作计划的风中航线(或以真航向线为基准、按风压差的大小向下风侧作计划的风中航线)；

(3)$S_L = (L_2 - L_1) \times (1 + \Delta L) = (41'.5 - 11'.0) \times (1 - 5\%) = 29'.0$(在有风无流时 S_L 既是对水的航程也是实际的推算航程)，在计划的风中航线上截取 29′.0 得 1000 的推算船位；

(4)在计划的风中航线上正确标注。

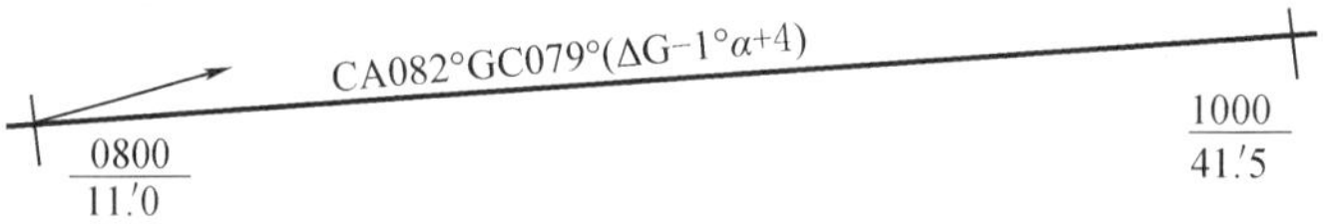

图 4-1-9 “$CA \Rightarrow TC$”型风中绘算图

三、流中航迹绘算

航海上的经常遇到的水流有三种。海流(current)，又称洋流(ocean current)由于相邻海区间海水长期存在温度、密度或气压的不同，或长期受定向风的作用，使海水产生水平方向的流动。潮流(tidal stream)，由于潮汐形成海水周期性的涨落而引起的海水水平方向的运动。风生流(wind-drift current)，由于海水表层在一定的时间内受定向风的作用而产生的水流。

(一)船在流中的运动

船舶航行在仅有水流影响(无风有流)的海区时,同时受到两个力的作用:一是推进器的推力使船沿着真航向线、以对水航速 V_L(此时的 V_L 就等于船速 V_E)前进;一是流的压力使船沿着水流方向、以流速 V_C 漂移,结果船舶沿着 V_L 和 V_C 的合速度方向行驶,合速度(即实际航速)为 V_L 和 V_C 的矢量和,合速度的方向即流中船舶航迹线的方向,如图 4-1-10 所示。流中航迹向与真航向的差值叫流压差(drift),用 β 表示。

$$\beta = CG_\beta - TC \qquad (4-1-5)$$

或

$$\beta = CA - TC \qquad (4-1-6)$$

β 符号规定为:船舶左舷受流为正、右舷受流为负。

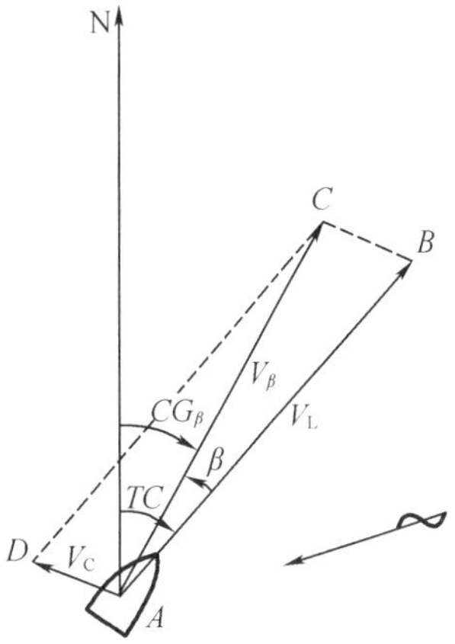

图 4-1-10　流中船舶运动图

(二)流中绘算步骤及实例

在已知计程仪航程(航速)、风流要素的前提下,流中航迹绘算要解决的问题有两种类型:一是已知真航向 TC 求推算航迹向 CG_β、推算航程 S(推算航速 V)、推算船位;另一种是已知计划航迹向 CA,求真航向、推算航程或推算航速和推算船位。

仅有流影响时的绘算特点是:计程仪航程在真航向线上截取,但在用绝对计程仪计程时,实际航程 S 应在计划航迹线或推算航迹线上截取。

1. 已知真航向求推算航迹向($TC \Rightarrow CG_\beta$)的绘算步骤

(1)确定要推算的时间间隔 t,根据公式 $S_L = (L_2 - L_1) \times (1 + \Delta L)$ 或 $S_L = V_L \cdot t$ 算出计程仪航程,从推算起始点画出真航向线,在真航向线上截取 S_L 得到积算点。

(2)根据公式 $S_C = V_C \cdot t$ 算出流程,从积算点按流向和流程做出水流矢量线,矢量线的终点即推算船位。

(3)连接推算起始点和水流矢量线终点得到一条线段,此线即推算航迹线,其长度即推算航程,将它除以推算时间即得推算航速 V;量出推算航迹向 CG_β,算出 $\beta = CG_\beta - TC$ 。

(4)正确标注。

归纳起来,绘算步骤的核心是作水流三角形,作水流三角形时应遵循“对水航程矢量加流程矢量⇒实际航程矢量”的原则。

例 4-1-3　某船 1800 观测船位在 A 点,真航向 320°,$\Delta G - 2°$,$L20'.0$,$\Delta L + 3\%$,流向 060°,流速 2 kn,1900$L36'.0$ 求 1900 推算船位及 CG。(作图比例尺:1 cm = 2 n mile)。

解　如图 4-1-11

(1)把 1800 的观测船位 A 标绘在海图上,将它作为推算起始点。

(2)算得计程仪航程 S_L 为 16′.5;从 A 点起作 320°的真航向线;在真航向线上截取 S_L16′.5 得到 1900 积算船位 B 点。

(3)算出流程 $S_C=V_C \cdot t=2\times1=2'$；从 B 点以流向 060°截取流程 2′得 C，即 1900 推算船位；

(4)连接 AC 即流中航迹线，量得 $CG=327°$，$\beta=CG-TC=+7°$；

(5)正确标注。

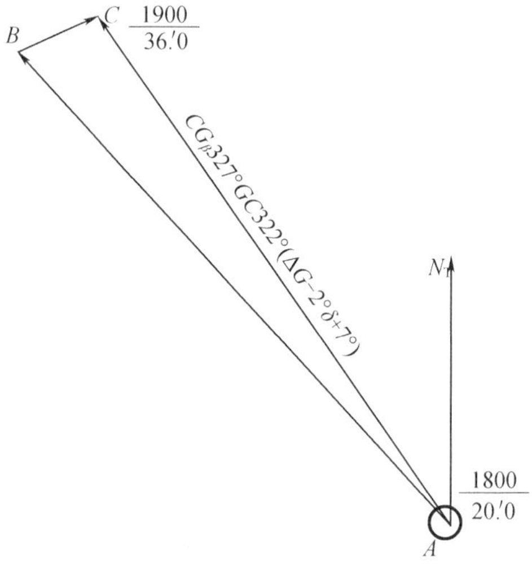

图 4-1-11 "$TC\Rightarrow CG_\beta$"型流中绘算

2. 已知计划航向求真航向($CA\Rightarrow TC$)的绘算步骤

(1)确定推算的时间，从推算起始点起以 CA 画出计划航线。

(2)根据公式 $S_C=V_C \cdot t$ 算出流程；从推算起始点出发，根据流向、流程画出水流矢量，得到水流矢量终点。

(3)根据公式 $S_L=(L_2-L_1)\times(1+\Delta L)$ 或 $S_L=V_L \cdot t$ 算出计程仪航程；

以水流矢量终点为圆心，以 S_L 为半径画圆弧，与计划航线相交于一点，该点即推算船位。从推算起始点到推算船位的距离即推算航程，将它除以时间即得推算航速。

(4)从推算起始点出发，作水流矢量终点与推算船位连线的平行线，该线即真航向线；量出 TC，算出 $CC(GC)=TC-\Delta C(\Delta G)$、算出 $\beta=CA-TC$。

(5)正确标注。

归纳起来，绘算步骤的核心是作路程三角形，作路程三角形时应遵循"流程矢量加(对水)航程矢量⇒实际航程矢量"的原则。

例 4-1-4 某船 0800 观测船位在 A 点，计划航向 283°，ΔG-2°，航速 16 kn，流向 045°，流速 2 kn，求 0800-0900 应行驶的陀罗航向(作图比例尺：1 cm=2 n mile)

解 如图 4-1-12

(1)标出 0800 的观测船位 A，将它作为推算起始点；从 A 出发根据 283°画出计划航线。

(2)计算流程：$S_C=V_C \cdot t=2\times1=2'$；从 A 出发，根据流向 045°、流程 2′画出水流矢量，得到水流矢量终点 B。

(3)计算计程仪航程：$S_L=V_L \cdot t=16\times1=16'$；以 B 为圆心，以 S_L 16′半径画弧与计划航线交于一点 C，则 C 即 0900 推算船位，BC 方向即真航向线的方向。

(4)过 A 做 BC 的平行线得 AD,AD 即真航向线;量得 $TC276°$,$GC=TC-\Delta G=276°-(-2°)=278°$,$\beta=CA-TC=283°-276°=+7°$

(5)正确标注。

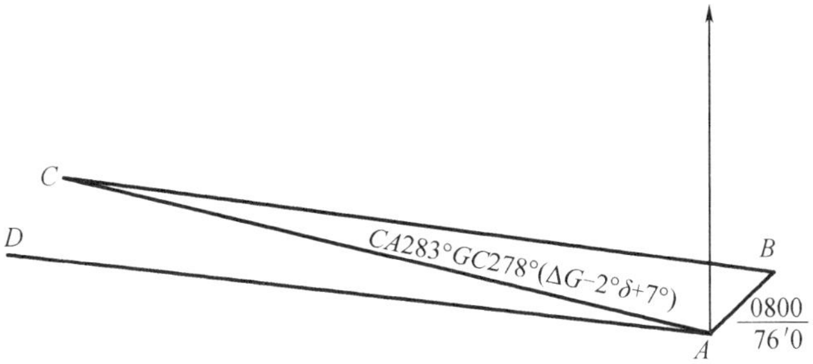

图 4-1-12 “$CA\Rightarrow TC$”型流中绘算图

作图的优点是简单、直观、不易出差错,但存在一定的作图误差,为减小作图误差,应尽量采用大比例尺作水流三角形,如海图比例尺小,可将三角形各边按同样比例尺放大作图或者作两个小时以上的路程三角形。当然,若海图比例尺大,为方便起见,做一个小时的水流三角形也未尝不可。

四、风流中的航迹绘算

风流中的航迹绘算

在有风有流时,真航向与航迹向之间的关系是:计划或推算航迹向(CA 或 CG_γ)等于真航向 TC 加风流合压差 γ。

$$CG_\gamma=TC+\gamma \tag{4-1-7}$$

或

$$CA=TC+\gamma \tag{4-1-8}$$

γ 是指:在风流影响下的航迹向与真航向之差,即 $\gamma=CG_\gamma-TC$;风流合压差也等于风压差与流压差的代数和;航迹线偏在航向线右侧时 γ 为正值,航迹线偏在航向线左侧时 γ 为负值。

$$\gamma=\alpha+\beta \tag{4-1-9}$$

在已知计程仪航程(航速)和风流要素的前提下,风流中的航迹绘算主要解决两种类型的问题:一类是已知真航向 TC,求推算航迹向 CG_γ、推算航程 S、推算航速 V 和推算船位 EP 等要素;另一类是已知计划航迹向 CA,求真航向 TC、推算航程 S_G(或推算航速 V_G)和推算船位 EP 等要素。

(一)已知真航向求航迹向的基本绘算($TC\Rightarrow CG_\gamma$)

1. 基本方法

采用“先风后流”的作图方法,先配风再配流:即首先在真航向上加上风压差,求取风中航迹向,画出风中航迹线,接着配水流要素、做水流三角形,最后求取航迹向等要素。

2. 绘算步骤

(1)确定推算的时间间隔,从推算起始点出发做真航向线;

(2)算出风中航迹向($CG_\alpha = TC+\alpha$),画出风中航迹线;

(3)在风中航迹线上截取相对计程仪航程,得截点;

(4)从截点出发做水流矢量,则矢量终点就是推算船位;

(5)连接推算起始点和推算船位,此线即为推算航迹线,其长度代表推算航程,将它除以推算时间即得推算航速 V;其方向代表推算航迹向,量出推算航迹向 CG_γ,算出流压差,即航迹向与风中航迹向之差:

$$\beta = CG_\gamma - CG_\alpha \tag{4-1-10}$$

航迹线偏在风中航迹线之右 β 为正,航迹线偏在风中航迹线之左 β 为负。

在"$CA \Rightarrow TC$"型的风流绘算中,流压差公式为:

$$\beta = CA - CA_\alpha \tag{4-1-11}$$

(6)正确标注。

例 4-1-5 某船 1200 计程仪读数 $L42'.0$,罗航向 CC093°,罗经差 $\Delta C-3°$,相对计程仪航速 V_L12 kn,航行海区有北风 5 级、风压差 α 的绝对值取 4°,北流 3 kn。试求推算航迹向 CG 和推算航速 V。

解 如图 4-1-13,按"先风后流"的顺序作图:

(1)$CG_\alpha = TC + \alpha = 090° + (+4°) = 094°$,$S_L = V_L \cdot t = 12'$

(2)从推算起始点 A 点出发作真航向线和风中航迹线;

(3)作 1 h 的水流三角形:在风中航迹线上量得 $AB = 12'$。

(4)根据流向 000°、流速 3 kn,从 B 点作水流矢量线 BC、得到 C 点。

(5)连接 AC、量出 AC 的长度为 12′.1,它就是推算航程,则推算航速 $V = 12.1$ kn。量出推算航迹向 $CG_\gamma = 080°$,而流压差 $\beta = CG_\gamma - CG_\alpha = 080° - 094° = -14°$,$\gamma = \alpha + \beta = -10°$。

(6)正确标注。

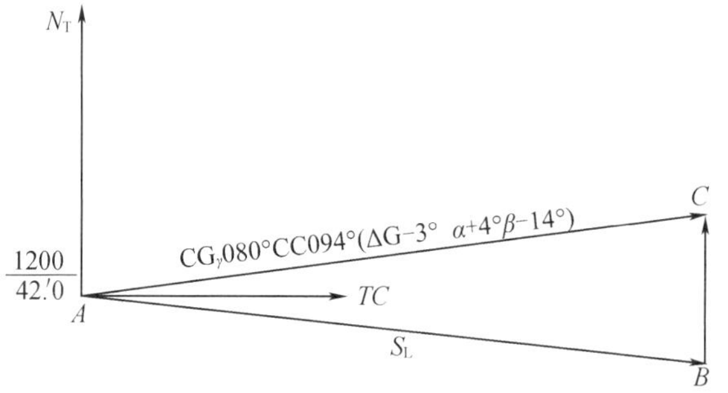

图 4-1-13 "$TC \Rightarrow CG_\gamma$"型风流绘算图

(二)已知计划航向求真航向的基本绘算($CA \Rightarrow TC$)

1. 基本方法

采用"先流后风"的作业方法,先配流再配风:即首先预配流压差作水流三角形,从中求出风中航迹向,接着向上风侧配风压差,最后求取在风流影响下为确保船舶走在计划航线上而应采取的真航向等要素。

由于所预配的风流压差是近似的，若严格按照所求的真航向航行不一定能保证船舶航行在计划航线上。因此，船舶驾驶员在航行中应不断地测定船位和实际航迹向。分析船位和实际航迹偏离计划航线的程度，以便及时地修正预配的风流压差，使船舶航行在计划航线上。

2. 绘算步骤

(1) 确定推算的时间间隔，从推算起始点出发作计划航迹线；

(2) 从推算起始点起作水流矢量线；

(3) 以水流矢量线终点为圆心、以相对计程仪航程为半径作圆弧，交计划航迹线于一点，此点即推算船位；

(4) 从推算起始点出发作水流矢量终点与推算船位连线的平行线、得风中航迹线；

(5) 以风中航迹线为基准，顶风预配压差得到真航向线；

(6) 推算起始点到推算船位的距离即推算航程，将之除以推算时间得到推算航速；

(7) 正确标注。

例 4-1-6　某船计划航向 090°，船速 12 kn，航区北风 6 级，风压差的绝对值为 4°，北流 3 kn。问该船应驶的真航向是多少？推算航速是多少？

解　如图 4-1-14，按“先流后风”的作图方法：

(1) 从推算起始点起作计划航迹线；

(2) 作 1 h 的水流三角形：从推算起始点 A 起作水流矢量线 AD；

(3) 以 D 点为圆心、以 S_L12 为半径作圆弧，交计划航线于 C 点，此点即航行 1 h 船所抵达的推算船位；连接 DC、则 DC 的方向代表了风中航迹向。

(4) 从 A 点起作 DC 的平行线，此线即风中航迹线，量得 $CA_\alpha = 104°.5$，$\beta = CA - CA_\alpha = -14°.5$。

(5) 预配风流压差后应驶的真航向是：$TC = CA_\alpha - \alpha = 104.°5 - (+4°) = 100°.5$，或 $TC = CA - \alpha - \beta = 090° - 4° - (-14.°5) = 100.°5$，据此从 A 点出发作真航向线。

(6) 量出 AC 为 11′.6，它就是 1 h 的推算航程，则推算航速 $V = 11′.6$ kn。

(7) 正确标注。

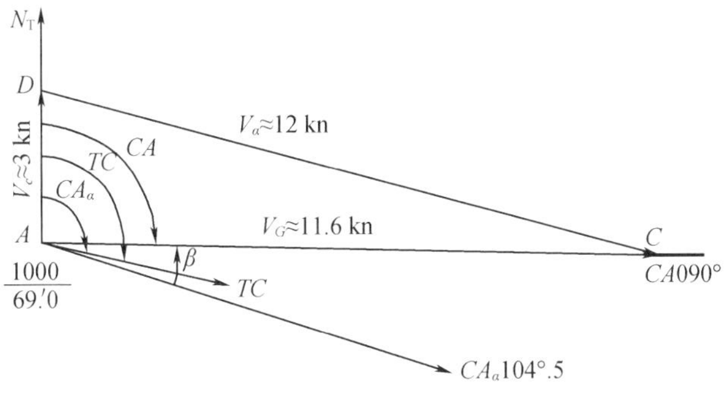

图 4-1-14　“$CA \Rightarrow TC$”型风流绘算图

五、风流压差的测定

风流压差的测定

当船舶航行于风流要素未知的海区，势必在风流压差作用下产生偏航。为提高航迹推算的精度，确保船舶在计划航线上航行，必须预配风流压差。因此，风流压差的测定成了驾驶员的一项必不可少的工作。

下面介绍几种测定风流压差的方法。

1. 连续实测船位法

如图 4-1-15 所示，在一定时间内，连续测出 3~5 个观测船位，标出船在海图上的位置，用平差的方法（各观测船位点到该直线的距离平方和为最小值）用直线连接各观测船位点，则该直线即为航迹线，量取该线的前进方向，即为实测航迹向 CG，则 $\gamma = CG - TC$。

2. 叠标导航法

如图 4-1-16 所示，操纵船舶沿着某叠标线航行，即始终保持两个叠标串视，则此时的叠标方位线即是船舶的实际航迹线，叠标的真方位即是实际航迹向，在海图上量出叠标的真方位，减去真航向，即为风流压差。

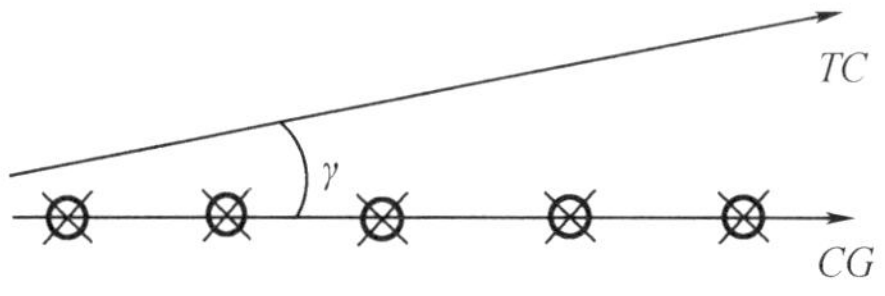

图 4-1-15　连续实测船位法求 γ

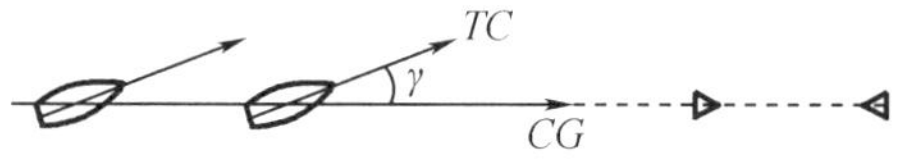

图 4-1-16　叠标导航法求 γ

3. 雷达观测法

雷达采用船首向上显示方式，屏上的船首标志线即代表船首线。观测某一固定目标的相对运动方向。在无风流时，固定目标回波在屏上的轨迹应该与船首标志线平行。若发现回波轨迹线与船首标志线存在夹角。说明风流压差不等于零。如图 4-1-17，在一段时间内，回波点分别为 $a_1, a_2, a_3 \cdots$，转动雷达方位标尺，使其上面的某根平行线压住回波轨迹线或与回波轨迹线平行，则机方位标尺中心线在固定刻度盘上所示的度数。即为风流压差。

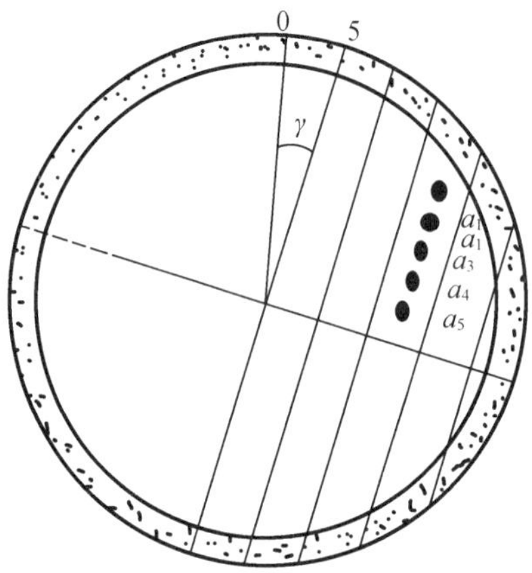

图 4-1-17　雷达观测法求 γ

4. 物标最小距离方位与正横方位差法

在无风流时，正横距离与最小距离相等，正横方位就是最小距离方位。但在有风流影响时，两者不一致，两者之差，就是风流压差 γ。如图 4-1-18 所示，物标最小距离方位用 B_{min} 表示。正横方位用 $B_{\perp}$ 表示。

$$B_{min}=CG\pm90°（左舷受风为正，右舷受风为负）\tag{4-1-12}$$

$$B_{\perp}=TC\pm90°（右正横为正，左正横为负）\tag{4-1-13}$$

则

$$\gamma=CG-TC=B_{min}-B_{\perp}\tag{4-1-14}$$

在实际应用时，首先要估计出物标正横时的大概时刻。在物标正横前后的这段时间内，不断地观测物标的方位和距离，通过比较便会发现：物标距离将由大到小、再由小到大，其中最小距离时的方位即可选出。如有可能，最好两人同时测定，一人测雷达距离，

一人测罗经方位，观测及计算结果将更为准确。

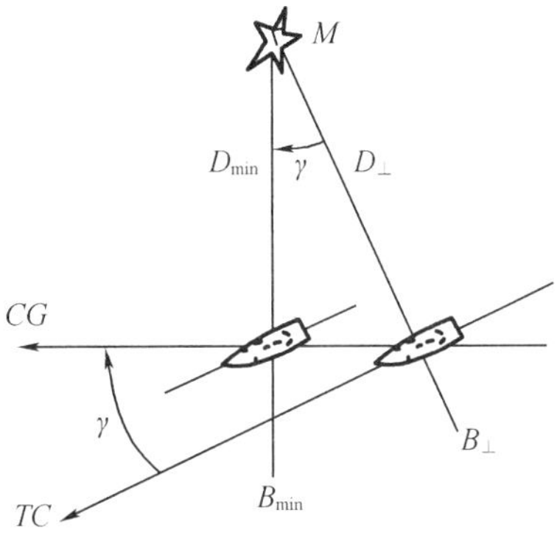

图 4-1-18　物标最小距离方位与正横方位差法求 γ

例 4-1-7　某轮 TC265°，用雷达连续测得某物标的真方位和距离如下，求风流压差与航迹向。

TB	350°	355°	000°	003°	005°	008°	012°	015°	018°
D	6′.5	6′.3	6′.1	6′.0	5′.9	5′.8	5′.7	5.′8	5′.9

解　从观测结果可知：

$$B_{min}=012°$$

根据 TC、TB 的大小比较，由于 $TB>TC$，说明物标在右舷，要有正横，那一定是右正横，从而确定在公式中是加还是减 90°。

$$B_{\perp}=TC+90°=265°+90°=355°$$

$$\gamma=B_{min}-B_{\perp}=012°-355°=17°$$

$$CA=B_{min}-90°=282°，或\ CA=TC+\gamma=265°+17°=282°$$

5. 单物标三方位求航迹向

若船舶定向定速航行，风流影响不变时，在不同时刻测出某单个物标的三个方位，就可用下述方法求得这段时间内的风流压差和航迹向。

如图 4-1-19，在海图上或空白纸上，由已知物标 M 分别画出不同时刻的三条方位线 B_1、B_2、B_3，设第一、二次观测的时间间隔 t_1，第二、三次观测的时间间隔为 t_2，均为已知量，在

B_3 上任取一点 C，再在 MC 上取一点 D，取法是使 $MD/DC=t_1/t_2$。（要注意技巧，例如已知 $t_1=15$ min，$t_2=30$ min。若 MD 取 2 cm，则 DC 要取 4 cm，MC 要取 6 cm。）过 D 点做 B_1 的平行线，交 B_2 于 B 点，直线连接 CB 交 B_1 于 A 点，则直线 ABC 即为观测时间内的航迹向 CG，它与真航向之差即为这段时间内的风流压差。作图依据：

$\because DB /\!/ MA$

$\therefore \triangle CMA \backsim \triangle CDB$

$\therefore t_1/t_2=MD/DC=AB/BC$

又$\because EF/FH=V t_1/Vt_2=t_1/t_2$（$V$ 是船舶实际航速）

$\therefore AB/BC=EF/FH$　进而得到 $AB/EF=BC/FH$

故 $\Delta AMC \backsim \Delta EMH$　$AC /\!/ EH$

特别要注意：ABC 的连线并非航迹线，但它一定与航迹线平行，是航迹线的平行线；如在空白纸上作图，物标 M 点可以任意定，不影响求航迹线。

风流压差的采用或改变由船长决定，或由驾驶员根据船长的指示进行，航行中，驾驶员对所采用的风流压差值，应不断地进行测校，发现变化大时，应及时报告船长。

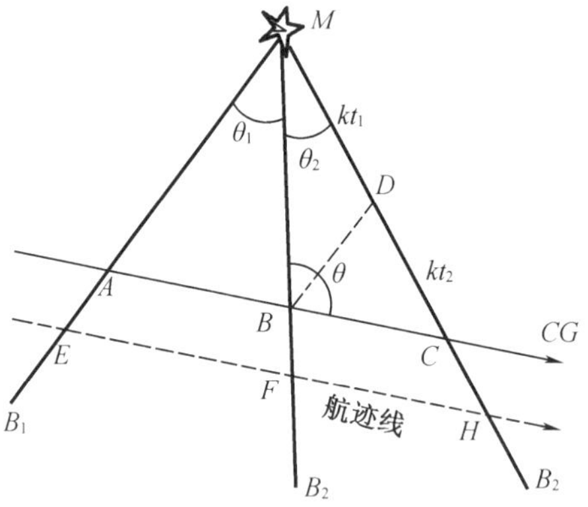

图 4-1-19　单物标三方位求航迹向作图法

任务二　航 迹 计 算

航迹计算是指根据推算起始点的经纬度、航向和航程，用数学公式求取到达点船位经纬度的方法。航迹计算主要适用于下列几个方面：

航迹计算

1. 在小比例尺海图上进行航迹绘算，会导致较大的作图误差。

2. 船舶若经过渔区、岛礁区等复杂水域，需要频繁转向或变速，航迹绘算困难。

3. 当航用海图不够使用，也即起航点与到达点不在同一张海图上。

4. 随着电子计算机技术在航海上的普及使用，利用电脑航迹计算来设计综合导航仪进而发展船舶驾驶自动化,已成为必然趋势。

应当指出的是:要指导船舶航行,就必须把航迹计算的结果标到海图上去,因而它不如航迹绘算来得直观明了,所以航迹计算并不能完全替代航迹绘算。

一、航迹计算公式

若能求得起航点与到达点之间的纬差($D\varphi$)和经差($D\lambda$),则可求得到达点的地理坐标(φ_2、λ_2):$\varphi_2=\varphi_1+D\varphi$、$\lambda_2=\lambda_1+D\lambda$。因此,航迹计算的核心问题是如何根据已知的航向和航程求取纬差和经差。

如图 4-2-1:A 点是航迹计算起点船位,B 点是到达点推算船位,整条恒向线 AB 的航程为 S。恒向线 AB 与每一椭圆子午线都相交成真航向 TC,将恒向线航程 S 分成 n 个等分,等分点为 a_1、a_2,a_3,a_4…,a_{n-1},在等分点处画上经线和纬线,由此经线、纬线和恒向线就可围成 n 个球面直角三角形,如果 n 值足够大,那么 n 个微小的球面直角三角形就可以认为是 n 个全等的平面直角三角形,其各自的斜边 dS 和锐角 C 都相等。$d\varphi$ 表示一小段恒向线航程 dS 的南北分量,dw 表示 dS 的东西分量,于是可得:

$$d\varphi = dS\cos C$$

积分得:纬差 $D\varphi=nd\varphi= n(dS\cos C)=(n Ds)\cos C=S\cos C$

即:

$$D\varphi=S\cos C \qquad (4-2-1)$$

$$dw=dS\sin C$$

积分得:东西距 $W(Dep)=ndw=n(dS\sin C)=(ndS)\sin C= S\sin C$

即:

$$W(Dep)=S\sin C \qquad (4-2-2)$$

纬差等于航程乘以航向的余弦,但航程乘以航向的正弦并不是我们所要求的经差,而是东西距(departure)Dep 或 W,东西距即恒向线航程的东西分量,因此,航迹计算要解决的主要问题是如何由东西距求出经差。下面介绍两种求经差的方法。

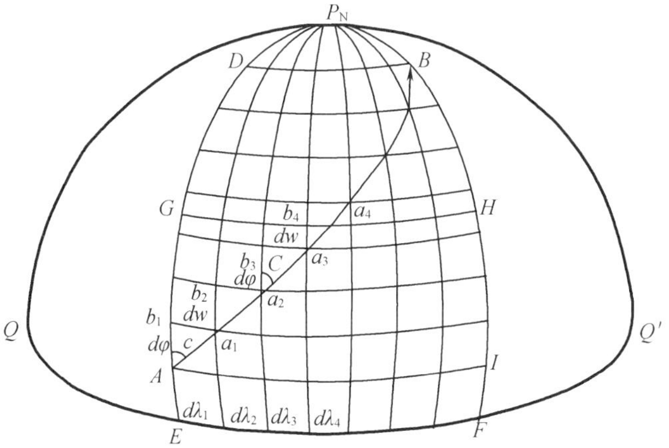

图 4-2-1 在赤道一侧航行的恒向线航线图

1. 简易中分纬度算法(平均纬度算法)

从图 4-2-1 可以看到,东西距必然比起航点和到达点子午线之间的纬度圈弧长 AI 小,但比纬度圈弧长 DB 大,因此,一定可以在 A、B 两地所在的子午线之间找到一条长度正好等于东西距的纬度圈弧长 GH,该纬度圈所在的纬度,叫作中分纬度(middle latitude)φ_n。如果将地球看作圆球体时,应有 $GH=EF\cos\varphi_n$,其中 EF 是到达点 B 与起航点 A 之间的经差 $D\lambda$。在此经差以赤道上 1 分经度的弧长(1 赤道里)为单位,当视地球为圆球体时,1 赤道里等于 1 海里;当视地球为椭圆体时,1 赤道里约等于 1 海里,为便于说明问题,在航迹计算中我们可以用 1 海里作为 $D\lambda$ 的单位。于是有:

$$D\lambda=Dep\cdot\sec\varphi_n=S\cdot\sin C\cdot\sec\varphi_n(')\qquad(4\text{-}2\text{-}3)$$

船在中低纬海区航行且航程不太长时,中分纬度与起航点和到达点的平均纬度(mean latitude)φ_m 相差不大,因此可用 φ_m 代替 φ_n 求经差,即:

$$D\lambda=Dep\cdot\sec\varphi_m\qquad(4\text{-}2\text{-}4)$$

2. 墨卡托算法(Mercator sailing)

它是利用墨卡托海图投影具有等角及恒向线为直线的特点而得出的经差计算法。在墨卡托海图上,如图 4-2-2 可得:

$$\tan C=\frac{D\lambda}{DMP}$$

$$D\lambda=DMP\cdot\tan C\ (')\qquad(4\text{-}2\text{-}5)$$

式中 DMP——起航点 A 与到达点 B 之间的纬度渐长率差,可用公式求取。

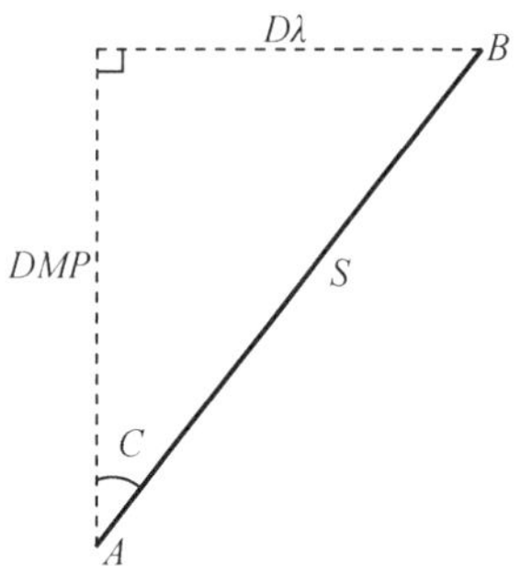

图 4-2-2 墨卡托算法图

利用公式 $D\varphi=S\cos C$ 求出纬差后,再求得到达点 B 的纬度 φ_2,则:

$$DMP=MP(\varphi_2)-MP(\varphi_1)\qquad(4\text{-}2\text{-}6)$$

如果利用纬度渐长率公式求 DMP,则可以得到比较精确的数据。DMP 也可用查表法求取,但必须注意:在高纬海区,MP 值应进行非线性内插,否则将会产生较大的误差。

综合上述两种求经差的方法,可以得出以下结论:

(1)墨卡托算法是精确的航迹计算法,除在等纬圈上航行外,其他任何场合都可以使用。

(2)在赤道一侧的低纬度海区和中纬度海区且航程不太长时,可以使用简易中分纬度算法。

另外,在航海界的习惯是将航迹计算称为计算航法,各种算法也称为航法,如简易中分纬度航法、墨卡托航法。

二、单航向计算法

例 4-2-1 某轮 1200 船位在 $\varphi_1=44°45'\text{N}$、$\lambda_1=178°48'\text{W}$,航向 210°、航速 15 kn,若无风流影响,求次日中午将到达何位置?

解 (1)求取到达点纬度:

$$S=15\times24=360(\text{n mile})$$

$$D\varphi=S\cos C=360\cdot\cos 210^\circ=-311'.8=-5^\circ11'.8=5^\circ11'.8\text{S}$$

$$\varphi_2=\varphi_1+D\varphi=44^\circ45'\text{N}+5^\circ11'.8\text{S}=39^\circ33'.2\text{N}$$

(2)求经差：

①墨卡托算法求经差：

39°33′.2 N	MP_2	2573.1527
44°45′.0 N	−) MP_1	2992.5545
	DMP	−419.4018

$\therefore D\lambda=DMP\cdot\tan C=-419.4018\tan 210^\circ=-242'.1=4^\circ02'.1\text{W}$

$\therefore \lambda_2=\lambda_1+D\lambda=178^\circ48'\text{W}+4^\circ02'.1\text{W}=182^\circ50'.1\text{W}=177^\circ09'.9\text{E}$

②平均纬度算法求经差：

$$\varphi m=(\varphi_1+\varphi_2)/2=42^\circ09'.1\text{N}$$

$D\lambda=Dep\cdot\sec\varphi n=S\cdot\sin C\cdot\sec\varphi m=360\sin 210^\circ\cdot\sec 42^\circ09'.1=-242'.8=4^\circ02'.8\text{ W}$

(3)求取到达点经度：

$$\lambda_2=\lambda_1+D\lambda=178^\circ48'\text{W}+4^\circ02'.8\text{W}=182^\circ50'.8\text{W}=177^\circ09'.2\text{E}$$

则次日中午将到达位置为：$\varphi_2=39^\circ33'.2\text{N}$，$\lambda_2=177^\circ09'.9\text{E}$

例 4-2-2 某轮拟由 $\varphi_1=40^\circ\text{N}$、$\lambda_1=140^\circ\text{E}$，驶往 $\varphi_2=42^\circ\text{N}$、$\lambda_2=160^\circ\text{E}$ 试问航向线航向和航程各为多少？

解 (1)墨卡托算法：

因船不在等纬圈上航行，故此法可用。

42°N	MP_2	2766.2997
40°N	−) MP_1	2607.8858
	DMP	158.4139

$$D\lambda=1200'\text{E}$$

$\therefore \tan C=D\lambda/DMP=1200/158.4139=7.575$

$C=082^\circ.5$

$S=D\varphi\cdot\sec C=919.4\text{ n mile}$

(2)平均纬度算法：

因船处在中低纬地区且 $D\varphi$ 小，故可用此法做简便运算。

$\because D\varphi=S\cdot\cos C\quad Dep=S\cdot\sin C\quad Dep=D\lambda\cdot\cos\varphi_m$

$\therefore \tan C=S\cdot\sin C/(S\cdot\cos C)=Dep/D\varphi=D\lambda\cdot\cos\varphi_m/D\varphi$

其中：$D\varphi=42^\circ\text{N}-40^\circ\text{N}=2^\circ\text{N}=120'\text{N}$

$D\lambda=160^\circ\text{E}-140^\circ\text{E}=20^\circ\text{E}=1200'\text{E}$

$\varphi_m=41^\circ\text{N}$

$\therefore \tan C=1200'\cos41^\circ/120'=7.547$

$C=082^\circ.5$

$S=D\varphi\cdot\sec C=120'\sec 82^\circ.5=919.4\text{ n mile}$

总结:运用平均纬度算法得出的结果与墨卡托算法一模一样,说明平均纬度算法在这种情况下运用是很合适的。

任务三 陆标定位

利用航迹推算方法求得的推算船位准确性较差,推算时间越长,误差越大,因此仅仅依据航迹推算是不能准确地执行航行计划。为确保航行安全,必须利用一切机会和条件及时准确地测定船位。

观测船位(简称定位 fixing position)的方法很多,包括陆标定位、天文定位和电子定位等。本章重点讨论陆标定位。

陆标是指海图上标有准确位置可供目视或雷达观测,用以导航或定位的山头、岛屿、岬角、灯塔、立标及其他显著的固定物标的统称。观测陆标与本船的方位、距离和方位差等相对位置关系进行定位的方法和过程称为陆标定位。沿岸航行时,陆标定位是一种简单、可靠的基本定位方法。根据所测船位线的性质不同,陆标定位可分为方位定位、距离定位、方位距离定位和移线定位等。

一、陆标识别与测定

陆标识别与测定

(一)陆标识别

陆标定位必须准确地辨认物标,确保事先在海图上所选定的定位物标和实际所测定的物标是同一物标。如果在实际测定或海图作业时错认了物标,必将出现错误的观测船位,从而威胁船舶的航行安全。航海上常用的识别陆标的方法如下:

1. 孤立、显著物标的识别

孤立的小岛、显著的山峰和岬角等陆标、灯塔和灯桩等航标,可直接根据它们的形状、颜色、相对位置关系和顶标、灯质等特点加以识别。因此,这些物标往往是陆标定位中的首选物标。

2. 利用对景图识别

在航用海图和航路指南中,经常附有一些重要山头和岛屿等的照片或有立体感的对景图,将实际观察到的景象与相应的对景图相比对,便可方便地辨认出对景图中所标明的一些重要物标。

同一物标,在不同的方位和距离上观看,其形状也各不相同。因此,每幅对景图都注有该图相对于图中某一物标的方位和距离,使用时要特别加以注意,如图 4-3-1 所示。

图 4-3-1　对景图

3. 利用等高线识别

航用海图上，地貌特征通常是以等高线（地面上高程相等的各点连线）来描绘的，有时也用草绘等高线（草绘曲线）或山形线来表示。等高线的疏密，体现的山形的陡峭程度，等高线越密，山形越陡峭；反之，等高线较疏时，表示山形较平坦。因此，可以根据等高线的疏密和形状来判断出地貌的立体形状来（图 4-3-2）。

4. 利用船位识别

如图 4-3-3 所示，实际工作中，可在测定附近易于识别的两三个物标（M_1 和 M_2）定位的同时，测定所需识别的物标 M 的方位，然后先在海图上根据已知物标 M_1 和 M_2 确定测量当时的船位 A，再自该船位绘画待识别物标的方位线 TB_1，如此反复多次，则图上这些方位线（TB_1，TB_2，TB_3…）的交点处的物标，就是所需辨认的物标。

同理，我们可以用上述方法，将某些并没有标绘在海图上，但具有显著的特征和一定的航海意义的物标，诸如新设置的钻井平台、沿岸和港口附近新建的高大建筑物和烟囱等逐一标绘在海图上，为船舶以后在该海区航行提供更多、更好的定位和导航物标。

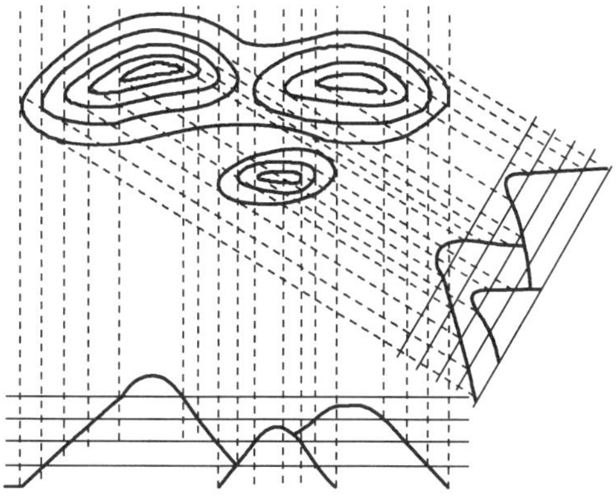

图 4-3-2　利用等高线识别物标

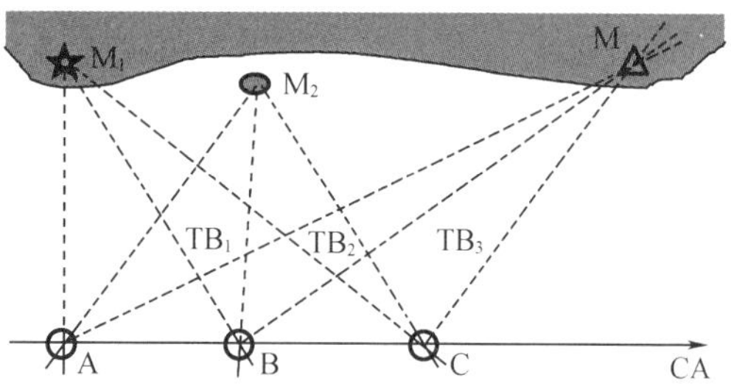

图 4-3-3　利用船位识别物标

（二）方位、距离的测定

1. 方位的测定

（1）利用罗经观测物标方位

航海上通常利用方位圈配合罗经观测物标方位。如图 4-3-4 所示，方位圈有两套互相垂直的观测方位的装置，其中一套装置由目视照准架和物标照准架组成。在物标照准架的中间有一竖直线，下面装有天体反射镜、棱镜和水平仪，目视照准架中间有一细缝，当测者通过细缝观测到物标与照准架上的竖直线重合时，从棱镜上所读取的度数，就是物标的观测方位。既可用于测定陆标的方位，又可观测天体的方位。另一套装置由可转动的凹面镜和允许细缝光线通过的反光棱镜组成，主要用来观测太阳的方位。将凹面镜朝向太阳，使太阳光线经棱镜的细缝投射到罗盘上，此时光线所照亮的罗盘刻度即为太阳的罗方位。

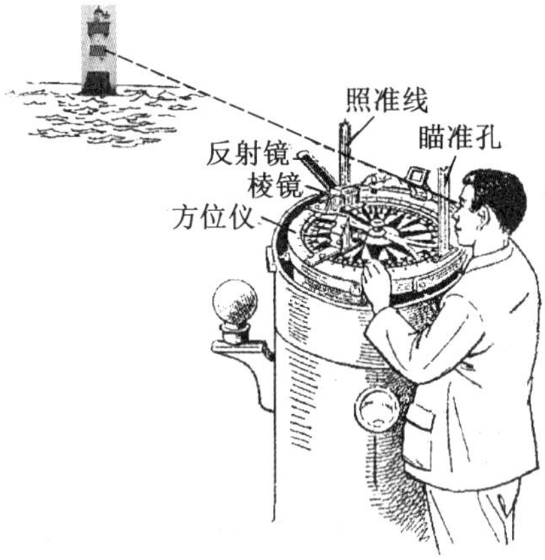

图 4-3-4　罗经测方位

利用磁罗经或陀螺罗经所观测到的物标方位分别为物标的罗方位和陀罗方位，在海图作业前，必修进行罗经差或陀螺罗经差的修正，将他们换算成相应的真方位。

(2) 利用雷达观测物标方位

利用雷达的机械方位标尺或电子方位线可以方便地测量物表的方位，如图 4-3-5 所示。孤立的灯塔、灯桩、明礁和小岛等点状物标，应测量回波的中心部位。范围较大的物标应测量岸角，并使电子方位线或机械方位标尺与回波的同侧外缘相切。

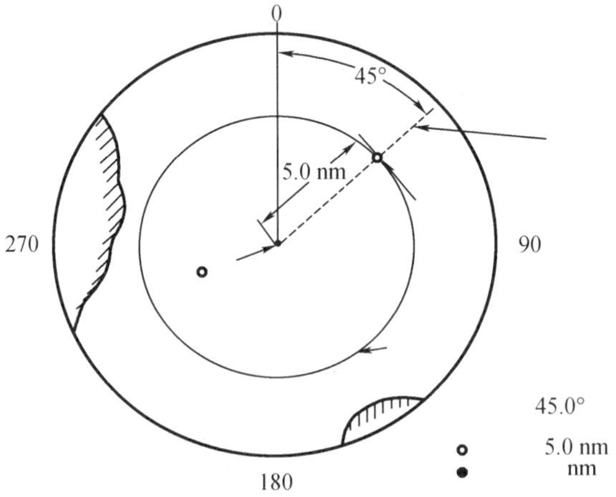

图 4-3-5　雷达测方位

采用北向上相对运动显示方式，陆标回波在雷达荧光屏上的分布情况与它们在海图上的图像一致。此外，在这种显示方式下，荧光屏固定方位刻度圈的 000 代表北，不仅可以在该方位圈上直接读得的物标的罗方位，而且当本船转向或船首偏荡时，物标回波在荧光屏上不动，图像清晰，观测方便、准确，可以避免船首偏荡引起的方位测量误差，并且可测量。

应避免在船舶倾斜时测量物标的方位，以减小测量误差。实在不可避免时，可选择在横摇时测量正横方向的物标方位，纵摇时测量首尾线方向的物标方位。使用机械方位标尺测量物标方位时，应确保扫描中心与雷达荧光屏中心重合。

2. 距离的测定

(1)测量物标的垂直角求距离

如图 4-3-6 可知，用六分仪测得视界内某已知高度 H 的物标 M 的垂直角 α，不考虑地面蒙气差和地面曲率的影响，则船舶到该物标的距离 D 为

$$D=H/\text{tg }\alpha$$

因为 α 角通常很小(5°以内)，α 角的正切函数值近似等于其弧度值。如 α 以分为单位，距离 D 以海里为单位，物标高度 H 以米为单位，则

$$D(\text{n mile})=1.856H(\text{m})/\alpha'$$

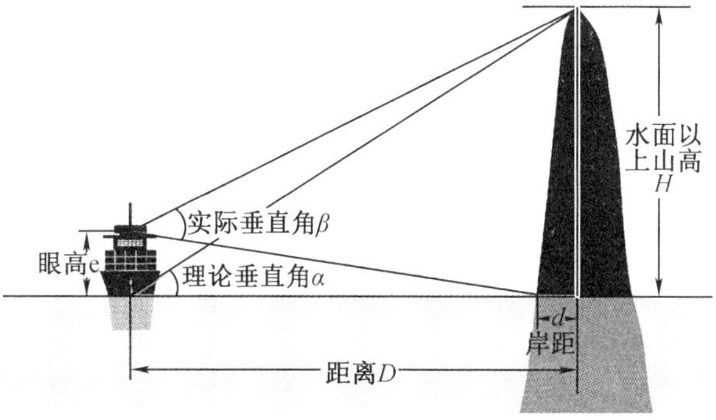

图 4-3-6　测量物标的垂直角求距离

需要注意的是：

①式中物标高度 H 是指测量当时该物标的实际高度，即海图上所标的高程经潮高改正后，自测量当时的水面到物标顶端的实际垂直距离。为了减小物标高度误差和测角误差对所测距离的影响，要求选择距离近、垂直角大的物标。

②由于测者都具有一定的眼高 e，物标顶点的垂足也不可能在岸水线点，因此，由图可知，实际所测得的是 β 角，而不是 α 角。为了尽可能减小眼高 e、岸距对所测距离的影响，应选择岸距小、高度大(陡直的物标)和距离近的物标。

综上所述，为了提高距离的测量精度，应选择比较高、陡、垂足在测者能见地平之内的物标。也就是说，船舶与所选物标之间的距离 D 应远远大于物标的高度 H，而 H 又大于测者眼高 e，并且物标高度 H 要大于物标顶点垂足到岸水线点的岸距 d，即：$D>>H>e$，$H>d$。在潮差较大的海区，应该对物标的高度进行必要的潮高改正，以求取测量当时物标的实际高度。这样，按上述公式计算所得的距离 D 的误差 ΔD 将小于 3 倍的测者眼高。

(2)利用雷达观测物标的距离

雷达是航海上最常用的测量物标距离的仪器。雷达定位时，应选择回波图像稳定、亮

而清晰,回波位置能与海图位置精确对应的物标,如孤立的小岛、岬角和突堤等。应避免使用回波形状可能严重变形或难以在海图上确定其准确位置的物标,如平坦的海岸线、斜缓的山坡和位置未经核实的浮标等。

测量物标距离时,应尽量选择包含被测物标的最小量程,被测物标的回波最好位于距离荧光屏中心 2/3 屏半径附近。

孤立的灯塔、灯桩、明礁和小岛等点状物标,应测量回波中心的距离。雷达应答标又称雷康(Racon),由于其编码脉冲信号显示在荧光屏上该台架回波之后,为此,应观测编码脉冲信号前沿(靠近荧光屏中心一端)的距离。如果岸线等物标在雷达地平之内,应使活动距标圈的内沿与回波的内沿(靠近荧光屏中心一侧边缘)相切,测量物标前沿的距离定位;如果岸线等物标在雷达地平线之下,则应使活动距标圈的外沿与回波的外沿(远离荧光屏中心一侧边缘)相切,测量山峰的距离定位。

二、位置线

保持函数等于常数的点的轨迹称为等值线。航海上的航舶位置线是指保持观测值等于常数的点的轨迹。位置线(line of position)也是等值线。有时我们也称船舶位置线为船位线,或者将船舶位置线在推算船位附近的某一个局部段或某一个局部段的切线称为船位线。

对航行的船舶而言,位置线具有时间性和绝对性两个特点。时间性即在观测时刻船舶一定位于位置线上的某一点;绝对性即在观测时刻位置线上的所有点都须符合观测值,而符合于观测值的所有点都必定在该位置线上。

(一)位置线的种类

目前航海上常用的位置线有方位位置线、距离位置线、方位差位置线和距离差位置线。地球上测者附近的小范围内的地面可视作平面,此时这四种位置线的形状与性质如下所述。

1. 方位位置线

根据测者所在位置不同又可分为船测岸方位位置线与岸测船方位位置线:

(1)船上测者对岸上某一已知坐标的固定物标 M 进行方位测量(船测岸)时,由物标 M 画出的与 M 点的子午线相交成 $TB\pm180°$ 的方位线 MP,就是相应的船测岸方位位置线,如图 4-3-7(a)所示。在 MP 上任一点的测者测物标 M 的真方位均为 TB,而在该线外任何一点观测物标 M 的真方位均不等于 TB。

(2)从岸上某一已知坐标的固定物标 M 对船舶进行方位测量(岸测船)时,则相应的岸测船方位位置线,就是由物标 M 画出的与 M 点的子午线相交成 TB 的方位线 MP,如图 4-3-7(b)所示。测者在 M 点测量位于 MP 上任一点的船舶的真方位均为 TB,而测量在该线外任何一点的船舶的真方位均不等于 TB。

总之,在平面上船测岸与岸测船的方位位置线都是船舶和物标两点之间的直线。

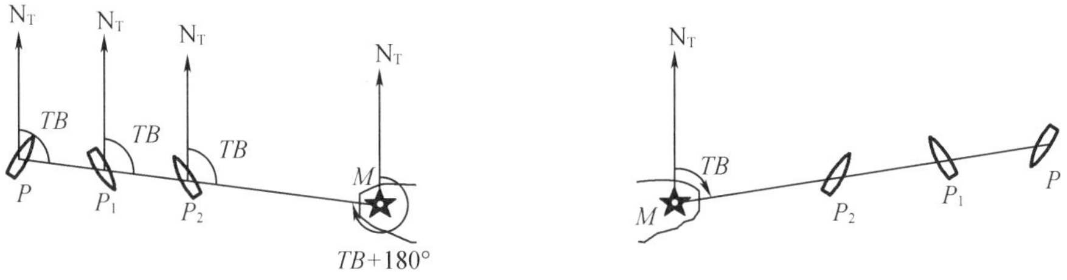

图 4-3-7

2. 距离位置线

船上测者对已知坐标的固定物标 M 进行距离测量时，所测得的船与物标 M 间的距离位置线，是以物标 M 为圆心、所测距离 D 为半径的圆，如图 2-3-8 所示。可见，在该圆上任一点，到物标 M(圆心)的距离均等于 D，而在该圆周以外的任何一点观测物标 M 的距离均不等于 D。

3. 方位差位置线

又称水平角位置线，船上测者测量岸上两个已知坐标的固定物标之间的水平角时，即测量它们的方位差时，方位差位置线是船与两物标所连的三角形的外接圆圆弧的一部分，如图 4-3-9 所示。在该段圆弧上的任一点，对两物标所张的水平角，均等于该圆周角 α，而在该圆弧以外的任何一点，对两物标所张的水平角均不等于该圆周角 α。

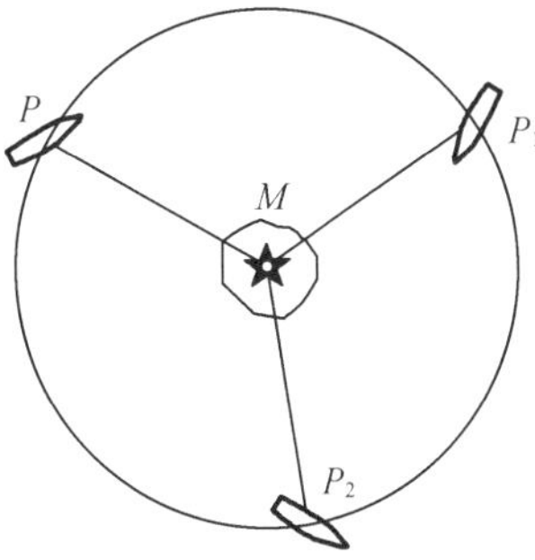

图 4-3-8

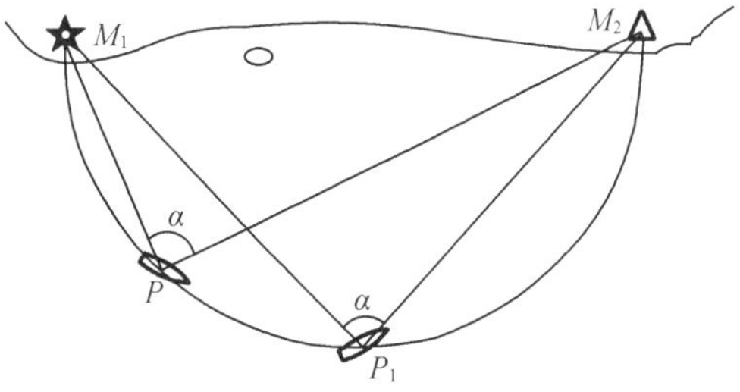

图 4-3-9 方位差位置线

4. 距离差位置线

船上测者若对岸上已知坐标的两个物标(例如台站)进行距离差的测量时，则距离差位置线是以两物标(台站)为焦点的双曲线，如图 4-3-10 所示，在该双曲线上任一点至两焦点的距离差值均为观测所得的常数。

如果不在测者附近的小范围内研究位置线，则不应把地面视作平面，而应将地球当作圆球体更为精确，此时这四种位置线在球面上和在海图上的形状就比较复杂。

(二)单一位置线的应用

航行中，有时测者一次只能(或者只需)测得一条位置线，虽然不能用来确定观测船位，但是如能充分、合理地应用某些单一位置线，它们同样会对船舶的航行安全起到非常积极的作用。单一位置线主要可应用于如下场景。

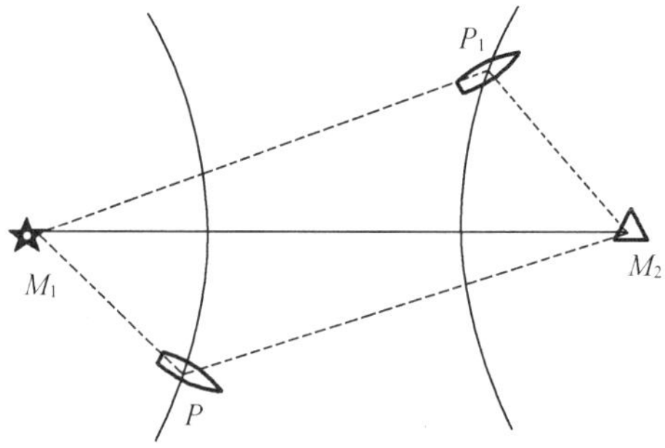

图 4-3-10　距离差位置线

1. 导航

航行前方或后方的单一方位或叠标位置线,可引导船舶安全地航行在该导航线所标示的航道上。

2. 避险

为避开航线附近的危险物,可事先选择一合适的参照物标,并根据危险物和参照物标的某种相对关系(方位、距离、垂直角和水平角等),设定好相应的避险线,航行中,只要确保船舶航行在该避险线的安全一侧,即可使船舶安全地通过危险物。

3. 转向

为了确保船舶及时、准确地从原航线转到新的计划航线上,通常可选择转向点附近原航线正横两侧或新航线两端的物标作为转向物标,利用该物标的某一方位位置线来判断转向时机。

4. 测定仪器误差

航海上,经常利用单一的叠标或导标等位置线来测定罗经差、计程仪改正率和其他一些航海仪器的误差。不考虑观测中存在一的误差,则:

仪器误差=真值一测量值

5. 判断船位误差

单一的直线位置线,还可用来判断船位的误差,若单一位置线与计划航线平行,可用以判断船位偏离航线的方向和距离;若与计划航线垂直,可判断推算船位超前或落后实际船位的情况。如果单一位置线与子午线平行,可由此确定船位的经度;而当单一位置线与纬线平行时,可用于确定船位的纬度。

任意一条单一位置线,结合同一时刻的概率船位区,可在一定程度上缩小概率船位区或概率航迹区。

三、方位定位

方位定位

利用罗经同时观测两个或两个以上陆标的方位来确定船位的方法和过程称为方位定位。方位定位具有观测与作图简单、迅速、直观等优点,是最基本和最常用的陆标定位方法之一。

理论上讲，船上测者 P 观测某已知坐标的固定物标 M 的方位时，这种“船测岸”方位位置线是通过测者 P、物标 M 和近极点 P_N（或 P_S）的恒位线，在恒位线上任何一点，对所测物标 M 都具有相同的大圆方位。当测者和物标同位于北半球或南半球时，恒位线在墨卡托海图上表现为一条凸向赤道的曲线。但由于所测物标都位于测者视界之内，两者之间的距离一般小于 30 n mile，因此，除了在极区航行外，我们可以用图上两点间的直线（恒向线）来代替恒位线进行方位定位。

（一）两方位定位

1. 定位步骤

（1）在推算船位附近选择两适当的物标 M_1 和 M_2，并注意辨认；

（2）用罗经观测两物标的陀罗方位 GB_1、GB_2 或罗方位 CB_1、CB_2；

（3）按下式求取两物标的真方位：

$$TB_1 = GB_1 + \Delta G = CB_1 + \Delta C_+$$

$$TB_2 = GB_2 + \Delta G = CB_2 + \Delta C$$

（4）如图 4-3-11 所示，在海图上分别自 M_1 和 M_2 反方向（$TB_1 \pm 180°$，$TB_2 \pm 180°$ 的方向）绘画方位位置线，其交点即为观测船位。

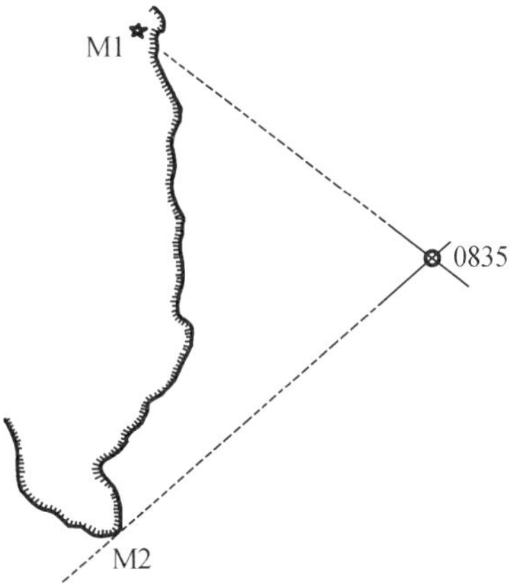

图 4-3-11　两方位定位

2. 提高观测船位精度的方法

为了提高两方位定位观测船位的精度，即减小观测船位系统误差 δ 和船位误差圆半径 M，除了尽可能减小观测方位的系统误差和随机误差之外，还应注意选择适当的定位物标和遵循一定的观测顺序。

（1）物标的选择

①应尽可能选择海图上精确测绘且显著易认的物标；

②应尽可能选择离船近的物标；

③两条方位位置线的夹角 θ 应大于 30°并小于 150°，最好为 90°。

（2）观测顺序

实际工作中，一个驾驶员往往是不可能同时用罗经观测两个物标的方位的，而是在短时间内先后观测所选物标方位，并以观测第二个物标的时间作为定位时间，这就必将因船舶的航行而产生船位误差。除了尽量缩短观测两物标方位的时间间隔外，还应掌握正确的观测顺序，以减小上述误差。观测顺序应遵循“先慢后快”“先难后易”的原则。

①白天观测

如图 4-3-12 所示，在船首方向附近有一物标 A，而在正横方向附近有一物标 B，由物标方位的变化特点可知，正横方向的物标方位变化较快，船首尾方向的物标方位变化较慢。设船舶位于 P_1 点时，先测船首方向 A 标的方位，得方位位置线 AP_1。当测正横方向的 B 标时，船已移动到 P_2 点，测得方位位置线 BP_2，在海图上两方位位置线相交得观测船位 F_1，因为是先测完两方位后记时间，则这时船的正确位置应为 P_2 点，可见船位的误差值为 P_2F_1；反之，如果先测 B 标，后测 A 标，则观测船位应为 F_2 点，船位误差值为 P_2F_2；则 P_2F_2 大于

P_2F_1。由以上分析可以得出正确的观测顺序是:先测方位变化慢(船首尾方向附近)的物标,后测方位变化快(船舶正横方向附近)的物标。

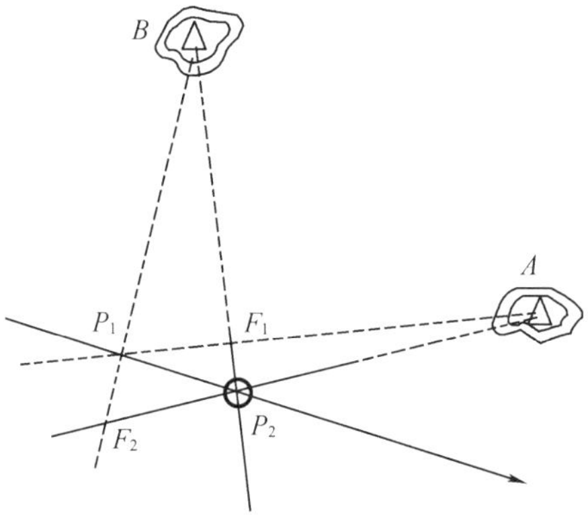

图 4-3-12　方位定位观测顺序分析

②夜间观测

先测闪光周期长、观测难度大的灯标,后测闪光周期短、观测难度小的灯标,以便尽量缩短观测两方位之间的时间间隔,提高定位精度。

(二)三方位定位

两方位定位简单、直观,但如果观测中存在粗差或较大的未定系统误差,在没有其他数据参考的前提下,则无法判断观测船位的准确性。为避免这种情况,应尽量观测三条或三条以上的船位线求取观测船位。这样既可发现粗差,又可用一定的方法抵消未定系统误差,同时还可以减小随机误差对观测船位的影响。三方位定位时,三条方位位置线通常并不相交于一点,而形成一个三角形,在大比例尺海图上尤为明显。如果有差错,会形成较大的三角形以提醒观测者,该三角形称船位误差三角形。产生船位误差三角形的原因有:

a. 不可能真正同时观测;

b. 观测误差一定存在;

c. 作图的时候一定存在误差;

d. 罗经误差本身存在误差;

e. 物标在海图上的位置不准。

1. 小随机误差三角形

在大比例尺海图(比例尺大于 1:2000 000)上,如果船位误差三角形各边长小于 5 mm,一半可认为是由于合理的随机误差所引起的。处理原则:根据船位误差三角形的形状和边长确定最概率船位,即最概率船位在三角形之内,且靠近“大角小边”,如图 4-3-13 所示。

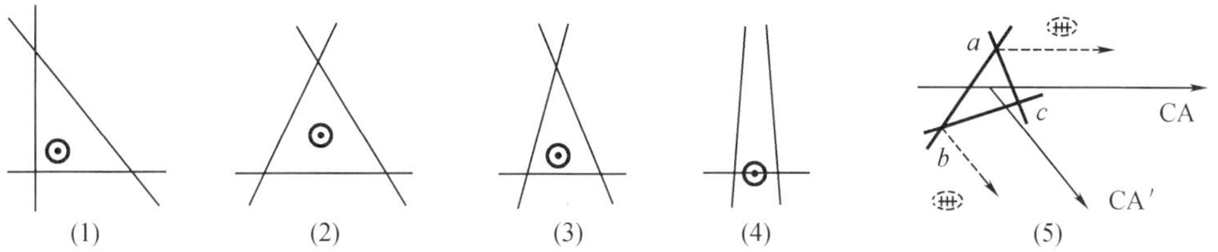

图 4-3-13 小随机误差三角形处理原则

(1)近似直角 Δ:最概率船位取在近直角处;

(2)近似等边 Δ:最概率船位取在中心;

(3)近似等腰 Δ:最概率船位取在近短边中心

(4)狭长等腰 Δ:最概率船位取在短边中点;

(5)若 Δ 附近有危险物:最概率船位取在对航行最危险的一点。如果船舶继续沿着 *CA* 向前航行,应将船位取在 *a* 点;如果定位后改驶 *CA′*,则应将船位取在 *b* 点,以确保船舶航行安全。

2. 大船位误差三角形的处理

首先应在短时间内反复测量,再根据以下不同情况处理。

a. 三角形基本消除或明显缩小

则说明观测的时候是由于错误或粗差造成的,而不是误差所引起的。

b. 大小和方向无变化

说明有较大的系统误差,可以采用以下方法对系统误差加以处理。

c. 三角形的变化没有什么规律

表明定位的随机误差太大,这时最好采用其他的办法去核定船位,或把船位认定在最不利于以后的安全航行的位置或最接近危险物附近。

以下介绍系统误差的处理。

(1)差值法

两次观测的系统误差一样,则利用两次观测结果之差等于两次实际值之差的原理就可以消除这种系统误差。

分别观测三个物标的方位分别为:CB_1,CB_2,CB_3,三个值都因为罗经差这个系统误差导致有误差,那么两两相减则可以消除其他误差:即方位差是消除了系统误差的量。真方位差分别为

$$\alpha = CB_2 - CB_1, \beta = CB_3 - CB_2$$

用三杆定位仪或透明纸按所求的真方位差设定夹角,即可在海图上标绘出消除系统误差后的观测船位。

我们前面讲了方位差位置线是船和两物标形成的三角形的外接圆。如图 4-3-14 所示,消除了系统误差后的船位应位于三物标每两个彼此形成的三个外接圆圆弧交点处,即 *P* 点。

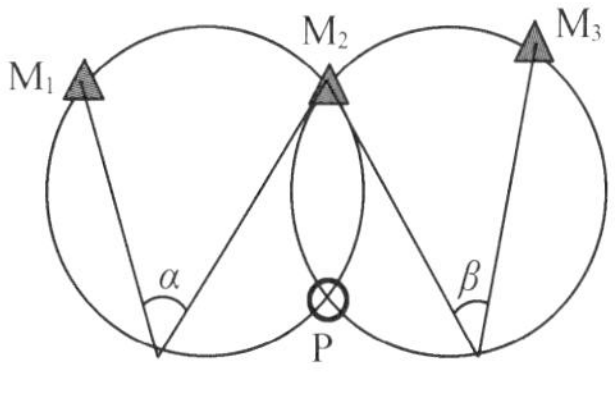

图 4-3-14 差值法

(2)改变罗经差法

若观测方位中系统误差为 ε_1,则得到误差三角形 *abc*;若系统误差为 ε_2,则将得到的误

差三角形 $a'b'c'$。圆弧 aa'、bb'、cc'交点即为消除系统误差 ε_1 和 ε_2后的观测船位。由于误差三角形均处于实际船位附近,可视这三小段圆弧为直线,以直线连接误差三角形对应顶点,必要时适当延长,其交点即为观测船位。

基于以上原理,实际工作中,可将三条方位线同样变动 3~5°,各得到一新的误差三角形($a'b'c'$),用直线连接两三角形对应的顶点,三条连线的交点即为消除了系统误差后的观测船位,如图 4-3-15 所示。如果上述三条连线相交成一小三角形,则该三角形是消除了系统误差后,由于合理的随机误差所引起的,可采用小误差三角形的处理方法处理观测船位。

与原误差三角形 abc 相比较,新的误差三角形 $a'b'c'$会有以下四种情况:

a. 新的误差三角形变大,说明变动方位位置线的方向是在增加方位的系统误差;

b. 新的误差三角形缩小,说明变动方位位置线的方向是在缩小方位的系统误差;

c. 新的误差三角形消失,说明变动方位位置线的方向和大小刚好消除了方位的系统误差;

d. 新的误差三角形倒置,说明变动方位位置线的方向是在消除方位的系统误差,但在数量上过了头,产生了相反的方位系统误差。

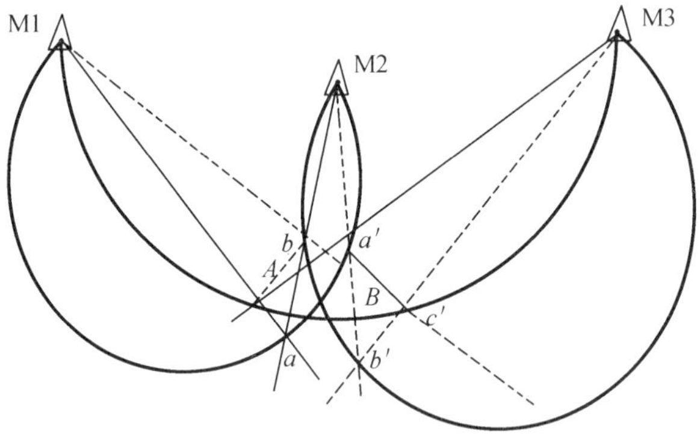

图 4-3-15　改变罗经差法

(3)初略估算

三物标的分布大于 180 度则:消除了系统误差的船位在三角形之内,且船位到三物标的距离之比与三位置线误差之比相等,如图 4-3-16(a)所示。

三物标的分布小于 180 度则:船位在三角形之外,到三边距离之比和三位置线之误差之比相等,如图 4-3-16(b)所示。

当三位置线之系统误差相等并消除后,船位在三角形的内心(大于 180)或旁心(小于 180)。

如果三位置线的均方误差相等,如消除了随机误差的影响后,船位位于三角形的中线交点上。

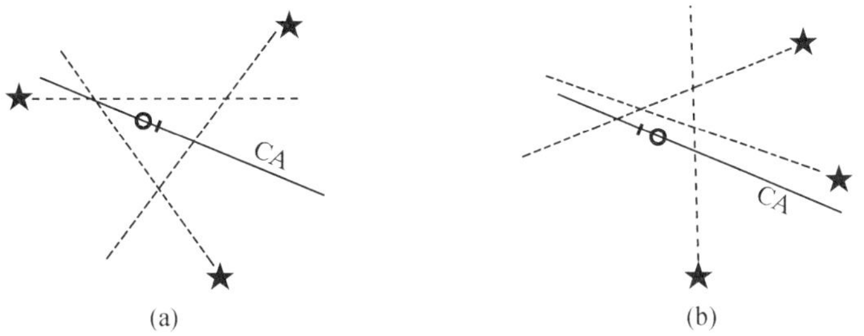

图 4-3-16 系统误差三角形的简单处理法

(三)提高精度的方法

1. 物标的选择

(1)孤立、显著、海图位置准确的近标;

(2)相邻两方位位置线交角最好是 120°或 60°,一般应该满足 30°~150°之间。

2. 观测顺序

三方位定位时,同样应遵循"先慢后快""先难后易"的观测顺序,即白天应先观测船首尾线方向的、方位变化慢的物标,后观测正横附近的、方位变化快的物标;夜间应本着"先闪后定""先长后短"和"先弱后强"的原则,先观测灯光较弱的、闪光周期长的难以观测的物标,再观测灯光强的、闪光周期短的容易观测的物标,尽量减小异时观测所产生的船位误差。

(四)船位差

同一时刻的推算船位与观测船位之间的位置差称为船位差(position difference),用同一时刻的推算船位到观测船位的方向和距离来标示,符号"ΔP",如 ΔP030°-2.5 n mile 表示从推算船位到观测船位的方向为 030°,距离 2.5 n mile。

当船位差不大时,可以仍按推算船位继续进行航迹推算,仅仅从观测船位绘画一小箭矢,指向同一时刻的推算船位点,来表示它们之间的关系。当船位差较大,并且经系统地观测定位分析,确定观测船位比较可靠时,应报经船长同意后,将观测船位作为新的航迹推算起始点,继续进行航迹推算。海图作业时,应用一曲线连接相应的推算船位点和观测船位点如图 4-3-17 所示,并将船位差记入航海日志中。

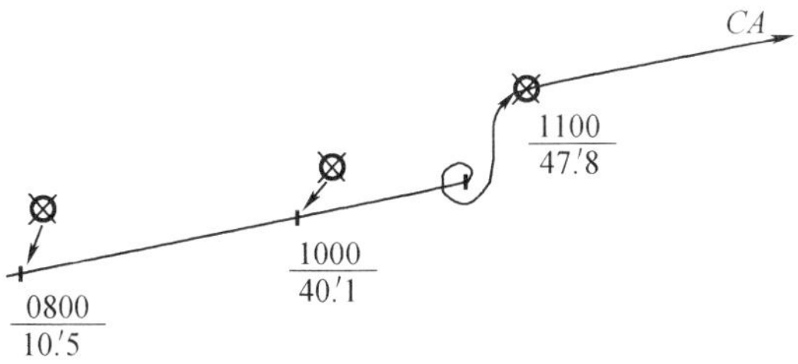

图 4-3-17 船位差

进行长时间的航迹推算后,当船舶接近海岸测得第一个观测船位时,必须对船位差进行认真的分析，做好记录，供以后参考。

四、距离定位

如果能同时测得船舶与附近两个物标之间的距离，则可以分别以被测物标为圆心，以相应的距离为半径绘画距离位置线，其中靠近推算船位的一个交点即为观测时刻的船位，这种方法和过程称为距离定位。

1. 距离定位的方法

(1) 在推算船位附近选择两适当的物标，并注意辨认；

(2) 用雷达或六分仪同时测得本船分别到两个物标的距离；

(3) 在海图上分别以两个物标为圆心，所测距离为半径绘画圆弧，接近推算船位的交点即为观测船位。

判定船位的方法：

a. 取靠近推算船位的一个交点；

b. 根据所测物标与船舶间的相对位置关系来确定哪个是观察船位；

c. 连续多次定位，根据船舶的航迹分布情况来确定观测船位。

2. 提高观测船位精度的方法

为了提高两距离定位观测船位的精度，除减小观测中系统误差和随机误差外，还应注意选择适当的定位物标和遵循一定的观测顺序。

(1) 物标的选择

①孤立、显著、海图位置准确且离船较近的物标；

②两物标距离位置线交角 θ 应尽可能接近 90°，至少满足：$30° < \theta < 150°$。

(2) 观测顺序

为了减小“异时”观测所造成的船位误差，在观测顺序上，应遵循“先慢后快”的原则，先观测正横附近，距离变化慢的物标；后观测首尾线附近，距离变化快的物标。

五、单物标方位距离定位

利用视界内唯一可供观测的物标，同时测定其方位和距离，可得到该物标同一时刻的方位和距离位置线，它们的交点即为观测时刻的船位，如图 4-3-18 所示。这种定位方法称为单物标方位距离定位。

单物标方位距离定位，是航海上经常使用的一种定位方法。只要能同时测得某物标的方位和距离，就可以确定观测时刻的船位。同时用雷达观测物标的方位和距离、观测灯塔初显（或初隐）距离和方位，以及同时用六分仪和罗经测定物标的垂直角和方位等，都可用来进行方位距离定位。

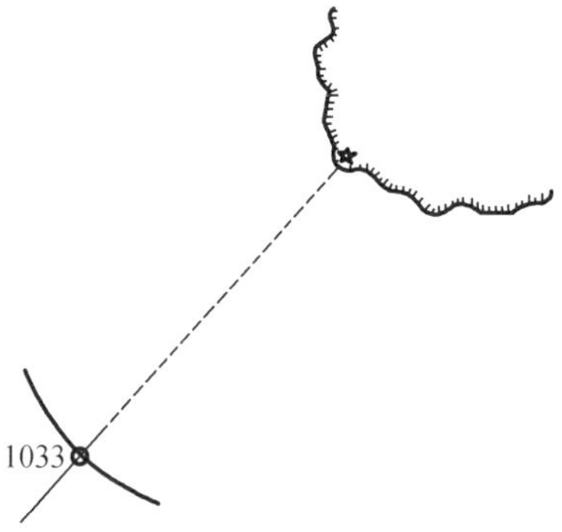

图 4-3-18　单物标方位距离定位

观测单一物标的方位和距离定位，既可解决某些物标因距离较远、方位变化慢造成的移线定位困难，又可避免推算误差和风流等对移线定位的影响。此外，单物标方位距离定位，两位置线的交角始终等于 90°，因此船位误差相对比较小。

单物标方位距离定位，船位误差主要取决于观测方位和观测距离的精度，为了提高单物标方位距离定位的精度，除了要尽可能消除观测和绘画方位距离的系统误差，缩小观测和绘画方位距离时的随机误差外，还应尽量选择离船较近的物标。

六、移线定位

船在航行中，当同一时刻只能测得一条位置线而无法直接确定船位时，应用转移位置线原理，将不同时刻观测所得的两条位置线转移到同一时刻进而确定船位的方法和过程叫作移线定位，所获得的船位称为移线船位。移线定位的关键是如何将不同时刻的位置线转移到同一时刻，即如何转移位置线。

（一）位置线的转移

位置线的转移，是指根据前后两个时刻之间的推算航迹向和推算航程，将某一时刻观测所得的位置线转移到另一时刻上去的方法和过程。转移后的位置线，叫作转移位置线。

如图 4-3-19 所示，0800 测灯塔 M 的方位，得方位位置线 P，由位置线的性质可知，0800 的观测船位一定位于 P 的某一点上。假设 0800 的观测船位位于方位位置线和计划航线（或推算航迹线）的交点 A，则 0900 时该观测船位必定在计划航线（或推算航迹线）的前进方向上的一点 A'，而且两点间的距离等于 0800～0900 间的推算航程 S。同理，假设 0800 观测船位位于方位位置线的 B、C、D、E 各点，则 0900 时刻，它们各自沿计划航向 CA（或计划航迹向 CG）转移到相距 S 的 B'、C'、D'和 E'点，显然，B'、C'、D'、E'各点和 A'点位于同一直线上，而且它们的连线 P'平行于方位位置线 P，直线 P'即为转移位置线。

1. 航向未变直线位置线转移方法如图 4-3-19 所示：

①在位置线 P 上任取一点 A（通常可取 P 与计划航线或推算航迹线的交点）；

②自点 A 作计划航线或推算航迹线的平行线，并在其上沿 CA 或 CG 方向截取一点 A'，且使 $AA'=S$（推算航程）；

③过 A'点作位置线 P 的平行线 P'，则直线 P'即为转移位置线。

2. 航向改变直线位置线转移方法如图 4-3-20 所示：

在航向改变航行的情况下，连接转移前后两个时刻的推算船位的直线，称为直航线；两推算船位间的直线距离称为直航程。改变航向情况下直线位置线的转移，可根据转移前后两个时刻间的直航线和直航程，按下列方法进行

①用通常的航迹推算方法，推算转移前后两个时刻的推算船位；

②用直线连接上述推算船位，与转移前位置线 P 相交与 A 点；

③在直航线上沿其前进方向截取一点 A'，并使两点间的距离等于直航程；

④过 A'点作位置线 P 的平行线 P'，则直线 P′就是相应的转移位置线。

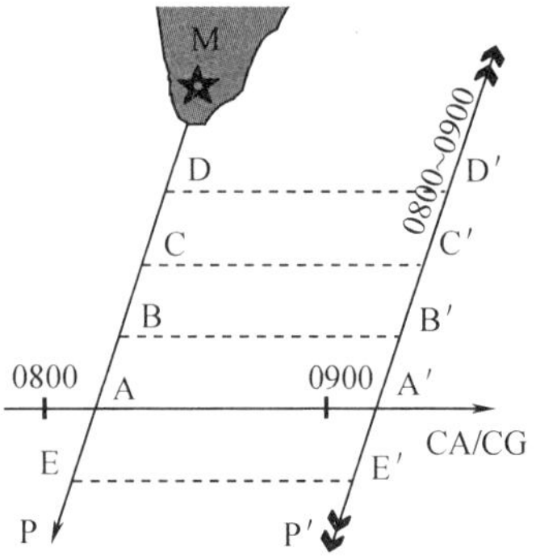

图 4-3-19　直线位置线转移

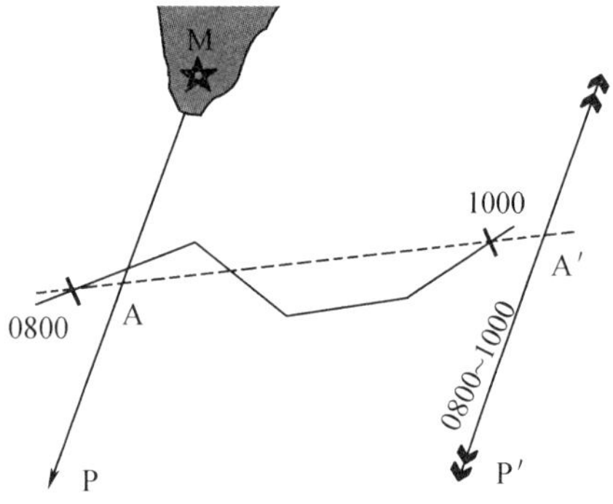

图 4-3-20　航向改变直线位置线转移

(二)有准确船位后的单物标两方位移线定位

如果在进行单物标两方位移线定位以前,已获得了一个准确船位 F 点,且船舶在 F 以后是定向、定速航行的,则不仅能求取移线船位,还可进一步求取船舶的实际航迹线和海区内的平均流向和流速。

1. 移线定位方法

如图 4-3-21 所示,设 F 为 T_0 时刻的观测船位,P_1、P_2 分别为 T_1、T_2 时刻观测物标 M 所得的方位位置线,相邻的时间间隔分别为 t_1 和 t_2。若用直线连接 MF,即可按单物标三方位求航迹向的方法求取船舶的实际航迹向 CG。过观测船位点 F 沿航迹向 CG 所绘画的直线,即为实际的航迹线,它与 P_1、P_2 的交点就是 T_1、T_2 时刻所对应的移线船位。最简单的作图方法是:

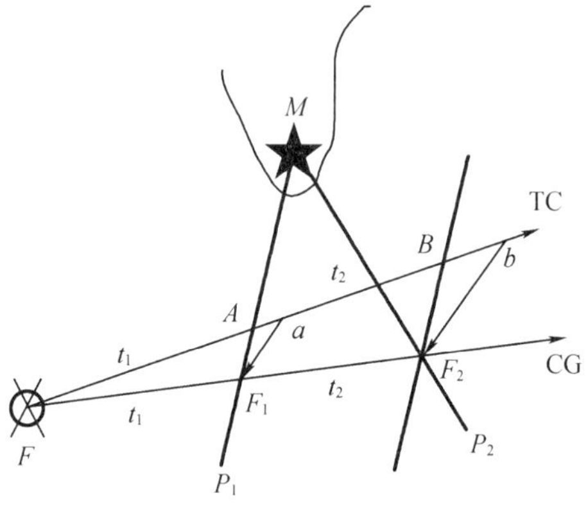

图 4-3-21　移线定位法

(1)自观测船位点 F 任画一直线(一般取真航向线),与 P_1 相交于 A 点;

(2)在该直线上截取一点 B,并满足 $FA:FB=t_1:t_2$;

(3)过 B 点作 P_1 的平行线,与 P_2 相交于 F_2 点,F_2 即为 T_2 时刻的移线船位;

(4)连接 FF_2,与 P_1 相交于 F_1 点,F_1 即为 T_1 时刻的移线船位;直线 FF_1F_2 即为船舶的实际航迹线,其前进方向就是实际航迹向 CG($FF_1:F_1F_2=FA:FB=t_1:t_2$)。

2. 求取平均流向、流速

如图 4-3-21 所示，假设 a、b 两点为推算所得的 T_1、T_2 时刻推算船位，用直线分别连接 aF_1 和 bF_2，aF_1 和 bF_2 就是 $T_0 \sim T_1$ 和 $T_0 \sim T_2$ 间的水流矢量，其方向即为平均流向，流速等于流程与相应的时间间隔之比。

（三）提高单物标两方位移线船位精度的方法

为了提高单物标两方位移线定位的精度，除了尽可能地减小观测方位的标准差以及航迹推算中航向上的标准差和航程的标准差外，还应该：

1. 注意选择离船较近的物标，并且应尽可能缩短转移位置线的时间间隔，以便减小推算航程 S 对移线船位精度的影响；

2. 尽量使两条位置线的交角接近 90°，一般不应小于 30°。

对单物标两方位移线定位而言，上述两点要求是相互制约的。要缩短转移位置线的时间间隔，则物标的方位变化角就小，即位置线的交角 θ 随之减小；反之，若要求位置线交角 θ 接近 90°，就要延长转移位置线的时间间隔，推算航程 S 也相应增大。因此，单物标两方位移线定位时应选择在物标正横附近，物标距离较近的时候进行，当物标方位变化超过 30°，即位置线交角 θ 大于 30°时即可确定移线船位。选择在物标的正横附近进行移线定位，可满足物标离船较近的要求，同时，正横附近且离船较近的物标，其方位变化较快，有利于缩短转移位置线的时间间隔；选择在位置线交角大于 30°时进行移线定位，可同时兼顾上述两点的要求。

项目五

天 文 航 海

任务一 天 球 坐 标

天文航海是研究如何利用天体以确定船舶位置的一门学科。为此,研究天文航海首先应建立天球和天球坐标的概念,进而确定天体位置,并通过测定船位与天体间的球面几何关系而解得船位。

一、航用天体

日、月、星辰以及宇宙中其他聚集的自然物质,统称为天体。宇宙无边无际,天体的数目也是无穷的,但能用于天文航海的,仅有太阳、月亮、金星、火星、木星、土星和159颗恒星。这些天体统称为“航用天体”。

(一)太阳系

绕太阳旋转并以太阳为中心的天体系统,称为太阳系。

1. 太阳

太阳是离地球最近的一颗恒星,直径达139万千米,离地球1.5亿千米,是太阳系中心天体。它给地球带来光和热,是地球人类及动植物的生命源泉。

2. 行星

绕太阳公转本身不发光的天体称为行星。太阳系有八大行星,按距太阳距离由近至远的顺序排列,它们分别为水星、金星、地球、火星、木星、土星、天王星和海王星。它们均沿着各自的椭圆轨道向东绕太阳运行。

水星最接近太阳,常被太阳的光辉所淹没,不易为人们观察到。天王星和海王星,离地球甚远,亮度极暗,须使用天文望远镜才可见到,因此,用于天文航海的仅有金星、火星、木星和土星,称为航用行星。这四颗航用行星中:金星最亮,光色辉青;木星次之,呈银白色。

3. 卫星

卫星围绕行星运行。火星、木星、土星、天王星和海王星都有不止一个卫星。但是这些卫星都太暗,不能应用于天文航海。只有地球的卫星月亮,因为离地球很近,看起来和太阳差不多大小。月亮本身虽然不发光,我们却能看见它被太阳光辉照亮的部分。

(二)恒星

于晴朗的夜晚,我们仰视天空所见的星,除了几颗行星以外,其余均系恒星。恒星均是炽热发光的天体。在浩瀚的宇宙空间,所有恒星均以很快的速度运动着,由于它们离地球甚远,以至在几百、几千年内看不出它们之间相对位置有明显变化,故它们被称为恒星。星图、星球仪、索星卡所标的星均为恒星。

(三)航海常用的恒星的识别

1. 星座

古代天文学家为识别天空中的恒星,根据恒星在天空中所保持的相对位置,将星空划分为诸多区域,每个区域称为一个星座。1922 年国际天文协会决定以这些古代的星座为基础,将整个星空划分为 88 个星座。星座的名称多取古代传奇和神话中的人物、禽兽和物品的名字。例如:牧夫座、天鹰座、天琴座等。

2. 星名及专名

每个星座中有许多恒星,按星体的亮度递减顺序,给每一颗恒星标以希腊字母 α,β,γ……,即为这些恒星的名字,简称星名。如天鹰座 α 星、天鹰座 β 星;天琴座 α 星、天琴座 β 星。此外,对一些比较亮的恒星还给以专有的名称,如天鹰座 α 星的专名叫河谷二(牛郎),天琴座 α 星的专名叫织女一。但也有少数例外的,如双子座、猎户座的 α 星,由于其亮度竟若干年逐渐变化,至尽它们反而不及 β 星亮了。

3. 星等

星等是表示天体亮暗的等级单位。肉眼能看到的最暗的星为 6 等星,星等数值越小亮度越大。最亮的恒星是天狼星,其星等为 -1.6(太阳为 -26.8 等,金星平均亮度达 -3.8 等)。每增加一个星等,亮度增加 2.512 倍。如 -1 等星亮度是 0 等星的 2.512 倍,4 等星亮度是 5 等星的 2.512 倍等等。一等星亮度是六等星亮度的 100 倍。航海上习惯将星等值小于 1.5 的恒星统称为一等星,将星等值 1.6 到 2.5 的恒星统称为二等星。天文航海观测,通常都是选择亮于 2.0 等的星。恒星和行星的星等都可以在《航海天文历》中查得。

4. 星的辨认

为了迅速观测星体定位,要求驾驶员能够辨认主要的星座和主要航用恒星。认星的主要方法,是先识别具有特殊形状易于辨认的星座及明亮的恒星,再通过几个明亮恒星间的几何图形关系去识别其他星座。还可根据恒星的亮度和颜色来辨认。恒星的颜色略有差异,或偏黄或偏红或呈蓝白色。如天蝎座 α 星就是一颗火红色恒星。中版《航海天文历》附表中刊有三张星表。分别是北天极为中心的星图、南天极为中心的星图和天赤道带星图。

行星的位置经常改变,故星图上无法予以标出。在《航海天文历》中有一页"四星纪要",里面记载有各行星于各月份出现在什么星座。若我们发现某星座处星图里的一等星外,还有其他亮星,则该颗亮星必是行星。只需参考《航海天文历》的四星纪要便可确知该行星的名称了。

二、天球

天球

宇宙无边无际。除太阳、行星、月亮等与地球同属太阳系的诸天体离地球较近外,其余数目众多的恒星散布于广瀚的宇宙空间,且离地球非常遥远,并按各自的规律运动着。这些天体看起来与地球毫不相干，如何能用它们来测定船位呢？我们首先通过假定一个天球，进而在天球面上建立起赤道和地平坐标系，将天体与地球和测者产生联系，以实现定位的。

(一) 天球

人们仰视天空，总觉得天空像一个巨大的空心半球罩在我们头顶上，所能见到的天体好像都在这个半球的球面上。而地球恰好位于这个半球的球心。因此，为了研究方便，我们定义天球是以地球中心为球心，以无限长为半径所做的假想球体。所有天体都投影在天球面上，它们在球面上的位置称为天体位置，即将地心与某天体中心的连线无限延长交天球表面于一点。而地心和某天体中心的连线与地球表面的交点，叫作该天体地理位置，如图 4-1-1 中的 B 点是天体 B' 的天体位置，b 点则是其天体地理位置。

(二) 天体上的基本点、线、圆

为天体与地球间的联系进一步具体化，需要在天球面上建立赤道坐标系和地平坐标系，了解与坐标系有关的天球基本点、线、圆，及它们之间的对应关系，见表 5-1-1。

表 5-1-1　天体上的点、线、圆与地球上的点、线、圆对应表

地球	地轴	北极	南极	赤道	纬度圈	经度圈	格林经线	测者经线
天球	天轴	天北极	天南极	天赤道	赤纬圈	时圈	格林午圈	测者午圈

1. 天轴

是地轴 P_nP_s，向两端无限延伸，与天球面相交的线段，如图 5-1-1 中的 P_NP_S。

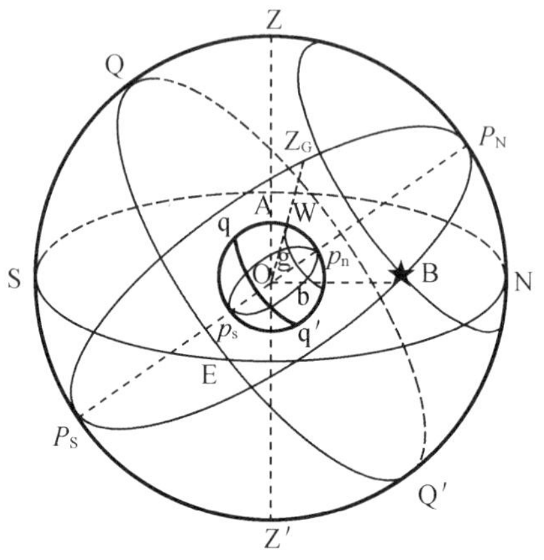

图 5-1-1　地球天球对应测者子午面图

2. 天极

天轴 P_NP_S 的两端为天极，与北极 p_n 相对应的天极 P_N 为天北极，与南极 P_S 相对应的天极 P_S 为天南极。

3. 天赤道

地球赤道平面 qq' 无限扩展，与天球面相截得出的大圆 $QEQ'W$ 称为天赤道。天轴 P_NP_S

与天赤道面相垂直,由两天极至天赤道上任一点的球面距离均为 90°。天赤道将天球分为南、北天半球,含天北极的称为北天半球,含天南极的称为南天半球。

4. 测者天顶和天底

测者铅垂线 OA 向上、下无限延伸,与天球面上方的交点 Z 称为测者天顶,下方交点 Z' 称为测者天底。

格林尼治天文台铅垂线向上无限延伸与天球面的交点 Z_G 称为格林天顶,向下无限延伸与天球面的交点 Z'_G 称为格林天底。

5. 测者子午圈

过测者天顶、天底和两天极的大圆 P_NZP_SZ' 称为测者子午圈。

(1)测者午圈

两天极之间包含测者天顶的半个大圆 P_NZP_S 称为测者午圈。测者午圈垂直于天赤道。

由图 5-1-1 中可明显看出,测者午圈与天赤道的交点 Q 至测者天顶点 Z 之间的弧距,等于测者纬度。

(2) 测者子圈

两天极之间包含测者天底的半个大圆 $P_NZ'P_S$ 称为测者子圈。

测者子午圈等分天球为东、西天半球。包含 E 点的称东天半球,包含 W 点的称西天半球。

6. 格林子午圈

过格林天顶、天底和两天极的大圆 $P_NZ_GP_SZ'_G$ 称为格林子午圈。

(1)格林午圈

两天极之间包含格林天顶的半个大圆 $P_NZ_GP_S$ 称为格林午圈。

(2)格林子圈

两天极之间包含格林天底的半个大圆 $P_NZ'_GP_S$ 称为格林子圈。

由于格林午圈和测者午圈是地球上格林尼治经线和测者经线无限扩展与天球面上的结果,显然,它们之间于天赤道上所夹弧距等于测者经度。

7. 天体时圈

过两天极和天体的半个大圆称天体时圈。如图 5-1-1 中的 P_NBP_S 为天体 B 的时圈,并与其地理位置 b 的经度线相对应。天体时圈垂直于天赤道。

8. 天体赤纬圈

过天体且平行于天赤道的小圆称为天体赤纬圈,又称周日平行圈。

9. 春分点时圈

春分点 γ 是位于天赤道上的一个固定点。过两天极和春分点的半个大圆 $P_N\gamma P_S$ 称春分点时圈。

10. 测者真地平圈

过地心且垂直于测者铅垂直线 OZ 的平面与天球截得的大圆 $NESW$ 称为测者真地平圈或地心真地平圈。测者真地平圈与测者子午圈相交于两点,靠近天北极 P_N 的交点称为北点 N,靠近天南极 P_S 的交点称为南点 S。测者真地平圈与天赤道也相交于两点,面向北,右手一侧的交点为东点 E,左手一侧的交点为西点 W。这就是测者真地平圈上的 N、E、S、W 四个方位基点。四个方位基点 N、E、S、W 将真地平分成 NE、NW、SE、SW 四个象限,每个象限为 90°。

测者真地平圈等分天球为上、下天半球。包含天顶(Z)的为上天半球,包含天底(Z′)的为下天半球。

天顶至测者真地平圈上任一点的球面距离均为90°。

11. 仰极和俯极

真地平以上的天极称为仰极(即与测者纬度同名的天极);真地平以下的天极称为俯极。

从图5-1-2中亦可看出,从测者真地平圈与测者子午圈的交点N,至仰极P_N间的弧距$P_N N$称为仰极高度,它即等于测者纬度。

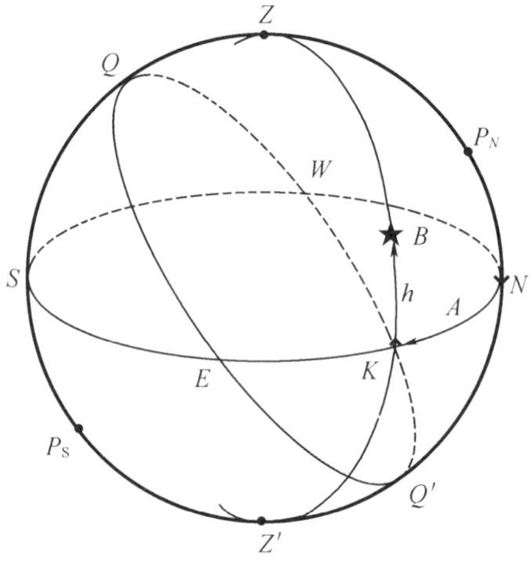

图5-1-2 测者子午面天球图

12. 垂直圈

如图5-1-2所示,过天顶、天底和天体的半个大圆ZBZ′称为天体垂直圈;过东点、西点的垂直圈EZWZ′称卯酉圈它与测者子午圈垂直。

三、赤道坐标系

赤道坐标系

(一)第一赤道坐标系

第一赤道坐标系又称时角赤道坐标系,其横向坐标基准大圆是天赤道,横向辅助圈是赤纬圈。纵向坐标基准大圆为格林午圈或测者午圈,纵向辅助圈是天体时圈。

1. 赤纬(Declination)*Dec*

天赤道和天体在天体时圈上所夹的弧距。自天赤道起,沿天体时圈向北或向南量至天体中心止,范围在0°~90°。天体在北天半球的,其赤纬的命名为北(N);南天半球的天体赤纬的命名为南(S)。如图5-1-3中B天体的赤纬$Dec=50°N$

由图5-1-3中还可看出,天体B的赤纬在地心所张的角∠MOB与天体B的地理位置b的纬度所张角是相等的,即天体地理位置的纬度在数值上与天体的赤纬值相等,而且同名。如天体B的地理位置b的纬度$\varphi=50°N$。

该坐标的另一种表示方法称极距(Polar distance)p是仰极与天体在天体时圈上所夹的弧距。自仰极起,沿天体时圈量至天体,范围在0°~180°。如图5-1-3中,天体B的极距$P=40°$

$P = 90° \pm Dec$　（赤纬与纬度异名取"+"；同名取"−"）

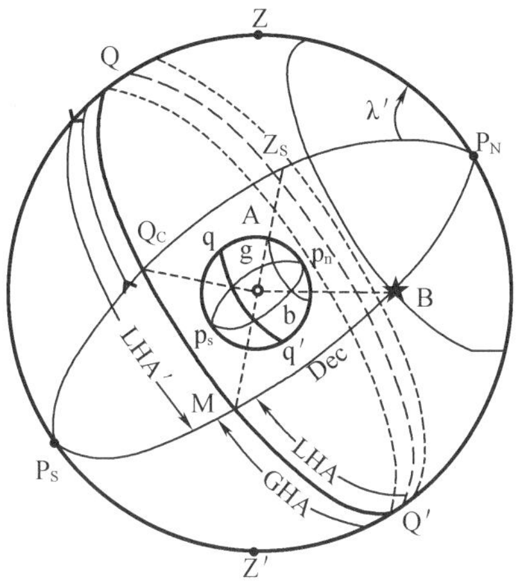

图 5-1-3　第一赤道坐标系

2. 时角

(1) 地方时角(Local hour angle) *LHA*

测者午圈与天体时圈在仰极所夹的球面角，亦可定义为测者午圈与天体时圈在天赤道上所夹的弧距。地方时角有圆周和半圆时角两种量法。

①圆周法：自测者午圈起，沿天赤道向西或顺时针量到天体时圈，范围在 0°～360°，不必命名。图 5-1-3 中，天体 *B* 的地方圆周时角 *LHA* 为 $QQ'M = 240°$

②半圆法：自测者午圈起，沿天赤道向西或向东量到天体时圈，范围在 0°～180°，向西量的地方半圆时角的命名为西(W)，向东量的则命名为东(E)。图 5-1-3 中，天体 *B* 的地方半圆时角 *LHA* 为 $= QQ_G M = 120°E$

对同一个天体的圆周时角与半圆时角之间的关系为：

若(圆周) $LHA < 180°$，则(圆周) LHA ＝(半圆) LHA(W)；

若(圆周) $LHA > 180°$，则 $360°-$(圆周) $LHA =$ (半圆) LHA(E)

(2) 格林时角(Greenwich hour angle) *GHA*

格林午圈与天体时圈在仰极所夹的球面角，也可以定义为格林午圈和天体时圈在天赤道上所夹的弧距。格林时角量法：自格林午圈起，沿天赤道向西或顺时针(P_N 往下看)量到天体时圈，范围 0°～360°。图 5-1-3 中，天体 *B* 的格林圆周时角 $GHA = 290°$

(3) 地方时角与格林时角的换算

同一个天体的格林时角和地方圆周时角的差别，等于它们起算点格林午圈和测者午圈间的差别，即等于测者经度。

$$(圆周)\ LHA = GHA \pm \lambda_{w}^{E}$$

例 5-1-1　已知 $GHA = 298°\ 30'0$，求经度 $\lambda = 126°\ 20'0E$ 处的(半圆) *LHA*。

GHA	298° 30′0
+) λ_E	126° 20′0
解　*LHA*	424° 50′0(超过 360°,可减掉 360°)
圆周 *LHA*	64° 50′0
半圆 *LHA*	64° 50′0W

例 5-1-2　已知经度 λ = 120° 25′0E 处的圆周 *LHA* = 60° 10′0 求格林时角 *GHA*?

解　*LHA*	60° 10′0(不够减,可加上 360°)
-) λ_E	120° 25′0
GHA	299° 45′0

3. 天体地理位置与第一赤道坐标系关系

如图 5-1-1 所示,天体在天球的位置 *B* 和地心 *O* 的连线,与地球表面的交点 *b* 称为天体地理位置。天体地理位置的经纬度可以由天体的赤纬和格林时角来确定:

$$\text{天体地理位置纬度 } \varphi = Dec$$

$$\text{天体地理位置经度 } \lambda_E^W = \begin{cases} GHA\ (GHA<180°) \\ 360° - GHA\ \ (GHA>180°) \end{cases}$$

(二)第二赤道坐标系

第二赤道坐标系又称春分点赤道坐标系,是以天赤道为基准圆,以春分点 Υ 为原点。坐标是赤纬和赤经或共轭赤经。

1. 坐标值

(1)赤纬

定义同第一赤道坐标系。

(2)天体赤经(Right ascension)*RA*

从春分点 Υ 起,沿天赤道向东量到天体时圈的弧距,由 0°~360°计算,如图 5-1-4 中,天体 *B* 的赤经 *RA* = Υ*M*。

天体共轭赤经(Sidereal hour angle)*SHA*:从春分点 Υ 起,沿天赤道向西量到天体时圈的弧距,由 0°~360°计算,如图 5-1-4 中,天体 *B* 的共轭赤经 *SHA* = Υ*QQ′M*。对于同一天体显然有:

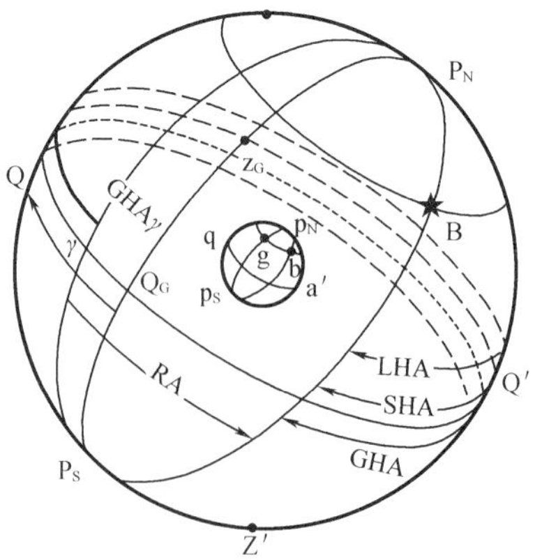

图 5-1-4　第二赤道坐标系

$$RA+SHA=360°$$

因为春分点在天球上的位置基本不变(变化非常缓慢),可以视为天赤道上的一颗恒星,它与各恒星间相互位置基本固定,所以各恒星的赤纬和赤经(或共轭赤经)也基本保持不变,因此用第二赤道坐标系的坐标表示天体的位置与地球的自转无关。

2. 第一、第二赤道坐标系的坐标换算

第一、第二赤道坐标系的赤纬相同,而天体的格林时角和共轭赤经度量的终点均为天体时圈,相差的只是起点格林午圈与春分点时圈在天赤道上所夹的一段弧距,该弧距称为春分点格林时角(Greenwich hour angle of Aries,GHAϒ)。春分点格林时角从格林午圈起,沿天赤道向西度量到春分点时圈的弧距 $Q_G\Upsilon$,由 0°~360°计算。

如图 5-1-5、5-1-6 所示,可以得出:

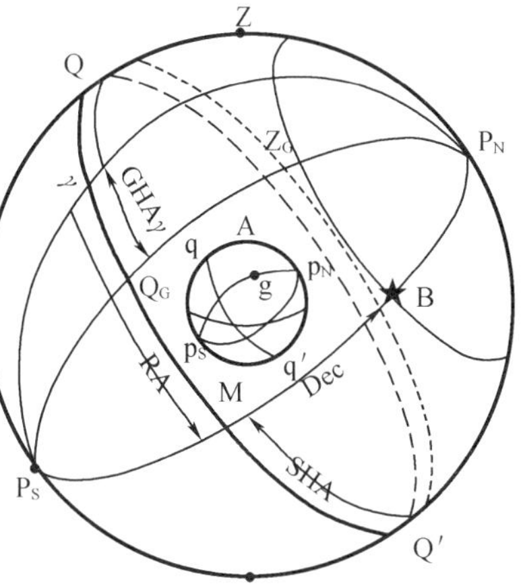

图 5-1-5　测者子午面坐标换算图

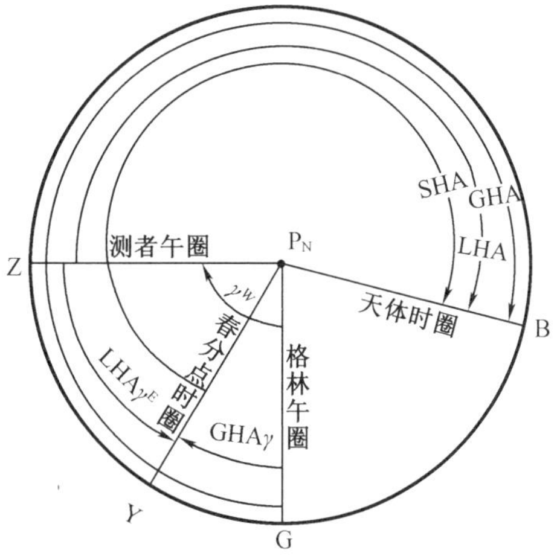

图 5-1-6　天赤道平面坐标换算图

天体格林时角 GHA=春分点格林时角 $GHA\Upsilon$+天体共轭赤经 SHA

天体地方时角 LHA =春分点格林时角 $GHA\Upsilon$+共轭赤经 SHA±测者经度 λ_W^E

=春分点地方时角 $LHA\Upsilon$+共轭赤经 SHA

四、地平坐标系

地平坐标系的横向基准大圆是测者真地平圈,横向辅助圆是平行于测者真地平圈的小圆,称等高度圈。纵向基准大圆是测者子午圈,纵向辅助圆是垂直圈。北点 N(或南点 S)为原点。

(一)天体高度(Altitune)h

如图 5-1-7 所示,天体高度是从真地平圈起沿天体垂直圈向上或向下量至天体的弧距,由 0°~90°计算,从真地平向上高度为正(+),向下为负(-)。

该坐标的另一种表示方法称天体顶距(zenith distance)Z,它是从天顶起沿天体垂直圈量至天体的弧距,由 0°~180°计算。显然,对于在地平上同一天体有:$h+Z=90°$

在图 5-1-7 中,天体 B 的高度 $h=KB$,顶距 $Z=ZB=90°—h$。弧 SP_S 为仰极高度,QZ 为测者纬度,两者相等,即:仰极高度等于测者纬度。

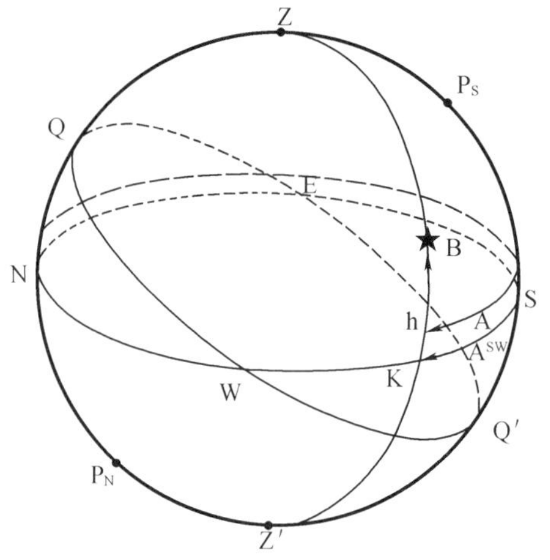

图 5-1-7　地平坐标系

(二)天体方位(Azimuth)A

测者子午圈和天体垂直圈在真地平上所夹一段弧距,称天体方位,也等于该弧距所对的球面角。天体方位有两种度量法:

1. 圆周法:无论北纬或南纬测者,均从北点 N 起算,按顺时针方向沿真地平量至天体垂直圈,由 000°~360°计算。

2. 半圆法:北纬测者,从北点 N 起算,沿真地平向东或向西量至天体垂直圈,由 0°~180°计算。南纬测者,从南点 S 起算,沿真地平向东或向西量至天体垂直圈,由 0°~180°计算。

由上可见。半圆方位后面应附有两个名称,第一名称与测者纬度同名,第二名称表示方位度量的方向即与半圆地方时角同名。

(三)圆周方位和半圆方位的换算

对于北纬测者:

半圆方位 A_{NE} = 圆周方位 A;$360°-A_{NW}$ 半圆方位 = 圆周方位 A

对于南纬测者:

$$180°-半圆方位\ A_{SE}=圆周方位\ A$$

$$180°+半圆方位\ A_{SW}=圆周方位\ A$$

利用地平坐标系确定天体位置比较直观,由于地球自转,任一天体的高度和方位是时刻在改变的,而对不同地点的测者,同一天体的地平坐标也是不一样的。

例 5-1-3　将 0°NE,0°NW,0°SE,0°SW 和 180°NE,180°NW,180°SE,180°SW 换算成圆周方位

解　0°NE = 0°NW = 000°;0°SE = 0°SW = 180°;

180°NE = 180°NW = 180°;180°SE = 180°SW = 000°

例 5-1-4　将 76°NE,76°NW,76°SE,76°SW 换算成圆周方位

解　76°NE = 076°;76°NW = 360° − 76° = 284°;

76°SE = 180° − 76° = 104°;76°SW = 180° + 76° = 256°

例 5-1-5　某轮在南半球某海域航行,大副傍晚观测太阳,计算所得的太阳半圆方位

数值为 96°,求太阳的圆周方位。

解　因为测者位于南半球,其半圆方位第一名称为 S;傍晚太阳位于西天半球,其半圆方位第二名称为 W。所以太阳方位为 96°SW。

$$96°SW = 180° + 96 = 276°$$

五、天文三角形及其解算

赤道坐标和地平坐标间的相互变换可通过解球面三角形来实现的。

(一)天文三角形

图 5-1-8,是南纬测者子午面天球图。ZBZ' 为天体 B 的垂直圈 P_SZP_N 是测者午圈,P_SBP_N 是天体 B 的时圈。这三个大圆于天球面上所围成的一个球面三角形 $\triangle ZP_SB$ 称为天文三角形。

天文三角形的三个角顶是:天顶、仰极和天体。

天文三角形的三条边是:

余纬 $P_SZ = 90° - \varphi$

极距 $P_SB = 90° - Dec$

顶距 $ZB = 90° - h$

天文三角形的三个角是:

$\angle P_SZB$ = 半圆方位 A;

$\angle ZP_SB$ = 半圆时角 LHA;

$\angle ZBP_S$ = 天体位置角 X。

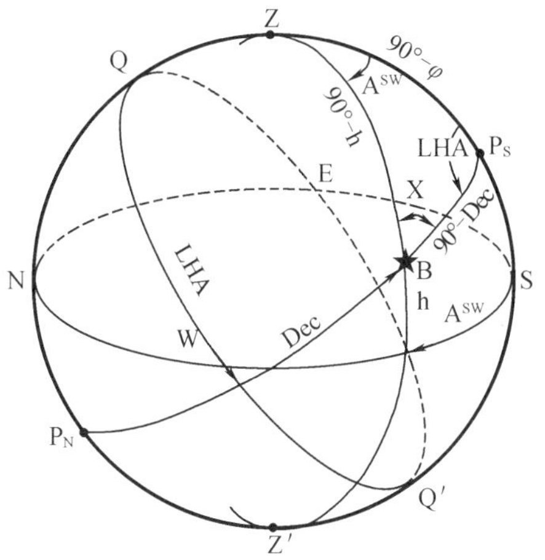

图 5-1-8　天文三角形

天文三角形的三条边和三个角称作天文三角形的六要素,除余纬外取值范围均为 0°~180°。天文三角形的六要素中,已知三要素,便可求得另外三要素。

(二)解算天文三角形

1. 求天体计算高度 h_c 和计算方位 A_c的公式

在天文导航中,将数学解算得到的天体高度和方位分别称为计算高度 h_c 和计算方位

A_c。天文导航计算，通常是已知推算船位 φ、λ 和天体位置 Dec、LHA，求天体高度 h_c 和方位 A_c。在天文三角形中，已知条件是余纬（$90°-\varphi$）和极距（$90°-Dec$）及其夹角 LHA。由球面三角形的余弦公式和三联公式，可得求天体高度和方位的公式：

$$\sin h_c=\sin\varphi\sin Dec+\cos\varphi\cos Dec\cos LHA \tag{5-1-1}$$

$$\cot A_c=\cos\varphi\tan Dec\csc LHA-\sin\varphi\cot LHA \tag{5-1-2}$$

$$\cos A_c=\frac{\sin Dec-\sin\varphi\sin h_c}{\cos\varphi\cos h_c}=\frac{\sin Dec}{\cos\varphi\cos h_c}-\tan\varphi\tan h_c \tag{5-1-3}$$

以上公式中各量的符号法则为：

①纬度 φ 恒为正值，无论测者是北纬还是南纬；

②赤纬 Dec 与纬度 φ 同名时取正值，与纬度 φ 异名时取负值；

③LHA 为半圆地方时角，无论名称 E 或 W 一律取正值；

④sin h 值为正，高度 h 取小于 90°的正值；sin h 值为负，则高度 h 取小于 90°的负值，即为负高度。

⑤A_c 为半圆方位，其第一名称与测者纬度 φ 同名，第二名称与半圆地方时角 LHA 同名。

2. 利用三角函数计算器求 hc 和 A_c

根据公式 4-1-3 和 4-1-5，利用三角函数计算器可以方便地求得天体的计算高度 h_c 和计算方位 Ac。

使用计算器，最大的麻烦在于 60 分为 1 度的 60 进制问题。60 进制和 10 进制的输入或输出转换，不同类型的计算器有不同的操作方法，很容易出错。为此，可不使用计算器本身提供的进制转换键，而先将 φ、Dec 和 LHA 度以下的分值及其小数先除以 60（用计算器做）化成以度为单位的小数，准确到小数点后四位即可满足计算精度要求。然后将各数值按公式一次性连续输入。求出的 h_c 后，再将其度以下的小数乘以 60（用计算器作）即可转换成分数及其小数。这样做能有效减少按键次数，避免差错。

如果赤纬 Dec 为负值，应注意正确使用[+/-]键。因为正弦函数是奇函数，所以必须在键入数值后按[+/-]键。而余弦函数是偶函数，可省略按[+/-]键的步骤。反三角函数的转换键，有的计算器是[2ndf]，有的计算器则是[shift]。

计算结果，h_c 准确到 0′.1，A_c 准确到 0°.1。

例 5-1-6 已知推算船位 φ35°26′.2N，λ122°08′.6E，天体 Dec20°51′.1N，天体 GHA292°16′.9，求天体计算高度 h_c 和计算方位 A_c。

解 ①求 LHA

GHA	292°16′.9
$+\lambda_E$	122°08′.6
LHA	54°25′.5

54°25′.5W

②求 h_c

φ35°26′.2N = 35°.4367N，Dec20°51′.1 = 20°.8517，LHA54°25′.5W = 54°.425W

h_c = acs sin(sin 35°.4367sin 20°.8517+cos 35°.4367cos 20°.8517cos 54°.425)

计算器操作：

35.4367 [sin] ×20.8517 [sin] +35.4367 [cos] ×20.8517 [cos] ×54.425 [cos] = [2ndf sin^{-1}]

显示 40.47155016

即 h_c = 40°.4716 = 40°28′.3

③求 A_c

A_c = acs(sin 20°.8517/cos 35°.4367/cos 40°.4716−tan 35°.4367×tan 40°.4716)

计算器操作：

20.8517 [sin]/35.4367 [cos]/40.4716 [cos]−35.4367 [tan]×40.4716 [tan] = [2ndf $\cos^{-1}$]

显示 91.7845788

即 A_c = 91°.8NW

例 5-1-7 已知推算船位 φ43°18′.6N，天体赤纬 *Dec*11°29′.3S，天体地方时角 *LHA*26°13′.0E，求天体计算高度 h_c 和计算方位 A_c。

解 φ43°18′.6N = 43°.31N，*Dec*11°29′.3S = 11°.4884S，*LHA*26°13′.0E = 26°.2167E

①求 h_c

h_c = acs sin(sin 43°.31sin(−11°.4884)+cos 43°.31cos 11°.4884cos 26°.2167)

计算器操作：

43.31 [sin]×11.4884 [+/−sin]+43.31 [cos]×11.4884 [cos]×26.2167 [cos] = [2ndf $\sin^{-1}$]

显示 30.20536702

即 h_c = 30.2054 = 30°12′.3

②求 A_c

A_c = acs[sin(−11°.4884)/cos 43°.31/cos 30°.2054−tan 43°.31×tan 30°.2054]

计算器操作：

11.4884 [+/−sin]/43.31 [cos]/30.2054 [cos]−43.31 [tan]×30.2054 [tan] = [2ndf $\cos^{-1}$]

显示 149.9386245

即 A_c = 149°.9NE

六、天球作图

绘制天球图也可以进行天球坐标的换算。但是本书介绍天球作图的目的是：通过绘制天球图加深对天球坐标的理解，同时为后续的天文导航原理的理解打下基础。因为许多天文导航的原理和方法都是通过天球图来介绍的。

天文航海中通常采用三种天球图，它们是：测者子午面天球图、天赤道面平面图和测者真地平面平面图。下面通过例题介绍测者子午面天球图的绘制方法。

例 5-1-8 已知测者纬度 40°N，天体赤纬 *Des*50°N，天体地方时角 *LHA*80°W，绘出测者子午面天球图并标出天体的高度和方位以及天文三角形。

解 (1)见图 5-1-9(a)，以适当半径画圆为测者子午圈，过圆心作相互垂直的两条直线(熟练后该两线不必绘出)，上标 *Z* 为天顶，下标 *Z′*为天底，并绘出真地平圈。

(2)见图 5-1-9(b)，因为 *LHA* 为 *W* 时角，则所绘天球图为西天半球图，天球近点为 *W*，远点为 E，则图的左边为 *N*，右边为 *S*. 测者纬度为 *N*，则仰极为天北极. 由于测者纬度等于仰极的高度，靠近 *N* 点标出仰极，其高度为弧 *NPn* = 40°，因此，可标出 *Ps* 和天赤道 *QQ′*弧. 在天赤道上以 *Q* 为起点向西量弧 *Qa* = *LHA* = 80°W，过点 P_N，*a*，*Ps* 画天体时圈. 在天体时圈上从 *a* 点起向 P_N 量取弧 *aB* = *Dec* = 50°N，确定天体 *B* 的位置.

(3)见图 5-1-9 (c),过天顶 Z,天体 B,天底 Z' 做天体垂直圈,从真地平圈起沿天体垂直圈量至天体 B 的弧长为天体高度 h, 天体半圆方位为 A_{NW},ΔZP_NB 为天文三角形。

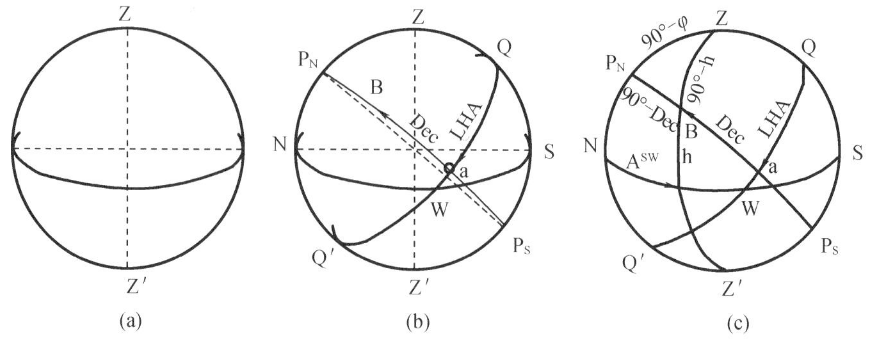

图 5-1-9　绘制测者子午面天球图

任务二　天体视运动

天文定位必须知道任意时刻天体的准确位置。由于地球自转和绕太阳公转,使得天体的坐标值随时都在不停地变化着。因此,欲得到天体的准确位置,就必须掌握天的运动规律。

天体视运动

一、天体周日视运动

天体以一昼夜为周期绕地球自东向西的运动现象,称为天体的周日视运动。所有天体的东升西降运动就是这种视运动现象的反映。

(一)天体周日视运动的成因及其运动规律

地球绕地轴自西向东自转着,而于地球上的人们并不感到地球的转动,看到天体在自东向西绕地球运转。因此,天体周日视运动,实际上是地球绕地轴以一天为周期的自西向东运动的相对运动。

天体于天球上做周日视运动的轨迹基本上是与天赤道平行的小圆,即天体赤纬圈,又称周日平行圈。

在天体周日视运动中,人们是假定地球不动,相对地看到天球绕天轴自动向西转动。因此,在周日视运动中,凡是与测者有关的天球上的基本点、线、圆,如天顶、子午圈、真地平圈、东西圈等都是不动的。只有与天体有关的基本点、线、圆,如天体、天体时圈、天体位方圈等才随着天体转动着。

(二)天体周日视运动现象

天体周日视运动现象,依测者纬度和天体赤纬的不同而变化着。

1. 天体的出没

在周日视运动中，天体中心通过测者真地平圈时称为天体的出没。其中，天体在东天半球由下而上通过真地平圈时称为天体的真出，天体在西天半球由上而下通过真地平圈时称为天体的真没。天体真出没时，其高度 $h=0$。

从图 5-2-1 中可以看出：只有天体的赤纬圈与真地平圈相交的天体才有出没现象。如天体 B 和 C。若天体的赤纬圈全部在真地平圈以上时，则该天体为永不降没，如 D 天体；若天体赤纬圈全部在真地平圈一下时，则永不升出，如 J 天体。也就是说，当天体的 $Dec<90°-\varphi$，而且不论 Dec 与 φ 是同名还是异名均成立，只不过当 Dec 与 φ 是同名时，天体于上天半球运动时间长，如 K 天体；反之则较短，如 F 天体。

若 $Dec>90°-\varphi$ 时，则无升出和降没。当 Dec 与 φ 是同名时的天体为永不降没，如 D 天体；当 Dec 与 φ 异名时的天体为永不升出，如 J 天体。

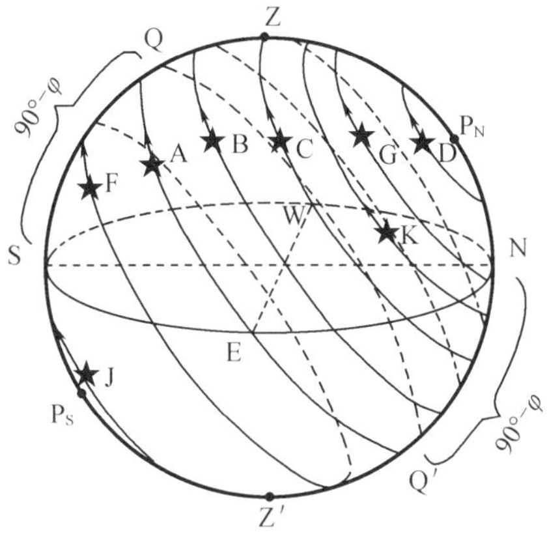

图 5-2-1　天体周日视运动

2. 天体出没的象限：

有出没的天体，均升出于东天半球，降没于西天半球。

在天赤道上的天体（$Dec=0°$），升出于正东，降没于正西。天体过东、西点，其周日平行圈为天赤道，在地平上下的时间相等，如天体 A。

北赤纬的天体，升出于 NE 象限，降没于 NW 象限。

南赤纬的天体，升出于 SE 象限，降没于 SW 象限。

可见，天体的出没象限与测者纬度无关，其出没象限命名，第一名称与赤纬同名，第二名称出为 E 没为 W。

当 $Dec<\varphi$，且同名时，天体过东西圈，如天体 B；

当 $Dec>\varphi$，且同名时，天体距角，当天体距角时其位置角 $X=90°$，如天体 K；

当 $Dec=\varphi$，且同名时，天体过天顶，其中天高度为 90°，如天体 C。

3. 天体的中天

天体在周日视运动中，经过测者子午圈时称为天体的中天，当天体经过午圈的时刻称为上中天（upper meridian passage），这时天体的高度是最高；当天体经过子圈的时刻称为下中天（lower meridian passage），这时天体的高度最底。中天高度计算公式如下：

$H=(90°-\varphi)\pm Dec$

Dec 与 φ 同名取“+”，异名取“-”。

天体上中天的方位，不是正南就是正北。若天体上中天时在测者天顶以北，那么它的方向为正北，反之为正南。天体上中天时，其时圈和测者午圈相重合，天体地方时角为0°；天体下中天时，其时圈和测者子圈重合，天体地方时角为180°。

4. 天体在周日视运动中于上天半球运行现象

如图5-2-1中所示，以测者在北纬时为例，分析赤纬不同的天体在上天半球运行的现象如表5-2-1所示。

表5-2-1　天体在上天半球运行的现象

要求	天体条件	图中的天体	说明
有出没的天体	$Dec<90°-\varphi$	K、C、B、A、F	Dec 与 φ 同名，在地平上的时间大于地平下的时间，天体K、C、B； Dec 与 φ 异名，在地平上的时间小于地平下的时间，天体F。
没有出没的天体	$Dec\geqslant 90°-\varphi$	D、G、J	Dec 与 φ 同名，不没，天体D； Dec 与 φ 异名，不出，天体J； $Dec=90°-\varphi$，恰好不出或不没，天体G。
过东、西点的天体	$Dec=0°$	A	周日平行圈为天赤道，方位在两个象限变化，在地平上下的时间相等
过东西圈的天体	$Dec<\varphi$，且同名	B	方位在四个象限变化
过天顶的天体	$Dec=\varphi$，且同名	C	中天高度为90°，方位在两个象限变化
发生距角的天体	$Dec>\varphi$，且同名	K、G、D	天体距角时，位置角 $X=90°$，方位在两个象限变化

5. 极昼、极夜

每年3月21日到9月23日，太阳赤纬 Dec 为N($0°\leqslant Dec\leqslant 23°27'$N)，北极该半年为白昼，称极昼，南极则为黑夜，称极夜，下个半年正相反。所谓极昼、极夜现象实际上是指测者能见太阳不没或不出的现象。例如，6月22日，太阳赤纬 $Dec=23°27'$N，在纬度 $\varphi\geqslant 90°-23°27'N=66°33'$N 的地区（即北极圈以内的地区）太阳不没，发生极昼现象，而在 $\varphi\geqslant 66°33'$S 的地区（南极圈内）太阳不出，发生极夜的现象。当测者纬度与天体赤纬同名时，纬度越高，天体在地平上的时间越长；当测者纬度与天体赤纬异名时，纬度越高，天体在地平上的时间越短。

（三）测者在赤道和地极处所见天体周日视运动的特殊现象

1. 测者在赤道处($\varphi=0°$)

如图5-2-2所示。测者在赤道，天北极与正北重合；天南极与正南重合，东西圈与天赤道重合。这时两者所见到的天体周日视运动的特殊现象为：

(1)所有天体的赤纬圈均与真地平圈相垂直，并被等分，所有天体均有出没($Dec<90°$)，

在上、下天半球运行时间相等，北赤纬天体经过 *NE*、*NW* 两个象限，南赤纬天体经过 *SE*、*SW* 两个象限。

(2)$Dec=0°$的天体,上中天时通过测者天顶。

(3)所有天体,在上中天时的高度 $H=90-Dec$,上中天时的顶距 $Z=Dec$。

此时天体半圆方位 A,其第一名称与赤纬同名,第二名称与半圆地方时角同名。

2. 测者在地极处($\varphi=90°$N 或 S)

如图 5-2-3 示。测者在地极处,与测者纬度同名的天极与天顶点重合。另一天极与天底点重合,天赤道与真地平圈重合,所有天体的赤纬圈均与真地平圈平行。这时测者所见天体的周日视运动的特殊现象为:

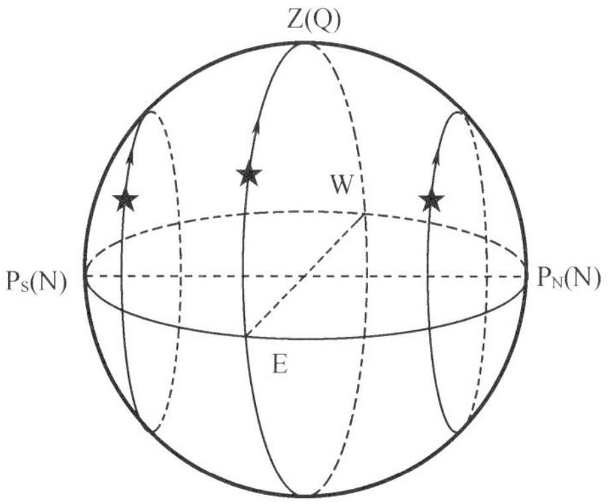

图 5-2-2 测者在赤道处

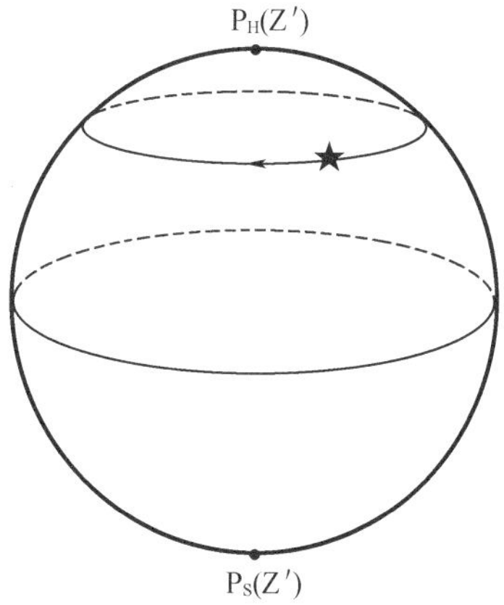

图 5-2-3 测者在地极处

(1)由于测者在地极处,故无法确定测者子午圈及东、西、南、北方向。对在北极处的测者,所有方向均为南;对在南极处的测者,所有方向均为北。

(2)所有天体,由于它们的赤纬圈均与真地平圈平行,故无升出和降没现象。Dec 与 φ 同名的天体,均无降没;Dec 与 φ 异名的天体,均无升出。

以测者在北极处为例。太阳不落的条件是 $Dec>90°-\varphi$ 且同名。对于地球北极,$\varphi=90°$,所以 $Dec>0°$,每年春分(3 月 21 日)以后,太阳赤纬为北,则每天出现在地平线上,直到 9 月 23 日以后,落至地平线以下。所以在北极,半年为白昼,称为“极昼”;半年为黑夜,称为“极夜”。

(四)天体在周日视运动中坐标的变化

这里只讨论在周日视运动中,测者纬度一定,天体赤纬一定时,由天体时角 LHA 的变化所引起其地平坐标即天体高度 h 和方位 A 变化的规律。

1. 天体时角 LHA 的变化对其高度 h 变化的影响

由求高度的基本公式可知:

$$\text{Sin } h=\sin\varphi\sin Dec+\cos\varphi\cos Dec\cos LHA$$

微分上式,经整理得高度变化率公式:

$$\frac{\mathrm{dA}}{\mathrm{d(LHA)}}=\cos\varphi\sin A \qquad (5\text{-}2\text{-}1)$$

分析上式公式得出以下结论:

①当天体中天时,其高度变化最慢,在中天附近其高度变化缓慢;

②当天体过东西圈时,其高度变化最快,且与测者纬度 φ 有关。

2. 天体时角 LHA 的变化对其方位 A 变化的影响

由求方位的基本公式可知:

$$\cot A=\tan Dec\cos\varphi\csc LHA-\sin\varphi\cot LHA$$

微分上式,经整理得以下两方位变化率公式:

$$\frac{\mathrm{dA}}{\mathrm{d(LHA)}}=-\cos Dec\cos X\sec h \tag{5-2-2}$$

$$\frac{\mathrm{dA}}{\mathrm{d(LHA)}}=-(\sin\varphi-\cos\varphi\cos A\tan h) \tag{4-2-3}$$

分析上述公式得出以下结论:

①当天体中天时,其方位变化最快,且与 Dec 与 h 有关,当 Dec 一定,高度越高(即纬度 φ 越低),方位变化越快;

②当天体介于出没与东西圈之间时,其方位变为化缓慢。

二、太阳周年视运动

生活中,人们有这样一个感觉,即夏季昼长夜短,冬季却昼短夜长。这就是说,太阳每天于地平线以上所经过的时间在一年内是在不断变化着的。这表明,太阳赤纬在不断地改变。另外,若于夜间某一固定时刻观察星空,就会发现四季星空呈现的星座各不相同,但每年同一季节星空呈现的星座是相同的,这就是说四季星空有着以一年为周期的变化。四季星空的改变,说明太阳赤经赤纬也在不断变化。

(一)太阳周年视运动的成因

太阳沿着黄道自西向东以一年为周期的视运动现象,称为太阳周年视运动。

太阳所以会产生周年视运动,是因为地球除有以一昼夜为周期的自转之外,还有以一年为周期围绕太阳的公转运动。由于地球上的人们察觉不到地球的公转,相对地感到太阳是绕着地球在转动。因此,太阳的周年视运动是地球公转的相对运动的反映。

(二)太阳周年视运动的规律和特点

地球公转轨道是个椭圆,太阳位于该椭圆的一个焦点处。地球公转中,地轴始终是倾斜着,它与公转轨道平面间的夹角为66°33′,故地球赤道面与公转轨道面之间的夹角为23°27′。如图5-2-4。当地球位置在1时,人们看到太阳在γ处;当地球位置在2时,人们看到太阳在♋处;当地球位置在3,人们看到太阳在♎处;当地球位置在4时,人们看到太阳在♑处,这样,当地球沿着公转轨道1、2、3、4运行一周,我们将看到太阳在天球上向东沿♈♋♎♑运行一周,运行的方向与地球公转方向相同,自西向东,周期为一年。在天球上,太阳周年视运动的轨道称为黄道,它是地球公转轨道于天球上的投影。垂直于黄道的轴,称为黄轴 $\mathrm{M_NM_S}$,轴的两端为黄极,靠近天北极的黄极成为黄北极 M_N,另一个黄极为黄南极 M_S。由于地球赤道面与公转轨道面之间的夹角为23°27′,即黄道面与赤道见的夹角为23°27′,这个夹角成为黄赤夹角 ε。

黄道与天赤道有两个交点,太阳于黄道上做周年视运动,当由南赤道纬转为北赤道纬时所经过的一点♈,成为春分点;另一点♎,称为秋分点。黄道上在春分点和秋分点之间的两个中点,称为夏至点♋和冬至点♑。

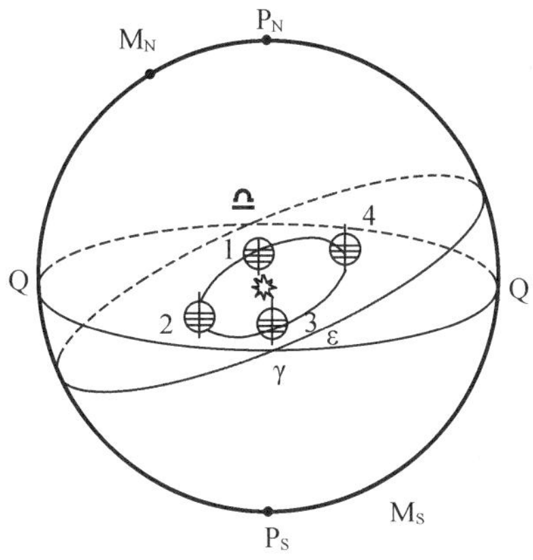

图 5-2-4 太阳周年视运动

太阳在周年视运动期间，通过分点、至点的日期、坐标值及其变化规律如表 5-2-2 所示。

表 5-2-2 太阳周年视运动规律

日期	分、至点	赤经	赤纬	北半球日照	说明
3 月 21 日	春分♈	0°	0°	昼夜相等	北半球天文春季开始太阳北赤纬开始逐渐增大
6 月 22 日	夏至♋	90°	23°27′N	昼长夜短	北半球天文夏季开始太阳北赤纬开始逐渐减小
9 月 23 日	秋分♎	180°	0°	昼夜相等	北半球天文秋季开始太阳南赤纬开始逐渐增大
12 月 22 日	冬至♑	270°	23°27′S	昼短夜长	北半球天文冬季开始太阳南赤纬开始逐渐减小

地球绕太阳能阳公转速度的不均匀性（即太阳在周年视运动的全过程中为不等速运动），早已由开普勒定律所证明。其结果使得太阳从春分点运行到秋分点（180°）需要约 186 天，而由秋分点运行到春分点（180°）则需要约 179 天，两者相差约 7 天。

（三）太阳视运动的轨迹是一条连续的球面螺旋线

由于太阳周日视运动和周年视运动是同时存在的，因此我们所见太阳视运动是这两种运动的合运动。太阳的周日视运动表现为昼夜的交替变化，其周年视运动表现为四季和四季星空的交替循环。太阳视运动的轨迹是的连续的球面螺旋线，其化变范围不超过 23°27′N 和 23°27′S 的赤纬平行圈，因此该两赤纬平行圈分别称为北回归线（或夏至线）和南回归线（或冬至线）。

三、月亮视运动

(一)月亮盈亏现象

月亮之所以会有时圆有时缺的现象,是因为它在不停地绕地球转动,而且月亮本身又是不发光的天体,人们所见的月亮亮面是其反射太阳光的结果。由于月亮与太阳相距甚远,可是视太阳光呈平行光照射到月亮表面上。其正面是亮面,另一面则是黑暗的。这个半明半暗的月亮在围绕地球运动的过程中,人们所见月亮明暗部分的变化,就形成了盈亏现象,如图 5-2-5 中间为地球、外圈是月亮绕地球运动的轨道,中间则是地球上的人们所见到月亮的不同形状。当月亮运行到 1 时,月亮在地球和太阳之间,其黑暗面正好朝向地球,这时在地球上看不见月亮,此时称为“新月”(农历初一)。新月时,月亮上中天时刻为正午 12:00 稍后,由于月亮的东移运动,在地球上可以看到一个月牙(2 位置),以后逐渐丰满,直到新月后 7.5 日时,月亮运行到 3,月亮半明亮面朝向地球,人们看到的是半个月亮,且明亮面向西,称为“上弦”(约在农历初七、八),上弦时,月亮上中天时刻为 18:00。

上弦后在通过 7.5 日,月亮达到 5 位置,月亮明亮面朝向地球,这时人们见到一个圆圆的月亮,称为“满月”(约在农历十五),满月时,月亮上中天时刻为 24:00。

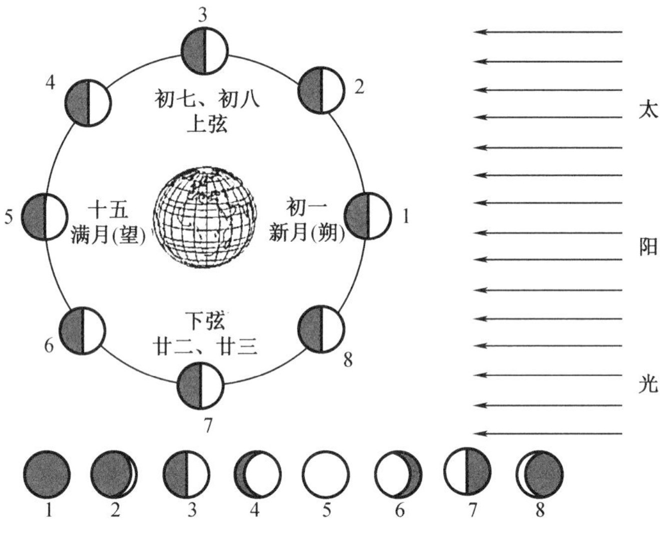

图 5-2-5　月亮盈亏现象

表 5-2-3　月亮出没规律表

月相	月出	中天	月没
新月	日出	中午	日没
上弦	中午	日没	子夜
满月	日没	子夜	日出
下弦	子夜	日出	中午

(二)月龄

月亮自新月开始又回到新月所需的时间,称为一个朔望月(29.53 日)。与我国的农历日期很近似。月亮从新月开始所经历的日数称为“月龄”。如新月时月龄为“0”,新月后的一天,月龄为 1 日,新月后两天,月龄为 2 日,以此类推,从 0 到 29.5 日。实际上都以我国农历日期作为计算月龄的近似数。

任务三　时　　间

天文定位首先要求得天文船位圆,即圆心和半径。圆心就是天体地理位置,它可由天体位置求得。由于天体按其各自的规律运动,随着时间不断地改变,天体位置也在不断地变化,因此,必须知道准确的时间才能求得天体的位置。此外,时间还是保证船舶安全、经济航行的基本因素之一。

一、时间系统概述

时间系统概述

时间表示物质运动的连续性。计量时间就是测量某一现象发生的时刻和持续的长短,这就必须把某一事物发生的时刻作为测量时间的起点,并以某一事物重复出现的周期作为测量时间的单位。周期运动的均匀性和重复性是建立时间单位的两个必要条件。迄今为止,计量时间的标准基本上可分为:

1. 世界时系统——建立在地球自转基础上的时间系统;
2. 历书时系统——建立在地球公转基础上的时间系统;
3. 原子时系统——建立在原子能级跃迁频率基础上的时间系统。

上述三类时间计量系统中,历书时与天文航海关系不大,故不做介绍。

(一)世界时系统(universal time system)

世界时系统以地球自转的重复周期计量时间。地球上的人们无法直接测量地球自转周期,只能以某个天体为参考点,以该天体的周日视运动周期作为时间的计量单位。因此,在以地球自转为基础的世界时系统中,分别选用不同的参考点,就相应地有以下三种时间单位和时间计量标准:

1. 恒星日和恒星时——以春分点为参考点;
2. 视太阳日和视太阳时——以太阳为参考点;
3. 平太阳日和平时(世界时)——以平太阳为参考点。

在相当长的一段时间内,人们把世界时作为均匀的时间来使用,即认为地球自转的速率是均匀的。随着观测资料年复一年的积累和精密时钟的出现,人们才从实测中证实地球自转的速率是不均匀的,并具有相当复杂的表现形式,从而导致以地球的自转周期作为时间的计量单位也是不均匀的。

另外,地球在自转的过程中还存在“扭动”现象,从而使地极产生移动,简称极移。极移使地球上各点的经纬度发生变化,导致世界各地天文台测得的世界时之间在微小的差别。

虽然上述因素引起的误差很小，但是，随着科学的发展，人们对时间精度的要求也越来越高。1955 年国际天文学联合会决定，自 1956 年起对直接观测的世界时作极移和季节性改正。这样，世界时 *UT* 又可分为三种：

UT_0：直接由天文观测得到的世界时。由于极移的影响，各地天文台测定的 UT_0 存在差别，故不能成为统一的时间标准；

UT_1：将 UT_0 经极移改正后得到的世界时。这是真正反映地球自转的、统一的时间，也是天文导航定位所需要的世界时；

UT_2：在 UT_1 基础上再经过季节改正后得出的世界时。

UT_2 是 1972 年前国际上公认的时间标准。但是，它仍然还受地球自转速率的长期变化和不规则变化的影响，所以 UT_2 还是不均匀的。

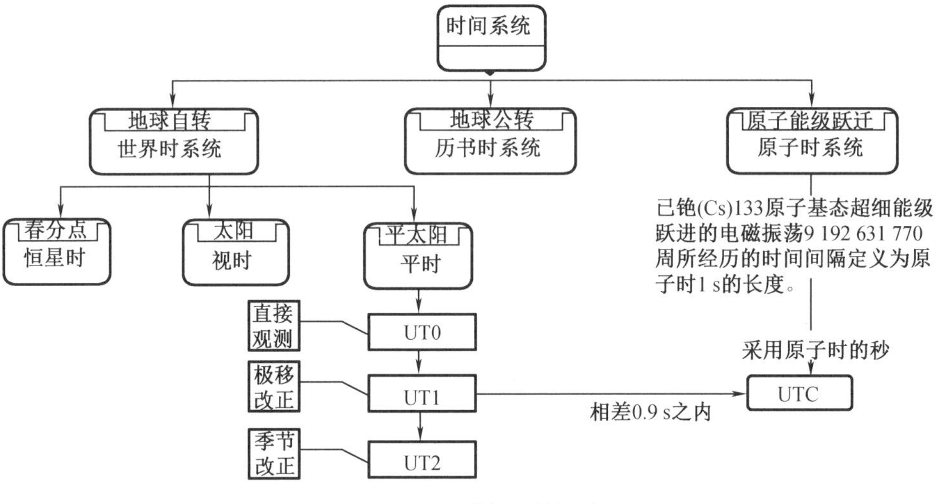

图 5-3-1　时间系统概述

（二）原子时系统（atomic time system）

随着生产的发展和科学技术的进步，对时间精确度的要求也越来越高，不仅要求准，而且要求稳定和均匀，这已不再是世界时所能满足的了。于是人们把计量时间的标准从宏观世界转向了微观世界，提出了原子时系统。原子时系统是建立在原子能级跃迁频率基础上的时间系统。

1. 原子时（atomic time）*AT*：以铯（C_s133）原子超精细能级跃迁的电磁振荡 9 192 631 770 周所经历的时间间隔定义为原子时 1^s 的长度。

原子时的起算历元为 1958 年 1 月 1 日 0 时（世界时 UT_2），以此为起点由原子秒累计起来的时间即原子时。和世界时的体制一样，原子时也是连续的时间尺度，秒、分、时、日均为连续的。

世界时是建立在地球自转基础上的，它能够反映出地球自转的状态。凡和地球自转有关的测量工作（包括天文定位在内）均需要世界时。但是原子时与地球自转无关，它不受地球自转不均匀的影响，故具有比世界更均匀、稳定和准确的优点，为现代许多科技部门（包括无线电导航系统和卫星导航在内）提供非常精确的时间。

目前已知：世界时的秒长与原子时秒长相差约为 350×10^{-10}，即一日相差约为 3^{ms}（毫秒)，一年的累计偏差将超过 1S。故从 1958 年建立原子时起至 1983 年 7 月 1 日止，世界时时刻已落后于原子时刻达 22^s。

2. 协调世界时(coordinated universal time) *UTC*

为了照顾在实际应用中既需要有世界时(UT_1)时刻，又需要有均匀、稳定、精确的时间；就在世界时(UT_1)和原子时二者之间进行协调，得出另一种时间计量系统，称为协调世界时。

协调世界时是以原子时为基础，用原子时秒作为时间计量的单位，但在时刻上与世界时(UT_1)的偏差应在$\pm 0^s.9$以内。

为此，协调世界时为满足上述条件是通过“跳秒”来实现的。由国际时间局(BIH)根据天文测时情况，做出跳秒的决定。调整的时刻是在 12 月 31 日或 6 月 30 日最后一秒。对原子时增加 1^s 称正跳秒，减少 1^s 称负跳秒。通常 $23^h59^m59^s$ 之后是次日的 $00^h00^m00^s$，而

正跳秒：$23^h59^m60^s$ 之后是次日的 $00^h00^m00^s$。这实质上是把原子时 *AT* 的时刻推迟 1^s。

负跳秒：$23^h59^m58^s$ 之后是次日的 $00^h00^m00^s$。这实质上是把原子时 *AT* 的时刻提前 1^s。

具体跳秒时间和方法可查阅英版《无线电信号表》第二卷或英版《航海通告》第 VI 部分。

协调世界时 *UTC* 从 1972 年 1 月 1 日世界时 00^h 开始实施。由于协调世界时 *UTC* 与世界时 *UT*1 相差不超过$\pm 0^s.9$，也就是说，协调世界时 *UTC* 是采用以世界时 *UT*1 制约的原子时系统。它的体制仍沿用世界时的体制。因此，1972 年以后时间系统的更换对人们的生活、工作无任何明显的影响。

二、视时

视时

(一)视太阳日

在周日视运动中，太阳连续两次通过同一个测者子圈所经历的时间间隔称 1 视太阳日。

1 视太阳日可细分为：

1 视太阳日 = 24 视太阳小时(24^h)；

1 视太阳小时 = 60 视太阳分钟(60^m)；

1 视太阳分钟 = 60 视太阳秒钟(60^s)。

(二)时间与角度的换算

一个视太阳日是太阳连续两次经过同一测者子圈，这期间太阳正好完成一整周 360°的周日视运动，所以时间与角度之间存在着如下换算关系：

$$24^h = 360°$$

$$1^h = 15°$$

$$1^m = 15' \quad 1° = 4^m$$

$$1^s = 15'' = 0'.25 \quad 1' = 4^s$$

例 5-3-1 将 $4^h\,26^m\,39^s$ 换算成角度单位；将 164°24′.1 换算成时间单位。

解

4^h	60°		
24^m	6°	150°	10^h
2^m	30′	14°	56^m
36^s	9′	15′	1^m
3^s	0′.8	9′.1	36^s
$4^h26^m39^s$	66°39′.8	164°24′.1	$10^h57^m36^s$

此外在《航海天文历附表》的表 4 或《天体高度方位表》“时度换算”表内，也可以直接查得。

（三）视时（apparent time）

在周日视运动中，太阳由某地测者子圈起向西运行所经历的时间间隔称为该测者的地方视时（local apparent time）用 LAT 表示。如图 5-3-2 所示。

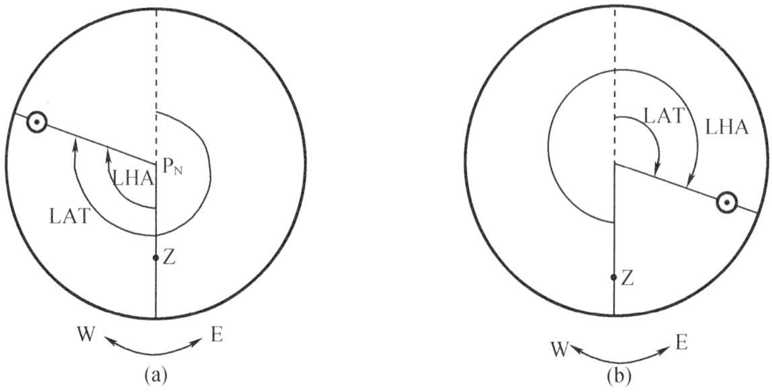

图 5-3-2　视时示意图

视时也具有地方性。同一时刻，从不同的测者子圈起算就有不同的地方视时。格林测者的视时称为格林视时，记为 GAT。

显然，太阳上中天时 $LAT=12^h$，下中天时 $LAT=00^h$。由于太阳地方时角 $LHA^{\odot}$ 是从测者午圈起算的，而视时是从测者子圈起算的，因此，同一时刻视时 LAT 与太阳圆周地方时角 $LHA^{\odot}$ 相差 180°（12^h），即：

$$LAT = LHA^{\odot} \pm 180° \begin{cases} LHA^{\odot} < 180° \\ LHA^{\odot} > 180° \end{cases} \tag{5-3-1}$$

（四）视太阳日作为时间计量单位的缺陷

选择某个天体作为能实际应用于生产和生活的时间，其首要条件是周期运动的稳定性。也就是说，被选为制定时间的天体，其周日视运动的周期亦即一日的长短必须固定，否则就不能用作计量时间的单位。其次，所选天体的周日视运动周期亦即一日的长短，还必须与昼夜交替一直保持固定的协调关系，维护人们“日出而作，日没而息”的生活习惯。

视太阳日作为时间计量单位的缺陷是它长短逐日不一致。太阳赤经日变化量最大为 66′.6，最小约 53′.8，所以最长和最短的视太阳日相差约 51^s。作为时间计量单位，长短必须固定。所以太阳日不宜作为时间的计量单位。视太阳日虽然不宜作为时间的计量单位，但它与昼夜的交替关系固定，符合人们工作、休息的习惯。因此，人们又考虑在这个基础上制定一种与昼夜交替关系稳定、长短均匀的时间计量单位，则产生了平时。

三、平时

(一)平太阳(mean sun)

平太阳是一个假想的天体,它在天赤道上向东作匀速的周年视运动,其速度等于视太阳在黄道上运行的平均速度。

(二)平太阳日

在周日视运动中,平太阳连续两次通过同一个测者子圈所经历的时间间隔称为一平太阳日。

在一个平太阳日中,平太阳在同一子圈上连续两次下中天。这期间平太阳正好完成一整周即360°的周日视运动,所以平太阳日的时、分和秒与角度之间同样存在如前所述的时间与角度的换算关系。

由平太阳的定义可知,平太阳在天赤道上向东作等速的周年视运动,其速度等于太阳在黄道上运行的平均速度。太阳在黄道上连续两次经过春分点的时间间隔为一回归年,等于365.2422平太阳日(该值每百年减少约$0^s.5$),这期间太阳赤经变化了360°,则每日太阳赤经的平均变化量就是平太阳在天赤道上向东作周年视运动的速度,即平太阳赤经日变化量:

$$d(RA^{\oplus}) = 360°/365.2422 = 59'.14$$
$$d(RA^{\oplus}) = 24^h/365.2422 = 3^m56^s.56$$

(三)平时(mean time)

1. 地方平时(local mean time)*LMT*

在周日视运动中,平太阳由某测者子圈起,向西运行所经历的时间间隔称为该测者的地方平时,同时注明日期。地方平时简称地方时。

如图5-3-3所示,同一时刻的平时 *LMT* 与平太阳的圆周地方时角 $LHA^{\oplus}$ 相差180°(12^h),即:

$$LMT = LHA^{\oplus} \pm 180° \begin{cases} LHA^{\oplus} < 180° \\ LHA^{\oplus} > 180° \end{cases} \tag{5-3-2}$$

显然,地方平时0^h,平太阳下中天,地方时角180°;地方平时12^h,平太阳上中天,地方时角0°

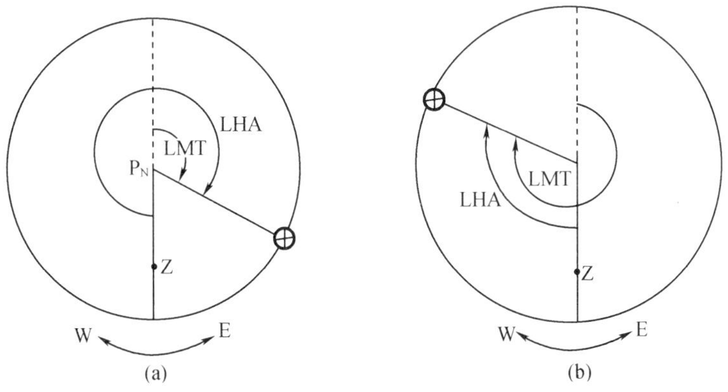

图5-3-3 平时与太阳圆周地方时角的关系

2. 世界时(universal time,UT)

世界时又称格林平时(Greenwich meantime)*GMT*,在周日视运动中,平太阳由格林子圈起,向西运行所经历的时间间隔称为世界时,同时注明日期。其实,格林平时就是格林测者的地方平时。

(四)不同经度地方时的换算

由于平时具有地方性,因此,在同一时刻,不同经度上的地方平时之间存在“东大西小”的关系,即位于东方某地的地方时比位于西方某地地方时大。不同经度上地方平时之间的差值等于经差,即“时差等于经差”。

$$LMT_2 = LMT_1 + D\lambda \tag{5-3-3}$$

$$D\lambda = \lambda_2 - \lambda_1$$

上式中:

LMT_1 是测者 1 的经度 λ_1 所对应的地方平时;

LMT_2 是测者 2 的经度 λ_2 所对应的地方平时;

$D\lambda$ 是 λ_2 与 λ_1 的经差,计算时东经 λ^E 为“+”,西经 λw 为“-”,当求得的 $D\lambda$ 为“+”时,即为“E”经差,$D\lambda$ 为“-”时,即为“W”经差($D\lambda$ 可以大于 180°)。上式的关系如图 5-3-4 所示。图中 Z_1 是测者 1 的天顶,Z_2 是测者 2 的天顶,如果已知测者 1 的地方平时 LMT_1 求测者 2 的地方平时 LMT_2 则为东经差 $D\lambda^E = \lambda_2 - \lambda_1$。反之,已知测者 2 的地方平时 LMT_2 求测者 1 的地方平时 LMT_1,则为西经差 $D\lambda w = \lambda_1 - \lambda_2$。从式(5-3-3)还可以看出,在同一时刻,两地的地方平时的差值在数值上等于该两地的经差 Dλ。

在同一时刻,任意经度上的地方平时与世界时也同样存在“东大西小”“时差等于经差”的关系。即

$$LMT = GMT \pm \lambda^{E}_{W} \tag{5-3-4}$$

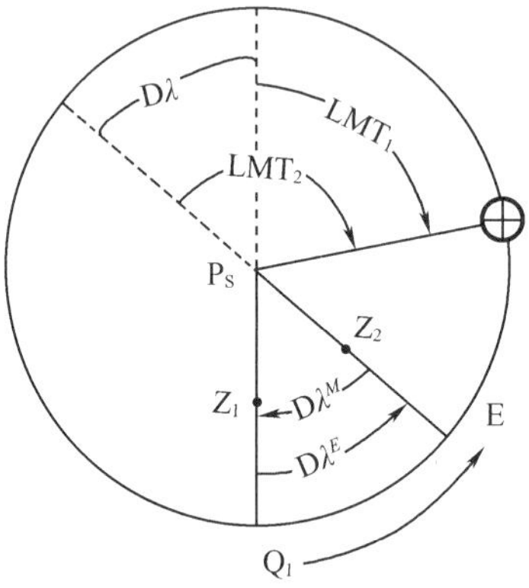

图 5-3-4　不同经度地方时的关系

例 5-3-2　世界时 $GMT9^h48^m33^s$(5 月 27 日),求经度 λ126°26′. 6E 地方平时 *LMT*。

解　①将经度化为时间单位

120°	8^h
6°	24^m
15′	1^m
11′.6	46^s
126°26′.6	$8^h25^m46^s$

②求 *LMT*

GMT	$9^h48^m33^s$	27/5
$+\lambda_E$	$8^h25^m46^s$	
LMT	$18^h14^m19^s$	27/5

例 5-3-3 世界时 $GMT3^h00^m08^s$(4 月 25 日),求经度 λ75°W 地方平时 *LMT*。

解 ①将经度化为时间单位:$75° = 5^h$

②求 *LMT*

GMT	$3^h00^m08^s$	25/4
$-\lambda_W$	5^h	
LMT	$22^h00^m08^s$	24/4

例 5-3-4 λ160°48′.3W 地方平时 $LMT8^h36^m22^s$(1 月 8 日),求世界时 *GMT*。

解 ①将经度化为时间单位

150°	10^h
10°	40^m
45′	3^m
3′.3	13^s
160°48′.3	$10^h43^m13^s$

②求 GMT

LMT	$8^h36^m22^s$	8/1
$+\lambda_W$	$10^h43^m13^s$	
GMT	$19^h19^m35^s$	8/1

例 5-3-5 经度 λ105°E 地方平时 $LMT9^h18^m06^s$(3 月 6 日),求世界时 *GMT*。

解 ①将经度化为时间单位:$105° = 7^h$

②求 *GMT*

LMT	$9^h18^m06^s$	6/3
$-\lambda_E$	7^h	
GMT	$2^h18^m06^s$	6/3

例 5-3-6 已知经度 $\lambda_1$153°17′.2E 的地方平时 $LMT_1 18^h32^m14^s$(9 月 9 日),求经度 $\lambda_2$78°05′.8E 地方平时 LMT_2。

解 ①求两地经差并将其化为时间单位

λ_2	78°05′.8E
$-\lambda_1$	153°17′.2E
*D*λ	75°11′.4W

75°	5^h
11′.4	46^s
75°11′.4	$5^h00^m46^s$

②求 LMT

LMT_1	$18^h32^m14^s$	9/9
$-D\lambda_W$	$5^h00^m46^s$	
LMT_2	$13^h31^m28^s$	9/9

例 5-3-7 已知经度 $\lambda_1$120°E 的地方平时 $LMT_1 6^h24^m48^s$(12 月 27 日),求经度 $\lambda_2$120° w 地方平时 LMT_2。

解 ①求两地经差并将其化为时间单位

λ_2	120°W
$-\lambda_1$	120°E
$D\lambda$	240°W

240° 12^h

②求 LMT_2

LMT_1	$6^h24^m48^s$	27/12
$-D\lambda_W$	$12^h00^m00^s$	
LMT_2	$14^h24^m48^s$	26/12

在进行平时换算时,应注意下列几个问题:

1)时间应标注日期;

2)当所计算出的时间大于 24^h 时应减 24^h,其日期标注应加一天;

3)当时间不够减时,应借 24^h 后再减,日期标注应减一天;

(五)时差(equition of time)ET

如图 5-3-5 所示,对于同一测者,同一时刻的视时与平时之差称为时差,即

$$ET=LAT-LMT \quad (5-3-5)$$

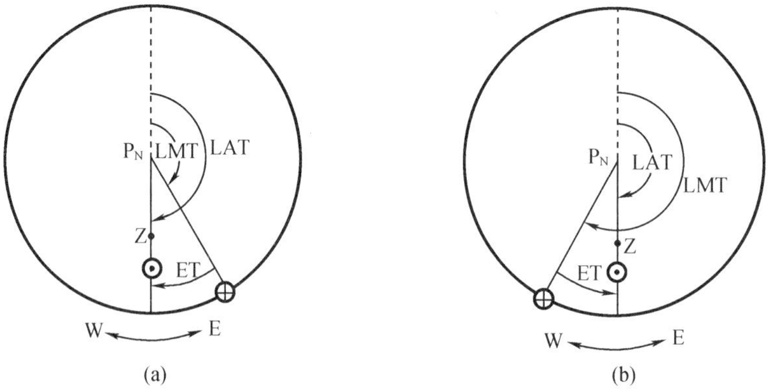

图 5-3-5 时差示意图

当 $ET>0$ 时,即 $LAT>LMT$,在向西的周日视运动中,太阳在前,平太阳在后,如图 5-3-5

(a)所示。显然,当太阳上中天时平太阳尚未上中天,亦即太阳在地方平时 12^{h} 以前上中天。

当 $ET<0$ 时,即 $LAT<LMT$,在向西的周日视运动中,平太阳在前,太阳在后,当太阳上中天时平太阳已过上中天,亦即太阳在地方平时 12^{h} 以后上中天,如图 5-3-5(b)所示。

当 $ET=0$ 时,太阳与平太阳时圈相重合。

如图 5-3-6 所示,可以得出:

$$ET=LHA^{\odot}-LHA^{\oplus}=RA^{\oplus}-RA^{\odot} \qquad (5-3-6)$$

由于太阳与平太阳的赤经日变化量不一致,因而产生了时差。我们已知太阳周年视运动的速度是不均匀的,其赤经日变化量在 $53'.8\sim66'.6$ 之间逐日变化。而平太阳周年视运动的速度是均匀的,其赤经日变化量为 $59'.14$。这样,在一年中太阳有时在平太阳的东边,有时在平太阳的西边,所以时差 ET 的值是逐日变化的。其值可以在当日《航海天文历》中查得。

一年中时差 ET 有四次为零,两次正极大值,两次负极大值,如图 5-3-7 所示。在 11 月 3 日前后,时差达最大值 $+16^{m}24^{s}$,这也就是说,一年中时差最大不超过 17^{m}。

综上所述,视时和平时两者的差值最大不超过 17^{m},因此平时能与昼夜保持固定关系,又因平太阳日长短基本固定,所以平时是 1972 年以前国际上公认的时间计量单位。

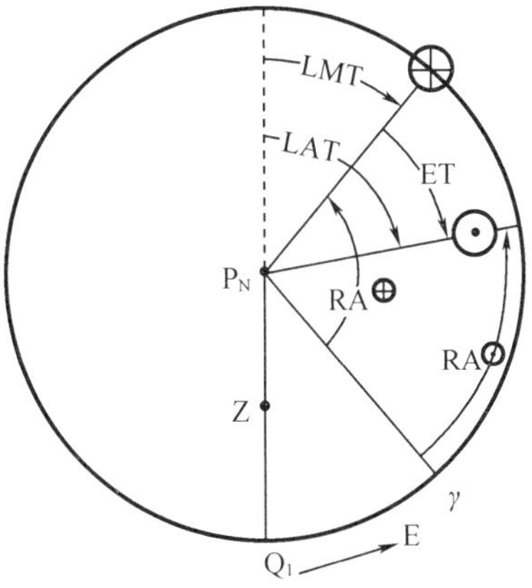

图 5-3-6 地方时、赤经与时差的关系

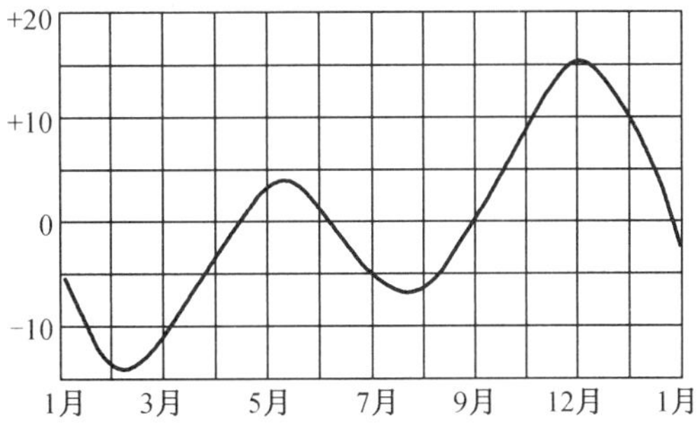

图 5-3-7 时差变化曲线图

例 5-3-8 由《航海天文历》查得:2001 年 1 月 10 日,时差 $ET-7^{m}24^{s}$。求该日太阳上中天的地方平时。

解 太阳上⊙中天即 $LAT=12^{h}$

$\because ET=LAT-LMT$

$\therefore LMT=LAT-ET=12^{h}-(-7^{m}24^{s})=12^{h}07^{m}24^{s}$

四、区时

同一时刻,所在经度不同,地方平时都不相同,如零经度的格林平时在正午 12^{h},在我国经度为 120°E 的地方平时已是 20^{h},可是在美洲西海岸经度为 120°W 的地方平时却是 4^{h}。如果全世界都采用世界时或某一经度的地方时作为统一的时间,显然同实际情况不符合。如果各地都使用自己的地方平时,在社会活动中,对于交通、通讯和日常生活都会带来不便。1884 年国际天文学会议在平时的基础上提出了区时制的建议,确定在全世界统一标准时区,按时区计时,由此建立了区时制。

(一)时区的划分

如图 5-3-8 所示,全球按经度分成 25 个时区,以格林零度经线为基准,向东、西各取经度 7°30′,共计经度 15°划为一个时区,称零时区,0°经线是该时区的中央经度线,又称时区中线。

从零时区东、西边界开始向东、向西每隔经度 15°划分为一个时区,依次为东一时区、东二时区、……直到十二时区,同样西时区也是从西一时区到十二时区。唯独东十二时区和西十二时区只有 7.5°。

相邻两时区中线经度相差 15°。零时区中线经度为 0°,东一时区中线经度为 15°E,东二时区中线经度为 30°E,依此类推。同理,西一时区中线经度为 15°W,西二时区中线经度为 30°W 等等。180°经线是东、西十二时区共同的时区中线。

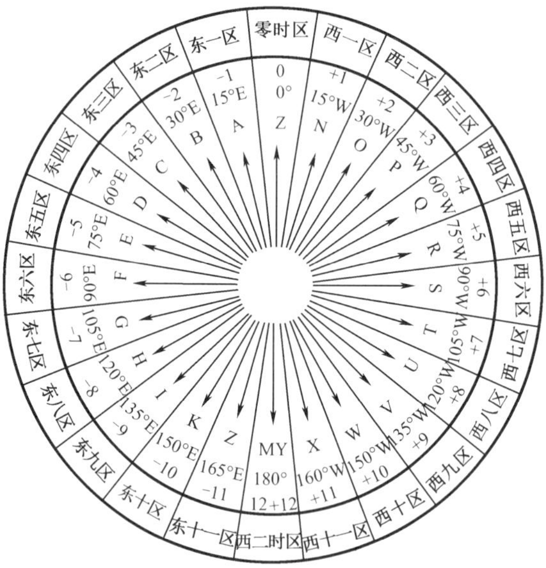

图 5-3-8　时区划分

(二)区号

区号(zone description ZD):时区的顺序号。零时区的区号为“0”,以此为基准,东时区的区号依次为-1,-2,…,-12,西时区的区号依次为+1,+2,…,+12。东时区的区号为“-”,西时区的区号为“+”。

区号还可以用大写英文字母表示,零时区的区号为“Z”,东时区的区号依次为 A 到 M(J 除外),西时区的区号依次为 N 到 Y。例如,零时区的区号为“0”或“Z”,东八区的区号为“-8”或“H”。

由于相邻两时区的时区中线经度相差 $15° = 1^{h}$,时区中线经度在数值上正好等于该时区区号的小时数,即:

时区中线经度 $\lambda_{W}^{E} = ZD(^{-}_{+}) \times 15°$,同一时区内,区时和地方时之差最多不超过 30^{m}。

各时区的边界经度等于它的中线经度±7°30′。

如需计算测者所在时区，即求测者所在的时区区号，可将测者经度除以 15，若余数小于 7°30′，则所得的商数就是测者所在的区号的绝对值；若余数大于 7°30′，则其商数加 1 才是测者所在的区号绝对值。区号的符号遵循东负西正的规定。

例 5-3-9 求大连（121°39′E）和美国新奥尔良（90°02′W）所在市区的区号

解 ∵ 121°39′÷15 = 8 ……余 1°39′<7°30′

∴ 大连在东八区，即 $ZD=-8$

∵ 90°02′÷15 = 6 ……余 2′<7°30′

∴ 新奥尔良在西六区，即 $ZD=+6$

例 5-3-10 求北京（116°28′E）和东京（140°E）所在市区的区号

解 ∵ 116°28′÷15 = 7 ……11°28′>7°30′

∴ 北京在东八区，即 $ZD=-8$

∵ 140°÷15 = 9 ……余 5°<7°30′

∴ 东京在东九区，即 $ZD=-9$

（三）区时

1. 区时（zone time，*ZT*）：时区中线的地方平时作为该时区的区时。区时通常要注明区号和日期。

显然，零时区的区时就是世界时。例如，零时区的区时为 1 小时 30 分钟 30 秒，可以写成 $ZT=01^h30^m20^s$，(0) 或 $01^h30^m20^s$ Z。在航海实际工作中，准确到分钟的区时均用 4 位数字表示，如东八区区时为 9 时 30 分，可以写成 ZT0930（-8）。相邻两时区的中线经度相差 $15°=1^h$，则相邻两时区的区时相差 1 小时，区时同样存在“东大西小”的关系。由于区时就是时区中线的地方平时，所以式(4-3-3)同样适用于同一时刻，不同时区区时的换算。

在船上，日常的工作、生活是根据“船钟”指示的时间（称船时）（ship's mean time，*SMT*）来安排的。船钟一般指示船舶所在时区的区时（特殊情况除外）。由于船时通常用准确到分钟的 4 位数表示，所以由船钟读取时 SMT 是近似区时 *ZT′*。

例 5-3-11 我国某轮航行在西九区，拟与国内总公司通过卫通电话联系，要使公司在 8 月 20 日 *ZT*0800（-8）接到电话，试问船长应在船时（*SMT*）几点打电话？

解 $D\lambda=\lambda m_2-\lambda m_1=(-9^h)-(+8^h)=-17^h$

ZT	0800	20/8
Dλ	-17	
SMT	1500	19/8

船长应在 8 月 19 日船时，1500 打电话。

2. 区时 *ZT* 与世界时 *GMT* 的关系

同一时刻区时 *ZT* 与世界时 *GMT* 正好相差与区号相同的小时数，即

$$GMT=ZT+ZD \quad (4-3-6)$$

上式中 *ZD* 符号规定：

东时区 *ZD* 为“-”；

西时区 *ZD* 为“+”

船时 *SMT* 是近似区时 *ZT′*，把船时 *SMT* 代入(4-3-6)公式，求得的世界时称近似世界时 *GMT′*，通常采用四位数表示。

例 5-3-12 4 月 15 日，区时 $ZT16^h39^m28^s(+9)$，求同一时刻的世界时。

解

ZT	$16^h39^m28^s$	15/4
ZD	+9	
GMT	$01^h39^m28^s$	16/4

例 5-3-13 5 月 24 日，船时 $ST0550(-9)$，求同一时刻的近似世界时 GMT'。

解

ZT'	0550	24/5
$+ZD$	−9	
GMT'	2050	23/5

例 5-3-14 3 月 11 日，北京时 0306(−8)，求同一时刻温哥华港(+8)区时 ZT。

解

北京 ZT	0306	11/3
$+ZD$	−8	
GMT'	2106	10/3
$-ZD$	+8	
温哥华 ZT	1306	10/3

3. 区时 ZT 与地方平时 LMT 的换算

由于区时是时区中线的地方平时，所以公式(4-3-3)同样适用于同一时刻，已知区时求地方平时，即

$$LMT=ZT+D\lambda \tag{4-3-8}$$

$$D\lambda=\lambda-\lambda m \tag{4-3-9}$$

计算时要根据“东大西小”“时差等于经差”的原则仔细判断，以免算错。

例 5-3-15 6 月 5 日，经度 122°20′E 的地方平时 $LMT\ 17^h20^m$，求该经度所属时区的区时 ZT。

解 ①求区号和时区中线经度

经度 122°20′. E 在东八区，时区中线经度 120°E。因为时区中线在测者经线以西，所以区时小于地方平时。

②求 $D\lambda$ 并化为时间单位

λ	120° E
$-\lambda_m$	122°20′E
$D\lambda$	2°20′W
$D\lambda$	-9^m20^s

③求 ZT

LMT	17^h20^m
$+D\lambda$	-9^m20^s
ZT	$17^h10^m40^s$(5/6)

(四)时间在航海上的应用

1. 拨钟

船钟一般指示船舶所在时区的区时。已知相邻两个时区的区时相差 1 h，所以船舶驶

入相邻时区时,船钟应拨快或拨慢 1 h,根据“东大西小”的关系。

船舶向东航行进入相邻时区,应将船钟拨快 1 h;船舶向西航行进入相邻时区,应将船钟拨慢 1 h。但是,从东十二区进入西十二区,或者相反,均不用拨钟。

一般拨钟在夜间进行,通常采用下述两种方法拨钟。例如某船由东八区进入东九区。

方法一:

拨快 1 小时。通常由三副在 2200 将船钟拨快 1 h,航海日志中应记录:

2200 船钟拨快 1 h,即 $SMT=GMT+0900$。

通常 1 小时的时间由三个航行班均摊,因此交接班时间应为:

三副与二副交接班船时 $SMT=2400+0040=0040(-9)$;

二副与大副交接班船时 $SMT=0400+0020=0420(-9)$;

大副与三副交接班船时 $SMT=0800(-9)$。

方法二:

分三班拨钟每班拨快 20 min。航海日志中应记录;

三副:2200 船钟拨快 20 min$SMT=GMT+0820$;

二副:0100 船钟拨快 20 min$SMT=GMT+0840$;

大副:0500 船钟拨快 20 min$SMT=GMT+0900$。

采用方法一拨钟,船钟始终指示区时,只是三副班在时间上有 1 h 的跳跃或重叠,这对事后的检查带来了方便,不利的是交接班的时间与正常的时间有所不同。

采用方法二拨钟,每班在时间上都有 20 min 的跳跃或重叠,从三副拨钟到大副拨钟这段时间里船钟指示的时间不是区时,这对事后的检查带来一定的不便。

船上具体何时拨钟,怎样拨钟,由船长决定。

2. 日界线

日界线(date line)又称国际日期变更线。东、西十二时区的分界线称为日界线。日界线原则上是 180° 经线,考虑到行政区域的完整和一个国家的时间统一等因素而有若干曲折。

例 5-3-16 2001 年 1 月 21 日,ZT'0800(-12),求同一时刻西十二区的近似区时 ZT'。

解

东十二区 ZT'	0800	21/1
$+ZD$	-12	
GMT'	2000	20/1
$-ZD$	+12	
西十二区 ZT'	0800	20/1

上例说明,同一时刻东、西十二区的区时相同,日期相差一天。

当船舶穿过日界线日期变更的方法为:

船舶向东(东行)航行穿过日界线(由东十二区进入西十二区),日期减少一天(重复一天);船舶向西(西行)航行穿过日界线(由西十二区进入东十二区),日期增加一天(跳过一天);并记录航海日志。

这里应注意,西十二区在东十二区以东。

日界线是地球上每一个新昼夜的起始线,同时也是终结线。地球上的年、月、日交替均是从这条线开始。

3. 各国标准时

时区制仅具有指导性，建议人们以所在时区的区时作为日常工作和生活的标准时。由于时区边界不可能与行政边界或自然界线相重合，在全球完全实行区时制也不现实。各国在具体实施中，多结合本国国情，以法律或行政命令的方式规定本国的标准时。

标准时(standard time)是由国家或地区的政府以法律规定的某一经度线的地方平时作为本国或本地区的统一时间。

有些国家不用区时制规定的区时作为标准时，例如我国横跨五个时区(东五区到东九区)，采用东八区的区时作为标准时称为“北京时间”，它实际上是 120°E 经线的地方平时。又如朝鲜处于东 8 区和东 9 区内，他们规定以东 9 区区时作为全国统一的标准时间。有些国家不用时区制时间，而是以本国的首都或适中地点所在经度的地方时作为全国统一的标准时。因此，这些国家的标准时与世界时的差值就可能不是整小时数。

有些国家，在夏季为了节约照明用电，在法律上还规定将本国的标准时提前 1h 或 0.5h，这种时间称为日光节约时(day light saving time)或夏令时(summer time)。夏季过后又恢复原来的标准时。

由于各国和地区使用的时间制度都是以法律形式公布并执行的，因此，标准时和夏令时统称为法定时(legal time)。

世界各国不是遵循单一的时间制度，仅凭某国所在的地理位置(或时区)还不足以说明它所采用的标准时

关于世界各国和地区执行的法定时资料，可查阅英版《无线电信号表》(ADMIRALTY LIST OF RADIO SIGNALS)第二卷中的法定时(legal time)或英版《航海天文历》中附有《标准时一览表》，但英版《航海天文历》没有列出夏令时的起讫时间。

一般情况下，船舶在大洋中航行，船钟指示所在时区的区时。当船舶航行在世界各国水域和港口时，船钟是指示该地区的区时还是指示该国的标准时，由船长根据具体情况决定。一般情况下，船钟指示的时间应与当地时间一致，以便联系和安排工作。

五、求测天世界时

天体位置随时间在不断地变化，要确定观测时天体的准确位置，首先要求出观测天体时的准确世界时，即测天世界时。

(一)船舶计时器

船舶计时器有天文钟、GPS 卫星导航仪、船钟和秒表等。

1. 天文钟

船上的天文钟是指示世界时的计时仪器，有机械天文钟和石英天文钟两类。天文钟钟面所指示的时间称为天文钟时间 CT，用六位数表示，钟面刻度为 $0^h \sim 12^h$。

机械天文钟在构造上与一般机械钟表基本一样，但更为精密，准确地按平太阳的运行速率走时。目前，机械天文钟逐渐被石英天文钟所取代。

石英天文钟是用高度稳定的石英晶体振荡器通过分频电路做成的计时器，它具有如下特点：

(1)以电池为能源,每换一次电池可走数月;

(2)石英晶体振荡频率稳定,计时精度较高,在 0°~40℃温度范围内工作,一天的误差可控制在 $0^{s}.1$ 左右;

(3)石英天文钟的计时电路有加快和减慢装置,在用无线电时间信号对钟时,可当场用此装置消除钟差,从而在求世界时的计算中省去推算和改正钟差的步骤;

(4)倾斜、摇摆和一般的震动不会影响石英天文钟的准确性。

石英天文钟的使用和保养中,应注意防潮、防磁和保温,避免剧烈震动;应定时测定钟差和日差,并记入天文钟日差记录簿。

2. GPS 卫星导航仪

GPS 能精确地显示 *UTC* 时刻。在测天定位中,也可以将 GPS 指示的 *UTC* 时刻当作世界时 GMT 使用,由此所引起的误差在允许忽略范围之内。

3. 船钟

船钟指示船时,一般为准确到分的区时。现代化船舶装有电子船钟系统,只要调整驾驶台的母钟,则船上所有子钟均被同步调整。

在测天定位中,船钟所指示的船时用于求近似世界时。

4. 秒表

秒表可以随时启动和停止,用于测定较短的时间间隔的精确计时器。在测天定位中,秒表用作天文钟的辅助计时器,以便求取观测时的世界时。

(二)天文钟的钟差及其测定

1. 天文钟钟差(chronometer error)*CE*

天文钟时间 *CT* 与世界时 *GMT* 之差称为天文钟差 *CE*,简称钟差,即:

$$CE = GMT - CT \qquad (5-3-10)$$

上式中, *CE* 为"+",说明天文钟走慢了, *CE* 为"-",说明天文钟走快了。

2. 钟差的测定

钟差是通过无线电对时测定的。无线电对时信号一般分为两种。一种是可直接用于测定钟差的世界时 UT_1 信号,另一种是协调世界时 *UTC* 的信号。若利用 *UTC* 的信号来测定钟差尚需修正 DUT_1:

$$UT_1 = UTC + DUT_1 \qquad (5-3-11)$$

世界各国均设有专门播发无线电对时信号的授时台,它们的位置、呼号、工作频率、播发时间、信号性质以及播发方式可以从英版《无线电信号表》第二卷的无线电时间信号(radio time signal)部分查阅或从我国《航海天文历》附表中查阅。

测定钟差 *CE* 的步骤如下:

(1)选择合适的授时台。

(2)收听对时信号。应提前几分钟打开收报机,仔细收听时间信号。

(3)记录天文钟时间。一听到对时信号,立即按顺序记下天文钟秒数、分数、小时数,应多对几组。

(4)利用公式(5-3-10)求出天文钟钟差,并记入天文钟日差记录簿。(表 5-3-1)

表 5-3-1　天文钟日差记录簿

2001		对时时刻		钟差	日差	授时台	温度	备注
月	日	世界时	钟时					
5	1	$03^h00^m00^s$	$02^h58^m40^s$	$+1^m\ 20^s$		上海	21 ℃	
5	2	$03^h00^m00^s$	$02^h58^m36^s$	$+1^m\ 24^s$	$+4^s$	上海	22 ℃	
5	3	$03^h00^m00^s$	$02^h58^m32^s$	$+1^m\ 28^s$	$+4^s$	上海	20 ℃	
…	…	…	…	…	…	…	…	

3. 天文钟日差和推算钟差

(1)天文钟日差

天文钟钟差的日变化量称为天文钟日差。其计算公式为

$$日差=\frac{当天测定钟差-前次测定钟差}{两次间隔天数} \tag{5-3-12}$$

日差为“-”说明天文钟每日“快”;日差为“+”说明天文钟每日“慢”。每次对时均应计算当天的日差,并将计算结果记入天文钟日差记录簿,利用日差可求出观测天体时的推算钟差。

天文钟在正常情况下,日差小且稳定。如果天文钟日差连续出现急剧变化,应予修理或更换。

例 5-3-17　2001 年 2 月 2 日世界时 3^h 测定钟差为 -10^s,2 月 4 日世界时 3^h 又测定钟差为 -18^s,求日差。

解　$$日差=[-18^s-(-10^s)]\div 2=-4^s$$

(2)求推算钟差

$$测天时钟差=最近测定的钟差+(日差\times对时日至测天时的天数) \tag{5-3-13}$$

例 5-3-18　2001 年 5 月 6 日 $ZT1100(-8)$ 对时,测定天文钟钟差 -22^s,日差 -3^s,求 5 月 7 日 $ZT1900(-9)$ 测星时的推算钟差。

解　$$CE=-22^s+(-3^s\times 1.33)=-26^s$$

(三)求测天世界时

若已知观测天体时的钟差 CE,则可根据天文钟时间 CT 直接求出测天的世界时 GMT,即:

$$GMT=CT+CE$$

由于天文钟的钟面刻度为 $0^h\sim12^h$,有时很难从天文钟的读数上判断世界时是上午还是下午及当时的日期,因此,在求观测天体世界时之前,应首先求出测天时的近似世界时 GMT'。根据近似世界时 GMT' 的整小时数和日期来判定观测天体的具体世界时($0^h\sim24^h$)和日期。

由于天文钟不能随意搬动,故观测天体时,需要借助秒表间接求得观测天体的 CT,然后改正为 GMT。秒表的使用有两种情况:

(1)当所测天体与水天线相切时启动秒表,回到海图室看天文钟时停止秒表而获得秒

表读数 WT。显然,天文钟读数 CT'减去秒表读数 WT 才是真正的测天的天文钟时间 CT,这是船上通常使用的方法:

$$GMT = CT' - WT + CE \tag{5-3-14}$$

(2)在测天前看天文钟时启动秒表,当所测天体与水天线相切时,停止秒表而获得 WT。显然,天文钟读数 CT'加上秒表读数 WT 才是真正的测天的天文钟 CT 时间:

$$GMT = CT' + WT + CE \tag{5-3-15}$$

例 5-3-19 2001 年 1 月 5 日,船时 SMT0756(-8)观测星体,停秒表的天文钟时间 CT' $00^h00^m38^s$,秒表度数 $WT01^m05^s$,天文钟差 $CE0^m34^s$(快),求测天世界时 GMT。

解 ①求近似世界时 GMT'

SMT	0756	5/1
ZD	-8	
GMT'	2356	4/1

②求测天世界时 GMT

CT'	$00^h00^m38^s$	
WT	-01^m05^s	
CE	-0^m34^s	
GMT	$23^h58^m59^s$	4/1

例 5-3-20 2001 年 7 月 25 日,船时 SMT1752(+10)观测星体,启动秒表的天文钟时间 $CT'03^h49^m38^s$,秒表度数 $WT3^m36^s$,天文钟差 $CE0^m58^s$(快),求测天世界时 GMT。

解 ①求近似世界时 GMT'

SMT	1752	25/7
ZD	+10	
GMT'	0352	26/7

②求测天世界时 GMT

CT'	$03^h49^m38^s$	
WT	$+3^m36^s$	
CE	-0^m58^s	
GMT	$03^h52^m15^s$	26/7

任务四 求天体位置

天体位置随时间不断变化,对应于每一个确定的世界时,所有天体均有其在天球上的特定位置,根据观测时的世界时可利用《航海天文历》查算出天体的格林时角和赤纬,从而得到天体的地理位置。

《航海天文历》是天文航海的主要表册之一。它是根据天体视运动的规律而编制的,其中列出了一年内任意时刻航用天体的视位置以及与天文航海有关的数据。世界各主要航运国家均出版本国的《航海天文历》,内容大同小异。国际上以英、美海军当局联合出版的英版《航海天文历》(THE NAUTICAL ALMANAC)最具代表性,我国自1955年开始编制出版《航海天文历》。

一、《航海天文历》

《航海天文历》主要由“历书”和“时角、赤纬内插表”两部分组成。中版将“历书”部分称为《航海天文历》,每年编制出版一本;将“时角、赤纬内插表”称为《航海天文历附表》单独出版,不受年份限制,可供长期使用。英版《航海天文历》则将两部分合在一起,每年编制出版一本。

1. 历书

(1)天体位置表:按日期给出世界时每整小时的太阳(SUN)、金星(VINUS)、火星(MARS)、木星(JUPITER)、土星(SUTURN)和月亮(MOON)的格林时角和赤纬,以及春分点的格林时角。若求非整点时刻的值,可利用附表内插得出。英版《航海天文历》左页还列有57颗常用恒星(STARS)的专名及其共轭赤经 *SHA* 和赤纬 *Dec*,以及四颗行星的共轭赤经 *SHA* 和中天时间(Mer. Pass.)。天体位置表占去历书的绝大部分篇幅。

(2)恒星视位置表:列出航用恒星(中版159颗,英版173颗)每月十五日的赤经共轭量和赤纬值。对其中44颗常用的恒星又另列一表,称为《航海常用恒星视位置表》,用卡片纸印成插面,以便利使用。

(3)北极星高度求纬度表和北极星方位角表。

此外,英版《航海天文历》中还有世界各地标准时一览表等。

2. 时角、赤纬内插表

英版《航海天文历》将时角、赤纬内插表用黄色纸张列在书末,以便于使用。

中版的《航海天文历附表》除了时角、赤纬内插表外,还有星图、无线电时号和眼高差表、天体高度改正表和世界时区图等。内插表占去附表的绝大部分篇幅,它的查表引数是分、秒世界时和天体名称。

二、天体的时角变量和赤纬变量

1. 天体时角基本变量:天体每小时时角变化量的最小值的近似值。不同的天体所采用的数值不尽

$$\text{太阳和行星}\begin{cases}14°59'\text{(中版《航海天文历》)}\\15°\text{(英版《航海天文历》)}\end{cases}$$

月亮　$14°19'.0$

春分点　$15°02'.5$

2. 时角超差:天体每小时时角实际变化量超过时角基本变量的数值。中版《航海天文历》中代号为 $\overline{\Delta}$,恒为“+”值,英版《航海天文历》中代号为 ν,太阳没有时角超差,行星时角超差除金星外均为正值,每三日给出一值。

月亮的时角超差则按小时给出,列在整小时月亮格林时角的右侧。

春分点时角是匀速变化的,因而没有时角超差。

3. 赤纬差数:天体每小时赤纬的变化量。中版《航海天文历》代号 Δ,有"±"。太阳和行星的赤纬差数按日给出,列在每日天体位置表的最后。月亮的赤纬差数则按小时给出,列在整小时月亮赤纬的右侧。英版《航海天文历》代号 *d* 。列出的赤纬差数没有注明正、负,须自行判断。

三、利用《航海天文历》求太阳行星的地方时角 LHA 和赤纬 Dec

查表计算步骤如下。

1. 查《航海天文历》天体位置表中,以观测日期和整小时世界时为引数,在相应天体的一栏中查得整小时格林时角(*GHA′*),时角超差,赤纬(*Dec′*),赤纬差值。

2. "时角,赤纬内插表"中,以世界时的分、秒为引数,在相应天体的一栏中查得太阳、行星(或月亮)的时角基本变量(*m. s*)值。

3. 在上述同一页中,以时角超差或赤纬差为引数,查取时角超差订正值和赤纬差订正值。

4. 根据公式:$GHA = GHA' + m.s$ +时角超差订正值($\bar{\Delta}'$ 或 v')和 *Dec* 等于 *Dec′*加赤纬差订正值(Δ'或 d')求出所测天体的格林时角和赤纬。

5. 根据公式 $LHA = GHA \pm \lambda^{E}_{W}$,求出所测天体的地方时角。

例 5-4-1　2001 年 10 月 20 日,区时 *ZT*0946,推算船位 $\varphi_c 23°12'0S$,$\lambda_c 157°01'.0E$,观测太阳,停秒表天文钟时间 $CT' 11^h47^m44^s$,秒表读数为 $WT33^s$,天文钟差 $CE22^s$(快),分别用中、英版《航海天文历》求太阳的半圆地方时角 *LHA* 和赤纬 *Dec*。

解一　用中版《航海天文历》

①求 *GMT*

ZT	0946	20/10
ZD	−10	
GMT′	2346	19/10

CT′	$11^h47^m44^s$
WT	-33^s
CE	-22^s
GMT	$23^h46^m49^s$　19/10

②求 *LHA* 和 *Dec*

GHA′	168°46′.7	$\bar{\Delta}$1′.1	Dec′10°16′.1S	△+0′.9
m. s	11°41′.5			
$\bar{\Delta}$ 订正值	0′.9		△订正值+ 0′.7	
GHA	180°29′.1		*Dec* 10°16′.8S	

λ_c	157°01′.0E
LHA	337°30′.1
	22°29′.1E

解二　用英版《航海天文历》

①求 *GMT*(同上,略)

②求 *LHA* 和 *Dec*

GHA′	168°46′.8	*Dec′*	10°16′.1S	*d*+0′.9
m.s	11°42′.3	*d′*	+0′.7	
GHA	180°29′.1	*Dec*	10°16′.8S	
λ_c	157°01′.0E			
LHA	37°30′.1			
	22°29′.1E			

四、利用《航海天文历》求恒星的地方时角 LHA_γ 和赤纬 *Dec*

查表计算步骤如下:

1.查《航海天文历》天体位置表中,以观测日期和整小时世界时为引数,在春分点一栏中查得整小时春分点格林时角 LHA_γ'值;

2.“时角,赤纬内插表”中,以世界时的分、秒为引数,在时角基本变量一栏中查得春分点的时角基本变量值(*m.s*)值;

3.在“恒星视位置表”中,以星名(或专名,或星号)为引数,查取恒星的共轭赤经 *SHA* 和赤纬 *Dec*;

4.根据公式:$GHA = LHA_\gamma + m.s + SHA$ 求出恒星的格林时角;

5.根据公式:$LHA = GHA \pm \lambda_{W}^{E}$,求出恒星的地方时角。

例 5-4-2　2001 年 10 月 20 日,区时 *ZT*1846,推算船位 φ_c35°15′0N,λ_c122°20′.5E,观测天鹰座 α 星(河鼓二 Altair),停秒表天文钟时间 *CT′*$10^h43^m30^s$,秒表读数为 *WT*30^s,天文钟差 *CE*25^s(慢),分别用中、英版《航海天文历》求天鹰座 α 星(河鼓二 Altair)的半圆地方时角 *LHA* 和赤纬 *Dec*。

解　用中版《航海天文历》与英版《航海天文历》解完全相同

①求 GMT

ZT	1844	20/10
ZD	−8	
GMT″	1044	19/10
CT′	$10^h46^m30^s$	
WT	-30^s	
CE	$+25^s$	
GMT	$10^h46^m25^s$	19/10

②求 *LHA* 和 *Dec*

GHA_{Υ}'	177°56′.6	*Dec*	8°52′.5N
m. s	11°38′.2		
SHA	62°17′.2		
GHA	251°52′.0		
λ_c	122°20′.5E		
LHA	74°12′.5		
	14°12′.5W		

任务五　求天体真高度

利用天体来测定船位，必须得到天文船位圆的半径，也就是天体的真顶距，天体真顶距等于90°减天体真高度。而天体真高度是通过航海六分仪观测之后，进行一系列改正求得的。

一、航海六分仪

航海六分仪(marine sextant)是一种测角仪器，它具有操作方便、结构简单、完全独立等优点，航海上常用来测定天体的高度、物标的垂直角和两个物标的水平夹角等。

(一)航海六分仪的结构

航海六分仪由架体、光学系统和测角读数装置等三个部分组成。如图5-5-1所示，光学系统包括望远镜、动镜、定镜和滤光片等；测角读数装置有刻度弧、指标杆、鼓轮和游标等。这些部件全部装在架体上，并通过指标杆将光学系统和测角装置联结成一整体。

望远镜(telescope)——用于放大物标的单筒正影望远镜。观测前应根据测者视力调整焦距。

刻度弧(arc)——位于架体下端，刻有整度读数的圆弧，由0°向左为正角度；由0°向右为负角度。负角度主要用于测定六分仪的误差。

指标杆(index bar)——以刻度弧圆心为转动中心，可沿着刻度弧移动的杆状半径。半径末端有度数标志，用以读取测角的度数。

动镜(index mirror)——位于刻度弧中心并垂直于刻度弧平面的、与指标杆同步转动的反射平面镜。它把被观测物标的光线反射到定镜。

定镜(horizontal glass)——位于望远镜前方、垂直于刻度弧平面、固定不动的、一半为透视镜、一半为反射镜的平面镜。望远镜视野中心对准定镜中心。测者通过透镜可直接看到望远镜前方的物标，同时在反射镜部分又可看到由动镜反射的另一物标(如天体)的影像。

望远镜光轴与定镜平面的交角约固定为75°。

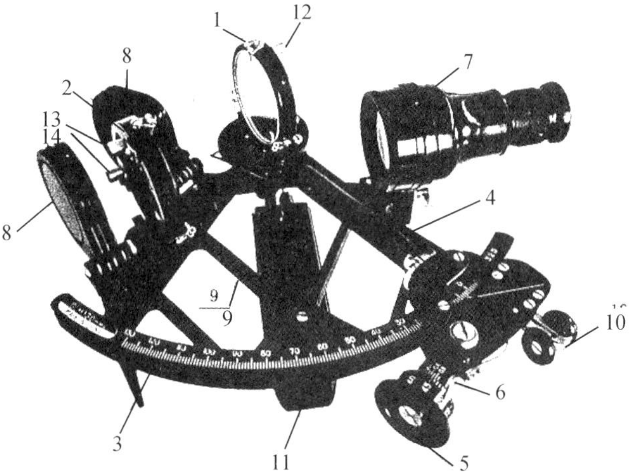

1—动镜;2—定镜;3—刻度弧;4—指标杆;5—鼓轮;6—游标;7—望远镜;8—滤色镜片;9—架体;10—松紧夹;11—把手;12—垂直差调整螺丝;13—边差调整螺丝;14—指标差调整螺丝。

图5-5-1 航海六分仪

弹簧夹(cip)和鼓轮(dum)——装在指标杆末端的随指标杆移动的制动夹。捏紧弹簧夹,可使其背面的正切螺丝与刻度弧下端齿槽脱开,从而使指标杆带动鼓轮沿刻度弧自由移动。当松开弹簧夹后,正切螺丝便与刻度弧齿槽相啮合,指标杆就不能自由移动了,除非转动装在正切螺丝末端的鼓轮,正切螺丝随之转动,则螺纹沿着齿槽移动,指标杆随之移动。所以捏紧弹簧夹头,用以粗调指标杆位置,转动鼓轮则是微调指标杆位置。鼓轮转动一周,度数指标沿刻度弧移动1小格,即1°。在鼓轮上均匀地刻着60格,每格代表1′。鼓轮旁边的游标尺上的第一道刻线是分数指标,测角的分数值是根据分数指标读取的。

游标尺(vernier)——装在鼓轮右侧的一把环形短尺,用来读取测角分的小数。

滤光片(shade glasses)——在定镜和动镜前各有一组深浅不一的有色玻璃片,称为滤光片,用于调节物标或反射影像的亮度。

(二)六分仪测角原理

六分仪是一种测量两物标间夹角的仪器。用六分仪观测天体高度,就是测定天体与水天

线之间的垂直角,如图5-5-2中的$\angle SOH$。观测时,应垂直拿六分仪,望远镜(位于O点)朝向水天线,水天线的光线透过定镜B的透镜射向测者眼睛;移动指标杆,调整动镜A的位置,使天体(S)光线经动镜和定镜两次反射后也射向测者眼睛,这时测者在定镜上同时看到水天线和天体的反射影像;转动鼓轮使天体反射影像与水天线相切,这时从六分仪上读取的读数就是天体与水天线之间的夹角$\angle SOH$。其测角原理如下:

根据平面镜的反射定律,$\angle 1=\angle 2$, $\angle 3=\angle 4$

$\therefore \angle OAB=2\angle 2$, $\angle HBA=2\angle 3$

根据"三角形外角等于不相邻两内角之和"的原理,在ΔABO中:

$$h=\angle HBA-\angle OAB=2\angle 3-2\angle 2=2(\angle 3-\angle 2)$$

同理,在△*ABD* 中,有

$$\omega=\angle 3-\angle 2$$

∴ $h=2\omega$(式中:ω——动镜与定镜间的夹角。)

由此可见,天体高度 h 等于定镜与动镜夹角 ω 的 2 倍。

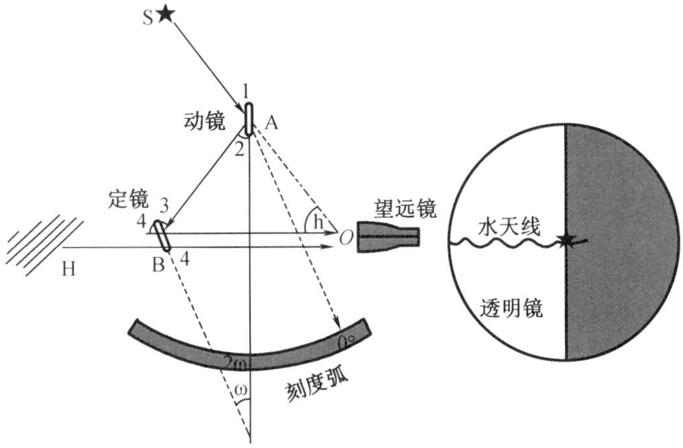

图 5-5-2 六分仪测角原理

上式说明:当测者用六分仪同时测到天体的反射影像和水天线重合时,两物标的测角(h)等于两镜平面夹角(ω)的二倍。只要将两镜平面的夹角 ω 值扩大一倍,就是物标的夹角即天体的高度 h。此 2ω 的度数,从刻度弧上直接读取。

当动镜 *A* 和定镜 *B* 平行时,两镜平面的夹角 $\omega=0°$,即 $a=b$,这时,从望远镜里看到远方物标的反射影像同真像重合,于是把指标线在刻度弧上所指的位置定为 0°。

(三)六分仪测角读数的读取

在六分仪的刻度弧上,从 0°向左到 140°一段弧长叫主弧,读数为正;从 0°向右到 5°一小段弧长叫余弧,读数为负。

六分仪的测角读数分别由刻度弧、鼓轮和游标三个部分相加读出。

1. 主弧读数

指标线指在刻度弧 0°左边的角值叫主弧读数。如图 5-5-3 所示,先看指标线指在刻度弧的度数,如有 51°和 52°之间,表示该角值比 51°大,但还不到 52°,应读取 51°。

再看游标“0”线指在鼓轮上的分数,如指在 21′和 22′之间,表示该角值又比 21′大一些,应读取 21′。

最后看游标上哪一条格线和鼓轮的格线重合来确定秒数,如游标 0′.6 格线刚好和鼓轮格线衔接,应读取 0′.6。

综合起来,该角值就是 51°21′.6。

2. 余弧读数

指标线指在刻度弧 0°右边的角值叫余弧读数。读取余弧(负角)整度数与主弧相同。

分和秒仍以游标“0”线为准，但必须反读，或将该分秒读数用60′反减。

余弧（负角）读数绝对值=余弧整度数+[60′-（鼓轮整分数+测微尺小数）]

如图5-5-4所示，刻度弧读数为-1°，鼓轮的读数为45′，游标尺的读数0′.8，其正确读数为：-1+(60′-45′.8)=-1°14′.2。

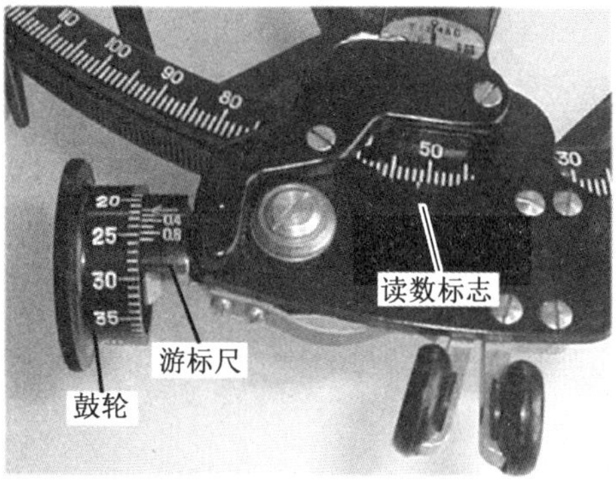

图5-5-3　主弧读数

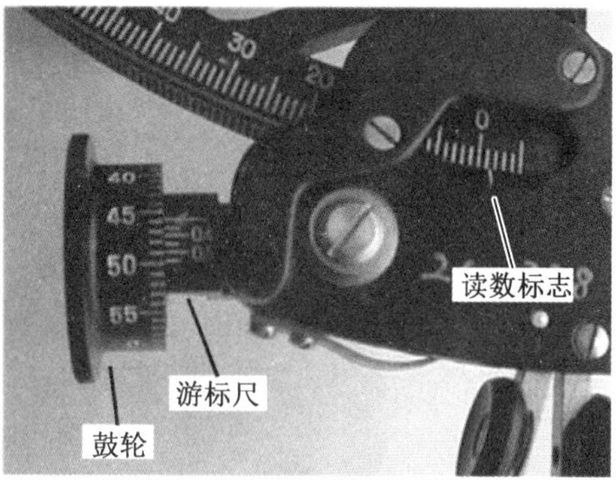

图5-5-4　余弧读数

（四）六分仪误差

任何测量仪器都不免存在误差，六分仪也不例外，我们有必要了解六分仪误差产生的原因，研究如何消除或减少这些误差的影响。六分仪误差有两种：一是永久性误差；二是可校正误差。

1. 永久性误差

永久性误差是由于制造工艺的缺陷而引起的系统误差，包含：

(1)偏心差：指标杆的转轴和刻度弧的圆心不重合；

(2)棱性差：动镜、定镜或色片的镜面不平而引起的；

(3)刻度差：刻度弧、鼓轮和游标的刻度不准确。

这三项误差统称为仪器差，在出厂前进行检查鉴定后，以测角为引数列成表格，附在六分仪盒盖的鉴定书中，供高度改正用。

2. 可校正误差

可校正误差是由于动镜或定镜受到震动而产生的，它们可以校正，但不经许可不得任意调动。计有以下三种：

(1)垂直差又称动镜差(perpendicularity)

动镜不垂直刻度弧平面产生垂直差。检查方法如图5-5-5所示，将指标杆移到35°附近，刻度弧朝上平放六分仪，使动镜朝镜测者一边，眼睛从动镜右侧外缘直接观看刻度弧左端，同时斜视动镜，从中又可以看见刻度弧右端的反射影像，如图5-5-6(a)所示，说明动镜和刻度弧平面垂直。如果看到两个影像上下错开，如图5-5-6(b)所示，说明存在垂直差，应进行校正。

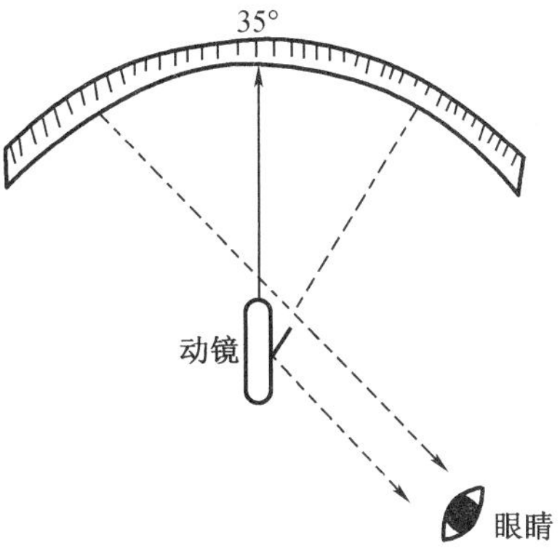

图 5-5-5　检查垂直差的方法

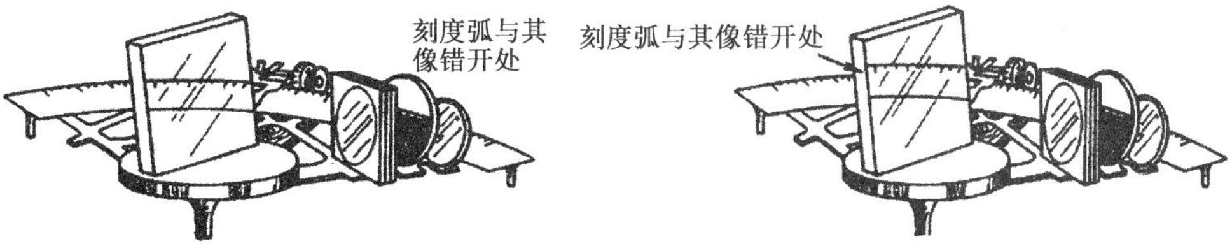

(a)动镜垂直刻度弧　　(b)动镜不垂直刻度弧

图 5-5-6　检查垂直差的结果

校正方法：用专用小螺丝扳慢慢旋转动镜背面的校正螺丝，直到影弧和真弧逐渐衔接成一个圆弧面为止。应注意，旋转角度不宜过大，用力不宜过猛，以免损伤校正螺丝或镜片。

(2)边差又称定镜差(side error)

定镜不垂直刻度弧平面产生边差。检查方法，先将指标杆放在0°附近，竖拿六分仪，用望远镜瞄准天体(白天利用太阳或远方弧立物标，晚上利用不太亮的星体)，再旋转鼓轮，前后移动指标杆，可以看到反射影像上下移动。当反射影像和真像刚好重叠时，如图 5-5-7(b)，说明定镜和刻度弧平面垂直。如果看到向左右两边错开，如图 5-5-7(a)，说明存在边差，应进行校正。

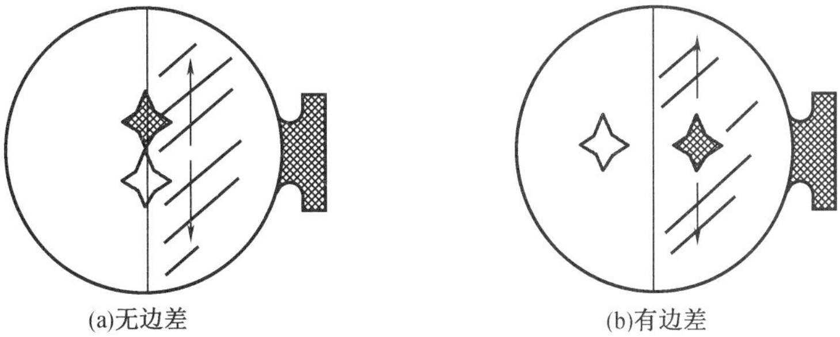

(a)无边差　　(b)有边差

图 5-5-7　边差的检查

校正方法：边差的检查和校正，要在垂直差校正后进行。用小螺丝扳慢旋定镜背面离架身较远的校正螺丝，直到两像重合为止。

(3)指标差 i(index error)

根据六分仪测角原理,没有误差的六分仪,在定镜和动镜平行时,物像和它的反射影像重合,指标线应指在 0°。如果仪器受到震动,定镜位置移动,在指标线指 0°时,两镜不平行,物像和反射影像也不会重合。因而,当移动指标杆使两镜平行时,两像重合,指标线将不再指 0°,而是指在主弧或余弧,便产生指标差。读数指在主弧上指标差为“-”,指在余弧上为“+”。指标差 i 的符合与测角读数 m 正好相反,测角时主弧读数 m 为“+”(即正角度),余弧读数 m 为“-”(即负角度)。因此,在刻度弧上读取数值后,应用下式求出指标差:

$$i = 0° - m \tag{5-5-1}$$

检查与测定指标差的方法主要有以下三种:

①利用水天线测定

将指标杆放在 0°,对准水天线,若视野中的直射和反射水天线出现错开现象,如图 5-5-8(a)所示,表示存在指标差。转动鼓轮使两水天线严密相接成一直线,如图 5-5-8(b)所示,此时所得六分仪读数为 m,则指标差 $i = 0° - m$。

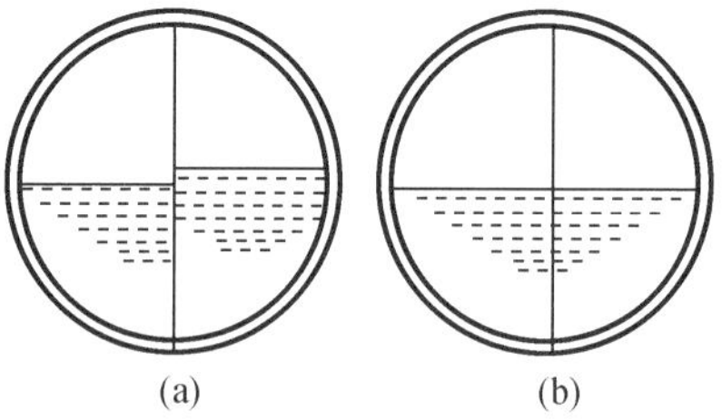

图 5-5-8 水天线测定指标差

②利用星体测定

在使用六分仪观测星体高度时,可利用星体测指标差。所选择的星体不要太亮,也不要太高,其方法与测定水天线的方法基本相同,使星体直射影像与反射影像完全重合,指标差仍为:

$$i = 0° - m$$

③利用太阳测定

因为太阳的影像较大,所以从视觉上判断太阳影像是否完全重合相当不易。因此,利用太阳测定指标差时,是采用太阳直射影像与反射影像上、下切的方法。

将指标杆放在 0°,对准太阳,转动鼓轮,使反射影像分别上、下相切于直射影像,上切时指标杆指标线指在余弧上为负值,下切时指在主弧上为正值。分别读取相切时的读数 m_1 与 m_2,则其平均值 m 为:

$$m = \frac{m_1 + m_2}{2}$$

此时六分仪的指标差 i 为:

$$i = 0° - m = 0° - \frac{m_1 + m_2}{2} \tag{5-5-2}$$

利用太阳测定指标差比较准确,这是因为测者自己可以用太阳视半径检验观测的质量,方法如图 5-5-9 所示,首先求出太阳的观测视半径:

$$R^{\odot} = \frac{|m_2| + |m_1|}{4} \tag{5-5-3}$$

与《航海天文历》中所列出的当天太阳视半径

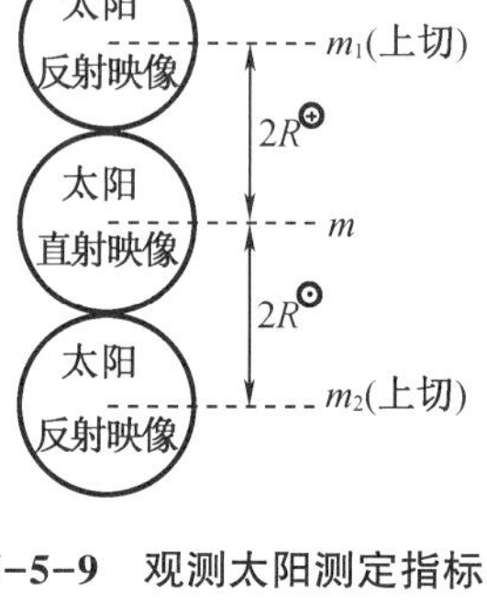

图 5-5-9 观测太阳测定指标差

值相比较，若两者相差小于0′.2，说明所测指标差可靠；相反，则应重新测定。

例 5-5-1　2001年3月21日，用太阳测指标差，测上切读数 $m_1=-34'.0$，下切读数 $m_2=30'.5$；由《航海天文历》查当天的太阳 R^{Θ} 为16′.1，求指标差 i，并检查 i 是否可用。

解　$R^{\Theta}=\dfrac{|30.'5|+|34.'0|}{4}=16.'1$

与当日太阳视半径16′.1相同，说明观测可靠。

$$i=0°-\frac{(-34.'0)+(30.'5)}{2}=+1.'8$$

指标差 i 值过大，观测与计算都不方便，因此，当指标差 i 的绝对值超过6′.0时，应该给予缩小。缩小时用小扳手调整定镜背后离架身较近的螺丝，并使视野中的两上影像重合。指标差经缩小后，对定镜的垂直性产生了一定影响，故须再次校正垂直差，并重新测定指标差。校正垂直差后，对指标差也产生了影响，但此时已经没有必要再对新的指标差进行缩小了。因此，六分仪可校正误差的校正顺序如下：

垂直差→边差→指标差(缩小指标差)→垂直差

(五)维护和保管

1. 平时应将六分仪放在六分仪箱内，关好箱盖。箱子放在离开热源、不易受震、干燥和箱子能被固定的地方。

2. 不允许随便拆卸六分仪。取用时只能拿把手或架体，轻拿轻放，不能抓其他部位，否则会损伤精密度。使用中，暂时搁下六分仪时，应使架体上的三只支脚朝下，不得反放。用毕将六分仪放回箱子时，应先将六分仪上的所有部件归回原位。若箱盖合不上，不能硬盖，应找出合不上的原因，排除后再盖好。

3. 使用或校正六分仪时，转动有关部件的动作要轻巧，若部件转动不灵活，要细心检查，排除故障，切勿硬拉硬转。移动指标杆，弹簧夹要捏紧，勿使正切螺丝牙纹与刻度弧的齿弧相撞击。勿将六分仪在烈日下曝晒，勿被雨淋。每次用毕，应用专用擦镜头的软纸将镜面和镜头擦干净。

4. 若六分仪箱子是放在有空调的舱室内，在夏天使用前应先把六分仪箱子拿出室外，于通风处放一段时间，以适应室外的环境。

(六)六分仪观测天体高度

1. 观测前准备和注意事项

为了提高测天的速度和准确性，在平时必须熟悉六分仪的性能，掌握观测的注意事项，做好测前准备工作。

(1)预先计算或估计观测时间，准备观测记录的纸、笔。

(2)观测前测定指标差。

(3)计算天文钟钟差，备好秒表

(4)观测前调整好望远镜镜焦距，使天体影像的轮廓清晰。

(5)按天体光度强弱，在动镜前选配适当色片，使天体既不刺眼又不过暗。

(6)有的色片质量差，可能出现二三个太阳影像，因此应尽可能少用色片，或只用一个深色片。

(7) 观测位置应选下风处。水天线不清时，位置低些好。风浪大时，水天线呈锯齿波形，位置高些好。

2. 六分仪观测太阳方法

(1) 瞄准太阳，拉下天体

将指标杆放在 0°附近，面向太阳竖握六分仪，在望远镜视野可以同时看到太阳的真像和反射影像。然后慢慢向前推移指标杆，太阳的反射影像将向下移动。直到将太阳拉到水天线附近，放开松紧夹，去掉定镜前滤光片。当熟练掌握观测方法时，可将指标杆放在该天体当时的大概高度上，直接通过望远镜瞄准水天线。

(2) 左右摇摆，纠正方向

将六分仪面绕望远镜光轴左右摇摆，检查天体的摆动圆弧是否和水天线相切，如图 5-5-10 所示。

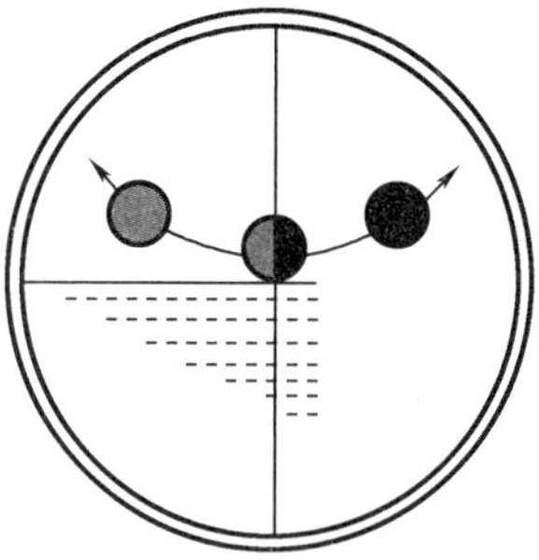

图 5-5-10　太阳影像摆动弧线示意图

(3) 左右微摆，等待相切

当上午观测太阳时，天体上升，应微调鼓轮将太阳下边缘放到水天线下边一点点；当下午观测太阳时，天体下降，应微调鼓轮将太阳下边缘放到水天线上边一点点。等待太阳摆动圆弧的最低点上升(或下降)到和水天线刚好相切时，启动秒表，记下天文钟时间，再看六分仪的读数，这就是当时所观测的天体高度。

二、求天体真高度

根据天文定位原理，需要天体高度为天体中心的地心真高度，用六分仪测得的天体高度读数，经过一系列改正后，才能得到天体中心的地心真高度。

(一) 影响观测高度的因素

六分仪所测的高度读数 h_s，经指标差 i、器差 s 改正后得到天体观测高度 h_s'，但还必须经下列各项改正后才求得天体真高度 h_t(True altitude)。

1. 蒙气差 ρ(refraction)

天体的入射光线由于地球周围大气层的折射作用而发生弯曲，使天体的视方向比真方向抬高了一个角度 ρ 。天体的视方向与真方向间的夹角称为蒙气差，用 ρ 表示，如图 5-5-11 所示。蒙气差使观测高度(h_s')增大，所以蒙气差的符号恒为“-”。

蒙气差值主要随天体的地面高度 h' 而变。高度大，蒙气差小；高度低，蒙气差大。大气状态对蒙气差的影响较小，在地面观测高度超过 30°时，气温、气压对蒙气差的影响可忽略不计。

2. 眼高差 d(dip)

由测者眼高产生的误差即测者视地平与地面真地平的夹角称为眼高差，眼高差又称海地平俯角。如图 5-5-12 所示。眼高差使观测高度增大，所以，眼高差 d 恒为“-”。

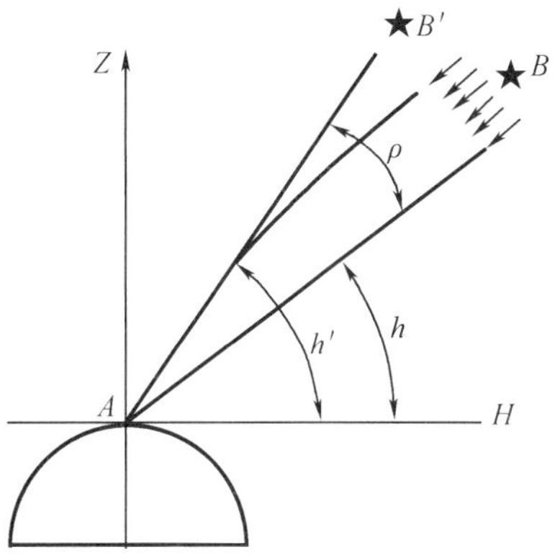

图 5-5-11　蒙气差示意图

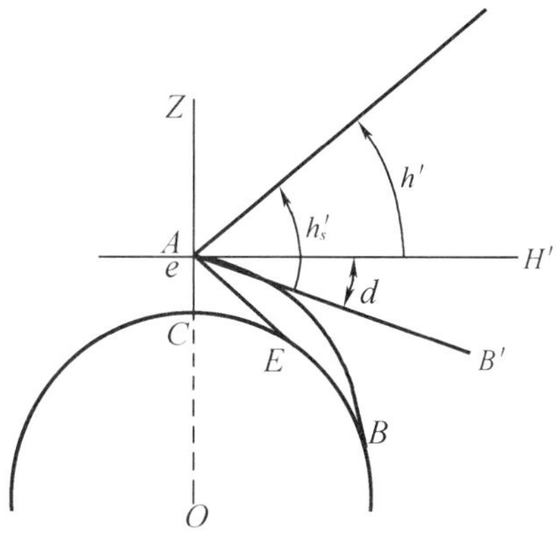

图 5-5-12　眼高差示意图

眼高差值随眼高 e 的增大而增大。但当气温与水温相差较大时,实际眼高差与计算值之间会有较大差别。天体观测高度 h_s' 经眼高差 d 改正后,得到相对于地面真地平的高度,因此称为天体地面高度 h',眼高差计算公式为:

$$d=-1'.765\sqrt{e(m)} \qquad (5-5-4)$$

3. 视差 p(parallax)

天体视差主要是由于天体离地球较近,光线到达测者和地心不平行所造成。如图 5-5-13 所示,天体地面真高度∠BAH 与地心真高度∠BOH'之差 p 称为视差。它也是地球半径在天体中心处张角。天体视差 p 的符号恒为"+"。天体视差 p 与天体与地心之距及天体高度有关。天体距离近,视差大,反之,视差小。恒星距地球非常遥远,视差接近为 0。

天体高度高,视差小,反之,视差大。当天体的地面高度 h′为 0 时,视差最大,称为地平视差。月亮离地球最近,地平视差最大可达 61.′5;金星 0.′6;火星 0.′4;木星和土星的地平视差可忽略不计。太阳的地平视差基本上是一常数。等于 0.′15。

求太阳、月亮、金星和火星等的真高度时需要改正视差。

4. 半径差 SD (semi-diameter)

《航海天文历》所列的都是天体中心位置的坐标,所以天体的真高度也应算到天体中心。

观测太阳或月亮是测它的下边或上边高度,而不是测它们的中心,由此产生的误差称为半径差,用 SD 表示。因此,星体高度不存在半径差。

如图 5-5-14 所示,观测太阳的下边高度,半径差 SD 为"+";若观测上边高度,半径差 SD 为"-"。

天体视半径是随天体和地球之间的距离而变的,当地球最靠近太阳时,SD 最大为 16.′3;最远时,SD 最小为 15.′8。在《航海天文历》中,每三天给出一个太阳 SD 值。

(二)求天体真高度

由影响观测高度的因素可知,天体六分仪高度读数 h_s,经指标差 i 和器差 s 改正后得天体观测高度 h_s',再经眼高差 d、蒙气差 ρ、视差 p 和半径差 SD 改正后得到天体真高度 h_t,即

$$h_t=h_s+(i+s)+d+\rho+p+SD$$

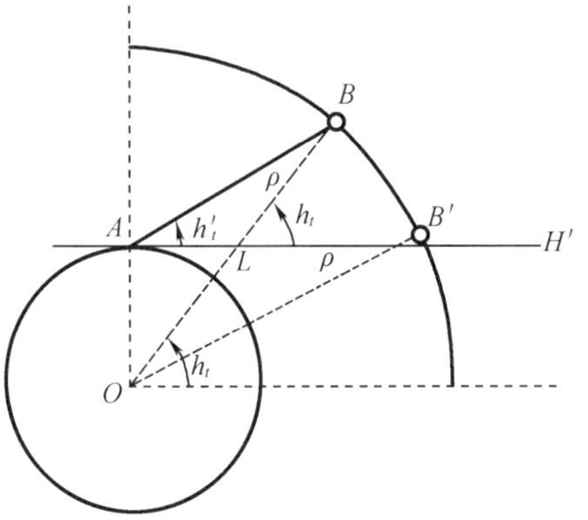

图 5-5-13　视差示意图

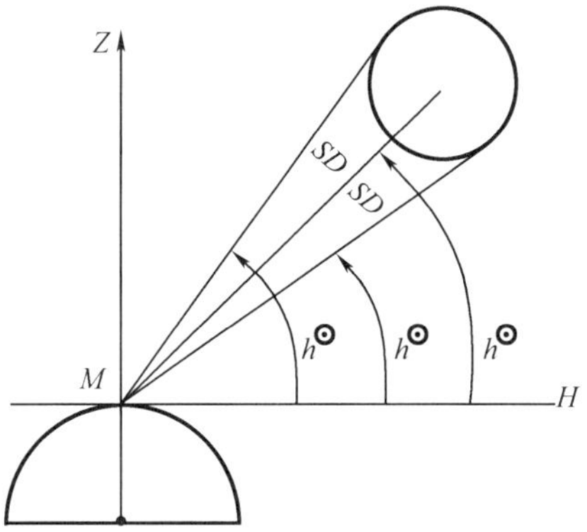

图 5-5-14　半径差示意图

1. 求太阳真高度

观测太阳下边或上边高度后，用下式求太阳真高度：

$$h_t=h_s+(i+s)+d+\rho+p+SD$$

(1) 中版《航海天文历附表》或《天体高度方位表》求太阳真高度

中版《航海天文历附表》"表 7 太阳、星体高度改正表" 或《天体高度方位表》封面里页 "观测高度修正表"，求太阳真高度的计算公式为：

$$h_t=h_s+(i+s)+d+\text{总改正值 } c+\text{补充改正值 } c' \qquad (5-5-5)$$

总改正值 c：包括平均蒙气差、视差和平均太阳半径 16′；

补充改正值 c'：太阳半径与平均半径的差。

例 5-5-2　2001 年 1 月 11 日，观测太阳下边 h_s32°20′.3，$i+s$＝−1′.2，测者眼高 e8.84 m，求太阳真高度。

解

h_s	32°20′.3
$i+s$	−1′.2
d	−5′.3
c	+14′.6
c'	−0′.3
h_t	32°28′.7

例 5-5-3　2001 年 9 月 26 日，观测太阳上边 h_s46°15′.1，$i+s$＝+0′.9，测者眼高 e10.6 m，求太阳真高度。

解

h_s	46°15′.1
$i+s$	+0′.9
d	−5′.8
c	+15′.1
c'	−32′.0
h_t	45°53′.3

(2)英版《航海天文历》求太阳真高度

英版《航海天文历》太阳高度改正表位于 A_2 页(ALTITUDE CORRECTION TABLES 10°-90°—SUN, STARS, PLANETS),求太阳真高度的计算公式为:

$$h_t = h_s + (i+s) + d + \text{总改正值 } c \quad (5-5-6)$$

总改正值 c:包括蒙气差、视差和太阳半径差。

例 5-5-4 2001 年 1 月 11 日,观测太阳下边 h_s32°20′.3,$i+s=-1'.2$,测者眼高 e8.84 m,求太阳真高度。

解

h_s	32°20′.3
$i+s$	−1′.2
d	−5′.3
c	+14′.7
h_t	32°28′.5

例 5-5-5 2001 年 9 月 26 日,观测太阳上边 h_s46°15′.1,$i+s=+0'.9$,测者眼高 e10.6 m,求太阳真高度。

解

h_s	46°15′.1
$i+s$	+0′.9
d	−5′.8
c	−16′.7
h_t	45°53′.5

2. 求恒星和木星、土星的真高度

因为恒星和木星、土星离地球很远,同时是测其中心与水天线相切,所以观测高度改正时,无须进行视差 p 和半径差 SD 的改正,其真高的计算公式为:

$$h_t = h_s + (i+s) + d + \rho \quad (5-5-7)$$

中版《航海天文历附表》《天体高度方位表》与英版《航海天文历》查表计算方法相同。

例 5-5-6 2001 年 12 月 28 日,观测猎户 α,h_s43°52′.2,$i+s=+0'.6$,测者眼高 e13m,用英版《航海天文历》求真高度。

解

h_s	43°52′.2
$i+s$	+0′.6
d	−6′.3
ρ	−1′.0
h_t	43°45′.5

3. 求金星和火星的真高度

由于金星和火星离地球较近,因此与求恒星、木星、土星真高度相比多了一项天体视差

p 改正，其真高度计算公式为：

$$h_t=h_s+(i+s)+d+\rho+p \quad (5-5-8)$$

视差 p 值在中版《航海天文历附表》《天体高度方位表》"行星高度补充修正"表中查取，查表引数是地平视差 p_o 和观测高度。其中地平视差 p_o 值列于《航海天文历》天体位置表的右页，每 3 天给出一个值。英版《航海一文历》A_2 页（ALTITUDE CORRECTION TABLES 10°-90°—SUN，STARS，PLANETS），星体（STARS AND PLANETS）高度改正表，左栏即蒙气差 ρ，查表引数为观测高度；右栏为金星和火星的视差改正值 p，查表引数为日期和观测高度。

例 5-5-7　2001 年 10 月 20 日，观测金星 h_s34°32′.5，$i+s$=-0′.3，测者眼高 e11.2m，求金星真高度。

解　①查中版《航海天文历》求 p_o：p_o=0′.1

h_s	34°32′.5
$i+s$	-0′.3
d	-5′.9
ρ	-1′.4
p	+1′.0
h_t	34°25′.9

②用英版《航海天文历》

解

h_s	34°32′.5
$i+s$	-0′.3
d	-5′.9
ρ	-1′.4
p	+1′.0
h_t	34°25′.9

任务六　天文船位线

到本篇第四章为止，我们已经解决了天文定位的核心问题——求天文船位圆的圆心和半径。然而，画天文船位圆却是个难题。在一般情况下，天文船位圆的半径都很大。例如天体高度为 50°，天体顶距则为 40°，天文船位圆的半径就是 2 400 n mile。这么大的半径，大比例尺海图容不下，小比例尺海图不仅误差大，同时天文船位圆在墨卡托海图上的投影也不是正圆形，而是一条复杂的周变曲线。直到 1875 年，法国航海家圣·希勒尔（St. Hilaire）提出了高度差法，才解决了天文船位圆的作图问题。

本章以高度差法为重点，介绍天文定位常用的几种天文船位线。

一、高度差法船位线

高度差法又称截距法。高度差法的实质是将以天体地理位置为圆心画天文船位圆，转化为以推算船位为基准画天文船位线。

1. 高度差法天文船位线

天文船位圆上靠近推算船位的一小段圆弧或这一小段圆弧的切线叫作天文船位线。

图 5-6-1 表示地球及其外面的天球。图中的 c 点为推算船位，Z_c 为 c 的天顶，b 为天体 B 的天体地理位置。以 b 为圆心的小圆即天文船位圆，其半径为 bk。由于天文船位圆半径通常很大，而且船位一定在推算船位 c 附近的一小段天文船位圆上，所以没有必要把天文船位圆全部画出来。天文船位圆的球面半径很大，船位圆曲线的曲率很小，可以用过 k 点（称截点）的切线 I-I 来代替推算船位附近的一小段圆弧，切线 I-I 即天文船位线。

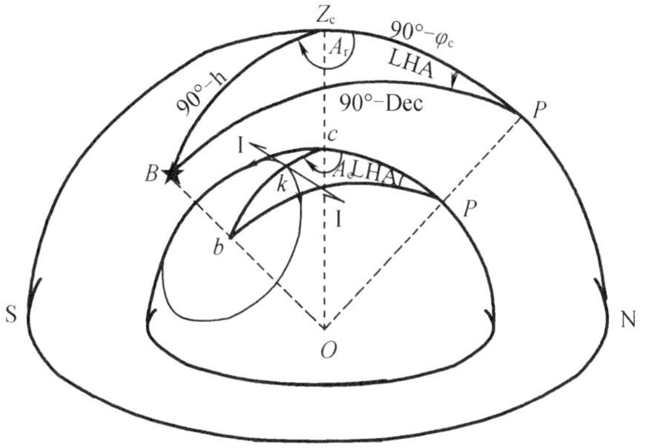

图 5-6-1 高度差法原理图

2. 高度差法天文船位线三要素

图 5-6-1 是夸张示意图，实际上 kc 与船位圆半径 bk 相比甚小。也就是说，b 点离 k 点很远，而 c 点离 k 点很近。高度差法就是以 c 点为基准，画出天文船位线 I-I。

图 5-6-1 中的球面三角形 cbp_n 是天文三角形 Z_CBP_N 在地球球面上的投影。其间有如下关系：

$$\angle bcp_n = A_c$$

$kc = bc - bk = (90° - h_c) - (90° - h_t) = h_t - h_c = Dh$，即：

$$Dh = h_t - h_c \tag{5-6-1}$$

上式中 Dh 称高度差或截距，有正负的区别。

因为 bc 是天体计算方位圈在地球面上的投影，而且过天体船位圆的圆心，所以过截点 k 所做的天文船位圆的切线即天文船位线与天体计算方位线垂直。

在墨卡托海图上，过计算点 c 做天体的计算方位线，并截取 Dh 得截点 k，过 k 点作天体计算方位线的垂线，即得天文船位线 I-I。因此。要画出天文船位线，须知作图三要素，即：

①计算点 c；

②计算方位 A_c;

③高度差 $Dh=h_t-h_c$。

计算点 c 可以是推算船位,也可以是推算船位附近的一点,称为选择船位。计算高度 h_c 和计算方位 A_c 可从《天体高度方位表》中查取或者由式(5-1-1)和(5-1-2)或(5-1-3)直接计算求得。天体真高度 h_t 通过六分仪观测并改正后求得。

3. 高度差法作图规则

(1)$Dh>0$(计算点 c 在船位圆之外)

当 Dh 为"+"时,过计算点 c 按天体计算方位 A_c 做天体方位线,在该线上从 c 点起沿天体方位线截取 Dh 得截点 k,过 k 点作天体方位线的垂线即天文船位线,如图 5-6-2(a)所示。

(2)$Dh<0$(计算点 c 在船位圆之内)

当 Dh 为"-"时,过计算点 c 做天体的计算方位 A_c 的反方向线,在该线上,以 c 为原点截取 Dh 得截点 k,过 k 点做计算方位线的垂线即天文船位线,如图 5-6-2(b)所示。

(3)$Dh=0$(计算点 c 在船位圆之上)

当 Dh 为"0"时,过计算点 c 做天体的计算方位线的垂线,即天文船位线,如图 5-6-2(c)所示。

画天文船位线时应注意,作图点一定是计算点,即求天体计算方位和计算高度时所用的纬度、经度值。

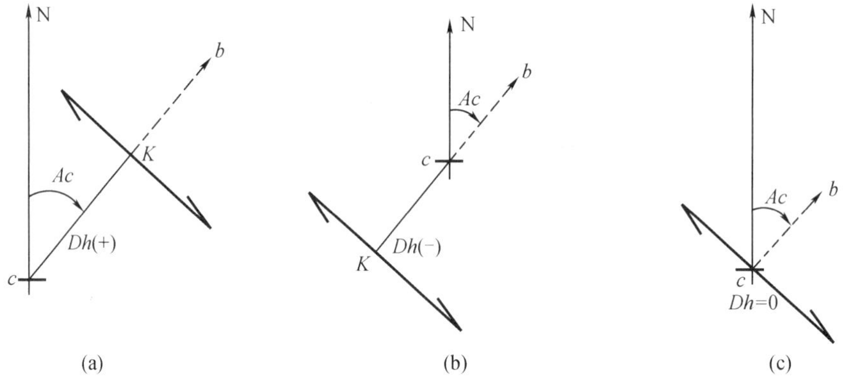

图 5-6-2　高度差法作图规则

4. 高度差法特性

(1)选择计算点的有限任意性

在误差 30 n mile 范围内,选择推算船位附近的任一点作为计算点,不会改变由天体真高度所决定的天文船位线的位置。此谓选择计算点的有限任意性。如图 5-6-3 所示,计算点由 c 点改为 c_1 和 c_2 后,计算方位 A_c 值基本不变,天体真高度 h_t 不变即天文船位圆半径不变,计算高度 h_c 和高度差 Dh 改变,但画出的天文船位线仍然是同一条。但是,c_3 点因为误差超过 30 n mile,其计算方位发生了较大变化,所求得的船位线Ⅱ-Ⅱ也出现了较大误差。

运用选择计算点的有限任意性可简化查《天体高度方位表》的工作。而对于用计算器解算天体高度和方位，实际意义不大。

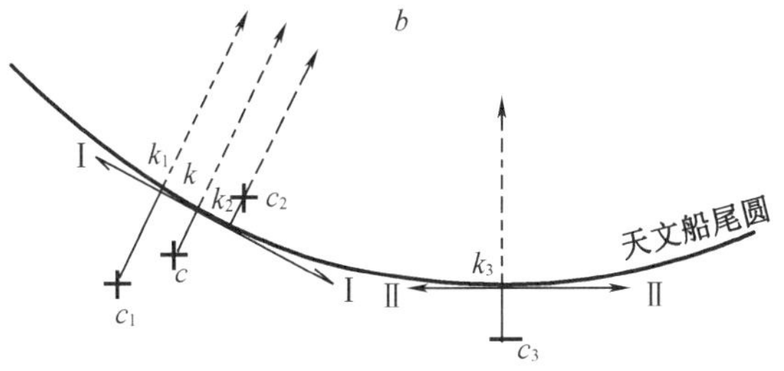

图 5-6-3　选择计算点的有限任意性

(2)天文船位线的近似性

高度差法中，将大圆弧方位线和船位线当作直线，由此必然产生一定的误差。所以，高度差法天文船位线乃至船位均具有近似性。观测的天体高度越高，所得的天文船位圆的半径越小，船位圆的曲率越大，这时在墨卡托海图上用直线代替大圆弧误差就越大。因此，在天文定位实践中，应观测高度低于 70°的天体。计算点的误差也应在 30 n mile 以内。若 $Dh>30'$，应把所求得的观测船位作为计算点重新计算船位线要素和作图。

二、太阳、行星和恒星船位线

太阳、行星和恒星的高度差法船位线的计算程序基本相同，只是在求格林时角和真高度方面略有差异，下面通过例题作具体说明。

1. 求太阳船位线

例 5-6-1　2001 年 1 月 11 日，区时 *ZT* 1318，推算船位 φ_c 32°20′N，λ_c 122°32′E，观测太阳下边六分仪高度 h_s 32°20′.3 时，启动秒表，当天文钟时间 *CT* $05^h20^m51^s$ 停止秒表，秒表读数为 *WT*41^s，天文钟差 *CE* 1^m51^s(快)，$i+s=-1'.0$，*e* 8.84 m，用英版《航海天文历》求太阳船位线。

解　(1)求 *GMT*

ZT′	1318	11/1
ZD	−8	
GMT′	0518	11/1

CT	$05^h20^m51^s$
WT	-41^s
CE	-1^m51^s
GMT	$05^h18^m19^s$ 11/1

(2)求 *LHA* 和 *Dec*

GHA′	253°01′.7	*Dec′*	21°47′.6S	*d*−0.4
m. s	4°34′.8	*d′*	−0′.1	
GHA	257°36′.5	*Dec*	21°47′.5S	

$+\lambda_E$	122°32′
LHA	20°08′.5
	20°08′.5W

(3)求 h_c 和 A_c

$$h_c = \arcsin(\sin\varphi\sin Dec + \cos\varphi\cos Dec\cos LHA)$$

用计算器解得：

$$h_c = 32°33'.0$$

$$A_c = \arccos[\sin Dec/(\cos\varphi\cos h_c) - \tan\varphi\tan h_c]$$

用计算器解得：

$$A_c = 157°.7\ NW = 202°.3$$

(4)求 h_t 和 Dh

h_s	32°20′.3
$i+s$	−1′.0
d	−5′.3
c	+14′.7
h_t	32°28′.7
h_c	32°33′.0
Dh	−4′.3

(5)太阳船位线作图三要素

①作图点：φ_c 32°20′N，λ_c 122°32′E；

②计算方位 A_c = 202°.3；

③截距 Dh = −4′.3

作图见图 5-6-4。

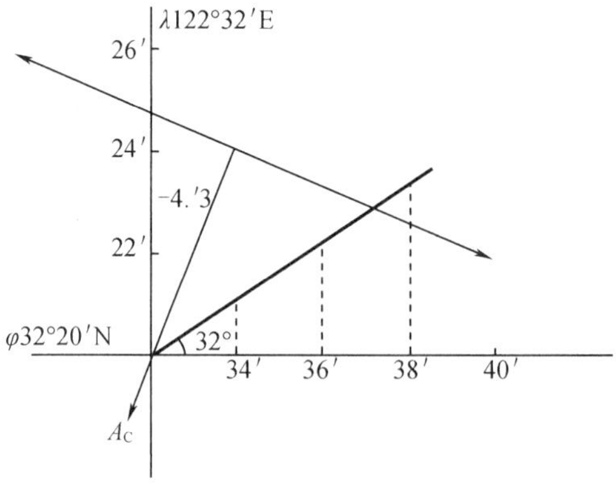

图 5-6-4 例 5-6-1 船位线图

2. 求行星船位线

例 5-6-2 2001 年 1 月 11 日，SMT0440，φ_c 21°40′N，λ_c 148°10′W，用六分仪观测火星

高度 h_s 39°59′.7，停秒表天文时间 $CT02^h42^m40^s$，秒表读数 WT 30s，钟差 CE 1^m35^s（快），$i+s=+1'.4$，e 9.4m，用英版《航海天文历》求火星船位线。

解　（1）求 GMT

SMT	0440	11/1
ZD	+10	
GMT'	1440	11/1

CT	$14^h42^m40^s$
WT	-30^s
CE	-1^m35^s
GMT	$14^h40^m35^s$ 11/1

（2）求 LHA 和 Dec

GHA'	102°06′.0	ν 1′.1	Dec'	13°59′.2S	d+0′.5
$m.s$	10°08′.8				
ν 订正	0′.7		d 订正	+0′.3	
GHA	112°15′.5		Dec	13°59′.5S	

$-\lambda_W$	148°10′W
LHA	324°05′.5
	35°54′.5E

（3）求 h_c 和 A_c

$$h_c=\arcsin(\sin\varphi\sin Dec+\cos\varphi\cos Dec\cos LHA)$$

用计算器解得：

$$h_c=39°52'.7$$

$$A_c=\arccos[\sin Dec/(\cos\varphi\cos h_c)-\tan\varphi\tan h_c]$$

用计算器解得：

$$A_c=A_C=132°.1\ NE=A_C=132°.1$$

（4）求 h_t 和 Dh

h_s	39°59′.7
$i+s$	+1′.4
d	− 5′.4
c	− 1′.2
c'	+0′.1
h_t	39°54′.6
h_c	39°52′.7
Dh	+1′.9

(5)火星船位线作图三要素

①作图点 C:φ_c 21°40′N,λ_c 148°10′W;

②计算方位 A_C=132°.1;

③截距 Dh=+1′.9

作图见图 5-6-5 。

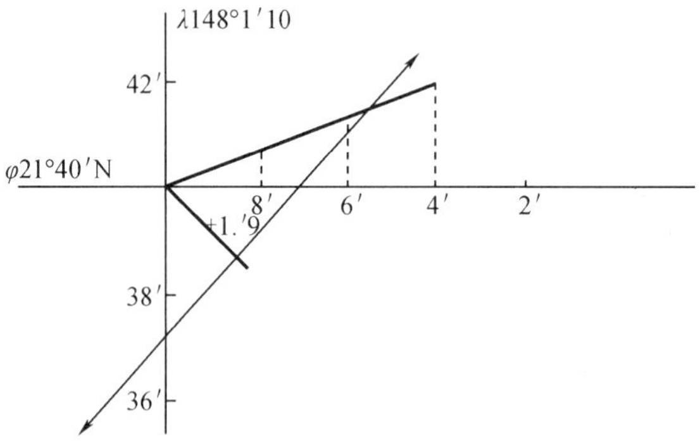

图 5-6-5 例 5-6-2 船位线图

3. 求恒星船位线

例 5-6-3 2001 年 1 月 10 日 *SMT* 0436,φ_c 33°41′S ,λ_c 27°25′E 测得南十字 α 星十字架(Acrux 星号 80)的六分仪高度 h_s 59°58′.2,天文钟时间 *CT*02^{h}35^{m}57^s,*CE* 22^S(慢),$i+s$=+0.5,e+16.2m,用中版《航海天文历》求恒星船位线。

解 (1)求 *GMT*

SMT	0436	10/1	*CT*	02^{h}35^{m}57^s	
ZD	−2		*CE*	+22^s	
GMT′	0236	10/1	*GMT*	02^{h}36^{m}19^S	10/1

(2)求 *LHA* 和 *Dec*

GHA^{Υ}	139°39′.8	*Dec*	63°05′.9 S
m. s	9°06′.2		
SHA	173°20′.1		
GHA	322°06′.1		
$+\lambda_E$	27°25′		
LHA	349°31′.1		
	10°28′.9E		

(3)求 h_c 和 A_c

$$h_c = \arcsin(\sin\varphi \sin Dec + \cos\varphi \cos Dec \cos LHA)$$

用计算器解得:

$$h_c = 59°51'.6$$

$$A_c = \arccos[\sin Dec/(\cos\varphi \cos h_c) - \tan\varphi \tan h_c]$$

用计算器解得：

$$A_c = 9°.4SE = 170°.6$$

(4)求 h_t 和 Dh

h_S	59°58′.2
$i+s$	+0′.5
d	−7′.1
C	−0′.6
h_t	59°51′.0
h_c	59°51′.6
Dh	−0′.6

(5)恒星船位线作图三要素

①作图点 C：φ_c 33°41′S　λ_c 27°25′E；

②计算方位 $A_c = 170°.6$；

③截距 $Dh = -0′.6$。

作图见图 5-6-6。

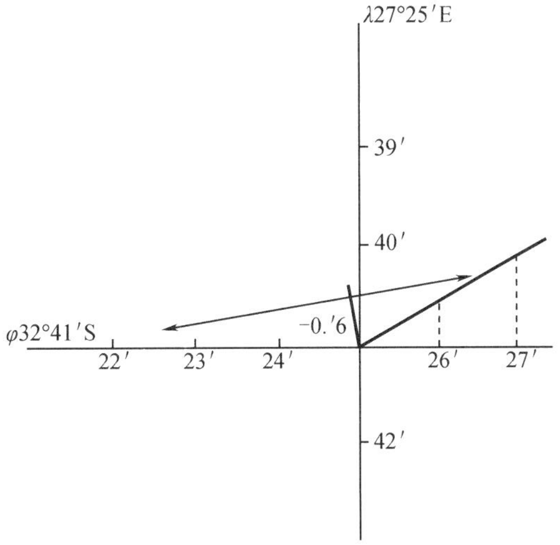

图 5-6-6　例 5-6-3 船位线图

三、观测太阳上中天高度求纬度

太阳上中天时，地方时角为零，方位正南或正北，求得的太阳船位线是东西方向，和纬线平行。观测太阳上中天高度求纬度，计算简便且准确性较好，是海上最常用的测天方法。

1. 观测太阳上中天高度求纬度原理

根据解天文三角形的基本公式

$$h_c = \arcsin(\sin\varphi\sin Dec + \cos\varphi\cos Dec\cos LHA)$$

上中天时 $LHA = 0$，则 $\sin H = \sin\varphi\sin Dec + \cos\varphi\cos Dec$

以 $H=90°-Z$ 代入，简化为

$$\cos Z=\cos(\varphi-Dec)$$

$$Z=\varphi-Dec$$

$$\varphi=Z+Dec \tag{5-6-2}$$

上式为代数和，其符号确定及运算规则如下：

①中天高度 H 的名称依天体所在方向命名：当测者向南观测时，H 的名称是 S，反之是 N；

②太阳中天顶距 Z 的名称与中天高度 H 的名称相反；

③当 Z 与 Dec 同名时，Z 与 Dec 相加，φ 与 Z 和 Dec 同名；当 Z 与 Dec 异名时，Z 与 Dec 相减，大值减小值，φ 与大值同名。

上述符号确定及运算规则如图 5-6-7 所示。

例如太阳赤纬 Dec20°N，若中天真高度 H_t60°S，则顶距 30°N，纬度 φ_o 为 50°N；若中天真高度 H_t60°N，则顶距 30°S，纬度 φ_o 为 10°S。

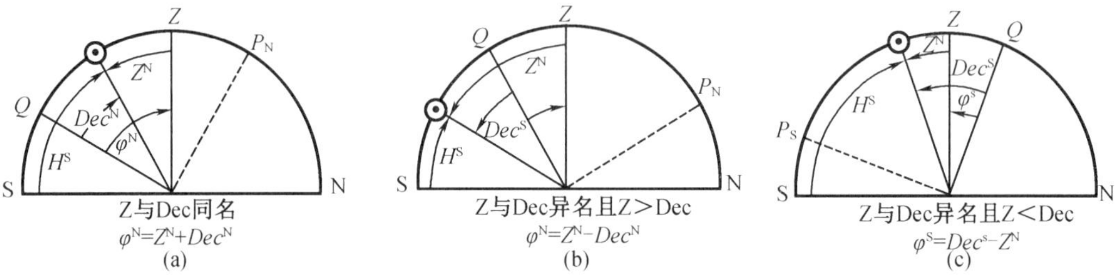

图 5-6-7　太阳上中天高度求纬度原理图

2. 预求太阳上中天区时

观测太阳上中天高度求纬度，其先决条件是必须在太阳上中天时进行高度观测。为此，必须预先计算太阳上中天的区时(船时)。

太阳中天地方平时 LMT 可从《航海天文历》中查得。《航海天文历》刊载的是格林经线上太阳上中天准确到时分的地方平时，可以将其看作任一经线上太阳上中天的地方平时。因此，求太阳上中天区时实际上是已知地方时求所在时区的区时。根据(4-3-8)式计算方法为

$$ZT=LMT+D\lambda$$

$$D\lambda=\lambda_m-\lambda_c$$

上式中，λ_m 为时区中线经度，λ_c 为太阳中天时刻的测者经度。λ_m 在 λ_c 以东，$D\lambda$ 为"+"，反之 $D\lambda$ 为"-"。

中天时刻的推算经度 λ_c，在实用上可用中午 1200 的推算经度代替。由此产生的误差可忽略不计。

例 5-6-4　2001 年 7 月 28 日，ZT 0930，推算船位 φ_c 25°20′N，λ_c137°15′W，当时航向 080°，航速 18 kn，预求太阳上中天区时 ZT。

解　①求 ZT1200 的推算经度 λ_c

$$航程\ S=(1200-0930)\times 18'=45'$$

$$D\varphi=S\times\cos CA=45'\cos 80°=7'.8$$

$$D\lambda=S\times\sin CA/\cos\varphi_m=45'\sin 80°/\cos 25°23'.9=49'.1E$$

1200 推算经度 λ_c 为 136°26′W。

②求太阳中天区时 ZT

查《航海天文历》,7 月 28 日太阳中天平时 12^h06^m。

$$LMT=12^h06^m$$

$$D\lambda=\lambda_m-\lambda_c=135°W-136°26'W=+1°26'=+5^m44^s\approx+6^m$$

LMT	12^h06^m	28/7
$D\lambda$	$+6^m$	
ZT	12^h12^m	28/7

例 5-6-5　2001 年 3 月 20 日,量得 $ZT12^h00^m$ 的推算船位 φ_c 35°15′N,λ_c 122°02′E,求当天太阳上中天区时。当太阳上中天时,向南测得太阳下边上中天高度 $H_s=54°23'5$, $i+s=+1'0$,$e=14.8$m,用中版《航海天文历》求太阳上中天时观测纬度度 φ_o。

解　①求太阳上中天区时 ZT 和 GMT'

LMT	12^h07^m	20/3
$D\lambda$	-8^m	
ZT'	11^h59^m	20/3
ZD	−8	
GMT' 03^h59^m	20/3	

②求太阳赤纬 Dec

Dec'	0°10′.4S	Δ−1′.0
Δ 订正	−1′.0	
Dec	0°09′.4S	

③求中天观测纬度 φ_o

H_s	54°23′.5
$i+s$	+1′.0
d	−6′.8
c	+15′.4
c'	+0′.1
H_t	54°33′.2S
Z	35°26′.8N
Dec	0°09′.4S
φ_o	35°17′.4N

④ZT1159 观测纬度 φ_o35°17′.4N

四、观测北极星高度求纬度

北极星(plaris)即小熊星座α(勾陈一),是一颗二等星。北极星的赤纬在89°N以上,极距小于1°,周日平行圈很小。

北极星高度求纬度的基本原理是仰极高度等于测者的纬度。

图5-6-8中,B为北极星在周日视运动中某一时刻的位置,CBD是北极星的赤纬圈(为分析方便,将北极星赤纬圈放大)。北极星真高度$h_t = FB$弧距,测者纬度$\varphi = P_N N$弧距$= FK$弧距。令$x = KB$,则:

$$\varphi = h_t + x$$

由上式可知,测得北极星真高度h_t后只要求得小改正量x,也就求得了纬度φ。因此,观测北极星高度求纬度的问题实质上就是求改正量x的问题。当北极星中天时,x达最大值,上中天(C位置)x为"-",下中天(D位置)x为"+"。

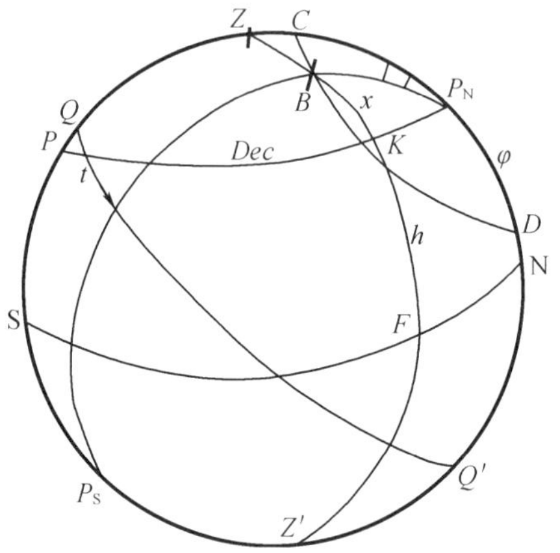

图5-6-8 北极星高度求纬度原理图

航海天文历将改正量x分为三个改正值,即:

$$x = h_t + \text{I} + \text{II} + \text{III}$$

改正值Ⅰ从北极星高度求纬度第一改正值表中查取,查表引数是春分点圆周地方时角LHA^{Υ}。

改正值Ⅱ从北极星高度求纬度第二改正值表中查取,查表引数是春分点圆周地方时角LHA^{Υ}和北极星高度h。

改正值Ⅲ从北极星高度求纬度第三改正值表中查取,查表引数是春分点圆周地方时角LHA^{Υ}和观测日期。

在中版《航海天文历》的"北极星高度求纬度"表中,改正量Ⅰ和Ⅲ有正有负,改正量Ⅱ恒为正值。中版《航海天文历》北极星高度求纬度的计算公式为:

$$\varphi_o = h_t + \text{I} + \text{II} + \text{III} \tag{5-6-3}$$

在英版《航海天文历》的"POLARIS (POLE STAR) TABLES"中,三个改正量依次分别用a_0、a_1和a_2表示。为使三个改正量均为"+"值,预先在改正量中加了1°。因此,用英版《航

海天文历》时，应将北极星的真高度和三个改正量全加起来，然后再减去 1°，便得到观测纬度，即

$$\varphi_o = h_t + a_0 + a_1 + a_2 - 1° \quad (5-6-4)$$

观测北极星高度求纬度的方法适用于北半球纬度 15°N～60°N 的海区。观测北极星高度求纬度所得的纬度线是一条近似的船位线。因为从截距法的性质可知，船位线必须与方位线垂直，而北极星只有在上下中天时才是正北，其余都偏东或偏西，所以所求的纬度实际上是船位线上的一个纬度点，纬度线和船位线以纬度点为中心上下错开。但是由于北极星在北纬 60°以内，方位角变化小于 2°，以纬度线代替天文船位线所引起的误差很小，所以在实际观测中是以观测所求得的纬度线作为北极星的船位线。

例 5-6-6　2001 年 3 月 20 日，*ZT* 1848，φ_c 36°27′.0N，λ_c 7°41′.0W，观测北极星六分仪高度 h_s 36°48′.4，停秒表天文钟时间 *CT* $07^h53^m35^s$，秒表读数 *WT* 40^s，钟差 *CE* 5m(快)，$i+s=-1'.0$，眼高 *e* 8.84m。求北极星船位线

解　用中版《航海天文历》

①求 *GMT*

ZT′ 1848	20/3
ZD +1	
GMT′ 1948	20/3
CT	$19^h53^m35^s$
WT	-40^s
CE	-5^m00^s
GMT	$19^h47^m55^s$ 20/3

②求 LHA^{Y}

GHA^{Y}	103°22′.3
m. s	12°00′.7
GHA^{Y}	115°23′.0
$-\lambda_W$	7°41′
LHA^{Y}	107°42′.0

③求观测纬度 φ_o

h_s	36°48′.4
$i+s$	−1′.0
d	−5′.3
c	−1′.3
h_t	36°40′.8
Ⅰ	−15′.3
Ⅱ	+0′.2
Ⅲ	+0′.3
φ_o	36°26′.0N

④ZT1848 观测纬度 $\varphi_0$36°25′.9N

用英版《航海天文历》

①求 GMT

ZT' 1848	20/3
ZD +1	
GMT' 1948	20/3
CT	$19^h53^m35^s$
WT	-40^s
CE	-5^m00^s
GMT	$19^h47^m55^s$ 20/3

②求 LHA^{Υ}

GHA^{Υ}	103°22′.3
$m.s$	12°00′.7
GHA^{Υ}	115°23′.0
$-\lambda_W$	7°41′
LHA^{Υ}	107°42′.0

③求观测纬度 φ_o

h_s	36°48′.4
$i+s$	−1′.0
d	−5′.3
c	−1′.3
h_t	36°40′.8
a_0	+43′.7
a_1	+0′.5
a_2	+0′.9
−	1°00′.0
φ_o	36°25′.9N

④ZT1848 观测纬度 φ_o36°25′.9N

任务七　观测天体求船位

在同一时刻测得两条或两条以上交角合适的天文船位线，其交点就是观测时的船位。

一、太阳移线定位

在白天，航行于海上的船舶，除有时能用太阳、月亮或金星联合定位外，通常只能观测到太阳。在观测一次太阳求得一条太阳船位线后，间隔一定时间待太阳方位变化30°以上再观测一次，求得第二条太阳船位线。然后将第一条船位线按两次观测间的实际航迹向和实际航程，转移到第二次观测时刻，它与第二条船位线的交点就是第二次观测时刻的太阳移线船位。

1. 太阳移线定位有利时机

太阳移线定位的精度主要与两次观测的时间间隔有关。从减小转移船位线的推算误差考虑，两次观测的时间间隔越短越好。从船位线的夹角考虑，以90°为最佳。但要等待太阳方位变化90°，往往需要较长时间，又不利于减小移线的推算误差。显然，上述两个要求是互相矛盾的。为兼顾这两方面的要求，一般取太阳方位变化30°～50°，两次观测的时间间隔约为1～2^h。

太阳中天前后是观测太阳移线定位的有利时机。因为太阳中天前后方位变化较快，间隔较短的时间，便可得到合适的方位差角。在航海实践中，通常采用中天前或中天后的太阳船位线与太阳中天高度的纬度线相配合的方式来测定船位，即中天前观测太阳得到船位线，然后观测太阳中天高度的纬度线，将中天前船位线转移到中天时刻与太阳纬度线相交，便得中天观测船位。也可在中天后再次观测，将太阳纬度线转移到中天后观测太阳的时刻，又得到中天后的观测船位。

2. 太阳移线定位实例

例5-7-1　2001年1月11日 *ZT* 1042，φ_C16°05′S，λc 57°10′E，*TC* 225°，航速 *V* 17 kn，计程仪读数 *L*1 969′.5，测得太阳下边六分仪高度 *hs* 66°00′.7，天文钟时间 $06^h43^m07^s$ 天文钟差 *CE* 2^m11^s（快），*i*+*S*＝+2′眼高 *e* 15.5m，求1042太阳船位线；船继续航行，预求中天区时，中天时向南测得太阳下边六分仪中天高度 *Hs* 84°23′.6，*L*2 997′.5求中天观测船位。

解　(1)求第一条船位线

ZT	1042	11/1	*CT*	$06^h43^m07^s$	
ZD	−4		*CE*	-2^m11^s	
GMT′	0642	11/1	*GMT*	$06^h40^m56^s$	11/1
GHA′	268°01′.6	$\bar{\Delta}$ 0′.8	*Dec′*	21°47′.2	Δ−0.4
m.s	10°13′.3				

$\bar{\Delta}$ 订正值	0′.5	Δ 订正值	−0′.3
GHA	278°15′.4		21°46′.9S
$+\lambda_E$	57°10′		
LHA	335°25′.4		
	24°34′.6E		

用计算器解得：

$$h_c = \arcsin(\sin\varphi\sin Dec + \cos\varphi\cos Dec\cos LHA)$$

$$h_c = 66°05'.8$$

$$A_c = \arccos[\sin Dec/(\cos\varphi\cos h_c) - \tan\varphi\tan h_c]$$

用计算器解得：

$$A_c = 72°.4SE = 107°.6$$

h_s	66°00′.7
$i+s$	+2′.0
d	−7′.0
C	+15′.6
C'	+0′.3
h_t	66°11′.6
$-h_C$	66°11′.6
Dh	+5′.8

1042 太阳船位线作图三要素

①作图点：φ_c = 16°05′S，λc 57°10′E；②Ac = 107°.6；③Dh+5′.8

（2）求第二条船位线

经航迹推算求得 1200 推算经度 λ_C' = 56°54′E

$$D\lambda = 60°E - 56°54'E = 3°06' = 12^m24^s \approx 12^m$$

LMT	12^h08^m	11/1
$D\lambda$	$+12^m$	
ZT	12^h20^m	11/1
ZD	−4	
GMT′	08^h20^m	11/1
Dec′	21°46′.4s	Δ −0′.4

Δ 订正值	$-0'.1$
Dec	$21°46'.3s$
Hs	$84°23'.6s$
i+s	$+2'.0$
d	$-7'.0$
C	$+15'.9$
C'	$+0'.3$
H_t	$84°34'.8s$
Z	$5°25'.2N$
Dec	$21°46'.3s$
φ_o	$16°21'.1s$

(3)作图求船位(图 5-7-1)

移线 $S=997'.5-969'.5=28'.0$

1220 观测船位$\begin{cases}\varphi_o=16°21'.1s\\ \lambda_o=56°57'E\end{cases}$

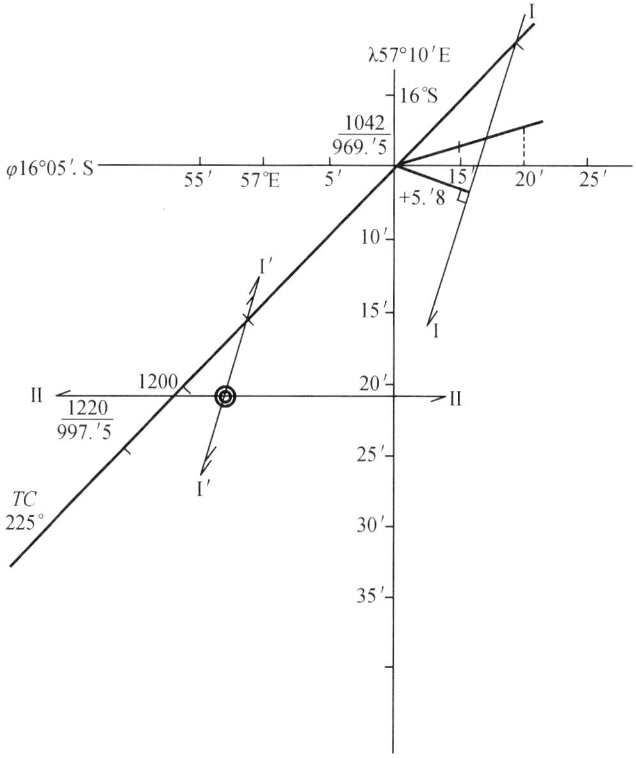

图 5-7-1 例题作图

二、晨昏测星时机和选星

1. 晨光昏影

测星定位既要有适宜的亮星，又要有清晰可见的水天线。白天虽然有清晰可见的水天线，但是看不见星体；夜间虽然满天星斗，却又看不见水天线。目前，在船上使用普通航海六分仪的条件下，测星定位只能在黎明和黄昏时间内进行。天文学上把黎明称为晨光，黄昏称为昏影，总称为晨昏朦影。为了便于说明晨昏朦影的不同阶段及不同的物标可见度，它们又各分为三个阶段，如图 5-7-2 所示。

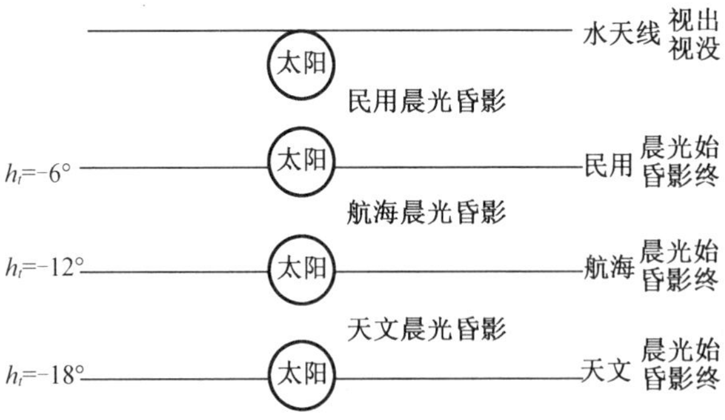

图 5-7-2　晨光昏影示意图

(1) 民用晨光昏影

太阳上边沿与水平线相切时称太阳视出或视没。

当太阳在东方真高度 $h_t^{\odot}=-6°$，称为民用晨光始。从民用晨光始到视日出的这段时间称为民用晨光。当太阳在西方真高度 $h_t^{\odot}=-6°$，称为民用昏影终。从视日没到民用昏影终的这段时间称为民用昏影。

在民用晨光昏影时，天空明亮，可清楚分辨周围景色、物标和水天线，也可看到明亮的恒星与行星。

(2) 航海晨光昏影

当太阳在东方真高度 $h_t^{\odot}=-12°$，称为航海晨光始。从航海晨光始到民用晨光始这段时间称为航海晨光。当太阳在西方真高度 $h_t^{\odot}=-12°$，称为航海昏影终。从民用昏影终到航海昏影终的这段时间称为航海昏影。太阳中心真高度由 −12°到 −6°或由 −6°到 −12°所经历的时间间隔统称航海晨光昏影。

在航海晨光昏影时，肉眼能看到的恒星都可看到，但视距较差，水天线模糊，一般尚可用普通六分仪进行观测。

(3) 天文晨光昏影

当太阳在东方真高度 $h_t^{\odot}=-18°$，称为天文晨光始。从天文晨光始到航海晨光始的这段时间称为天文晨光。当太阳在西方真高度 $h_t^{\odot}=-18°$，称为天文昏影终。从航海昏影终到天文昏影终的这段时间称为天文昏影。太阳中心真高度由 −18°至 −12°或由 −12°到 −18°所经历的时间间隔统称天文晨光昏影。

在天文晨光昏影时，天色已全黑暗，目视已可见到最暗的星（六等星）。

晨光昏影时间的长短，取决于测者的纬度，纬度越高，晨光昏影的时间越长；纬度越低，晨光昏影的时间就越短。

2. 测星时机

在民用晨光始或民用昏影终前后一段时间内，即太阳中心真高度在 $-3°\sim-9°$ 之间是测星定位的良好时机。在这段时间内既可看到星体，又可看到水天线，满足了测星定位的两个基本条件。这段时间在中低纬度一般只有 20~40 min。

3. 预求测星区时 ZT 及日出或日没区时

晨光测星，利用 *ZT*0600 的推算船位预求民用晨光始区时；昏影测星，则利用 *ZT*1800 的推算船位预求民用昏影终区时。根据所求区时提前几分钟开始观测即可。计算公式为：

$$ZT=LMT+D\lambda$$

式中 *LMT*——晨光始或昏影终时测者的地方平时，用《航海天文历》中查出的格林经线上的民用晨光始或昏影终的地方平时来代替；

$D\lambda$——晨光始或昏影终时，区时经度减去船位经度，即 *ZT*0600 或 *ZT*1800 测者所在时区中央经度减去此刻的推算经度。

查《航海天文历》求晨光始或昏影终的 *LMT* 时，需要进行纬度内插。用《航海天文历》求日出或日没区时，需要进行纬度的经度内插，一般当纬度低于 60°时，可以忽略经度的内插。

例 5-7-2 2001 年 1 月 11 日 *ZT* 1530，φ_C36°55′N，λc 122°45′E，*TC* 002°，航速 *V* 10 kn，预求民用昏影终区时。

解 根据航向、航速计算求得 *ZT*1800 推算船位：

$$\varphi_C 37°19'N \quad \lambda c\ 122°46'E$$

$$D\lambda=120°E-122°46'E=2°46W$$

LMT′	1736	11/1	（查 1 月 11 日 φ_C35°N 民用昏影终地方平时）
$\Delta T\varphi$	−5		
LMT	1731	11/1	
$D\lambda$	−11		
ZT	1720	11/1	

4. 选星注意事项

（1）选择明亮的星体，主要是一等星和部分二等星；

（2）选择高度在 15°~70°之间的星体；

（3）所选星体之间的方位差角要合适：两星定位，两星之间的方位差角 90°最佳；三星定位，所测三星方位分布的范围要在 180°以上，相邻两星之间的方位差角 120°最佳；

（4）选择两组星，以备在观测时及时替代观测不到的星体。

三、用索星卡认星、选星

晨昏朦影时间测星定位，往往只能看到一些单个亮星。有时星空可能被云遮住，只能在云隙中望到某一个别星体。在这种情况下，很难按星座去辨认星名，须借助于索星卡认星。此外，由于晨昏朦影时间较短，为了不失测星时机，应预先做好观测前的准备工作。其中一项主要的工作便是用索星卡选星，也就是预先选出适合观测的星体。

1. 索星卡构造

“索星卡”的种类甚多，现以国产“TS-74 型”索星卡为例介绍其构造和使用方法。

索星卡是由两块硬底板制成的星图(分别以天北极和天南极为中心)及 13 片按纬度划分的透明地平坐标网组成。

(1)星图底板

星图底板是天赤道面天球投影图，一块以北天极(标有字母 N)为中心，一块以南天极(标有字母 S)为中心。星图底板上印有天赤道、恒星(一等星和主要的二等星以及一部分三等星)。平太阳日期标在底板外圈外侧，外圈内侧标有赤经，相当于春分点地方时角。星座底板上还印有黄道，黄道上标有日期，表示太阳每天的大概位置，见图 5-7-3。由于月亮和四颗航用行星在天球上的位置变化较大，所以只能根据它们在观测时的赤经、赤纬，由使用者临时标绘上去。

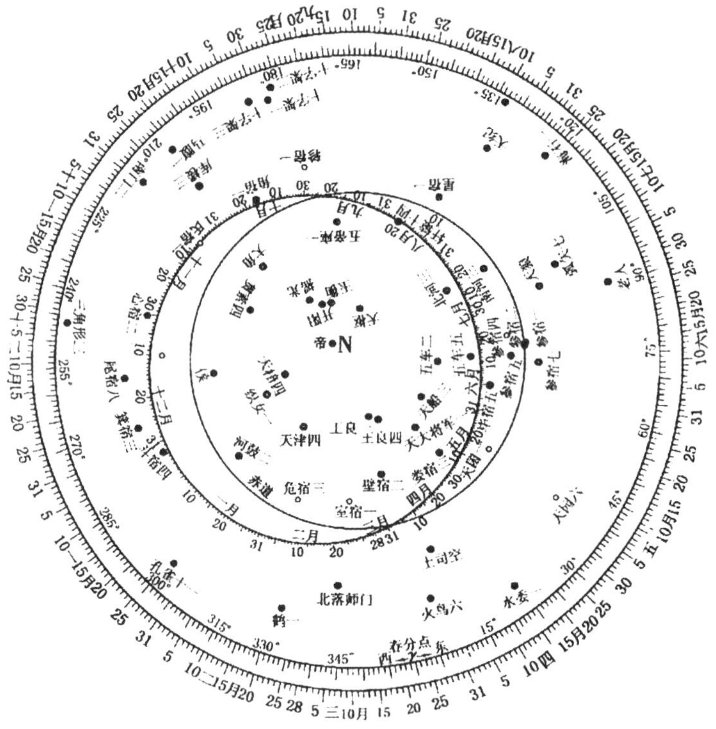

a)

图 5-7-3 TS-74 索星卡星图底板

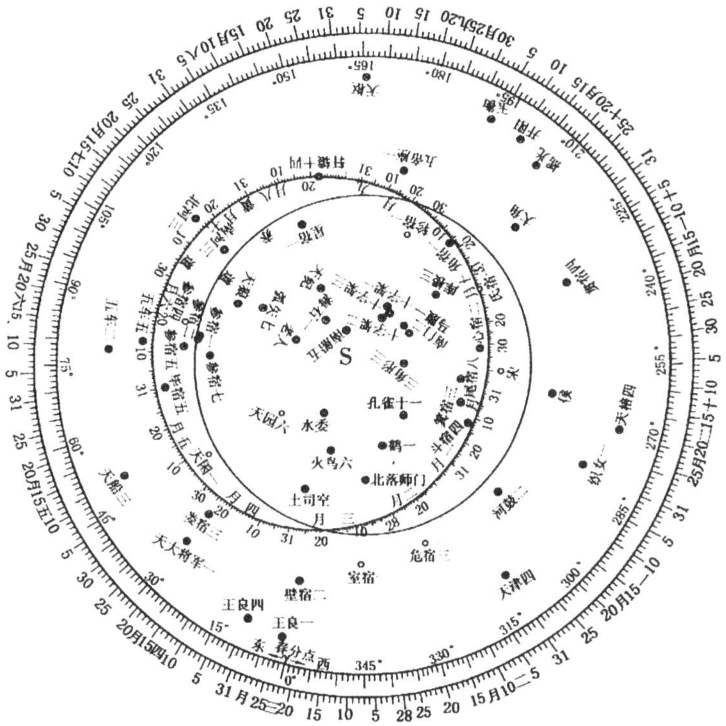

b)

图 5-7-3(续)

(2)透明地平坐标网片

13 张透明地平坐标网片,是按纬度 0°,5°,10°,15°,…,60°绘制而成的一系列高度、方位曲线图网。图 5-7-4 为 35°图片网。地平坐标网的中心印有“+”符号,系表示该纬度处的测者天顶;径向曲线为方位圈,在其末端刻有方位度数,里面的数字表示北纬测者所见星体的方位,外侧的数字表示南纬测者所见星体的方位;横向环形闭合曲线代表高度圈,其上标有高度读数。

每一张透明网片均可供南、北纬两用。用于南纬时,“S”面应朝上,并将其套在南半球的星图底板上;用于北纬时,“N”面朝上,将其套在北半球星图底板上。

为使用方便起见,在透明网片上还印有-6°和-12°天体高度曲线,用于确定民用和航海晨光始或昏影终时的星空。

在透明网片的边缘上还印有表示地方平时的时间刻度。在每一张透明网片上还开有长方形缺口,其两侧刻有南、北 30°以内的天体赤纬刻度,用于标绘行星的位置。

2. 利用索星卡认星

用六分仪测出某颗不知名的亮星高度 h,同时记下观测时间,并用罗经测出该星的方位后,可利用索星卡辨认该星星名。

(1)选星图底板和透明图网片

首先根据测者纬度先选好星图底板,测者在北纬用北半球星图,测者在南纬用南半球星图。然后选择最接近测者纬度的透明图网片。如测者纬度 33°,应选纬度为 35°的图网片。当底板和图网片选好后,将图网片的中心圆孔套在底板中心仰极轴上。此时,图网片可以绕轴底板中心仰极旋转。

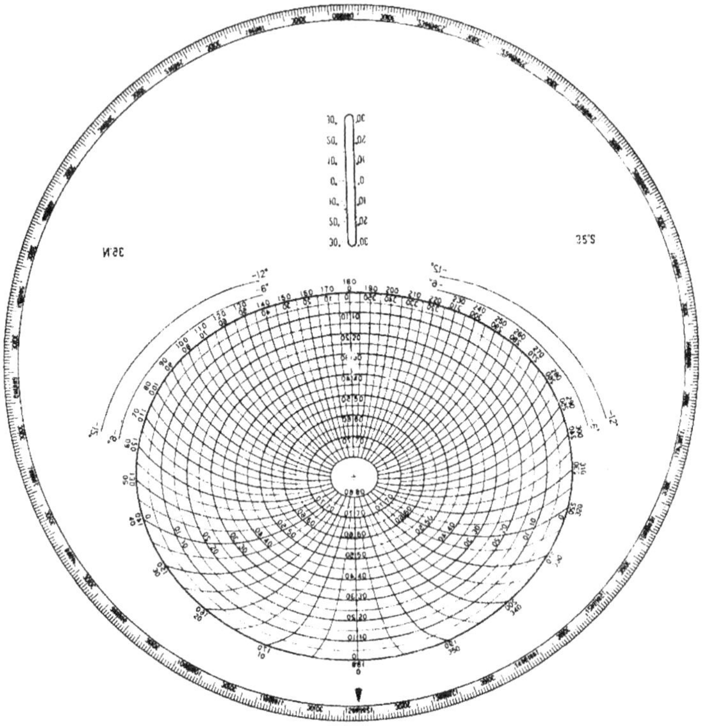

图 5-7-4　TS-74 索星卡地坪坐标网片(35°)

(2)定星空

定星空的方法有下列三种

①-6°高度线法(也称黄道日期法)

利用-6°高度线与黄道上的测星日期相交,即得民用晨光始或昏影终时的星空。使用时应注意,在北半球,把带有箭头的测者午圈(▼)朝向自己,晨光时用右侧-6°曲线,昏影时用左侧-6°曲线。在南半球正好相反。该方法是定星空最简便的方法。

②春分点地方时角法

计算测星时的春分点地方时角(圆周法),转动透明图网片,使测者午圈的箭头对准底板上的春分点地方时角的刻度,即得测星时的星空。

③地方平时法

根据观测时间求出测者地方平时,在透明图网片外圈找到该地方平时刻度,使其对准底板外圈的观测日期,即得测星时的星空。

(3)认星

根据观测到的星体高度、方位,在透明图网片的地平坐标上找到相应高度 h,方位 A,既可知所测星的星名。

例 5-7-3　2001 年 10 月 19 日黄昏，ZT 1721，φ_C 37°15′N，λ_C 170°35′E 测得某恒星高度 h_s 78°51′.2，方位角 A 292°，求该星名。

解　方法一：-6°高度线法

选取 $\varphi=35°N$ 的透明图网片，正套在北半天球的底片上，转动透明图网片使左侧-6°曲线与黄道上的测星日期（10 月 19 日）相交，从图网片内的星空，按 $h=78°51'.2$，$A=292°$，查得该星是天琴座 α— 织女一。

方法二：春分点地方时角法

ZT'	1721	19/10
ZD	-11	
GMT'	0621	19/10

$GHA^{\Upsilon}{}'$	117°46′.8
$m.s$	5°15′.9
GHA^{Υ}	123°02′.7
λ_C	170°35′.E
LHA^{Υ}	293°37′.7

选取 $\varphi=35°N$ 的透明图网片，正套在北半天球的底片上，转动透明图网片，使测者午圈的箭头对准底板上的春分点地方时角 294°的刻度上，即得测星时的星空，按 $h=78°51'.2$，$A=292°$查得该星是天琴座 α— 织女一。

方法三：地方平时法

ZT'	1721	19/10
$D\lambda$	+22	
LMT	1743	19/10

将透明图网片外缘地方平时 1743 与底板外缘的 10 月 19 日对准，即得测星时的星空。按 $h=78°51'.2$，$A=292°$ 查得该星是天琴座 α— 织女一。

3. 利用索星卡选星

（1）将可供观测的行星位置标在图底板上

从《航海天文历》的"四星纪要"中查出可供观测的行星，然后用测星的近似世界时在《航海天文历》中查取该行星的赤纬与赤经。转动透明网片，使网片边缘上 0^h（即缺口左侧边线）对准星图底板外圈内侧相应的赤经刻度，根据行星赤纬在缺口处用专用笔将该行星标在星图底板上。

（2）定星空

定星空的方法同前面认星定星空。

（3）选星

根据选星要求，选择 1~2 组星体，记下各星体的高度和方位供观测时使用。

例 5-7-4 2001 年 3 月 21 日,拟于昏影时测天,ZT 1838(-8),φ_C 35°12′N,λ_C 122°46′E,将可供观测的行星画在星图底板上,并选一组可供观测的星体。

解 ①从《航海天文历》“四星纪要”中查知昏影可见木星和土星

②将木星和土星标于星图底板上

LMT	1838	21/3
ΔT	0	
$D\lambda$	-11	
SMT	1827	21/3
ZD	-8	
GMT'	1027	21/3

根据测星近似世界时,由《航海天文历》查知木星 Dec20°.8N,RA64°;土星 Dec:17°.6N,RA54°.9。

转动透明图网片,使网片边缘上 0^h(即缺口左侧边线)对准星图底板外圈内侧相应的赤经刻度,分别将木星和土标于星图底板。

③定星空:转动透明图网片使左侧-6°曲线与黄道上 3 月 21 日相交。

④选以下三星组:

北极星 $h=35°$,$A=000°$;轩辕十四 $h=37°.5$,$A=101°.5$(或南河三 $h=57°.5$,$A=150°$);毕宿五 $h=57°$,$A=245°$。

四、测星定位

1. 测星定位的工作程序

(1)准备工作

①计算观测时间和天文钟差;

②用索星卡选星;

③检查和校正六分仪,测定指标差。备好秒表及有关计算表册。

(2)观测

①观测顺序:无论晨光和昏影,一般均应先测东天的星体后测西天的星体。晨光时,先测暗星后测亮星;昏影时,先测亮星后测暗星;

②测定星体中心高度(星体中心与水天线相切);

③记下观测时间、六分仪读数、航向、航速、计程仪读数,求取推算船位。

(3)计算船位线三要素

①根据测天世界时求星体位置和计算高度、计算方位;

②将天体高度六分仪读数改正为天体真高度;

③将异顶化为同顶,求出船位线三要素。

(4)画船位线求观测船位

在海图上或空白海图上绘出各条天文船位线,其交点为天文船位。

2. 测星定位计算实例

例 5-7-5 2001 年 10 月 21 日，*ZT* 0542，φ_c 35°17′.0N，λ_c 90°02′.0E，*CA*280°，*V* 15 kn，测得下列星体：

Polaris 北极星：*CT* $11^h40^m07^s$，*WT* 20^s，h_s 35°37′.3

Rigel 参宿七：*CT* $11^h41^m10^s$，*WT* 16^s，h_s 34°57′.6

Regulus 轩辕十四：*CT* $11^h41^m25^s$，*WT* 26^s，h_s 49°08′.6

CE 3^s(慢)眼高 *e* 20^m，*i*+*s*=−0′.8 求 0542 的观测船位。

解 (1)求 *GMT*

ZT′	0542	21/10
ZD	−6	
GMT′	2342	20/10

北极星		参宿七		轩辕十四	
CT	$23^h40^m07^s$	*CT*	$23^h41^m10^s$	*CT*	$23^h41^m25^s$
WT	-20^s	*WT*	-16^s	*WT*	-26^s
CE	$+3^s$	*CE*	$+3^s$	*CE*	$+3^s$
GMT	$23^h39^m50^s$ 20/10	*GMT*	$23^h40^m57^s$ 20/10	*GMT*	$23^h41^m02^s$ 20/10

(2)求 LHA 和 Dec

$GHA^{Y}{}'$	14°27′.8	$GHA^{Y}{}'$	14°27′.8	$GHA^{Y}{}'$	14°27′.8
m. s	9°59′.1	*m. s*	10°15′.9	*m. s*	10°17′.2
GHA^{Y}	24°26′.9	GHA^{Y}	24°43′.7	GHA^{Y}	24°45′.0
$+\lambda_E$	90°02′.0	*SHA*	281°20′.7	*SHA*	207°53′.5
LHA^{Y}	114°28′.9	*GHA*	306°04′.4	*GHA*	232°38′.5
		$+\lambda_E$	90°02′.0E	$+\lambda_E$	90°02′.0E
		LHA	36°06′.4	*LHA*	322°40′.5
			36°06′.4W		37°19′.5E
			Dec=8°11′.8S		*Dec*=11°57′.7N

(3)求 h_c 和 A_c

$$h_c = \arcsin(\sin\varphi\sin Dec+\cos\varphi\cos Dec\cos LHA)$$

$$A_c = \arccos[\sin Dec/(\cos\varphi\cos h_c)-\tan\varphi\tan h_c]$$

用计算器解得：

Rigel 参宿七：h_c=34°46′.8，A_c=225°.2；

Regulus 轩辕十四：h_c=49°00′.2，A_c=115°.3。

(4)求 Dh,φ_0 或 Dh

h_s	35°37′.3	h_s	34°57′.6	h_s	49°08′.6
$i+s$	−0′.8	$i+s$	−0′.8	$i+s$	−0′.8
d	−7′.9	d	−7′.9	d	−7′.9
c	−1′.3	c	−1′.4	c	−0′.8
h_t	35°27′.3	h_t	34°47′.5	h_t	48°59′.1
Ⅰ	−10′.5	h_c	34°46′.8	h_c	49°00′.2
Ⅱ	+0′.2	Dh	+0′.7	Dh	−1′.1
Ⅲ	−0′.3	Δh_2	0		
φ_o	35°16′.7N	Dh'	+0′.7		
Δh_1	+0′.1				
φ_o'	35°16′.8N				

$$\Delta h_1 = 15'\cos(0°-280°)\times 1.2^m/60^m \approx +0.1$$

$$\Delta h_2 = 15'\cos(225°.7-280°)\times 0.1^m/60^m \approx 0$$

(5)作图求船位(图 5-7-5)

经作图得 ZT=0542 的观测船位 φ_o=35°16′.9N,λ_o=90°00′.7E 。

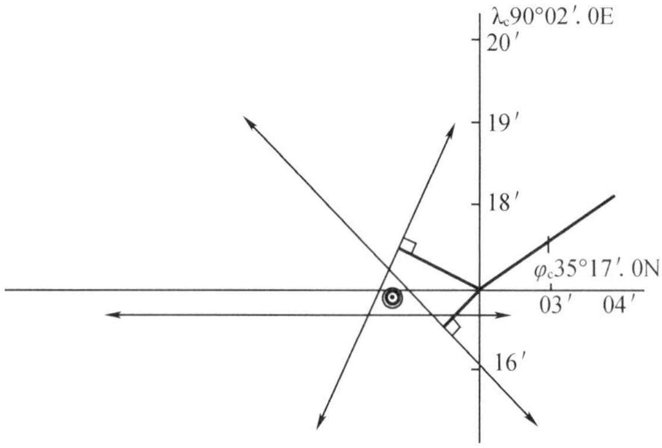

图 5-7-5 例题 5-7-5 图

任务八 测定罗经差

罗经是船前中主要的导航仪器之一,罗经工作是否稳定,即罗经误差的大小直接影响到船的航行安全。因此,船舶在航行中,要求航海人员利用一切机会来测定罗经差,通过观察罗经差的变化来检查罗经工作是否正常。本章将介绍在海上利用陆标测定罗经差的原理和方法,以及利用天体测定罗经差的原理

测定罗经差

和方法。

一、利用陆标测定罗经差

1. 观测陆标测定罗经差的基本原理

船舶沿岸航行时,要求航海人员应充分利用一切可能的机会观测陆标进行罗经差的测定。船舶在海上航行,一般选择方位叠标测定罗经差。方位叠标有自然方位叠标和人工方位叠标。方位叠标由前后两个标志组成,离船近的称为前标,离船远的称为后标,两标志的连线为方位叠标线。方位叠标灵敏度是指船上测者能够发现前后叠标标志错开时,船舶偏离叠标线的最小距离。在航海实际工作中,应这择灵敏度较高的叠标测定罗经差。

航海人员时刻要知道船舶的真航向 TC 和物标的真方位 TB 是由真北 N_T 起算的,而由罗经得到的航向和方位是由罗北 N_C(陀罗北 N_G)起算的,称为船舶的罗航向 CC(陀罗航向 GC)和物标的罗方位 CB(陀罗方位 GB)。从海图上还可以得到由磁北 N_M 起算的船舶的磁航向 MC 和物标的磁方位 MB。

真北与罗北的夹角称为罗经差:

$$\Delta C = TB - CB = TC - CC$$

真北与陀罗北之间的夹角称为陀螺罗经差:

$$\Delta G = TB - GB = TC - GC$$

真北与磁北之间的夹角称为磁差:

$$Var = TB - MB = TC - MC$$

磁北与罗北之间的夹角称为自差:

$$Dev = MB - CB = MC - CC$$

由上可得:

$$\Delta C = Var + Dev$$

航海上求罗经差的基本公式为:

$$\Delta C(\Delta G) = TB - CB(GB) \tag{5-8-1}$$

2. 利用叠标测定陀螺罗经差 ΔG 或罗经差 ΔC

利用叠标测定罗经差的精度较高。但是人工叠标多设在港口附近和狭水道地区,使用上受到了一定的限制。当船舶航行在没有人工叠标的海区时,航海人员可以根据看到的陆标自行选取自然叠标,重要的是自然叠标在海图上要有准确位置,同时要辨识自然叠标。利用叠标测定罗经差的步骤:

①根据观测时的船位在海图上找到叠标,并量出其真方位 TB;

②用目视确定看到的叠标就是海图上的叠标,即叠标的辨识;

③利用方位圈观测叠标中的后标;

④随着船舶的航行直到看到前标与后标在一条直线上,即叠标串视,测下叠标的罗方位 $GB(CB)$;

⑤求罗经差:$\Delta G(\Delta C) = TB - GB(CB)$。

例 5-8-1 某船在航行时发现一对叠标,利用叠标测定罗经差,海图上量出叠标的真方位 TB 为 265°,当看到前标与后标在一条线上时,利用分罗经测得 GB 为 263°.4,求该船的陀螺罗经差。

解

$$\Delta G = TB - CB$$

TB	265°
$-GB$	263°.4
ΔG	1°.6E

例 5-8-2 2020 年,某船在航行中利用叠标测定罗经差,海图上量出叠标的真方位 TB 为 110°.5,当看到前标与后标在一条线上时,利用罗经测得 CB 为 113°.4。已知海图上的磁差 Var 数据为"0°30′W 2010(1′.5W)",求该船的罗经差和自差。

解

$$\Delta G = TB - GB$$

TB	110°.5
$-CB$	113°.4
ΔC	2°.9W

观测时的磁差 $Var = 0°30'W + 15'W = 0°45'W$

自差 $Dev = \Delta C - Var = 2°.9W - 0°45W = 2°9'W$

3. 观测单物标罗方位求陀螺罗经差 ΔG 或罗经差 ΔC

在有已知准确船位的情况下,利用在海图上有准确位置的、显著的、单一陆标测定罗经差。为了减少船位误差的影响,应选用远距离物标。同时为了减少误差,应尽量选测相对本船方位变化慢的物标。

方法 1:测出远距离物标的 CB 或者陀罗方位 GB,在海图上找出已知船位和物标的位置,量出该物标的真方位 TB。根据下列公式便可求出罗经差或陀罗差。

$$\Delta C(\Delta G) = TB - CB(GB) \tag{5-8-2}$$

方法 2:测出远距离物标的罗方位 CB 或者陀罗方位 GB,利用 GPS 导航仪的计算功能,同时将观测时刻的物标经纬度输入 GPS 中,GPS 则显示出观测时刻船位到物标的大圆航向,即物标的计算方位 A_C。根据下列公式便可求出罗经差或陀罗差:

$$\Delta C(\Delta G) = A_C - CB(GB) \tag{5-8-3}$$

4. 已知陀螺罗经差求罗经差和自差

在航海实际工作中,航海人员除了利用陆标和天体测定罗经差以外,还经常采用陀螺罗经航向与磁罗经航向的比对来求得罗经差和自差。因为陀螺罗经的导航精度远高于磁罗经,这是航行值班驾驶员交接班时必做的一项工作。

已知陀螺罗经差,同时读取陀螺罗经航向和磁罗经航向,计算出真航向从而求出罗经差和自差。方法如下:

①已知陀螺罗经差 ΔG(利用物标测定的陀螺罗经差);

②同时读取陀螺罗经航向 GC 和磁罗经航向 CC;

③求真航向:$TC = GC - \Delta G$;

④根据真航向和罗航向求罗经差:$\Delta C = TC - CC$;

⑤根据船位利用海图上给出的磁差求出观测时的磁差 Var；

⑥求自差：$Dev=\Delta C-Var$

例 5-8-3　2020 年 5 月 15 日，海图上的磁差 Var 数据为“0°30′E 2010(1′.5W)”。已知陀螺罗经差 ΔG 为+2°，同时读取陀螺罗经航向 $GC=120°$ 和磁罗经航向 $CC=131°$，求罗经差 ΔC 和自差 Dev。

解

①求真航向 $TC=GC+\Delta G=120°+2°=122°$

②根据真航向和罗航向求罗经差 $\Delta C=TC-CC=122°-131°=-9°=9°W$

③求观测时的磁差 $Var=0°30'E+15'W=0°15'E$

④求自差 $Vev=\Delta C-Var=-9°-0°15'=-9°15'=9°15W$

在实际工作中，要求航行中每个航行班、每个航向上至少比对一次陀罗航向和罗航向。

5. 自差的测定

船舶在海上航行时，由于磁差可以根据海图或者 GPS 计算而得，磁罗经向位的精度，主要取决于自差的测定精度。

在航海实践中，自差是从事先绘制好的自差表(或自差曲线)中查取的。磁罗经在使用的过程中要定期校正，同时自差表最低限度要每年更新一次。因为自差是航向的函数，所以在绘制自差表和自差曲线时起码需要在 N、NE、E、SE、S、SW、W、NW8 个方向点上测定自差。在航行中，分别测定 8 个方向点上的自差，即在 8 个航向中的每一个航向上均测定一次叠标的罗方位 CB，叠标的真方位 TB(在海图上量取)减去叠标的罗方位求出罗经差 ΔC，罗经差减去查得的磁差 Var，求出该航向上的自差 Dev。

在测试中，如果不知道被测物标的真方位以及磁差，可以采用 8 个航向上物标罗方位的算数平均值来代替物标的磁方位，从而求出 8 个航向上的自差如下：

$$Dev_i=MB-CB_i=\frac{1}{8}\sum_{i=1}^{8}CB_i-CB_i \qquad (5-8-4)$$

二、观测天体求罗经差的原理及注意事项

1. 测定罗经差原理

罗经差 ΔC 等于物标的真方位 TB 与物标的罗方位 CB 之差，即：

$$\Delta C=TB-CB \qquad (5-8-5)$$

式中：罗经差 ΔC 为“+”表示罗北偏在真北的东边，ΔC 为“-”表示罗北偏在真北的西边。

船舶近岸航行时，可以利用专设的方位叠标或自然叠标来测定罗经差。先在海图上查出或量出叠标的真方位 TB，航行中的船舶在两标重叠的瞬间迅速读取叠标的陀螺罗方位 GB 或罗方位 CB，则：

$$\Delta G=TB-GB \text{ 或 } \Delta C=TB-CB$$

当船舶航行在开阔的海面上时，则只有利用天体来测定罗经差，而用天体测定罗经差时，无法获取天体的真方位，只能用天体计算方位 A_C 代替天体的真方位 TB。天体计算方位用公式 5-1-2 求得，即：

$$\cot A_c=\cos\varphi_c\tan Dec\cdot\csc LHA-\sin\varphi_c\cot LHA$$

用上式直接求得的 A_c 为半圆方位,计算罗经差时应将其换算为圆周方位。因此用天体测定罗经差的准确性取决于天体的真方位 $TB(A_C)$ 和观测罗方位 CB 的准确性。

2. 推算船位误差对天体真方位的影响

以推算船位为基准求得的天体计算方位与天体真方位之间存在一定的误差。一般来说,推算船位误差越大,用计算方位代替真方位的误差也越大。可以证明,由推算船位纬度误差 $\Delta\varphi$ 和经度误差 $\Delta\lambda$ 所引起的天体真方位误差为

$$\Delta A = \tan h \ \text{Sin} \ A\Delta\varphi - \cos Dec \ \text{Cos} \ X \ \text{Sec} \ h\Delta\lambda \tag{5-8-6}$$

上式说明,当 $\Delta\varphi$、$\Delta\lambda$ 为定值时,ΔA 主要取决于 h 的大小。天体的高度 h 越小,天体真方位的误差 ΔA 也越小。这说明为了提高天测罗经差的准确性,应尽量观测低高度的天体。

此外,上式还表明当天体赤纬 Dec 趋近 90°且其方位趋近 0°时,由推算船位误差所引起的天体真方位误差 ΔA 趋近于 0。由此可知,赤纬接近 90°同时方位接近 0°的北极星,是北半球低纬度(35°以下)海区夜晚测定罗经差的良好物标。

3. 由罗经面倾斜而引起观测天体罗方位 CB 的误差

观测罗经差时,由于船舶摇摆和操作方法不当,常会使罗经面发生倾斜。由于罗经面倾斜而产生的天体罗方位的误差 ΔB,可由下式求出:

$$\Delta B = \theta \tan h \tag{5-8-7}$$

式中 θ——罗经面的倾斜角;

h——被测天体的高度。

从式 5-8-7 可知当天体高度为定值时,罗经面倾斜角 θ 越大,观测误差 ΔB 也越大。

此外,式 5-8-7 还表明当罗经面倾斜角为定值时,所观测的天体高度越高,罗方位误差也越大。据此,为提高观测精度,应尽量观测低高度天体,这与从 5-8-6 所得出的结论是一致的。

4. 观测罗经差应注意事项

(1)应当尽可能使用较准确的推算船位来计算天体方位;

(2)尽可能选择低高度天体测定罗经差,一般以不超过 30°为宜,最好低于 15°,观测北极星时其高度应低于 35°。

(3)观测时尽量使罗经面处于水平状态;

(4)要瞄准天体的中心。连续观测 3~5 次取其平均值作为罗方位 CB,以减小观测的偶然误差;

(5)罗方位读数精确到 0°.5,观测时间精确到 1^m。

三、观测太阳低高度方位求罗经差

观测太阳低高度方位求罗经差是目前船舶在海上求罗经差普遍采用的方法。所谓低高度是指太阳观测高度在 30°以下,最好在 15°以下。

(一)观测太阳低高度方位求罗经差的步骤

1. 观测低高度太阳罗方位 CB,同时记下观测时间;

2. 求观测时太阳的计算方位 A_C,常用的求计算方位的方法有:

a. 利用《太阳方位表》

b. 利用《航海天文历》和函数计算器

c. 利用《航海天文历》和 GPS 船位

3. 用公式 $\Delta C = A_C - CB$ 求罗经差。

求太阳计算方位 A_C，一般常用《太阳方位表》或《航海天文历》和函数计算器。

(二)用《太阳方位表》求罗经差

中版和英版《太阳方位表》，排版格式基本相同，使用方法完全一样。

1.《太阳方位表》的结构

该表分两册：第一册包括纬度 0°~30°(英版戴氏表 DAVIS′S TABLE)；第二册包括纬度 30°~64°(英版柏氏表 BURDWOOD′S TABLES)

每一册分为主表和附表。主表分前后两半册，前半册赤纬和纬度同名，后半册赤纬和纬度异名。查表引数是纬度、赤纬和视时，每页左列引数为上午(a. . m.)视时，右列引数为下午(p. m.)视时。英版中视时用罗马数字表示。从表中可以查得太阳的半圆方位，第一名称与纬度同名，第二名称上午为 E，下午为 W。

附表主要是“太阳赤纬表”和“时差表”，均按照四年中有一闰年的规定排列，故每一个附表中又分为 4 个小表。查表引数为观测的年月日。可查得世界时 *GMT* 12^h 的太阳赤纬 *Dec* 和时差 *ET*。使用附表一般不必进行内插。

2. 利用《太阳方位表》求罗经差的步骤

(1)观测太阳罗方位 *CB*，同时记下观测时间，求取推算船位；

(2)根据观测日期分别从“太阳赤纬表”和“时差表”中查取太阳的赤纬 *Dec* 及时差 *ET*；

(3)根据观测时的区时 ZT 和推算船位的经度求视时 LAT：

$$LAT = LMT + ET = ZT \pm D\lambda_{W}^{E} + ET$$

当视时 *LAT* 小于 12^h 为上午视时；当视时 *LAT* 大于 12^h时，则 $LAT-12^h$ 为下午视时。

(4)求计算方位 A_c：根据测者纬度 φ 和太阳赤纬 *Dec* 的同、异名，在主表的前半部或后半部，选择靠近表列引数的纬度、赤纬和视时，查取太阳的表列方位 A_T，再进行三项比例内插最后求得太阳的计算方位 A_c，即：

$$A_c = A_T + \Delta A_{Dec} + \Delta A_{LAT} + \Delta A\varphi \qquad (5-8-8)$$

该方位是半圆方位。第一名称与测者纬度同名，第二名称上午 41 为 E，下午为 W。如果测者纬度 φ 的查表引数为 0°时，方位命名的第一个字母与太阳赤纬同名。

(5)求罗经差：将所求得的半圆方位化为圆周方位，则：

$$\Delta C = A_c - CB$$

例 5-8-3 2000 年 5 月 20 日，*CA* = 140°，*ZT* = 0908 (-8)，推算船位 φ_c 34°06′N，λ_c 122°04′E。测得太阳低高度罗经方位 *CB* = 098°. 0，用《太阳方位表》求罗经差 ΔC 。

解 (1)根据观测日期查附表“太阳赤纬表”和“时差表”得

太阳赤纬 *Dec* = 20°06′N = 20°. 1N

时差 $ET = +3^m29^S$

(2)求视时 LAT

ZT'	09^h08^m	20/5
$D\lambda$	$+8^m16^S$	(122°04′−120°=2°04′)
ET	$+3^m29^S$	
LAT	$09^h19^m45^S$	≈09^h 20^m 20/5 上午

(3)求太阳真方位 A_c 和罗经差 ΔC

A_T	101°.1
ΔA_{Dec}	0°.1
ΔA_{LAT}	0
$\Delta A\varphi$	+0°.1
A_c	101°.1NE
	101°.1
$-CB$	98°.0
ΔC	+3°.1

例 5-8-4 2001 年 5 月 25 日,CA=078°,ZT=1832(-8),推算船位:φ_c=33°55′N,λ_c=122°44′.0 E,测得太阳低高度罗经方位 CB=298°,用《太阳方位表》求罗经差 ΔC。

解 (1)根据观测日期查附表"太阳赤纬表"和"时差表"得

太阳赤纬 Dec=21°00′

时差 $ET=+3^m06^S$

(2)求视时:

ZT'	18^h32^m	25/5
$D\lambda$	$+10^m56^S$	(122°44′−120=2°44′)
ET	$+3^m06^S$	
LAT	$18^h46^m02^S$	25/5
6^h46^m	下午 25/5	

(3)求太阳真方位 A_c 和罗经差 ΔC

AT	66°.6
ΔA_{Dec}	0
ΔA_{LAT}	−0°.3
$\Delta A\varphi$	0
A_c	66°.3NW
	293°.7
	−298°
ΔC	−4°.3

(三)利用《航海天文历》和函数计算器求罗经差

求天体的计算方位公式为

$$\cot A_c = \cos \varphi_c \tan Dec \cdot \csc LHA - \sin \varphi_c \cot LHA$$

该公式的符号法则已在本篇前面讲述,不再重复。计算所得天体方位 A_c 为半圆方位。第一名称与测者纬度同名,第二名称上午观测为 E,下午观测为 W。当显示方位为"-"时,应取其补角。

例 5-8-5　2001 年 10 月 20 日,$CA = 080°$,船时 $SMT = 1541$,推算船位 $\varphi_c = 34°23'.0N$,$\lambda_c = 122°50'.7E$,测得太阳低高度罗方位 $CB = 248°$。用《航海天文历》和函数计算器求罗经差 ΔC。

解　(1)求 LHA 和 Dec

ZT	1541	20/10			
ZD	-8				
GMT'	0741	20/10			
GHA'	288°47'.6	$\bar{\Delta}$1'.1	Dec'	10°23'.3S	Δ+0'.9
$m.s$	10°14'.3				
$\bar{\Delta}$订正值	0'.8	Δ订正值	+0'.6		
GHA	299°02'.7	Dec	10°23'.9S		
λ_E	122°50'.7E				
LHA	61°53'.4				
	61°53'.4W				

(2)求 A_c 和 ΔC

$\varphi_c = 34°23'.0 = 34°.3833$;$Dec = 10°23'.9 = 10°.3983$;$LHA = 61°53'.4 = 61°.89$

$A_c = \text{arccot}[\cos 34°.3833 \tan(-10°.3983) \csc 61°.89 - \sin 34°.3833 \cot 61°.89]$

用计算器解得:

$A_c = 115°.3NW = 244°.7$	
$-CB$	248°
ΔC	-3°.3

(四)利用《航海天文历》和 GPS 卫导仪求罗经差

设测者观测天体罗方位时的船位为(φ_1,λ_1),该位置由 GPS 卫导仪直接给出。天体地理位置为(φ_2,λ_2)可由下式求出:

$$\varphi_S^N = Dec_S^N$$

$$\lambda_W^E = \begin{cases} 360° - GHA(GHA > 180°) \\ GHA(GHA < 180°) \end{cases}$$

在 GPS 卫导仪中均有按 $\text{ctg}\ Ac = \cos \varphi_1 \text{tg}\ \varphi_2 \csc D\lambda - \sin \varphi_1 \text{ctg}\ D\lambda$ 关系设计的求两点间大圆航向的功能。只要将天体地理位置(φ_2, λ_2)输入到卫导仪中,卫导仪则可随时自动显示当前船位(φ_1, λ_1)到天体地理位置(φ_2, λ_2)的大圆航向,即天体计算方位 Ac。由于 GPS 可以连续提供高精度的观测船位(φ_1, λ_1),则由该船位求得的计算方位 Ac 可以代替天体真方

位，由此产生的误差完全可以忽略

2. 利用 GPS 船位求罗经差的步骤

(1) 根据预计观测天体罗方位的世界时（以整小时最方便，即查天文历不用内插）查《航海天文历》预求出观测时天体的赤纬 Dec 和格林时角 GHA，进而求出天体地理位置（φ_2，λ_2）。

(2) 将天体地理位置（视其为一转向点）输入到卫导仪中，卫导仪可时刻显示当前船位（φ_1，λ_1）到天体地理位置（φ_2，λ_2）的大圆航向，即天体计算方位 Ac（但不是观测时的天体计算方位）。

(3) 到预计观测的时刻，用罗经测得天体罗方位 CB 的同时，读取 GPS 卫导仪显示的 Ac，即是观测时的计算方位。注意，这里要尽量使测得的 CB 与读取的 Ac 在时间上同步。

(4) 求罗经差 $\Delta C = Ac - CB$。

上述方法是现代船舶观测天体求罗经差的最好方法，不用记忆求天体计算方位的公式和进行烦琐的计算就可以快速地求出天体的计算方位，而且计算精度高。

四、观测太阳真出没方位求罗经差

1. 观测太阳真出没的时机

太阳真出没包括太阳真出或太阳真没两种情况。它是指太阳中心刚好通过地心真地平，即太阳中心真高度 $h_t = 0°$。实际上，因为测者有一定的眼高以及太阳光线折射等影响，太阳在真出没时其下边缘位于水天线之上。假定测者眼高 16 m，不难求得太阳真出没时其下边真高度约 21′，而太阳的平均视直径为 32′。因此，观测太阳真出没的时机，应在太阳下边缘离开水天线的高度约为太阳视直径的 2/3。如图 5-8-1 所示。

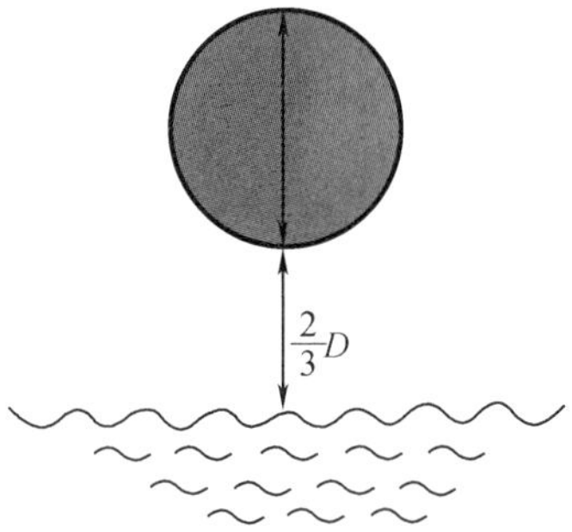

图 5-8-1　观测太阳真出没示意图

2. 观测太阳真出没方位求罗经差原理

在天体坐标内容中，我们已得出如下求天体计算方位的公式（见公式 5-1-3）

$$\cos A_c = \frac{\sin Dec - \sin\varphi \sinh}{\cos\varphi \cosh}$$

天体真出没时，天体高度 $h_t = 0°$，则

$$\cos A_c = \frac{\sin Dec}{\cos\varphi} \qquad (5\text{-}8\text{-}9)$$

由上式可知，当太阳真出没时，只要已知推算纬度 φ_c 和太阳赤纬 Dec 即可求得太阳真出没的计算方位 A_c，将其当作太阳真出没的真方位，则

$$\Delta C = A_c - CB$$

(1) 利用《太阳方位表》求太阳真出没方位和罗经差

在《太阳方位表》中，编有对应于 φ 和 Dec 的太阳真出没时刻的真方位，列于每一表列赤纬栏的最后，并给出真出和真没时刻的地方视时，查表的引数为纬度 φ 和赤纬 Dec。使用

该表求太阳真出没方位须进行纬度和赤纬两项比例内插，即

$$A_c = A_T + \Delta A_{Dec} + \Delta A\varphi \tag{5-8-10}$$

例 5-8-6　2001 年 10 月 20 日，某轮由大连到上海 $CA = 182°$，推算船位 $\varphi_c = 35°04'.0N$，$\lambda_c = 122°40'E$，测得太阳真没罗经方位 $CB = 260°$，用《太阳方位表》求罗经差 ΔC。

解　根据观测日期查附表“太阳赤纬表”得太阳赤纬 $Dec = 10°27'S \approx 10°.5S$

A_T	102°.2
ΔA_{Dec}	+0°.7
$\Delta A\varphi$	0
A_c	102°.9NW
	257°.1
	−260°
ΔC	−2°.9

（2）利用《航海天文历》和函数计算器求太阳真出没方位和罗经差

先用《航海天文历》查出观测日世界时 12^h（或观测时刻的世界时）的太阳赤纬 Dec，再将该赤纬和观测时推算纬度 φ_c 代入公式（5-8-9），即可用函数计算器求出计算方位 A_c。

用函数计算器解算计算方位 A_c，应注意以下几点：

①纬度不分南北均为“+”；

②赤纬与纬度同名，赤纬取“+”；赤纬与纬度异名，赤纬取“−”。

③计算所得太阳方位 A_c 为半圆方位，第一名称与测者纬度同名，第二名称真出为 E，真没为 W。

例 5-8-7　2001 年 10 月 20 日，某轮由大连到上海 $CA = 182°$，推算船位 $\varphi_c = 35°04'.0N$，$\lambda_c = 122°40'E$，测得太阳真没罗经方位 $CB = 260°$，用《航海天文历》和计算器求罗经差 ΔC。

解　由《航海天文历》查得 10 月 20 日，$GMT1200$ 时太阳赤纬 $Dec = 10°27'.7S$

$$A_c = \arccos[\sin(-10°27'.7)/\cos 35°.4']$$

用计算器解得：

$A_c = 102°.9NW = 257°.1$	
$-CB$	260°
ΔC	−2°.9

五、观测北极星方位求罗经差

北极星的位置很靠近北天极，极距不超过 1°，它的周日平行圈是一个半径很小的小园。在北半球中、低纬度海区，北极星的方位一昼夜之内变化不超过 2°。北极星赤纬趋近 90°，方位趋近 0°，由推算船位的误差而引起天体真方位的误差趋于零。北极星是北纬中、低纬度海区测定罗经差的一个很有利的天体。

1. 用“北极星方位角表”求北极星计算方位

《航海天文历》中列有“北极星方位角表”，其查表引数为春分点地方时角 LHA^{Υ} 和纬度

φ。由于表列方位之间的差值很小，约在 0°.1~0°.2 之内，故无须内插，使用十分方便。

中版《航海天文历》中的“北极星方位角表”，其表列方位为半圆方位。凡用表左侧的春分点地方时角查得的方位，其名称为 NW；用表右侧的春分点地方时角查得的方位，其名称为 NE。

英版《航海天文历》给出的是北极星圆周方位。

2. 观测北极星方位求罗经差步骤

(1) 观测北极星罗方位 CB，同时应记下区时 ZT，求取推算船位；

(2) 根据区时求得近似世界时，查《航海天文历》求取春分点格林时角 GHA^{Υ}；

(3) 求取春分点地方时角：$LHA^{\Upsilon} = GHA^{\Upsilon} \pm \lambda_{W}^{E}$；

(4) 根据 φ_c 和 LHA^{Υ} 在“北极星方位角表”中查取北极星方位 A_c(用中版《航海天文历》须换算为圆周方位)；

(5) 求罗经差：$\Delta C = A_c - CB$

例 5-8-8　2001 年 7 月 28 日，ZT2021，推算船位 φ_c32°20′N，λ_c122°15′7E，测得北极星罗方位 CB004°，CA002°，分别用中、英版《航海天文历》求罗经差 ΔC。

解　(1) 用中版《航海天文历》

①求 LHA^{Υ}

ZT'	2021	28/7
ZD	−8	
GMT'	1221	28/7

$GHA^{\Upsilon\prime}$	126°13′.1
$m.s$	5°15′.9
GHA^{Υ}	131°29′.0
$+\lambda_E$	122°15′.7
LHA^{Υ}	253°44′.7

②求 A_c 和 ΔC

A_c = 0°.5 NE = 0°.5

$-CB$	4°
ΔC	−3°.5

(2) 用英版《航海天文历》

①求 LHA^{Υ}

同上(略)

LHA^{Υ}　253°44′.7

②求 A_c 和 ΔC

A_c = 0°.6

$-CB$	4°
ΔC	−3°.4

项目六

航线与航法

任务一　大洋航行

大洋航行(ocean navigation)是指远离海岸的跨洋航行。它的特点是离岸远,航行时间长,气象、海况变化大,灾害性天气较难避离,受洋流影响也较大;驾驶员对大洋海区的了解往往只能依赖航海图书资料的介绍与气象预报,因而对多变的大洋海区的熟悉程度是不够的。但大洋航行也有其有利的一方面,诸如大洋宽广、水较深、障碍物少、航线有较大的选择余地等。

大洋航行

大洋航行中,可供选择的航线有以下几种。

(1)恒向线航线(rhumb line route)

即沿两点间恒向线航行的航线。这不是航程最短的航线,而是操纵方便的沿单一航向航行的航线;但在低纬度海区或航向接近南北时,它和大圆航线的航程相差甚小。

(2)等纬圈航向(parallel route)

即出发点与到达点位于同一纬度时沿等纬圈航行的航线,是恒向线航线的特例。

(3)大圆航线(great circle route)

即基本沿着两点间大圆弧航行的航线。这是两点间地理航程最短的航线,特别是在高纬度海区航向接近东西、横跨经差较大时,大圆航程比恒向线航程要短达数百海里。但是,由于大圆弧和所有子午线相交角度不等,如果严格沿大圆弧航行,则必须不断改变航向。另外,采用大圆航线时,所航行经过的纬度往往较高,而高纬度海区水文气象条件一般均比较恶劣。

(4)混合航线(composite route)

为了避开高纬度海区恶劣的气象条件或岛礁危险区,要求航线不超过某限制纬度(limiting latitude),这种情况下所采用的大圆航线和限制纬度上的等纬圈航线相结合的最短距离航线即为混合航线。

大圆航线虽航程短,但如果其一直穿越风、流影响大的海区,则不仅影响船舶安全,而且降低营运效益;恒向线航线虽应用方便,如果不视情况选用,也势必造成航行时间的延长。因此,船舶实际选用航线时,应全面考虑当时的气象、海况、载货情况等各种因素,选择一条适合当时环境的最佳航线。

一、大圆航线与混合航线

(一)大圆航线

大圆航线是跨大洋航行的最短航程航线,但除赤道与子午线外,船舶按大圆弧航行时必须不断改变航向。这在实际上是不可能的。因此,所谓大圆弧航线,是将大圆弧分成若干小段,每一小段仍然是恒向线航线。这样,就整个航线来说,只是基本上接近大圆弧航线。如图 6-1-1 所示,大圆航线可以是大圆弧内接分段恒向线 AB、BC、CD……,也可以是大圆弧外切分段恒向线 AA_1,A_1A_2、A_2A_3……。

大圆航线一般按每隔经差 5°~10°(例如低纬每隔经差 5°,高纬每隔经差 10°),或一天左右的航程作为一个分段。这样既可在一天内仅改变一次航向,又基本上保持在大圆弧上航行。

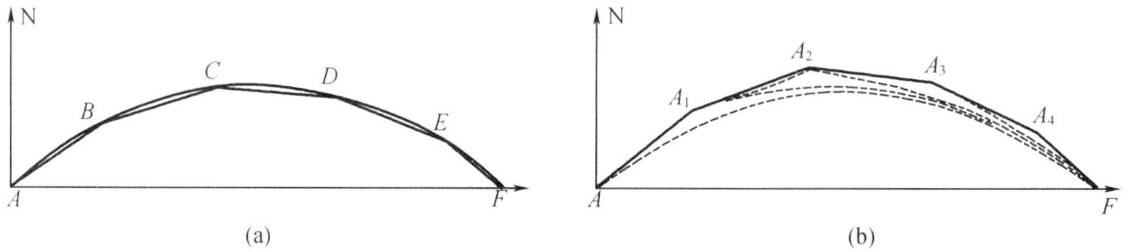

图 6-1-1　大圆航线示意图

大圆航线有以下几种求算方法。

1. 大圆海图法

大圆海图属于日晷投影,也称心射投影。大圆弧在图上均呈直线,而恒向线则均呈曲线。因此,在大圆海图上,凡连接两点间的直线,就是通过该两点的大圆弧即通过该两点的大圆航线。

利用大圆海图拟定大圆航线具体方法如下:

①根据航区查《航海图书总目录》抽选相应的大圆海图。

②将起始点和到达点按其地理经纬度标在大圆海图上,用直线连接这两点即大圆航线。

③在大圆航线上每隔经差 5°~10°取分点,并量取各分点的坐标(φ、λ)。

④将各分点坐标(φ、λ)移画到航用海图上去,并用直线连接相邻分点,便得折线状大圆航线。

量出各段的恒向线航向和航程,并列表备航。

2. 大圆改正量法

在航用海图上两点间的恒向线方位(航向)和大圆方位(航向)之差为大圆改正量,如图 6-1-2 所示。

大圆改正量 Ψ 可按下列公式计算:

$$\Psi=\frac{1}{2}(\lambda_B-\lambda_A)\sin\frac{1}{2}(\varphi_A+\varphi_B) \tag{6-1-1}$$

实际工作中,可在航用海图上用恒向线连接起始点和到达点,并量出其恒向线航向 RLC,然后利用上式计算或从《航海表》中的“大圆改正量表”查出得 Ψ,则

$$\text{大圆航向 } RLC1=RLC-\Psi \tag{6-1-2}$$

大圆航向 $RLC1$ 为沿大圆弧切线航行时 A 点的大圆始航向,如图 6-1-2 所示。航行约 1 昼夜之后,再根据当时的准确观测船位,用大圆改正量法求出下一段的大圆航向,依此类推,直至到达点。也可结合推算,在开航前做出整个折线状大圆航线。当航程较远,经差较大时,用上述公式计算的误差较大,而利用下述的公式计算法较为准确。

3. 公式计算法

依据球面三角公式,利用计算机可方便地计算大圆航线的航向,航程和分点坐标。随着电子计算技术的发展,人们越来越习惯于利用公式计算大圆航线,目前应用较多的是利用 GPS 计算。

(1)求大圆航向和航程的计算公式

如图 6-1-3 所示,$A(\varphi_1、\lambda_1)$、$B(\varphi_2、\lambda_2)$分别为大圆航线的起始点与到达点,它们的经纬度均已知。通过解球面三角形 $P_N AB$ 可得如下求大圆航向和航程的公式:

$$\cos S=\sin\varphi_1\sin\varphi_2+\cos\varphi_1\cos\varphi_2 S\cos D\lambda \tag{6-1-3}$$

$$\tan C_1=\frac{\sin D\lambda}{\cos\varphi_1\tan\varphi_2-\sin\varphi_1\cos D\lambda} \tag{6-1-4}$$

$$\cos C_1=\frac{\sin\varphi_2-\sin\varphi_1\cos S}{\cos\varphi_1\sin S} \tag{6-1-5}$$

式中　C_1——大圆始航向;

S——大圆航程;

$D\lambda$——起始点至到达点的经差。

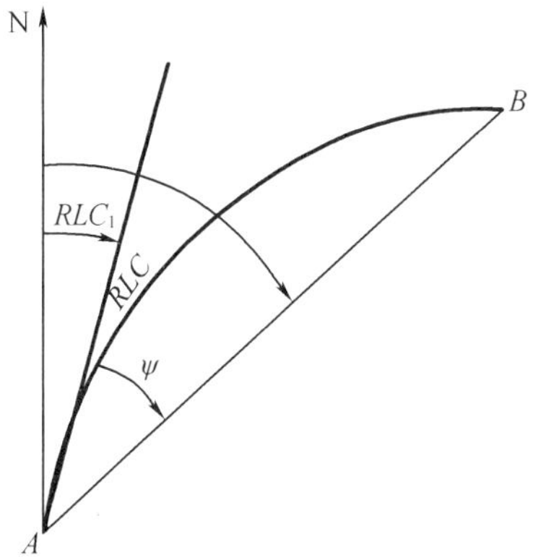

图 6-1-2　求大圆航线的航向示意图

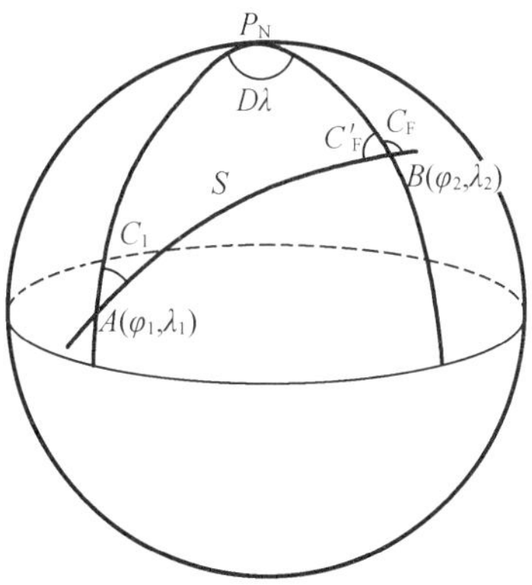

图 6-1-3　大圆航线解算

利用上述三个公式计算应注意以下几点:

①经差 $D\lambda$ 恒取正值;

②起始点的纬度 φ_1 恒取正值;到达点的纬度 φ_2 若与 φ_1 同名,取正值,异名则取负值;

③计算值 C_1 为半圆航向。若用函数计算器计算时,可按下式确定半圆航向:

$$C_1=\begin{cases}C_1(C_1\text{ 为正值时})\\180°+C_1(C_1\text{ 为负值时})\end{cases}$$

C_1 命名规则为:第一名称与起始点的纬度 φ_1 同名,第二名称与经差 $D\lambda$ 同名。最后应将半圆航向换算成圆周航向。

例 6-1-1 某轮拟由 $\varphi_1 8°06'.0S$,$\lambda_1 112°30'.5W$ 至 $\varphi_2 19°13'.0N$,$\lambda_2 138°46'.5E$,驶大圆航线。C 求大圆始航向 C_1 和大圆航程 S。

解 $D\lambda=\lambda_2-\lambda_1=138°46'.5E-112°30'.5W=108°43'W=108°.7167W$

$$\varphi_1=8°06'.0S=8°.1S$$

$$\lambda_1=112°30'.5W=112°.5083\ W$$

$$\varphi_2=19°13'.0\ N=19°.2167N$$

$$\lambda_2=79°34'W=79°.5667W$$

$$\begin{aligned}\cos S&=\sin\varphi_1\sin\varphi_2+\cos\varphi_1\cos\varphi_2\cos D\lambda\\&=\sin 8°.1\times\sin(-19°.2167)+\cos 8°.1\times\cos(-19°.2167)\times\cos 108°.7167\\&=-0.346363\end{aligned}$$

$$S=\arccos(-0.346363)=110°.2650=6615.9\ \text{n mile}$$

$$\begin{aligned}\tan C_1&=\frac{\sin D\lambda}{\cos\varphi_1\tan\varphi_2-\sin\varphi_1\cos D\lambda}\\&=\frac{\sin 108°.7167}{\cos 8°.1\times\tan(-19°.2167)-\sin 8°.1\times\cos 108°.7167}\\&=-3.158\,397\end{aligned}$$

$$C_1=\arctan(-3.158397)=-72°.4$$

$\therefore C_1=180°+(-72°.4)=107°.6SW=287°.6$

(2)求大圆航线顶点坐标和分点坐标的计算公式

大圆航线顶点是大圆航线上纬度达到的最高点,在该点大圆弧与子午线相交成直角,大圆航向为090°或270°。顶点坐标可按以下公式求取:

$$\cos\varphi_V=\cos\varphi_1\sin C_1 \tag{6-1-6}$$

$$\cot D\lambda_V=\sin\varphi_1\tan C_1 \tag{6-1-7}$$

$$\lambda_V=\lambda_1+D\lambda_V \tag{6-1-8}$$

式中 $D\lambda_V$——起始点至大圆航线顶点的经差;

φ_V—— 大圆航线顶点的纬度

λ_V—— 大圆航线顶点的经度。

求大圆航线各分点的纬度公式为

$$\tan\varphi_i=\cos(\lambda_i\sim\lambda_v)\tan\varphi_V \tag{6-1-9}$$

在根据前面讨论的原则确定分点经度后,可利用上式求出分点纬度。在各分点求出后,便可利用航迹计算法求出各分点间的恒向线航向和航程。

例 6-1-2 某轮拟由 $\varphi_1 25°30'N$,$\lambda_1 121°05'E$ 至 $\varphi_2 22°.00'N$,$\lambda_2 158°00'W$,驶大圆航

线。求大圆始航向 C_1 和大圆航程 S,以及与大圆顶点每相隔 10°经差的各分点纬度。

解 ①求大圆航程 S

$$D\lambda=\lambda_2-\lambda_1=158°00'W-121°05'E=80°55'E=80°.9167E$$

$$\varphi_1=25°30'N=25°.5N$$

$$\lambda_1=121°.05E=121°.0833E$$

$$\varphi_2=22°00'N, \lambda_2=158°.00W$$

$$\cos S=\sin\varphi_1\sin\varphi_2+\cos\varphi_1\cos\varphi_2\cos D\lambda$$

$$=\sin 25°.5\times\sin 22°+\cos 25°.5\times\cos 22°\times\cos 80°.916\,7$$

$$=0.293\,388$$

$$S=\arccos 0.293\,388=72°.939\,1=4\,376.3\ \text{n mile}$$

②求大圆始航向 C_1

$$\tan C_1=\frac{\sin D\lambda}{\cos\varphi_1\tan\varphi_2-\sin\varphi_1\cos D\lambda}$$

$$=\frac{\sin 80°.916\,7}{\cos 25°.5\times\tan 22°-\sin 25°.5\times\cos 80°.916\,7}$$

$$=3.328\,1$$

$$C_1=\arctan 3.328\,1=73°.276NE$$

$\therefore C_1=73°.3$

③求大圆顶点的经纬度

$$\cos\varphi_V=\cos\varphi_1\sin C_1=\cos 25°.5\times\sin 73°.276=0.864\,4$$

$$\varphi_V=\arccos 0.864\,4=30°.184\,8=30°11'.1N$$

$$\cot D\lambda_v=\sin\varphi_1\tan C_1=\sin 25°.5\tan 73°.276=1.432\,8$$

$$D\lambda_V=\arctan 0.697\,9=34°.912\,5=34°54'.8=34°54'.8E$$

$$\lambda_v=\lambda_1+D\lambda_V=121°05'E+34°54'.8\ E=155°59'.8E$$

④求大圆航线上与顶点每隔 10°经差的各分点坐标

$$\tan\varphi_i=\cos(\lambda_i\sim\lambda_V)\tan\varphi_V=\cos 10°\tan 30°.184\,7=0.572\,8$$

$$\varphi_{i1}=\arctan 0.572\,8=29°.804\,9=29°48'.3N$$

$$\tan\varphi_{i2}=\cos 20°\tan 30°.184\,7=0.546\,6$$

$$\varphi_{i2}=\arctan 0.546\,6=28°.66=28°39'.6N$$

$$\tan\varphi_{i3}=\cos 30°\tan 30°.184\,7=0.503\,7$$

$$\varphi_{i3}=\arctan 0.503\,7=26°.735\,7=26°44'.1N$$

$$\tan\varphi_{i4}=\cos 40°\tan 30°.184\,7=0.445\,6$$

$$\varphi_{i4}=\arctan 0.445\,6=24°.016\,5=24°01'.0N$$

大圆航线上起、终点及各分点的坐标见表 6-1-1。

表 6-1-1　大圆航线上起、终点及各分点的坐标

序号	纬度 φ	经度 λ	备注
1	25°30′.0N	121°05′.0W	起点
2	26°44′.1N	126°00′.0E	
3	28°39′.6N	136°00′.0E	
4	29°48′.3N	146°00′.0E	
5	30°11′.1N	156°00′.0E	大圆顶点
6	29°48.3N	166°00′.0E	
7	28°39′.6N	176°00′.0E	
8	26°44′.1N	174°00′.0W	
9	24°01′.0N	164°00′.0W	
10	22°00′.0N	158°00′.0E	

(二)混合航线

连接两点间的大圆虽然是航程最短的航线，但不一定是最安全、最经济的航线。由于大圆弧总是凸向地球的北极或南极，因此采用大圆航线时，所到达的纬度往往较高。而高纬度海区水文气象条件一般均比较恶劣，而且有些区域还有较复杂的岛礁等危险物。如北太平洋除有阿留申群岛阻隔外，冬季多风暴，夏季多雾；北大西洋的高纬度地区多冰山等等。因此，根据不同季节要求航线不超越某一纬度。该纬度称为限制纬度。在有限制纬度时航程最短的航线称为混合航线。如图 6-1-4 所示，航线分为三段，即大圆航线 AB、等纬度圈航线 BC 和大圆航线 CD。其中，B 点和 C 点分别为为由起始点 A 和到达点 D 所作限制纬度圈切线的切点。

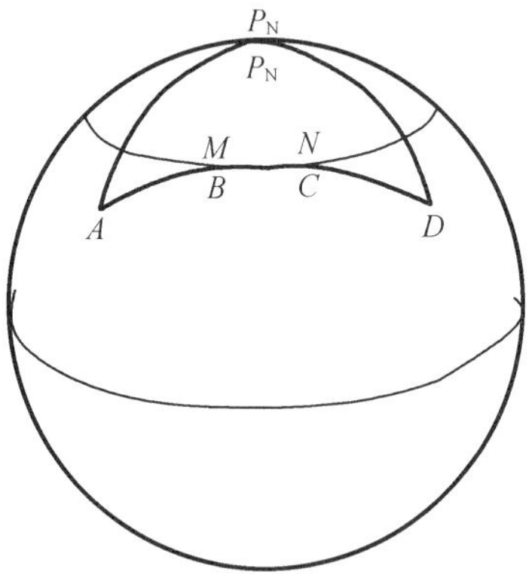

图 6-1-4　混合航线示意图

拟定混合航线主要有大圆海图法和公式计算法。

1. 大圆海图法

利用大圆海图求算混合航线步骤如下：

(1)查阅、分析航海图书资料，确定限制纬度；

(2)在大圆海图上分别由起始点和到达点作限制纬度圈的切线即得三段航线；

(3)利用大圆航线的求算方法求出两段大圆航线的分点坐标和各分点间的恒向线航向、航程；等纬圈航线的航向为090°或270°，航程可在航用海图上直接量出；

(4)在航用海图上画出各段恒向线航线并列表备航。

2. 公式计算法

在研究和分析航海资料的基础上确定限制纬度后，可利用以下公式求算混合航线，如图6-1-5所示：

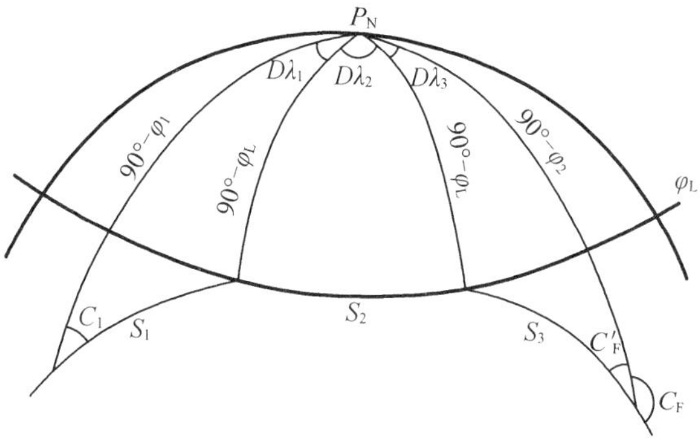

图6-1-5　混合航线解算示意图

第一段航线：

$$\cos D\lambda_1 = \frac{\tan \varphi_1}{\tan \varphi_L} \tag{6-1-10}$$

$$\sin C_1 = \frac{\cos \varphi_L}{\cos \varphi_1} \tag{6-1-11}$$

$$\cos S_1 = \frac{\sin \varphi_1}{\sin \varphi_L} \tag{6-1-12}$$

式中　φ_1——起始点纬度；

φ_L——限制纬度；

C_1——大圆始航向；

S_1——第一段大圆航线的航程。

第二段航线：

$$C = 090° \text{或} 270° \tag{6-1-13}$$

$$S_2 = D\lambda_2 \cos \varphi_L \tag{6-1-14}$$

式中　C——限制纬度圈恒向线航向；

$D\lambda_2$——限制纬度圈上两切点的经差；

S_2——限制纬度圈上的恒向线航程。

第三段航线：

$$\cos D\lambda_3 = \frac{\tan \varphi_2}{\tan \varphi_L} \tag{6-1-15}$$

$$\cos S_3 = \frac{\sin \varphi_2}{\sin \varphi_L} \tag{6-1-16}$$

$$\sin C'_{F'} = \frac{\cos \varphi_L}{\cos \varphi_2} \quad (6-1-17)$$

$$C_F = C'_F \pm 180° \quad (6-1-18)$$

式中　φ_2——到达点纬度；

S_3——限制纬度圈上第二个切点至到达点的大圆航程；

C_F——大圆终航向。

二、大洋航线的选择

大洋航行时，航线长，有较大选择性。所谓最佳航线，是在保证足够安全的前提下，能使船舶航行时间最短、最经济的航线。

（一）选择大洋航线应考虑的各种因素

1. 气象

查阅《世界大洋航路》、航路设计图、《航路指南》、相关气象图等资料，综合中长期天气预报，认真分析航线可能遭遇的盛行风、季风、热带气旋等灾害性天气及雾。

2. 海况

研究海流、海浪、流冰和冰山对船舶航行的影响，尽量避开逆流，避开大风浪区、流冰区和冰山活动区。

3. 障碍物情况

大洋航行时，对岛、礁等危险障碍物应留有足够的安全距离。

4. 定位与避让条件

接近陆地时，应选有显著物标或有明显特征等深线的水域。避免通过渔区和船只拥挤水域。

5. 本船条件

应考虑船龄、船体结构与强度、航行性能、续航力、吃水、船速、货载及船员素质等。货载情况主要考虑有否危险品、衬垫和绑扎情况、有否甲板货及船舶稳性等。船员的技术水平、熟练程度和应付紧迫局面的能力是选择航线应考虑的重要因素。

6. 尽量选用推荐航线

《世界大洋航路》和航路设计图中的推荐航线，是各国船舶多年航行经验的结晶。一般情况下，应尽量选用推荐航线。在有分道通航制的区域，应遵守分道通航的规定。

总之在选择大洋航线时最重要的是安全，其次是节约燃料、缩短航时间和减少航程。

（二）大洋航线选择举例

北印度洋航线

1. 气候和海流

（1）季风

北印度洋是世界海洋著名的季风区，其风向、风力稳定，季节明显。

冬季（10 月到次年 3~4 月）：盛吹东北风，风力较弱，一般 3~4 级。其中 12 月和 1 月为最盛期，风力达 4~5 级，能见度较好。

夏季（5~9 月）：西南风，7、8 月为鼎盛期。风力也较东北季风大。孟加拉湾西南季风风力 4~5 级，潮湿多雨，能见度较差。阿拉伯海西南季风风力常达 6~7 级，西部可达 10 级，雨较少，有霾。

（2）旋风

北印度洋上的旋风与台风一样同属热带低气压，是一种破坏力很强的灾害性天气。旋风生成最多月份在盛夏而不在春秋过渡季节。

旋风路径大都带有抛物线的形状，转向点大致在北纬 15°~20°之间，一般终止于离海不远的沿岸陆地。

（3）海流

北印度洋的海流主要是由季风产生的季风海流。

北印度洋冬季海流，主要为东北季风海流、赤道逆流和南赤道海流。

北印度洋夏季海流，主要为西南季风海流和南赤道海流。

（4）涌浪

阿拉伯海西南，涌浪在 5 月形成，持续到 9 月。7 月阿拉伯海波高大都在 2 m 以上。亚丁以东 2 200 n mile 海面上，局部地区实际波高达 6 m，周期 12.8 s。

孟加拉湾西南涌浪在五月间形成，持续到 10 月。

阿拉伯海和孟加拉湾涌浪比较短或中等，超过 200 m 的长涌有 10%，但不高。

2. 航线介绍

北印度洋航线设计，随季节而异。

东北季风时期和季风转换时期，北印度洋风和浪均较小，一般取最短航程的 *A* 线。

西南季风时期，风大浪凶，如采用习惯航线要通过 Suqutra 岛东方的强风区。为避开西南季风时期的强风区，速度快的大船可走 *B* 线，低速中小船走 *C* 或 *D* 线。表 6-1-2 为 *A* 线和 *B* 线的航线表。

表 6-1-2　北印度洋航线

序号	起迄点	航向 °		航程（n mile）	
		西行	东行	间距	累计
	A 线				
1	06°00′N　095°00′E				0
		269	089	860	
*2	05°35′.1N　080°35′.7E（Dondra Head 灯塔 TB360°~20′）				860
		287	107	475	
3	08°03′N　073°01′.6E（Minicoy 灯塔 TB360°~13′）				1335
		280	100	1288	
4	11°50′.2N　05°31′.E（Guard Fui 灯塔 TB270°~14′.5）				2623
		315	135	19.5	
5	12°04′.5N　051°16′.8E（Guard Fui 灯塔 TB180°~13′.6）				2642.5

表 6-1-2(续)

序号	起迄点	航向° 西行	航向° 东行	航程(n mile) 间距	航程(n mile) 累计
	B 线				
1	06°00′N 095°00′E				0
		269	089	860	
＊2	05°35′.1N 080°35′.7E(Dondra Head 灯塔 TB360°~20′)				860
		287	107	475	
3	08°03′N 073°01′.6E(Minicoy 灯塔 TB360°~13′)				1335
		270	090	1202	
4	8°03′N 052°50′E				2537
		341	161	240	
5	11°50′.2N 05°31′E(Guard Fui 灯塔 TB270°~14′.5)				2777
		315	135	19.5	
6	12°04′.5N 051°16′.8E(Guard Fui 灯塔 TB180°~13′.6)				2796.5

＊采取距 Dondra Head 灯塔 20 n mile 通过是为了避开分隔带。如通过分隔带,可按分隔带规定,靠近海岸航行。

3. 航线说明

(1)Suqutra 岛南面至 Guard Fui 角以南的非洲沿岸在西南季风时期有一大片强劲的东到东北流。

(2)自 Pulo We 岛西行驶向 Dondra,12 月份在东经 86°~92°,有一股较强的北流,有约 ±2°流压。

(3)Suqutra 岛很高大,雷达初见 59 n mile。雷达荧光屏上整个岛形清晰可见。但应注意,在远距离扫测时,雷达回波反映的岛形边缘是岛的悬崖峭壁,在实际海岸线以内。因此,远距离定位时应加以修正。

(4)brother 岛岛形奇突,像两个怪兄弟,西边的大,东边的小。Guard Fui 角灯塔,塔身黑色,在一片黄沙覆盖的山脊上,白天不易找到,晚上灯光不强。

(5)斯里兰卡沿海海流较复杂,应引起注意。沿岸 12~15 n mile 间海流流向很不一样,但都与岸平行。离岸远些,11 月~1 月流向南。东岸南流很强,可达 3 kn,且压向海岸;西岸和西南岸都较弱。这股南流在岛的南侧汇入总的东北季风西流中去。2 月~3 月岛的南方,西流持续,并转向西北。东岸北部沿海,在 2~4 月形成孟加拉湾沿岸的顺时针海流。

(6)在斯里兰卡南岸 Dondra Head 南侧设分隔带两条:

①以 05°51′00″N,080°38′39″.6E 和 05°51′00″N,080°32′30″E 两点连线南北各 1 n mile 范围。

②以 05°45′30″N,080°32′30″E 和 05°45′30″N,080°38′39.6″E 两点连线南北各 1.5 n mile 范围。

西航船应从①和②两分隔带间 3 n mlile 水域内驶过;东航船应从①分隔带的南侧 3 n

mile 的水域内驶过。①分隔带与沿岸间水域为沿岸通航区。

三、气象定线

各种航路图和《世界大洋航路》所推荐的航线，是以航经海区在某季节的平均天气状况而拟定的，故称之为气候航线。

船舶气象定线又称船舶气象导航。它是由岸上专门机构，根据近期内航行海区的天气预报与海况预报，包括 1~3 天准确的短期预报和 3~7 天甚至 10 天左右的中、长期预报，结合船舶性能、船型、装载特点和航行任务等因素，制定一条既经济又安全的最佳航线。气象导航所推荐的航线，称为气象航线。

气象定线使船舶航行安全水平明显提高，可减少船体损害和货损、缩短航时、节省燃料，提高船舶营运经济效益。

(一)船舶气象定线所考虑的主要因素

1. 气象和海况因素

热带风暴、地方性天气和天气的地方性特征、季节性天气和海况、洋流及风、浪、涌等。

大范围的天气和海况预报是船舶气象定线的基础和关键。

2. 船舶因素

包括船型、航速、吃水、稳性、甲板装载、压载、海上操纵性能和导航设备等。

3. 货物因素

包括货物对温度的要求和货物的海上保护等。

4. 营运因素

包括船期计划和保险限制等。

(二)气象导航的一般程序

1. 申请气象导航

在船舶开航前 24~48 小时，由船舶或船舶所属公司向有关气象导航机构提出申请，以电报或其他通信方式把以下内容通知气象导航机构：

(1)船舶名称、呼叫及船速；

(2)船舶所属公司或本航次受雇公司的名称、地址；

(3)预计启航日期、时间；

(4)出发港口；

(5)目的港(如中途停留，需附停留港名及预计停留时间)；

(6)货物装载情况(如货物种类、装货量和甲板货物情况等)；

(7)船舶稳性——*GM* 值；

(8)船舶吃水和吃水差；

(9)干舷高度；

(10)特殊事项和船长要求(如易损坏的甲板货物以及需在一定时间内到达目的港等)。

2. 制订航行计划

气象导航机构收到船舶申请后，将适时通过启航港代理人向船长转递推荐航线和有关海域的天气、海况预报以及导航意见。

如果临近开航或已开航才申请气象导航，则可通过导航机构指定的电台或船长在申请中指定的电台获取推荐航线和导航意见。

船舶收到气象导航机构的推荐航线和导航意见后，应在认真分析的基础上制定本船的航行计划，确定计划航线。

3. 航行途中联络

在航行中船长应将下列各项情况通知气象导航机构：

(1) 开航后将实际启航时间电告气象导航机构，导航机构实施跟踪导航。

(2) 每两天一次，将中午船位电告气象导航机构，电报内容包括船名、呼号、日期、时间、经度、纬度、天气及海况。

在正常天气情况下，气象导航机构也每两天一次电告船舶新的导航意见及天气、海况预报。

途中联络时间没有硬性规定，一般在当地标准时 12 时前后，也有的在世界时 12 时左右。如途中遇到未经预报的恶劣天气，或恶劣天气使航行受阻，可随时电告气象导航机构。气象导航机构会及时回电，分析沿途的天气和海况，并提出新的指导意见。

(3) 在航行途中，船舶如果不是由于天气影响而降低船速或停止前进，必须立即电告气象导航机构，以便他们掌握船舶动态。

(4) 船抵达目的港后应尽早电告到达的时间。

4. 航次总结报告

本航次气象导航结束后，气象导航机构向气象导航申请公司提供一份完整的气象导航总结报告(副本送船长)，内容包括整个航程的天气、海况分析，每天世界时 12 时的推算船位、航速、风向、风速、浪向、浪高和受大风的天数以及平均航速等，并绘制航迹图。此外，还包括所有来往电报。

(三) 气象定线注意事项

在采用气象导航技术时，应注意以下几点：

1. 气象导航机构所推荐的航线仅仅是航行建议，完全是咨询性质的，行驶在推荐航线上的船舶如果发生损失或意外事故，气象导航机构不负任何法律责任。船长在任何情况下都对航行负有全责，其中也包括对航线的选择。

2. 气象定线是寻求一条能避开最险恶风浪区的经济航线，在推荐航线上并非一定风平浪静。那种认为接受了气象导航服务，就不会遇到风浪的想法，是一种极大的误解。

3. 采用气象航线时，要有雾航和在高纬度冰区航行的准备。气象导航机构认为，对于全年多雾的北大西洋和北太平洋中高纬海域来说，完全避开雾区是不可能的。气象导航机构推荐的航线，有时纬度较高，特别是西航的跨洋航线，冬季在高纬度海域可能会遇到海冰。

四、大洋航行注意事项

大洋航行时，正确选择航线无疑是重要的。但在航行过程中，根据当时的具体情况，正确地修正航线，以及在航行中及时采取各种必要的航海措施，也是保证航行安全的重要环节。

1. 认真连续进行航迹推算

航迹推算是掌握船位的最基本方法。天文定位、无线电航海仪器定位以及利用卫星定位,都必须以推算船位作为重要参考,因此必须进行认真、细致、连续的航迹推算。

要重视罗经工作情况,一般应每隔 1~2 小时进行一次磁罗经和电罗经的比对。每天早晚利用太阳出没或低高度测定一次罗经差。要坚持使用计程仪并切实掌握计程仪改正率。航迹推算时应正确计算风流压差。

对于安装有自动化导航仪器的船舶,应注意系统的工作状况是否正常,以确保船舶航行安全。

2. 利用一切可能的机会测定船位

除 GPS 定位外,尚应利用天文定位和远程无线电导航仪器定位等。正常情况下,每昼夜至少应当有三个天文观测船位。远距离无线电定位应每 2 小时一次。定位后应对所测船位进行必要的分析,研究产生误差的原因。

转向时,应力求获取观测船位。

3. 注意接近海岸的安全

远航接近海岸时,为了及早发现物标,应先启动雷达,加强瞭望,反复确认物标,正确定位。直至对船位确信无疑时,方可向接岸点继续航行。此外还应掌握接岸区的地形特点、水深变化规律、水中碍航物的确切位置、水流情况和助航设备等。

4. 认真收听气象预报和收录气象传真

大洋航行时间长,气象多变,必须按时收听有关气象台站的气象报告和接收气象传真图,结合本船的气象观测资料,认真进行综合气象分析。如有灾害性天气,应采取必要的避离和预防措施。

5. 接收航海警告

按时收听航行海区的无线电航海警告,并及时进行必要的改正工作。

6. 及时拨钟

大洋航行中,应按所在时区及时拨钟,通过日界线应变更日期。拨钟和变更日期均应记入航海日志。

7. 选择适当船速以降低燃料消耗

大洋航行,有时可能因为遭遇突发灾害性天气或其他意外原因,使航行时间延长,以致造成燃料的短缺。在此情况下,必须选用适当的船速,以保证续航至中途港或目的港。

8. 选用适当的空白海图

大洋航行使用的航用海图比例尺比较小。为了减小作图误差,提高推算和定位的精度,应该选用适当比例尺的空白定位图进行海图作业。

空白定位图上只有经纬线及其图尺,只在纬线上标明纬度读数,而经度读数由使用者根据需要填上。南北纬可以通用,故其纬度图尺有正、倒两个读数。在用于南纬时,仅需将海图上下倒置,纬度图尺读数由上向下逐渐增加。图上罗经花也有内外两圈,用于南纬时,应使用内圈。

在大洋航行时,应根据航区纬度选用适当的空白定位图。然后,根据航区的经度确定适当的经度值,用铅笔标在图上经线处。当航行纬度变化不大时,则同一张空白定位图可重复使用,只要改写经度值即可。使用空白定位图时,必须经常对照该海区的航用海图,并将早、中、晚的观测船位或推算船位移到航用海图上去，以便及时了解船舶周围海区的情况。

五、燃料消耗与船速航程和排水量之间的关系

船舶航行中需要消耗大量的燃料，对于万吨级货船，每天消耗燃料 20t 左右。对于航线长的船舶，航行时间长，燃料消耗很大，开航前需要燃料储备量也很大，一般应考虑到船舶航行安全储备一定数量的燃料，不至于在航行途中因缺乏燃料而停车漂航，或不得已挂靠港口补充燃料，延误到港时间，增加不必要的开支。另外，还应考虑到货运量，讲究营运的经济效益，而不能储备过多的燃料。一般燃料的总储备量 Q 可按下式计算求得：

$$Q \geqslant (1+15\%)q$$

式中 q 是预计航程的总耗油量，包括主机正常运转到中途港或目的港的耗油量和辅机（发电机组和辅助锅炉）的耗油量，但不包括各燃油柜不能泵吸出的剩油，使用劣质燃油时不能燃烧的部分（约占 2%~4%的燃油总储备量）。一般船舶燃油储备量不得少于两天的耗油量。

船舶在航行中，由于气象原因达不到预定的航速，如风力增强，船舶顶风、顶浪航行，使航速下降，航行时间增加，或为了避离灾害性天气，船舶需要调整航线而增加航程，都将会增加燃料消耗，有可能到达目的港的燃料数量不够，这是非常危险的。因此，船舶在航行中应每天检查燃料消耗量，将剩余燃料与剩余的航程进行比较，选用合适的航速，以保证船舶安全顺利地抵达目的港。

实际上，燃料消耗量并不是与航速和航程成正比的。为了求得合适的航速或燃料消耗量，必须搞清楚不同情况下它们之间的相互关系。

燃料消耗与航程和航速之间的关系，可用下式表示：

即：

$$F \propto V^2 \cdot S \tag{6-1-19}$$

式中 F——航行耗油量（单位 t）；

V——航速（单位 kn）；

S——航程（单位 n mile）。

船舶航行单位时间耗油量 Q 与船舶排水量和航速之间的关系式：

$$Q \propto D^{2/3} \cdot V^3 \tag{6-1-20}$$

式中 Q——航行单位时间耗油量（单位 t）；

D——船舶排水量（单位 t）；

V——航速（单位 kn ）。

例 6-1-3 某轮由 A 港出发，燃油储备 1 000 t，计划航行 5 000 n mile 到达 B 港，该轮以 20 kn 航行了 4 000 n mile 后，燃油剩 500 t，船长计划到达 B 港时，燃油剩 400 t，求该轮应采用的航速。

解 设应采用的航速为 x 节。

航行 4 000 n mile 耗油：1 000−500＝500（t）

剩余航程：5 000−4 000＝1 000（n mile）

剩余航程耗油：500−400＝100（t）

$$(20^2 \times 4000):(x^2 \times 1\,000) = 500:100$$

$$X=17.9(\text{kn})$$

该轮应采用的航速为 17.9 kn。

例 6-1-4　某轮排水量为 12 000 t，以 14 kn 航速航行 1 天，燃油消耗 25 t，现航速减为 12 kn，求 1 日燃油消耗量将减少多少？

解　设航速为 12 节时 1 日燃油消耗量为 X 吨。

$$(12\,000^{2/3}\times14^3):(12\,000^{2/3}\times12^3)=25:X$$

$$X=15.74(\text{t})$$

日燃油消耗量减少值为 25-15.74=9.26(t)

任务二　沿岸航行

沿岸航行(coastal navigation)是指在沿海各港口之间的近岸海上航行以及自海上接近陆岸时的航行。沿岸航行，自然条件和交通条件等交通环境比较复杂，了解航线附近水文气象、地形和助航设施、交通管理规章等特点，事先选择一条安全、经济的航线，对确保船舶航行安全，提高营运效益等都具有十分重要的意义。

一、沿岸航行特点

船舶沿岸航行时，交通环境比较复杂。因此，要求船舶驾驶人员更加集中精力，谨慎驾驶，不可疏忽，以确保航行安全。总体来讲，船舶沿岸航行主要有以下几个特点：

(1)航线离岸近，附近航行危险物、障碍物较多，水深有时较浅；

(2)沿岸海区水流复杂，受潮流影响较大；

(3)来往船只和各类渔船比较密集，航行和避让都有较大的困难；

(4)船舶回旋余地较小，遇有紧迫局面时，船舶操纵困难；

(5)可供定位与导航的物标较多，船位的确定比较容易；

(6)海区内海图、航路指南和潮汐表等航海资料比较完备，有利于驾驶员全面、深入了解航线所经海区内水文气象、助航设施、航海危险物、推荐航线和航法等资料；

(7)沿岸许多拥挤水道都实施了分道通航制，旨在分隔相反的交通流，尽可能减小船舶间的碰撞危险。

二、沿岸航线拟定原则

沿岸航线拟定原则

沿岸海区船舶通航的历史较长，主要航区的测量资料比较详尽，许多地方在海图和航路指南等资料中均有推荐航线。但是，由于季节、往航或返航以及昼夜时间的不同，沿岸航线也不是固定不变的。应根据具体的航次任务和海区内风流、能见度等气象条件，以及海区内障碍物和导航定位物标等情况，事先选定一条安全、经济的航线。

1. 尽可能采用推荐航线

在没有特殊原因的情况下,应尽可能采用海图和航路指南中的推荐航线,包括采用分道通航航路。在 IMO 采纳的分道通航制区域或其附近航行的船舶,必须遵守船舶定线制和国际海上避碰规则第 10 条的有关规定。不使用分道通航制的船舶应尽可能远离该区域,使用分道通航制的船舶,拟定航线时应:

(1)将航线设计在相应的通航分道内,并尽可能从其端部与该分道内交通流总流向成尽可能小的角度进入或离开;

(2)所选航线尽量与分道内船舶总流向相一致,并注意让开分隔带和分隔线,双向航路内的航线应尽量靠近航道的右侧;

(3)谨慎使用深水航路,深水航路是考虑到船舶吃水和水域内的水深,为有必要利用这种航路的船舶提供的,可不考虑这些因素的船舶,应尽可能将其航线设计在深水航路以外;

(4)选择双向推荐航线时,应将航线确定在推荐航线的右侧,以尽可能避免航行中与采船构成对遇和不协调避让局面。

2. 确定适当的与陆岸距离

离岸距离是沿岸航行的重要因素,通常在航路指南等资料中都有记载。但是适当的离岸距离并不是固定不变的,而应根据船舶操纵性能的好坏、船舶吃水的大小、航程的长短、测定船位的难易、海图测绘精度的高低、能见度的好坏、风流影响的大小、航行船只的密集程度以及本船驾驶员技术水平等情况加以确定,应为避让和转向留有足够的余地。

沿岸航行时,在确保安全水深的前提下,可适当靠近陆岸以利辨认陆标。但应注意留有余地,以防万一由于某种失误或主机突然损坏而出现的险情。

在能见度良好的情况下,应与陡峭无危险物的海岸保持 2 n mile 以上的距离。一般大船应以 20 m 等深线作为警戒线,小船应以 10 m 等深线作为警戒线。至少应在本船吃水二倍水深以外航行。如果在夜间或能见度不良、定位又有困难时,应在离岸 10 n mile 以外航行。

在定位条件不好的沿岸海区航行,采取与岸线平行的航线是有利于安全的。在夜间,特别是在可能遇到吹拢风或向岸流影响时,应把航线再平行向外海调整,增大离岸距离,确保航行安全。

3. 确定避离危险物的安全距离

航线离暗礁、沉船、浅滩、渔栅、孤立危险岩石等航海危险物的距离,可根据下列因素确定:

(1)最后一个实测船位至危险物之间的航程大小及所需的航行时间。航程越远,航行时间越长,则通过危险物时船位离危险物的距离也越近,因此确定航线时亦应增大与危险物的距离。

(2)通过危险物时能见度的情况。

(3)危险物附近有无显著物标可供定位或避险。

(4)海图上危险物位置标绘的精度。如通过粗测区时,航线离危险物的距离应增大。

(5)风、流对航行的影响。

通常在能见度良好的情况下,航线附近有显著物标可供定位和避险的情况下,航线与精测危险物之间的距离至少应保持在 1 n mile 以上。

在原则上,航线离危险物的距离,应大于船舶通过该危险物时船位可能偏离航线的最大距离。如定位条件难于保证安全避离危险物时，则宁可绕航。任何时候都不应为缩短航程而过分靠近危险物。

其实，为避开危险物而绕航时，即使离危险物的距离增大很多，其所增加的航程也是很有限的。但从安全角度来说，却可能得到很好的保证。如图 6-2-1 所示，从 A 到 B 直航时航程为 250 n mile。为了避离危险物更远些，设为 25 n mile，则绕航后的全程只不过 AD+DB=253 n mile，航程增加约 3 n mile。绕航渔区的情形也是这样。

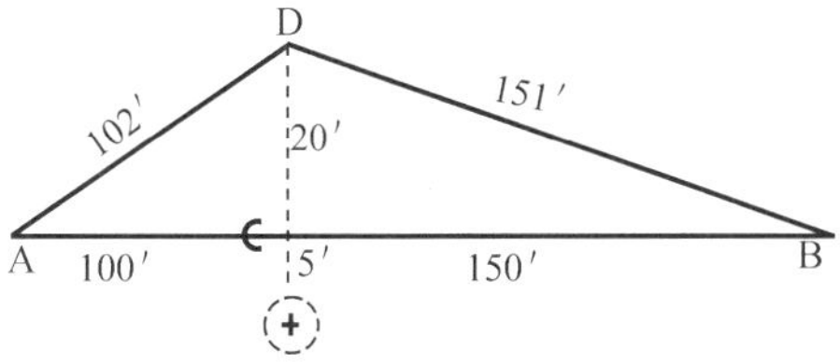

图 6-2-1　避开危险物绕航

拟定沿岸航线时，最好应避开以下水域：

(1)周围水深较浅、水深变化不规则的水深空白区；

(2)连续的长礁脉及其边缘附近；

(3)孤立的岩礁以及水深明显比周围浅的点滩；

(4)未经精确测量的岩礁和岛屿之间的狭窄水域；

(5)珊瑚礁附近未经系统地扫海测量、水深浅于 100 m 的水域。

4. 转向点和转向物标的选择

转向点的选择应从转向前后的两条航线综合考虑，因为转向点是两条航线的交点。沿岸航行，关键的转向点附近，多数都有明显的天然或人工标量选用转向一侧正横附近的显著物标，作为转向物标，避免用平坦的岬角或浮标转向。应避免在危险物附近转向，切忌向危险物所在方向做大角度的转向。夜间航行时，应选用灯标作为转向物标。

绕岛屿或岬角航行，不一定都采用正横转向，因为这样转向绕航，船与绕航物标，最好采用定距绕航的办法：先在海图上画出航线，标出几个转向点，然后用雷达观测距离，使船保持在计划航线上航行，还应根据本船吃水，设定适当的避险警戒线。

此外，选定沿海航线，还应注意绕航问题。在能见度不良时，为了安全通过危险物，或者为了避开逆流或利用顺流，可以绕航。

三、沿岸航行注意事项

沿岸航行
注意事项

1. 正确识别物标

沿岸航行或大洋航行接近目的港时，正确识别岸形和物标，是进行定位、保证航行安全的前提。实践证明，许多海事是由于对岸形和物标识别的错误引起的。

即使充分使用了对景图等有关航海资料，亦不能完全避免识别错误，特别是浮标，在大风过后，常有移位和漂失的情况，灯浮也常有灯光熄灭的情况。因此应当注意识别，只有在确认无疑时，方可用于导航。灯标，有时也可能被云雾遮住，冬季则有可能被冰雪遮住其玻璃罩而影响射程，或因船位偏离而不能及时发现其灯光。遇有上述情况时，必须仔细分析

和查明原因,切不可主观臆断。常见的判断方法主要有以下几种:

(1)参考概率船位区判断

如图 6-2-2 所示,船在推算船位 F 点,发现岸上的一个物标,其外形与海图上的 A 和 B 物标相似。因此,首先必须辨认 A 和 B 哪一个是所发现的物标。为此,在推算船位点 F 附近画出概率船位区,并在图上分别自两物标画出所测得的方位位置线。结果从图上物标 A 画出的方位位置线通过概率船位区。显然可以肯定,图上的 A 是所发现的物标。

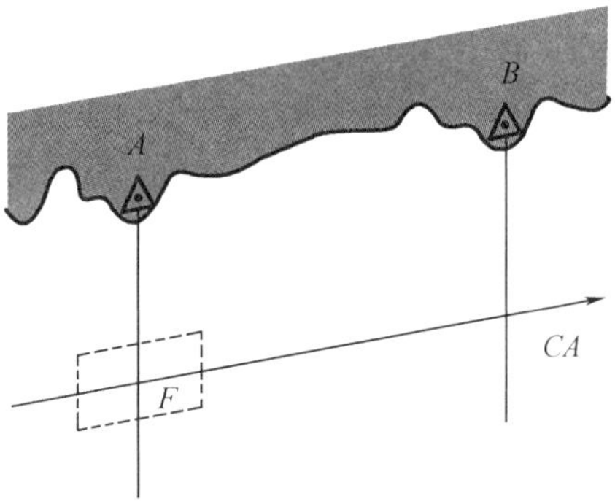

图 6-2-2 参考概率船位区判断

(2)根据船位的分布判断

①两方位定位

在船舶沿计划航线保向保速航行,连续利用两物标方位定位时,如果连续观测定位,所得船位点不是沿直线分布,而是出现曲线分布,且各船位之间的距离也不与观测时间间隔或航程成比例,即可判定识别物标存在错误。如图 6-2-3、6-2-4 所示,就是误以 B′为 B 进行观测,而从 B 画方位线时错误船位的分布曲线情形。

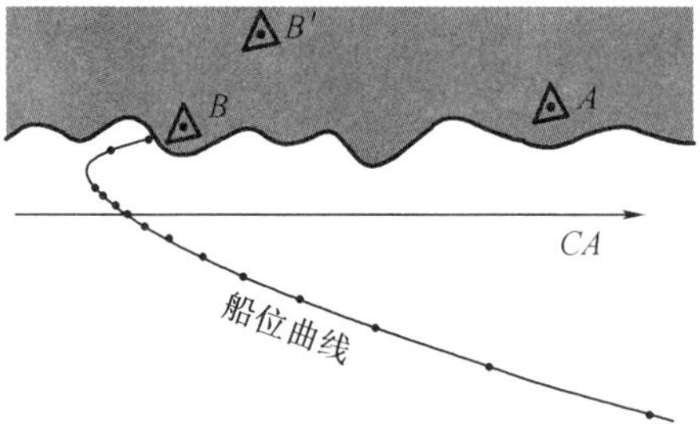

图 6-2-3 错误船位分布(两方位定位)

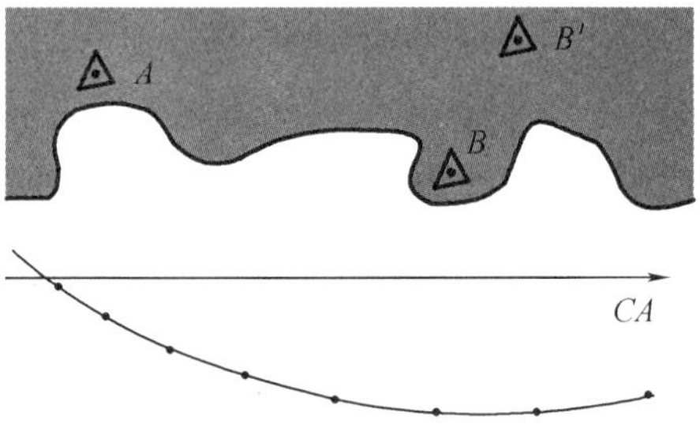

图 6-2-4 错误船位分布(两距离定位)

②两距离定位

船舶沿直线航行,当 *A* 物标识别正确,而误以 *B′* 为 *B* 时,两距离定位所得船位分布情况。如果在航行中连续多次采用两物标距离定位的船位分布呈曲线状,且各船位之间的距离与相应的航程不成比例,或者出现两圆弧位置线无法相交的情况,都表明物标识别有错误。

2. 勘测船位

沿岸航行一般均离岸较近,除了有定位精度较高的北斗或 GPS 定位外,获得准确的陆标船位也较为容易。平时应注意分析推算的精度,积累资料,以作为能见度不良时或者情况异常时航行的参考。

航迹推算要认真、连续进行。注意充分使用风、流资料确定风、流压差,并尽可能用观测的方法进行测校。在沿岸水流影响显著地区航行,应每小时确定一次推算船位;在其他地区航行,一般情况下,每 2 小时或 4 小时定位一次。

应充分利用沿岸众多的导航物标测定船位。一般情况下船速在 15 kn 以下,每 30 min 定位一次;接近危险物地区或船速在 15 kn 以上,均应适当缩短定位时间间隔。能见度不良情况下,应充分使用雷达等进行定位导航。

在重要航区和转向点,应采用多种定位方法,以排除单一定位法可能存在的误差。

3. 加强瞭望

沿岸航行中的许多海事,特别是碰撞事故,大部分是由于疏忽瞭望而引起的。因此,首先要有对待瞭望的正确认识、严谨的态度。瞭望的内容,应包括视界内的任何微小的异常现象,如海面的漂浮物、平静海面的异常浪花、海水的颜色变化等,应及时发现,查明原因,必要时予以避离。夜航时应特别注意保持"夜眼",尽量减少在海图室内的逗留时间。

能见度不良或在渔船和其他来往船只密集的海区,应使用雷达等配合瞭望,密切观察他船动向。目前,世界上不少交通密集的水域都设有岸基雷达站和 VTS 中心。用 VHF 进行通信联系,以获得周围船舶动态信息已是一种新型有效的瞭望手段,应充分加以利用。

4. 及时、准确地转向

沿岸航行转向比较频繁。转向时必须把握住时机,准确地转到新航线上。转向前应尽可能地测得准确船位,以此推算出到达转向点的时间。要事先选择好显著易认的、转向侧正横附近的转向物标。在重要的转向点,必要时可多选择一个转向物标,以便在一个转向物标因故被遮蔽时利用另一个。转向时最好选用小舵角逐渐转过。如果船至转向物标的横距比设计的距离过大或过小,可适当提前或延后转向,以使船转向后驶上计划航线。重要的转向点,往往也是船舶的交会点,转向时应特别注意避让,加强瞭望,谨慎驾驶。转向后,应在海图上和航海日志中记下转向时间、计程仪读数和船位,然后在条件许可时,应立即利用一切机会测定船位,校验转向后船舶是否偏离计划航线。

5. 充分合理地使用单一位置线

自海上接近海岸,有时无法测得可靠的观测船位,而只能测得一条船位线。如何充分合理地使用这条单一位置线,对沿岸航行安全具有十分重要的意义。

概括起来,一条单一的直线位置线,大体上可有与航线垂直、平行和相交成任意其他角度三种情形。在保证位置线具有相当精度的前提下,在理论上船位应当在该位置线的概率区内。因此,当位置线与航线垂直时,可用以判断推算船位超前或落后于实际船位的情况,但无法判断船舶左右偏离、水深变化显著的沿岸水域航行,可利用海图上的等深线作为单一位置线辅助导航。在航行中连续测深,进行吃水和潮高改正,将所测得的水深换算成相应的海图水深,当测得该等深线的深度时,即可根据该等深线与航线的交角情况,在一定程度上缩小概率船位区。拟定沿岸航线时,如使计划航线与等深线平行,航行中可通过测深,使船保持在该等深线的安全一侧航行。

单一的方位、距离和叠标位置线等,还经常用于确定转向时机和避险等,沿岸航行时也应充分加以利用。

6. 按时收听航海警告和气象预报

沿岸水域，灯塔、灯船、雾号、定位系统、重要浮标以及海上石油勘探装置等经常发生变迁或变更，这些新的变迁多数属临时性质，一般用无线电航海警告的形式发布。那些永久性的变迁，由于核实及汇编均需一定时间，要数周乃至数月后才能编入《航海通告》，其中有些也必须用无线电航海警告的形式及时发布，因此，船舶在航行中要定时收听该地区的航海警告，与航行安全有关的内容应根据船长指示及时用铅笔改注在海图上，以确保沿岸航行安全。

此外，还应注意收听有关气象台站的气象预报或气象传真图，如果发现船舶航进的前方有灾害性天气，应及时果断地采取安全措施，做好各项准备工作；必要时，应选择有利的避风锚地抛锚，或绕航避离。

任务三　狭水道航行

船舶进出港口、锚地的航道以及海峡、江河、运河等航道一般统称为狭水道

一、狭水道航行特点

1. 航道狭窄

狭水道最显著的特点是航道狭窄、弯曲，且有浅滩和礁石等危险物，船舶没有足够的回旋余地。例如，我国天津新港进口主航道系人工疏浚，宽仅 60m 左右。再如印度加尔各答，从港外引水到港内航程 120n mile，河道长而狭窄且弯曲。

船舶在狭水道中航行和操纵都比较复杂。许多狭水道内，除有天然和人工陆标可供定位、避险导航外，还设有浮标指示航道或航海危险区。有些狭水道还实施了分道通航制，以利于来往船只的航行安全。

2. 水深小且多变

多数港口航道水深均较小。如我国的上海港、温州港和营口港等。吃水深的船舶，须候潮进港。而江河口航道，由于泥沙沉积，往往形成浅滩。这种浅滩的位置，又常随季节和江河水势的差异而多变迁。因此江河口航道水深经常改变。如长江口的铜沙浅滩等。

3. 水流复杂

狭水道潮流流速大，流向多变。例如日本濑户内海的来岛海峡是世界典型的水流复杂狭水道，最大流速可达 10kn，且到处有急流和旋涡。船舶通过水流复杂的航道，必须认真查阅、研究有关资料，航行中要掌握水流的变化规律，正确预配流压差，以保证航行安全。

除潮流外，有些狭水道潮差大也给航行造成很大影响。例如我国杭州湾水域，最大潮差竟达 8m。船舶必须根据本船吃水，结合潮时潮高把握通航时间。

4. 船只密集

狭水道，特别是比较重要的狭水道，一般都是来往船只密集水域。有些水域渔船和其

他类型船舶也较多,易造成航道阻塞和紧迫局面。航行中必须加强瞭望,严格按规定航线航行,防止碰撞。在有超大型船通过的狭水道,要注意大船预告。例如新加坡海峡在大型深吃水船舶通过之前,即发出预告。以便来往船只及时掌握大船动态,注意避让。否则由于大船行动迟缓,又不能偏离深水航道,容易造成紧迫局面。

二、过浅滩航行方法和注意事项

在某些河口港的进出港航道中,往往有浅滩或浅水区域。例如上海港外长江南水道的铜沙浅滩。吃水深的船舶进出这些航道,通常需要候潮。

1. 最小安全水深的确定

通过浅滩时的最小安全水深,可由下式求得:

$$最小安全水深=最大吃水(出发港)+咸淡水差+船体下沉+横倾增加吃水+半波高+保留水深-油水消耗减少吃水 \tag{6-3-1}$$

由上式可知,确定最小安全水深应考虑如下因素:

(1)出发港最大吃水

通常在受载时就应根据航行时间、油水消耗量、潮汐情况等预算船舶在出发港的最大吃水,合理受载,以期在通过浅滩时,既可达到首尾吃水适当,又有足够的保留水深,以便船舶安全顺利通过浅滩。

(2)咸淡水差

船舶进出不同水密度的水域时,吃水将随之发生改变。由咸水入淡水吃水增加,反之吃水减少。

(3)船体下沉及吃水差变化

船舶在浅水中航行,船体会下沉、吃水增加。这是因为船底至海底的水深有限,水流加快,水压降低,从而使吃水增加。同时也引起吃水差的变化。

浅水中船体下沉及纵倾变化,较之深水更为激烈。船首上浮的时机较早。而且,越是水浅,达到最大首倾和开始变为尾倾所需的船速越低。在商船速度范围内,浅水中低速时就出现船体下沉,船速越快或是肥胖型的船,船体下沉及吃水差的变化程度就越大。

(4)横倾增加吃水

在水深受限的狭水道中航行时,要考虑横倾会增加吃水的因素。如图6-3-1所示,吃水增加量可按下式近似算出:

$$\Delta T=\frac{B\cdot\theta}{2\times57.3}=\frac{B\cdot\theta}{120} \tag{6-3-2}$$

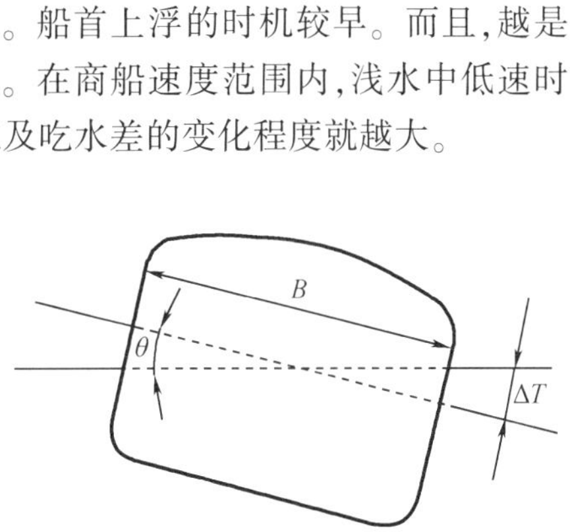

图6-3-1　横倾增加吃水

式中　ΔT—— 横倾增加吃水(m);

B——船宽(m);

θ——横倾角(°)

(5)半波高

当浅水区有波浪时,其水深的大小会随着波浪呈周期性的变化。当船处于波谷时,水深要比没有波浪时的水深小半个波高。如再考虑船舶随波浪上下运动时的惯性,则船舶处于波谷时,船底下的水深减小量将大于半个波高。所以有波浪时,要考虑半波高,以免蹲底。

(6)保留水深

保留水深应视该浅滩处潮高预报误差、海图水深测量误差和底质而定。中版《潮汐表》预报潮高误差范围为20~30 cm。海图水深，一般规定水深低于21 m时，水深注记允许误差为0.1 m；水深在21~31 m时，允许误差为0.3 m；水深超过31 m时，允许误差为1 m。确定保留水深时要注意留有充分余地。通常情况下，保留水深可取0.1~0.5 m。

(7)油水消耗吃水减少

根据本船每天油水消耗量、每厘米吃水吨数和航行天数，可按下式计算油水消耗吃水减少的厘米数：

$$\text{油水消耗吃水减少(cm)}=\frac{\text{每天油水消耗量}\times\text{航行天数}}{\text{每厘米吃水吨}} \tag{6-3-3}$$

2. 过浅滩注意事项

(1)调整吃水

船舶到达浅滩以前，应根据油水消耗及时调整船舶吃水，使其到达浅滩时刚好为平吃水，且无横倾。如当地水深允许，可将船调整至适当尾倾，以改善船舶操纵性能。值得注意的是，船舶由咸水水域进入淡水或半淡水水域，平均吃水增加，船舶浮心后移，导致吃水差增加。为此，要保证船舶在淡水或半淡水中为平吃水，则在咸水中应有适当的尾倾。

(2)候潮

过浅滩往往需要候潮，候潮时潮高的计算是以潮汐表预测为依据的。潮汐表预测本身存在一定的误差，且潮汐受气象影响较大。例如由于风向、风力不同，会使高潮时间提前或推迟。因此船舶候潮通过浅滩，除非确有把握，一般不应利用高潮，尤其不能在大潮日的高潮时通过，以免一旦搁浅时离滩困难。在水深符合要求的前提下，通常可选择在高潮前一小时通过较为适宜。

(3)掌握车速

条件许可时，最好在过浅滩前开快车，在过浅滩时慢车或停车，让船淌航过浅滩。若浅滩较长，应开慢车航行，也可在水深稍深处开快车，水浅处淌航，以减少船体下沉及吃水差变化。必要时可用拖轮协助。

(4)掌握最新资料

浅水航道尤其是江河口航道，由于泥沙淤积，航道多变，通过前应查阅最新资料，掌握航道最新的变化情况。

(5)尽可能避免在浅水区会遇和追越

浅水区舵较差，操纵困难，两船相距较近还会出现船吸现象。若同时有它船欲通过浅滩，可提前通过VHF相互协调，使其中一船先过，另一船在浅滩外航道上慢车等候。万一两船在浅水区会遇，应各自靠右侧行驶，采用减速和变速对驶通过。应尽可能避免在浅水区追越。

三、导航方法

导航方法

在通过狭水道之前，必须仔细研究有关的航海图书资料，并及时进行改正。对各段航线的航向、航程和水道中的航海危险物、水流情况以及定位、导航、避险和转向物标等做到心中有数，有些要加以熟记。做好航行计划，明确在各段航行中应采取的航行方法和注意事项。

在航行中,还必须结合本船冲程、旋回要素、锚和舵的性能,规定好适当的航速,备车备锚航行,以应付能见度突然变坏而造成航行紧迫局面等各种可能发生的复杂情况。

在狭水道中除天然物标外,都设有必要的浮标、导标和叠标等,以满足狭水道导航、转向和避险的需要。

1. 浮标导航

进出港湾、锚地,通常可按灯浮航行。我国长江口南水道就是一个比较典型的用浮标导航的水道。

浮标导航方法,实际上就是逐个通过浮标的航行方法。具体导航方法如下:

①查阅有关航路指南和港章,熟悉浮标制度,预画好航线,严格按照计划航线航行。

②熟记各浮标的名称、号数、颜色、灯质、意义以及各浮标间的航向、航程和该段航道的宽度与深度。由外海进港时,必须抓准第一个灯浮。这在推算船位不够准确,港外灯浮又较多,且附近又无岛岸物标可供校验的情况下,尤为重要。

③通过每一个灯浮时都应认真核对浮标的颜色、灯质或编号,以防认错或漏认而走错航道和误入险境。

④通过每一灯浮时都应与其保持适当的距离,不宜太靠近浮标,以防被风、流压上灯浮。另外应记录经过每一浮标的时间、正横距离和航向,以便估算当时船舶的实际航速和推算到达下一浮标的时刻。

⑤掌握好转向时机。按浮标导航时,转向点通常选择在浮标的正横处。具体转向时应考虑当时的潮流。顺流时应适当提前转向,逆流时可稍推迟转向,以保证船舶准确转入下一航线。

⑥将浮标导航与推算航行相结合。由于风、流的影响或船只的撞浮,常会造成灯浮的移位、漂失或灯光熄灭。因此航行中应认真执行航行计划,将浮标导航与推算航行结合起来。经常将灯浮的位置和本船的推算位置互相校对。例如利用两灯浮的正横时间,求出本船的实际航速,推算出下一浮标的正横时间,再与实际到达的时间相对照。如二者相差不大,则说明推算准确,灯浮位置正常。当二者相差很大时,应认真分析研究。有条件时应进行陆标定位,验证浮标位置是否正常。如对船位有怀疑,必要时可减速或抛锚,待判明情况后再继续航行。平时应注意观察各浮标和岸标的相对位置,以积累经验,一旦日后遇到浮标移位等情况后,不致走错航道。

⑦掌握浮标正横距离,可以判断船舶是否偏离计划航线。一般目测正横距离的方法有四点方位法和舷角航程法。

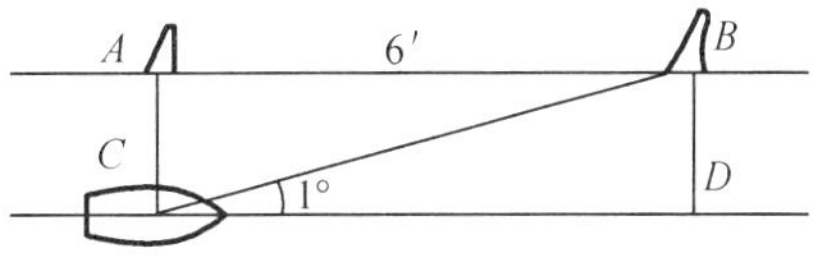

图 6-3-2　舷角航程法

如图 6-3-2 所示,A、B 为两浮标,其间距设为 6 n mile。船与 A 浮标正横时,测得 B 浮标的舷角 $Q=1°$,则可按舷角航程法预算船通过 B 浮标时的正横距离:

$$BD=6\times\frac{1}{57.3}=0.1\ \text{n mile} \tag{6-3-4}$$

利用浮标导航,及早发现前方浮标是非常重要的。应根据航速预算出到达下一浮标的时间。如该发现而未发现浮标或对前方浮标有疑问时,应立即采取必要的措施,查明原因,谨慎驾驶,绝不能盲目航行。

⑧做好备车、备锚等应急准备。当避让它船或转向时,应注意舵工的操舵情况。在浮标导航中,要特别加强瞭望,注意避让,严格遵守有关的国际和地方规则。

此外还可以利用下列方法检查本船是否行驶在航道内或计划航线上。

(1)查看前后浮标法

查看前后浮标,将前后浮标设想连成直线,能直观地判断本船是否行驶在航道内。如图 6-3-3 所示,A、B 是前后两个浮标,设置在航道南侧,北侧为可航水道。a、b、c 表示船的三个位置。a 位在前后标连线的南侧,说明本船已偏离航道进入浅水区,应立即左转离开此地;b 位在前后浮标连线上,说明已进入航道边线,也应左转离开连线位置;c 位在前后连线的北侧,说明本船在航道内。

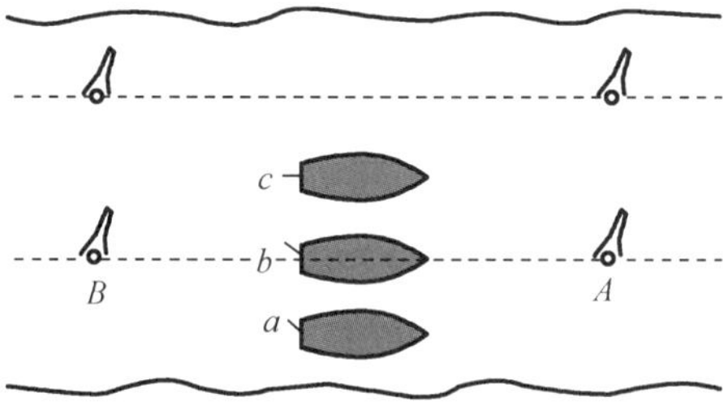

图 6-3-3　查看前后浮标法

(2)前标舷角变化法

如图 6-3-4 所示,船位于 A 浮标正横附近时测得前标 B 方位为 Q,航行中不断观测前标 B 的舷角,即可判断船舶偏航情况:如果航行中舷角不断增加,表明船舶在通过前标前将行驶在航道内,如图 6-3-4(a)所示;如果舷角不变,船舶将与 B 标碰撞,如图 6-3-4(b)所示;一旦舷角越来越小,船舶在通过 B 标前,就将偏离航道进入该标所标示的航道边界线的浅水区一侧,如图 6-3-4(c)所示。

值得注意的是,航行中前标舷角不断增加,固然表明船舶行驶在该标标示的航道边界线的可航水域一侧,但船舶也可能偏离航道而进入另一侧的浅水区。为此,航行中应尽可能同时观测前方左右两个浮标的舷角,只有两个浮标的舷角都不断增加,才表明船舶行驶在他们所标示的航道内。

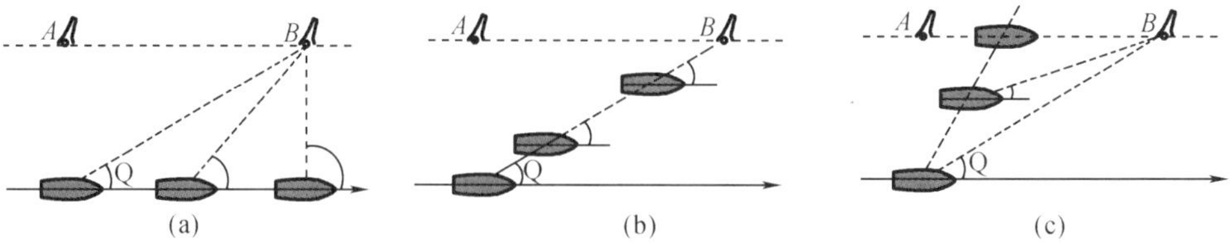

图 6-3-4　前标舷角变化法

2. 叠标导航

(1)方位叠标导航

港口或狭水道航道,通常设有人工叠标供船舶导航。方位叠标一般由前后两个标志组成,离船近的标志称为前标,离船远的标志称为后标。两标志连线向航道一侧的延长线,即为相应的方位叠标线。航行时始终保持叠标串视,就可保证船舶准确航行在计划航线上。

如发现叠标分开,说明船舶已偏离计划航线,应及时修正。如图 6-3-5 所示,以近标为基准,当叠标在船首方向时,近标偏右(如位置 b,船舶偏在计划航线的左边),应向右修正;近标偏左(如位置 C 船舶偏在计划航线右边),应向左修正。如叠标在船尾方向,则修正方法与上述相反。

必须注意,当船舶受风流压影响时,为了保持与叠标串视,船首通常应向上风流方向偏一个适当的角度。

按叠标航行的准确性与叠标的敏感度有关。所谓叠标灵敏度乃是指船在垂直叠标线方向偏离多少距离才能发现叠标分开。灵敏度好的叠标,当船稍微偏开叠标线时,就能发现叠标分开。

叠标的灵敏度与前后标之间的距离 d 和船距前标的距离 D 有关,如图 6-3-6 所示。当 D 一定时,d 越大,叠标越灵敏;当 d 一定时,D 越小,叠标越灵敏。除灵敏度外,还要求叠标的可辨认性高。人工叠标一般均满足灵敏度和可辨认性的要求。选择天然叠标,当 $d/D \geqslant 1/3$ 时,即符合导航对灵敏度的要求。其次应选择细长物标,且后标应高于前标,并注意标志本身的亮度和背景亮度,以便于识别。

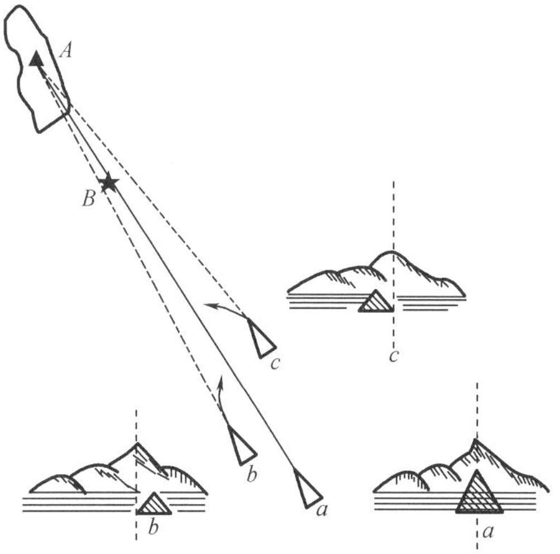

图 6-3-5　方位叠标导航

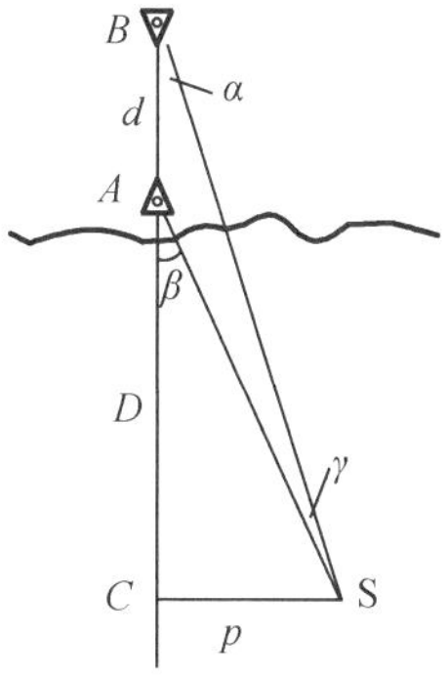

图 6-3-6　方位叠标灵敏度

(2)雷达距离叠标导航

方位叠标线实质上是两物标方位差等于零的等值线。而距离叠标线则是至两物标的距离差等于零的等值线。同样,距离叠标也可作为导航叠标使用。

如图 6-3-7 所示,A、B 为两个测距标志。当 $D_A = D_B$ 即 $D_A - D_B = 0$ 时的等值线正好标示航道轴线。

实际导航时,用雷达的活动距标圈连续测定两标志的距离,只要保持 $D_A = D_B$,即两标志的回波保持在同一活动距标圈上,就可以准确而简便地使船保持在预定航线上,如图 6-3-8(b)所示。

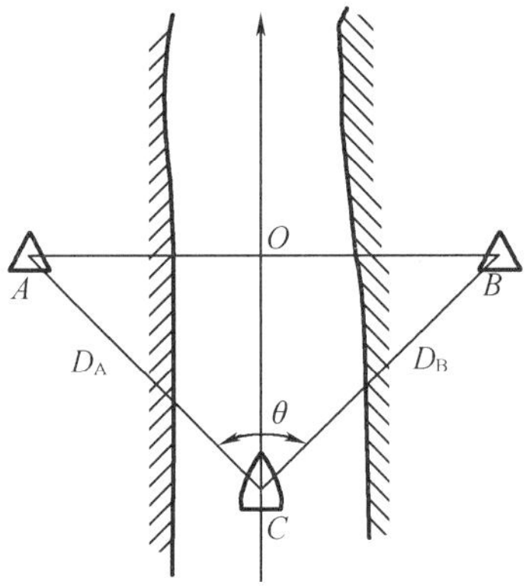

图 6-3-7　距离叠标导航

如果保持活动距标圈始终与较近的一个标志的回波相切，这时若发现右侧的 *B* 标志回波呈现在距离圈之外，如图 6-3-8(a)所示，则表明船已偏左，应向右纠正航向；反之若左侧 *A* 标志回波在距离圈之外，如图 6-3-8(c)所示，则说明船已偏右，应向左纠正航向。

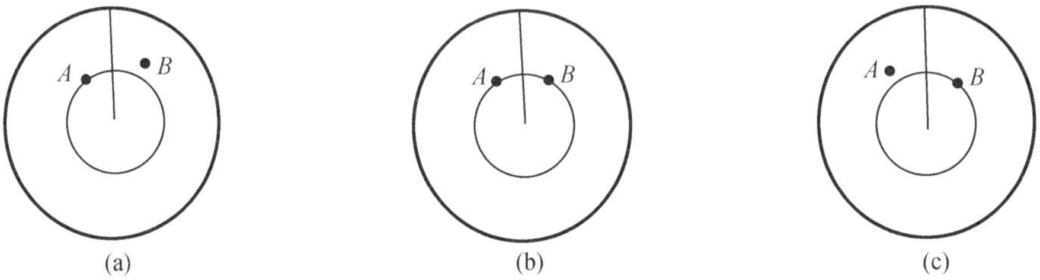

图 6-3-8　雷达距离叠标导航回波示意图

雷达距离叠标的突出优点是不受能见度的限制。这种叠标标志多设在岸上，也有的设在水中。为了使回波易于发现和辨认，有的标志上还加装雷达应答标。

在弯曲航道上，为了便于转向，可设三个标志组成两组距离叠标，使转向前后的导航互相衔接起来，如图 6-3-9 所示。为了便于船只对于导航，在航道上，可分别为东行和西行的船舶设置两组距离叠标，船舶利用叠标保持在各自的计划航线上，以利安全，如图 6-3-10 所示。

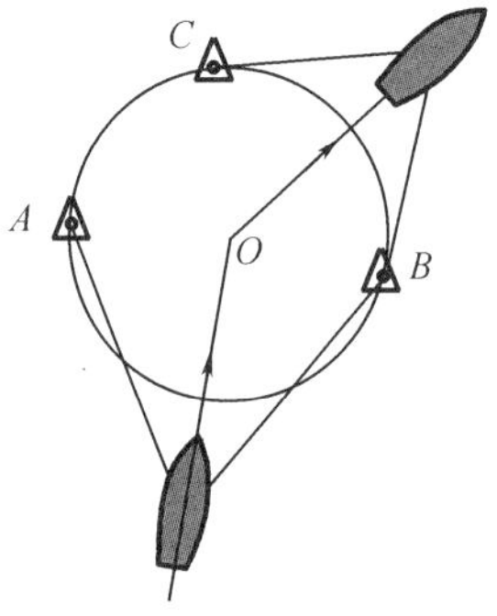

图 6-3-9　距离叠标转向

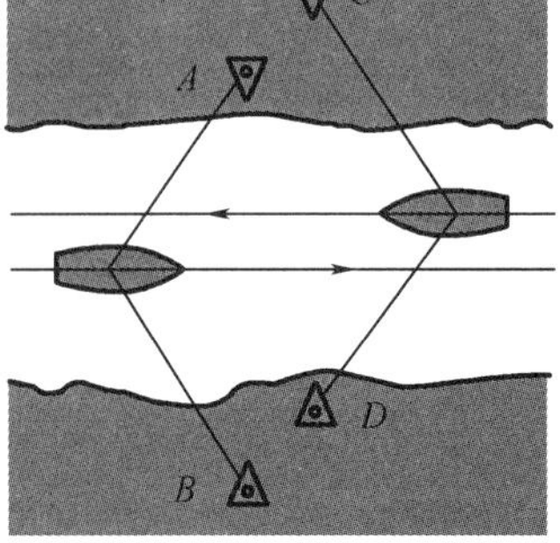

图 6-3-10　双向距离叠标导航

用雷达距离叠标导航，A、B 两标的间距越大，叠标越灵敏；而船距 A、B 两标连线的垂距越小，越灵敏。反之，灵敏度低。

3. 导标方位导航

当航线上没有合适的叠标时，可在航线前方（或后方）选择一个明显的物标作为导标，过该物标作一适当的方位线，以此为计划航线。航行中保持该物标的预定方位不变，即可使船舶沿该方位线航行。

按导标航行，必须不断用罗经观测导标的方位（换算成罗方位）。当方位改变时，说明已偏离计划航线，应及时修正。

如图 6-3-11 所示，导标在船首方向时，方位增大（偏在计划航线的左边），应向右修正；方位减小（偏在计划航线的右边），应向左修正；导标在船尾方向时则相反。

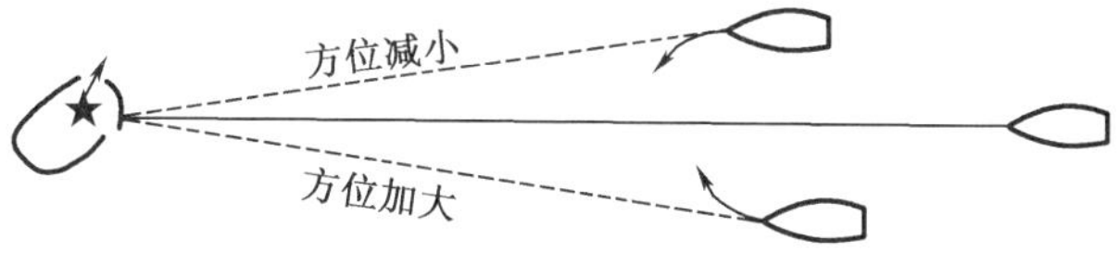

图 6-3-11　导标方位导航

按导标航行，切记不能误认为是船首对着导标航行。否则在有风流压的情况下，会被压向风流的下方而发生危险。如图 6-3-12 所示，当时涨潮流，如船不断地将船首对准导标，而没有保持该方位不变，就会造成事故。

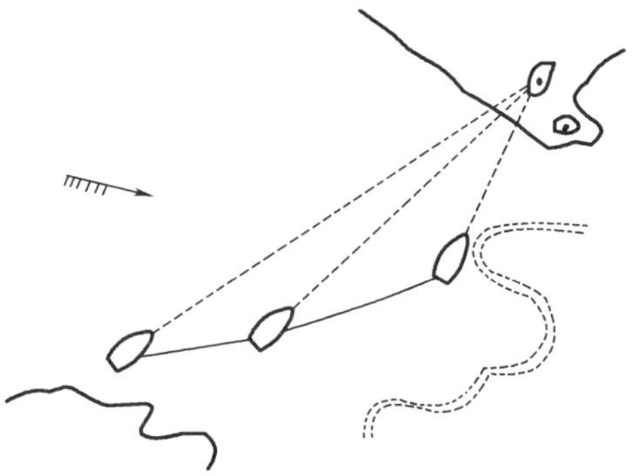

图 6-3-12　没有保持导标方位不变导航示意图

导标方位导航，其准确性取决于导标位置的准确性、罗经差的准确性、观测方位的准确性以及导标距船舶距离的远近。为此，在可能情况下，应准确测定罗经差，并选择标身尖细，位置准确和距离较近的物标作为导标，以提高按导标航行的准确性。

4. 平行线导航

航线前后无适当的叠标或导标可供导航时，可借助雷达利用航线两侧附近的物标进行平行线导航。

平行线导航时，应事先结合海图，选取离航线近、显著、位置准确的物标，并量取该物标至计划航线的最近距离。雷达调至北向上相对运动显示方式，活动距标调至相近的最近距离值，电子方位线与计划航线平行，调整电子方位线扫描中心，使其刚好在物标同侧与活动距标圈相切，如图 6-3-13 所示。航行中，根据物标回波和电子方位线的相对位置关系调整航向，使物标回波始终沿该电子方位线做相应的移动，即可确保船舶顺利走在计划航线上。

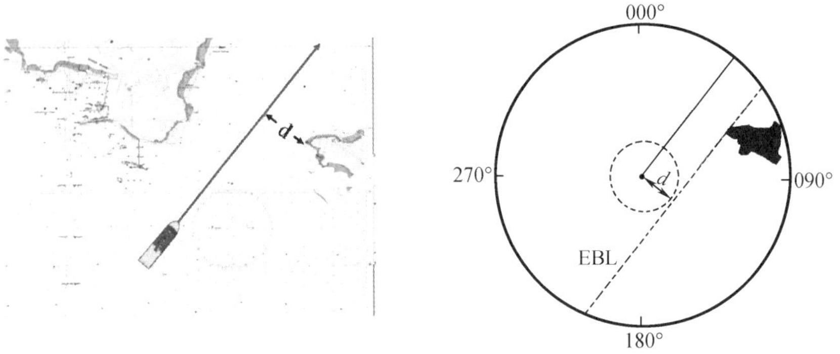

图 6-3-13　平行线导航

5. GPS 与北斗导航

GPS 导航仪可提供精度达百米级的船位。而在建立了 DGPS 的水域，定位精度可达米级。在狭水道内，应充分利用 GPS 或北斗进行定位和导航。

四、转向方法

转向方法

狭水道航行，航道狭窄弯曲，危险物众多，船舶转向必须适时、准确。

1. 物标正横转向法

所谓物标正横转向法，就是利用转向点附近物标正横确定转向时机。如图 6-3-14 所示，应尽可能选择转向同一侧的孤立、显著且位置准确的标志作为转向物标。转向时，应根据当时船舶偏航和水流情况，结合船舶操纵性能，适当提前或推迟转向，以便准确将船转至新航线上。离物标的距离过远，则应提前转向；离物标的距离过近，则应推迟转向。顺流航行，则应提前转向；逆流航行，则应推迟转向。

2. 叠标或导标方位转向法

如新航线正前方或正后方有叠标或导标时，可直接用该叠标或导标的方位作为转向方位。这样，转向前不论船舶实际航迹偏离在计划航线的哪一边，也能较准确地转到下一计划航线上，转向后还可用它来导航，如图 6-3-15 所示。

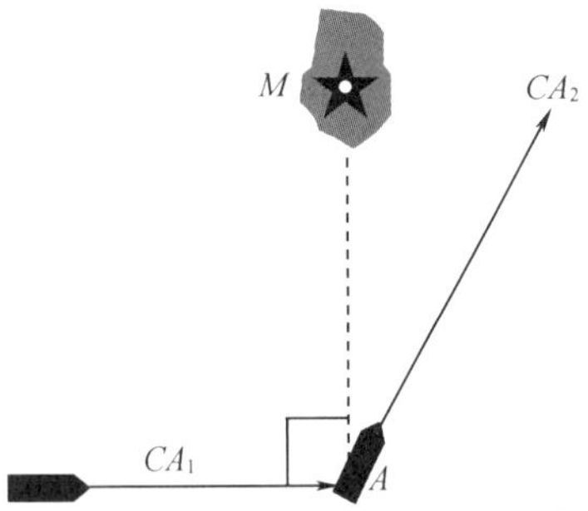

图 6-3-14　物标正横转向法

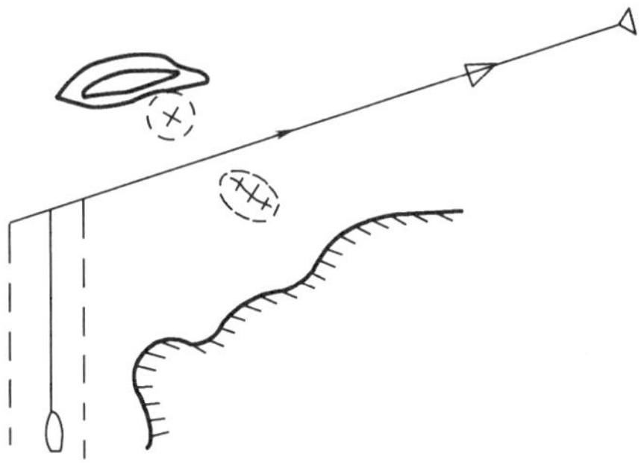

图 6-3-15　叠标方位转向法

3. 逐渐转向法

在狭窄而弯曲度大的航道中转向时,船舶通常不可能通过一次旋回就转入下一航线。为保持船舶在航道中央航行,必须逐渐改变航向,这种方法称为逐渐转向法。

当弯道不太长时,可根据岸形采用小舵角,保持离岸或某物标一定距离连续转向。转向过程中,要根据船舶回转速率和航道情况不断变换舵角大小,变换车速的快慢,甚至于停车和正舵,以操纵船舶逐渐转向,安全驶过弯道。

如图 6-3-16 所示,弯道较长时,应事先在海图上绘画计划航线,选择适当的导航和转向物标,分段逐渐转向。当船舶航行在 CA1 上时,可利用船首方向上的物标 3 进行导标方位导航,并利用物标 1 和 2 进行叠标方位转向进入 CA2;在 CA2 上航行时还可利用物标 1 和 2 进行叠标方位导航,并利用物标 4 进行导标方位转向,随后利用物标 4 进行导标方位导航。

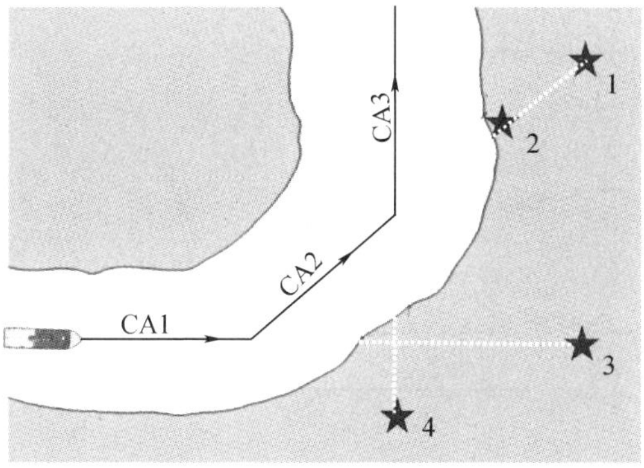

图 6-3-16 逐渐转向法

分段逐渐转向,进入弯道前应熟记各段的航向与航程、危险物分布、导航物标和导航与遇险方法等。弯道内各处水深不一,水流大小和方向各不相同,要注意风流影响,随时调整风流压差。

4. 平行线转向

利用转向点附近某一孤立、显著的物标,可使用平行线转向法确定转向时机。如图 6-3-17 所示,转向前,按 CA1 导航要求调整雷达电子方位线 EBL1,保持物标 M 的回波(a_1,a_2,a_3……)沿电子方位线 EBL_1 移动,可引导船舶行驶在转向前的计划航线上。接近转向点时,按 CA2 导航要求迅速调整电子方位线 EBL_2,一旦物标 M 的回波抵达 EBL_2(回波 a_4),即可判断船舶已抵达转向点。转向后保持物标回波沿 EBL_2 移动(b_1,b_2,b_3……),可确保船舶行驶在新的计划航线上。

采用平行线转向法,物标的选择余地比较大,转向前后还可使用平行线导航法导航。

5. 平行方位线转向法

如图 6-3-18 所示,*CA*1 和 *CA*2 为转向前后两条计划航线。在转向点附近,尽量靠近新航线处选择一显著物标 *M*,在海图上过 M 作新航线平行线 *MA*,并求取相应的罗方位。根据航速计算出由 *A* 点航行到 *B* 点所需时间 *T*。航行中,当测得 *M* 的罗方位等于预先计算所得的罗方位时,即按下秒表,经过时间 *T* 后转向,即可转到新航线上。若考虑从驾驶员发令到船舶实际转到新航线上需要一定的时间 *t*,则应在经过时间 $T-t$ 后,即当船舶在 B'点时发出转向指令。

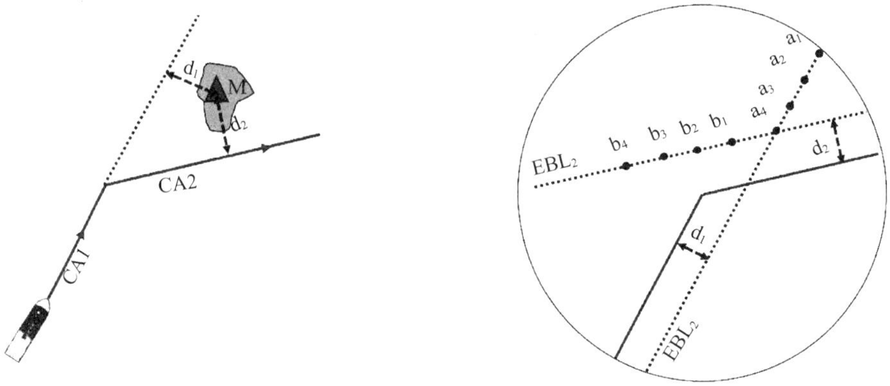

图 6-3-17 平行线转向法

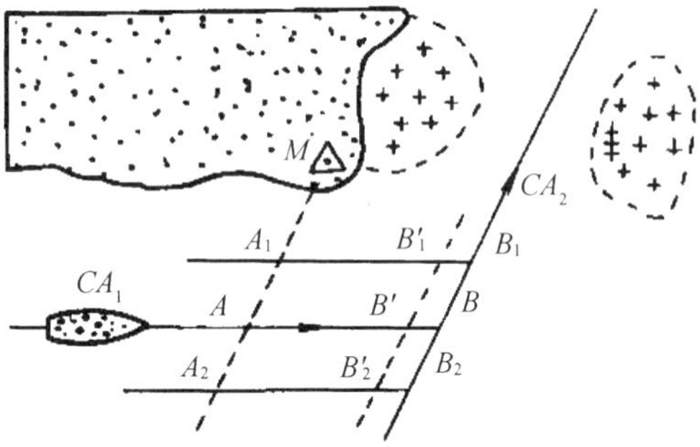

图 6-3-18 平行方位线转向法

采用平行方位线转向法，无论转向前船舶是否偏离原航线，转向后都能使船舶准确地转到新航线上，从而安全避开新航线两侧的危险物。

五、避险方法

避险方法

狭水道航行，为保证船舶航行的安全，避免发生危险，可以选择适当的物标，根据其一定的方位、距离、水平角、垂直角和横距等相对关系，由该物标事先画出安全和危险的区域界线，称为船位限制线或避险位置线。航行中，操纵船舶在船位限制线安全的一侧航行，即可达到避险的目的。

1. 方位避险线

当所选避险物标和障碍物的连线与航线平行或接近平行时，可用方位避险线避险。

如图 6-3-19 所示，选择 A 岛作为避开航线左侧危险物的物标。先确定离危险物的最近距离 d，在海图上以危险物为圆心以距离 d 为半径画圆弧。然后自 A 岛做靠近航线一侧的圆弧的切线，则该切线即为方位避险线。量取避险线真方位 TB_0 即为所求的避险方位。航行中，只要保持 A 岛的实测真方位 $TB_1 \leqslant TB_0$，即可安全地避开该危险物。同样可以选择 B 灯标作为避开航线右侧危险物的物标。先确定离危险物的最近距离 d'，自 B 灯标作 d' 圆弧的切线，则该切线即为右侧的方位避险线。航行中，只要一直保持 B 灯标的实侧真方位 $TB2 \geqslant TB0'$，即可安全地避开航线右侧危险物。

具体实施时,可将雷达方位平行标尺置于避险方位上。航行中随时调整船位使避险物标始终处于方位标尺线的安全一侧,即可保证避开航线附近的危险物,如图 6-3-20 所示。

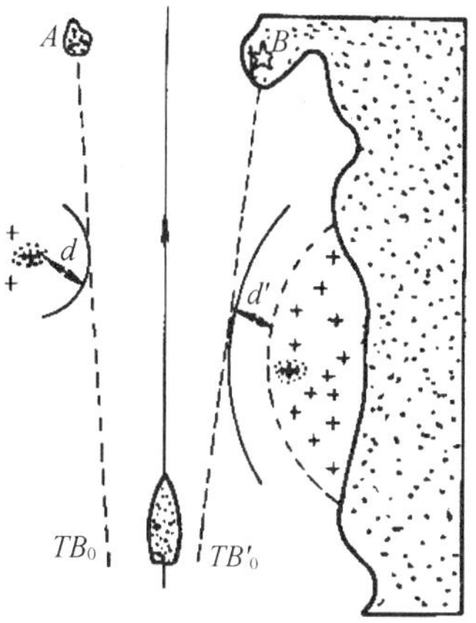

图 6-3-19　方位避险线

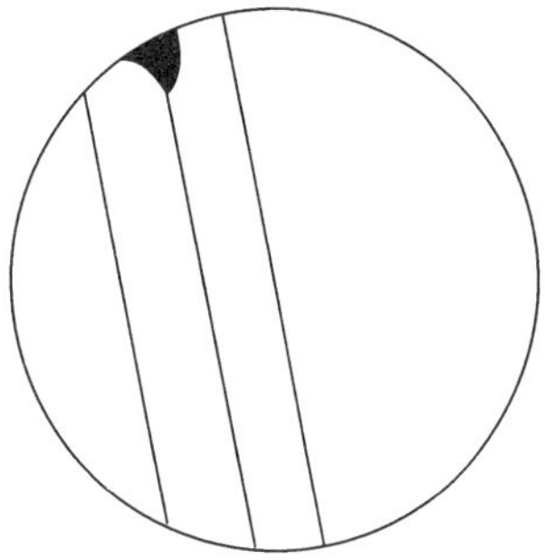

图 6-3-20　雷达回波方位平行标尺避险

2. 距离避险线

当避险物标和障碍物的连线与航线近于垂直时,可用距离避险线避险。

如图 6-3-21、6-3-22 所示,图中虚线表示雷达距离避险线,只要船舶在航行中保持与避险物标的距离大于危险距离,即可安全地避离障碍物。

图 6-3-21　距离避险线

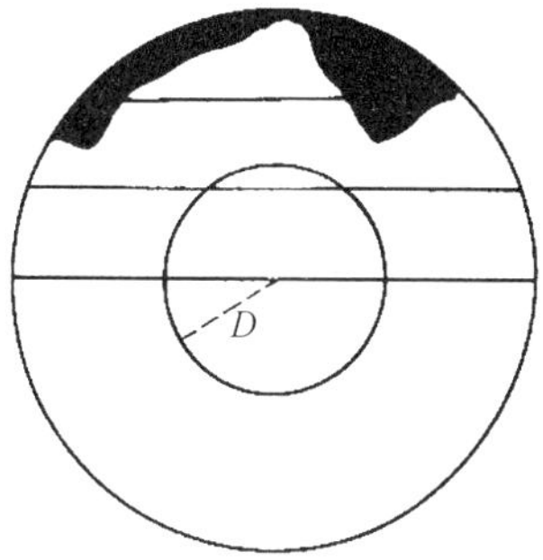

图 6-3-22　雷达回波距离避险

3. 平行线避险

利用航线附近物标可进行平行线导航,它们也同样可用于平行线避险。

平行线导航,要求船舶始终行驶在计划航线上。事实上,由于船舶在航行中避让操纵等影响,船舶往往不得不暂时偏离航线。如果事先根据海图确定出船舶最大偏航距离,从而进一步确定航行中船舶与所选物标之间的最大(最小)距离,再按平行线导航中所述方法设定相应的避险线,航行中保持避险物标的雷达回波始终位于该避险线安全一侧,即可确保船舶安全地通过航线附近的危险物,如图 6-3-23 所示。

选择雷达回波易于识别的孤立小物标作为避险物标,在确保航迹向的前提下,利用雷达跟踪该物标,保持该物标的最小会遇距离(DCPA)始终大于或小于相应的避险距离,也可达到同样的避险的目的。

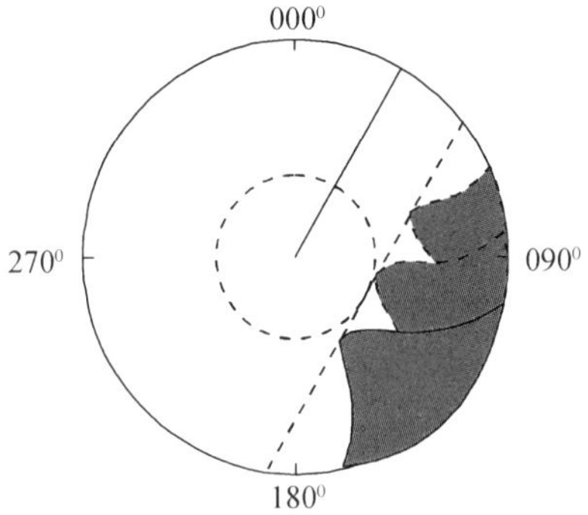

图 6-3-23　雷达平行线避险

任务四　岛礁区航行

岛礁区是指岛屿集中、浅滩、暗礁等航海危险物较多的航区。例如,我国沿海的舟山群岛、澎湖列岛,日本濑户内海等均属于岛礁区。我国南海的南沙群岛、西沙群岛、中沙群岛和东沙群岛等则属于珊瑚礁海区。

一、岛礁区特点

1. 航门水道多,航道狭窄且弯曲

在岛礁区,由于岛屿星罗棋布,沿岸与岛屿之间以及岛屿与岛屿之间形成许多航门、水道,且一般均较狭窄和弯曲。由于岛屿重叠,在进入航门、水道前,往往不易辨认。

2. 航道附近危险物多

岛礁区海底地形复杂,水深变化大且不规则,有明礁、暗礁等航海危险物。由于危险物与航线接近,对航行安全威胁较大。

3. 流速大,流向复杂

岛礁区的潮流,由于受到狭窄、曲折地形的影响,因此流速较大,流向也较复杂。在水流受岛礁阻碍的水域和航门水道口,常形成涡流和迴流,增加了船舶航行与操纵的困难。

4. 船、渔网、渔栅多

岛礁区一般是渔船集中的地方,在渔汛期,尤其是大风前后,来往渔船特多。在航道附近还可能布设有渔网和渔栅,因此船舶在岛礁海区航行时,应注意避让渔船和渔具。

5. 可供导航的物标多

在岛礁区,往往山峰众多,且在主要航道上常设有较多的人工助航标志,可供船舶定位、导航和避险使用。

二、珊瑚礁区特点

1. 没有显著物标

珊瑚礁大多是干出礁，在高潮时被淹没，低潮时露出，目测和雷达观测有时不易发现。珊瑚礁区一般没有显著物标可供定位和导航。

2. 水深变化大且水流复杂

珊瑚礁壁陡峭，虽离礁很近，水深却很深。因此，不能以水深大小判断与珊瑚礁的距离。珊瑚礁区海流、潮流也比较复杂。

三、航行注意事项

1. 航行前仔细研究海图及有关的航海资料，拟定好航行计划，选择好各种导标、叠标及转向、避险物标。

2. 由于航道距危险物近，物标与船舶的相对位置变化快，因此要求驾驶员必须随时掌握船舶周围情况，果断处置。在岛礁区航行中，多系目测导航，要特别注意瞭望。要随时掌握船位。因为一旦丢失船位，一切判断和处置就失去了最主要的依据，航行安全也就失去保障。

3. 在岛礁区航行，除了利用通常的导航、转向和避险方法外，还可经常利用物标的"开门""关门"来确定转向时机和避离危险等。如图 6-4-1 所示，船舶沿 CA1 航行过程中，只要保持 A 岛和 B 岛西端闭视以及 E 角和 B 岛东段开视，即可避开航线两侧的危险物。A 岛东段和 B 岛上的灯塔串视，可用于导航。E 角和 G 角"开门"，可用于确定又 CA1 到 CA2 这一转向时机。由 CA2 到 CA3 的转向时机可利用 D 岛和 F 角"关门"来确定。船舶沿 CA3 航行时，保持 D 岛北段和 B 岛南端开视，即可避开航向右侧的航海危险区。

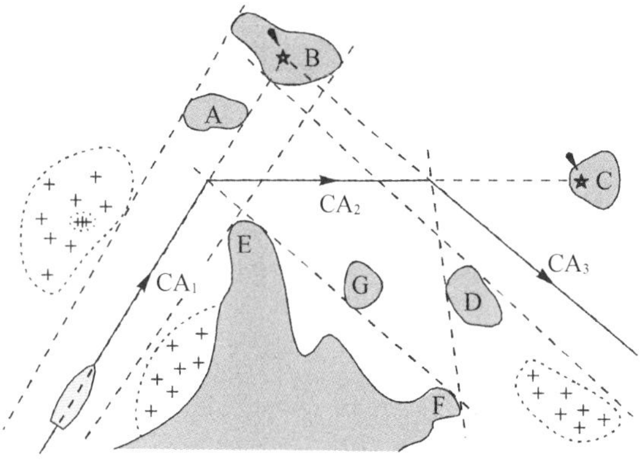

图 6-4-1　岛礁区航行

"开门""关门"位置线是转向和避险应用中的一种方位叠标线，直观、准确、使用迅速方便，且不依赖罗经，在岛礁区航行，应尽可能采用。值得注意的是，物标"开门"转向时，如后标开始时被前标遮蔽，对后标的识别要求就非常高。两标一旦"开门"，船舶就应立即转向。如果物标识别有误，或者因后标识别费时而延误了转向时机，都可能给航行安全造成严重影响，故应特别谨慎。

4. 航行中必须采取各种必要的安全措施，诸如由有经验的一水操舵以及备锚、备车，随时做好全速倒车的准备。为避免在狭窄水道中避让来船，进入航道前应根据情况鸣笛等。

任务五　雾中航行

所谓雾中航行，是在能见度不良情况下航行的一种习惯叫法。根据国际雾级的规定，凡能见距离在 4 000 m 以下者，称为能见度不良，包括因雾、雨、雪、霾等使能见度受到限制的情况在内。

雾中航行

一、雾中航行特点

1. 由于能见度不良，驾驶员无法用目力及时发现物标和周围船舶动态，给航行定位、导航和避让带来困难。

2. 雾中航行使用安全航速，使推算航速和航程的准确性受到很大的影响，风流对船舶的影响也相应增大。因此，在航迹推算中可能存在较大的误差。

二、雾中航行注意事项

1. 船舶进入雾区之前的准备工作

(1) 尽可能准确地测定船位，并记录时间和计程仪读数，作为雾航中推算航行的起点。

(2) 了解周围船舶动态。

(3) 及时报告船长，通知机舱备车。

(4) 按章采用安全航速、施放雾号，白天打开号灯。

(5) 开启雷达、VHF，安排并派出必要的瞭望人员。

(6) 变自动舵为人工操舵。

(7) 关闭所有水密门窗。

(8) 全船保持肃静，打开驾驶台门窗，以保证一切必要的听觉和视觉瞭望。

2. 船舶进入雾区航行，应适当地调整航线与陆岸的距离，保证船岸之间有足够的回旋余地。

3. 充分利用雷达和 GPS 进行定位和导航。雷达是雾中航行时的重要助航设备。利用雷达进行瞭望，应注意选择适当的距离档。

4. 认真做好航迹推算工作。尽管无线电定位系统可以提供较准确的观测船位，但都有一定的局限性，一旦仪器发生故障，推算船位就成为唯一的船位依据。

5. 注意使用测深辨位方法。测深是检查航迹推算的重要办法之一。有时，某一等深线还可作为避险线使用。

6. 掌握当时的实际能见距离。这可根据目视发现某一物标的同时用雷达测出其距离的办法求得。但雾中的能见距离会因雾的浓度有所变化。

7. 严格掌握安全航速和遵守国际海上避碰规则。

8. 倾听声号。雾中声号的作用系向船舶警告危险所在。但不可仅凭声音的大小或有无判断船舶安全情况。因为声音在空气中有时可能不是直线传播，有时船舶虽然离声源较近，也可能听不到声音。

9. 加强瞭望，这是保证雾航安全的重要措施。有经验的了望人员，能及时发现船舶周围的任何微小变化。例如风向风速稳定时，波浪突然减弱，则表明船舶可能已接近上风海岸或浅水区；若风向风速稳定而波浪突然增大，则表明上风海岸可能有大的湾口；若航行条件并无变化而风突然变小，则表明船舶可能已很接近高陡的岸边；海水颜色和透明度如果变得混浊，则表明船可能已接近泥底海岸或河口；如在海上发现漂浮物，诸如海草、海藻等，这是船舶接近海岸的迹象；如发现大量的海鸟，则表明船已接近陆地或岛屿；如在海面发现渔具、垃圾和油迹等物，则表明附近可能有船只存在。

10. 雾航中如遇到航线附近的船舶，只能作为检验本船是否在计划航线附近航行的参考，而决不能盲目跟随它船航行。

11. 进入渔船密集区时应减速，用雷达认真观测周围和前方渔船动向。渔船大多是移动速度慢或成对协作捕鱼。根据其动向，正确选择驶出渔船区的措施。

三、雾中定位与导航

在能见度不良的情况下，陆标定位和天文定位由于不能观测到目标而无法使用，但可根据海区条件进行无线电定位导航或测深辨位导航。

1. 充分利用无线电助航仪器

无线电助航仪器，包括雷达、罗兰和 GPS 等，其定位作用不受能见度的限制，在雾航中应充分使用。

大洋航行时，可发挥 GPS 等远程定位系统的作用和雷达的避碰作用。沿岸航行则可根据情况使用雷达、罗兰和 GPS 等进行定位、导航和避让。GPS 的定位精度较高，且可连续定位，应充分利用。当海岸在雷达作用距离之内时，雷达可兼具定位、导航和避碰的功能。

在雾航中应比良好能见度时更为经常地使用各种仪器定位，以起到检查推算船位的作用。各种定位方法可交叉使用，以便彼此核对。单一的方位或距离位置线，有时可起到很好的避险线的作用。还应充分利用 VHF 通报情况，协调避让行动。

应当指出，无论无线电航海仪器怎样可靠，均不能与目视导航的直观性相提并论。良好能见度时完全可以通过的狭窄水道，在能见度不良时，即使最理想的导航仪器，其误差对导航精度的影响也是不可忽视的

2. 测深辨位和导航

测深辨位是雾中航行时用以判明船位所在范围的一种辅助方法，对于保障航行安全具有特殊的意义。

测深辨位的基本方法，是利用回声测深仪连续测定水深，将测得的水深换算成海图水深，然后与海图相对照，借以辨认船位或避险。

$$海图水深=测深仪水深+吃水-潮高$$

(1)测深辨位

有的海区水深变化有其特殊的规律性，雾中航行时可以利用这种变化的规律选择航

线,并利用连续测深法判定船舶是否在计划航线上或者在某一区域内航行。

测深辨位的准确性,主要取决于计划航线上水深的变化情况.若计划航线上水深变化明显且均匀,则测深辨位准确性较高;反之,若计划航线上水深变化不明显或存在急剧的不规则变化,则测深辨位的准确性较差。

(2)利用等深线避险导航

如图 6-5-1 所示,当船舶沿海岸航行时,计划航线一般宜与海图上等深线相平行。此时,可根据航区水深情况,结合本船吃水等,将计划航线选择在一定的水深以外。船舶航行中,只要保持测得的水深始终大于该水深,即可有效地保证避开沿岸地区的浅滩、暗礁、沉船等危险物。这种方法简单可靠,因而是雾航中常用的一种避险方法。

图 6-5-2 为我国苏北沿海海图上水深变化的情况。由图可见,苏北沿海海域,20 m 等深线内多沉船、暗礁,30 m 等深线以外则离岸太远,即使用雷达也难于发现长江口的重要物标佘山。因此由北方驶向上海的船舶,通常将计划航线选择在 20~30 m 等深线之间,并在航行中连测水深。如连测水深换算为海图水深后连续小于 20 m,表明船舶实际航迹偏西,应向东修正;如连测水深换算为海图水深后连续大于 30 m,表明实际航迹偏东,应向西修正航向。总之航行中应保持所测海图水深在 20~30 m,直到能用雷达发现佘山,即能有把握地转入进长江口的航线。

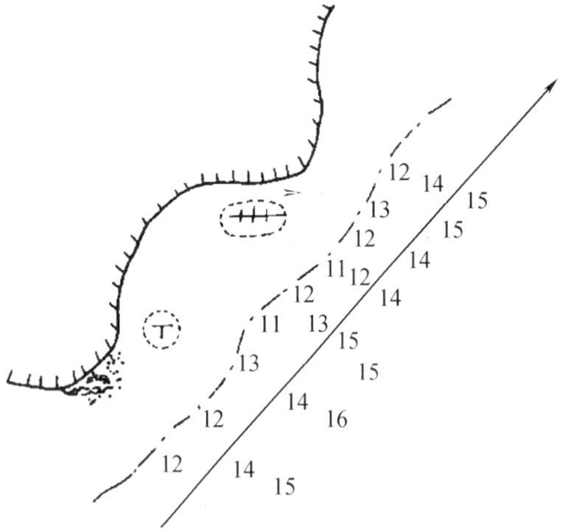

图 6-5-1　利用等深线避险导航

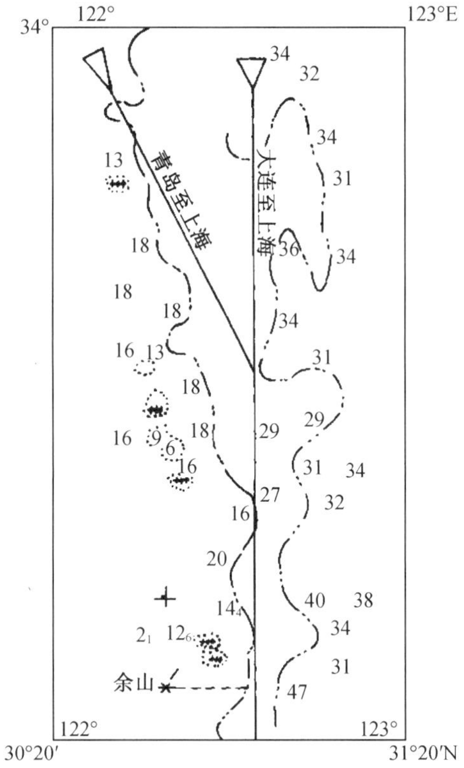

图 6-5-2　苏北沿海图水深变化

任务六　冰 区 航 行

冰区航行是指船舶进出冰封的港口、海湾或有大量的浮冰以至冰山的海域航行。就世界范围而言，比较重要的冰区主要是指：北大西洋纽芬兰大滩（Grand Bank）的北大西洋航线、北日本海东部海区与鄂霍次克海（Sea of Okhtsik）和白令海（Berlin Sea）相毗邻的水域、白海（White Sea）、波罗的海北部，以及接近极地的海区。至于我国的渤海湾，每年 11 月至次年 4 月，因受西伯利亚冷高压影响，气温明显下降，致使沿岸海域结冰，对航行有一定的影响。在气候正常的年份，冰情并不严重，但在气候特别寒冷的年份，渤海和黄海北部可能出现较严重的冰冻现象，从而对船舶安全和航行带来了严重的威胁。

一、冰区航行的特点

1. 经常变向变速，难于准确进行航迹推算

在冰区航行，在许多情况下往往被迫不得不经常改变航向航速；一般的计程仪无法正常使用；有时在高纬航区，特别是当船舶频繁变向、变速的情况下，罗经工作的可靠性也有较大的降低；在冰区对风流压差的测定也将产生困难。因此，冰区航行时，无法正常准确地进行航迹推算。

2. 定位工作较困难，定位误差增大

结冰可能使岸形的雷达回波发生变化、水上标志被迫撤销，无线电波传播和大气折射异常，因此陆标定位、无线电助航仪器定位，以及天文定位都将产生困难。实践证明，只有 GPS 定位最为适合。

3. 能见度降低

有冰，往往伴有能见度降低的现象。

二、冰情资料

冰区航行时，事前应充分分析有关的冰情资料，及时接收和分析当时的冰情报告是非常必要的。冰情资料可从下列资料查取：

1. 有关的《航路指南》。
2. 按月份出版的有关北极海区、西北大西洋和北太平洋的冰情图（Monthly Ice charts）。
3. 北半球冰区图册（Ice Atlas of the Northern Hemisphere）。
4. 北大西洋引航图（Pilot Chart of the North Atlantic Ocean），北大西洋航线每周冰情报告以及北大西洋航路设计图（North Atlantic routeing charts）等。
5. 从《世界大洋航路》中，亦可查找到有关的冰区推荐航路。
6. 在《无线电信号表》第 III 卷中载有“无线电航海警告和冰情报告”（Radio navigational warnings and reports-service details）的有关台站资料，可以接收无线电冰情报告。
7. 国际冰情监视（International Ice Patrol），是由美国海岸警备队的船只和飞机在纽芬兰

沿岸附近对流冰和冰山进行的监视。每年大约开始于2月末或3月初,持续到6月末,向船舶通报北大西洋航线纽芬兰大滩(Grand Banks)附近的冰山和流冰情况,在此季节每天两次向船舶播发冰情报告。冰情传真图每天由有关台站发布,必要时还发布特殊的冰情补充报告。

8. 英版《航海员手册》(The mariner's handbook)专门叙述了有关冰区航行的知识,其中介绍了一批冰的术语(glossary of ice terms),按英文字母顺序排列,并对每一条术语做了解释。为了帮助理解冰情术语,正确使用冰情报告,《航海员手册》中还印有近40幅各种冰况的图片。

我国天津航道局每年冬季发布冰情预报,告知大沽、塘沽、新港、渤海等港口和海面的冰冻情况,共分三级,用代号表示:

代号(1)航行无阻

(2)航行尚宜

(3)航行困难

如遇特殊情况,另行通知。

三、接近冰区的预兆

流冰的范围很宽广,主要随风漂流,也受潮流和海流的影响而飘移,其流动速度约为风速的2%左右,由于雷达较难发现小块流冰,因此尚需用其他方法判断是否接近冰区。根据冰区航行的经验,接近冰区的预兆主要有:

1. 白天能见度良好时,冰区方向的云中有白中带黄上部较暗的冰光,一般在几海里以外可见。

2. 在浮冰冰区边缘伴有雾带。

3. 劲风吹过时,在上风方向无陆地的情况下,海上无浪,表明上风方向有冰。

4. 航区附近无陆地,但有许多海象、海豹和岛类出现,即可判定接近冰区。

5. 连续测试海水温度,若呈现逐渐下降趋势,则说明航区前方有冰区存在。

6. 白天晴朗时,眼高20米处,目视可观测到18海里外的大冰山,夜间则在1~2海里处可望见冰山暗影,利用雷达则可观测到15~20海里外的大冰山和2海里处的小冰山。装有声呐的船舶,可用声呐探测到冰山的水下部分。

必须注意的是:冰山的吃水深度虽仅为水面高度的1~2倍,但其水上和水下体积一般可达1:7之比,因此在避离冰山时,务必注意冰山的这一特征。

7. 发现冰片或碎冰,表现附近有冰山,并且可能位于上风方向。

四、进入冰区前的准备工作

1. 认真收听冰情报告,以便及时避离冰山和浮冰。

2. 做好防冻措施,严防甲板机械和管系冻坏。

3. 关闭水密门窗,备好救生艇粮食、淡水及取暖器材。

4. 检查锚机、锚链;消除隐患。

5. 清洁污水井、黄峰巢,保证排水系统一切正常。增加对水舱、压载舱及污水井的测量。

6. 在船首尾设置探照灯、大型信号聚光灯，以备探明冰情。

五、冰区航行的注意事项

1. 保持适当的航速

当船舶接近冰区时，要用慢车，以船首柱正对冰缘，直角驶入选定的进路。冰区航行，必须根据冰量、冰质、本船的船型结构及实际强度，谨慎决定航速，特别是旧船，更要慎重。冰区航行用过高的船速，往往导致船体损伤，但航速过慢，船舶又有被冰困住的危险，一般应采用3~5 kn，即维持舵效的最低速度。根据经验，冰量为4/10时，可用8 kn航速，冰量每增加1/10，航速减少1 kn，当冰量大于7/10~8/10时，航速不应超过5 kn。在前进中遇到大冰块时，应使用更慢的航速，以保证车、舵和船体安全。在转向时，应避免用大舵角。

2. 选择有利的冰中航路

大范围内可参考冰情资料选择推荐航线，而在具体航区，则必须在冰量少、冰质弱或在冰裂缝中航行。这时可开启雷达，及早发现冰中比较清爽的水域，以利前进；遇到冰山或在大风浪天气发现有碎冰集结时，均应在下风航行；夜间或有雾时接近冰山，如果发现距离很近，应特别注意，必要时应待条件转好后续航；遇有冰山和碎冰互相接近运动时，应尽快避开，以防止被围困产生危险。

3. 当必须自行破冰，即一面撞冰，一面前时时，用进车和倒车，倒车时要特别注意车、舵、船体不受损伤。

4. 破冰船引航时，应注意保持与破冰船或前船2~3倍船长的距离，保持与破冰船的通信联系。

5. 抓住一切时机测定船位。冰区航行，航迹推算和陆标定位等均有一定困难，故应利用各种无线电定位仪器测定船位，以GPS定位最为适合。

6. 应避免在冰区抛锚。若必须抛锚，应选择在冰层最薄处，且锚链长度不得超过水深的两倍。

项目七 航行计划与船舶交通管理

任务一 航 行 计 划

航行计划是指船舶在接受航次命令后，拟定的从一个港口航行到另一港口的过程中，有关航行安全保证的具体措施与对策。船舶在开航前必须根据航次任务和本船条件，综合考虑各种因素，制订周密的航行计划。

一、拟定航行计划的主要内容

1. 配备人员、准备和检修各种航海仪器

船舶领导应详细了解本船船员的适航状况、技术水平和航行经验。认真组织检修各航海仪器，使之处于良好状态。

2. 备妥本航次所需的海图和航海图书资料

备齐航行所需要的航用海图和参考图以及《航路指南》等各种图书资料，并按照航海通告和航海警告将其改正好。

3. 仔细研究有关的海图和航海图书资料，了解航区的详细情况

全面了解港口情况、水文气象条件以及可能遇到的灾害天气、航区助航设备和近岸航区的危险区域等。

4. 确定航线

根据对航行海区的研究，参照本船或它船的航行经验，并考虑本船的吃水、性能、配载和船员素质以及航区的气象、定位条件等，在保证安全的前提下，经反复权衡后确定并在小比例尺海图上预画航线。

5. 选择进出港和通过重要航段或物标的时机

结合港章的具体规定，尽可能选择在中午前进港。如先锚泊后进港或所靠码头在港口纵深地段时，应在时间上应留有充分余地。如该港水深浅、潮差大或潮流较强，尚应考虑潮时。

航行特别困难的狭水道，应避免夜间通过。

对于有碍航行安全的海区，应尽可能设计绕航航线。

航行海区在热带气旋盛行的季节，还应做好避风航线准备。通过重要的转向点，应尽

可能具有获得准确船位的条件。

6. 预算时间，做出航行计划表

从航用海图上量出各段航线的计划航向和航程，预算各段航线的航行时间，通过重要航区或转向点的时间，做出航行计划表，如表 7-1-1 至表 7-1-4 所示。

在预算到达时间时，应留有余地。在实际航行中，则宁可稍有提前，以便在发生意外情况时，有旋迴的余地。

7. 计算燃料装载量

确定适当的燃料装载量，对于航行的安全和经济都是必要的。燃料装载过多，就会减少载货量；燃料装载过少，在遇到意外情况时可能造成燃料短缺，对安全不利。因此，除正常所需的燃料外，一般还应有不少于船舶二天耗油量的额外燃油储备。一般燃料的总储备量 Q 可按下式计算求得：

$$Q \geqslant (1+15\%)q$$

式中 q 是预计航程的总耗油量。

二、拟定航行计划的注意事项

拟定航行计划的过程，实际就是船舶出航准备的过程，因此应十分认真、周密和细致。有关航线的选择和航行安全的保障，应切实可行，在时间上也应力求准确。

航行计划一经拟定完毕并获批准后，如无特殊情况，应严格执行。航行中不得随意变更。当遇有意外情况如灾害性天气、水文气象条件预测不准确以及船舶本身发生故障等，必须根据变化了的情况及时修订计划。对于长航线，如出于时间上的原因，可先规划出总的航行计划的轮廓，同时具体拟定出计划的前段，然后在航行过程中逐步充实和完善剩余的部分。

对于经常航行的海区或定线航行的班轮，由于对航区较熟悉，因此拟定计划的工作可以适当精减。但也应根据不同的航行季节，做好应付特殊情况的准备工作，并应随时注意航行海区情况的新变化和新的航行规定等。

三、航行计划参考表格

表 7-1-1　海图一览表

编号	图号	图名	比例尺	出版日期	新版日期	最新改正	备注

表 7-1-2　航线计划表

编号	转向点位置	转向时间		计划	航	航行	预定	累计	剩余	备注
	(φ_c、λ_c)	*ZT*	*GMT*	航向	程	时间	航速	航程	航程	(海图图号)

表 7-1-3　通过重要物标或转向点纪要表

编号	预定时间		航向	重要物标或转向点名称、方位、距离	转向后航向	备注（海图图号）
	ZT	*GMT*				

表 7-1-4　船舶拨钟计划表

编号	日期	航行海区	原区号	拨钟后区号	拨快或拨慢时间	备注

四、航线设计

航线设计是航行计划的重要组成部分,是航行计划的具体实施。航线设计的原则是安全和经济。安全和经济是统一的,目的是提高经济效益。

1. 航线设计的内容

(1)在海图上绘画航线,并列出起始点、各转向点和讫点的经纬度,或以某物标的方位和距离表示。

(2)列出各点间的航向。

(3)标出各点间的计划航程、各点的累计航程和起讫港间的总航程。

(4)列出各点间的计划航行时间、各点的累计航行时间和起讫港间的总航行时间。

(5)预绘必要的警戒线于海图上。

(6)预绘重要的灯标、雷达目标等于海图上。

(7)预绘重要航区潮流于海图上。

(8)列出所需海图的图号。

(9)拟定中途遭强风的航路与避风锚地。

2. 航线设计应考虑的因素

(1)本船条件

①续航力

②船级中的航区限制

③船员适任证书中的航区限制。

④保险条款中的航区限制

⑤船舶尺度

长度、宽度、最大高度,如. PANAMA 运河 B<32. 3 m。

⑥船舶装备

如未配有运河规定的一些装备,一般情况下不宜设计过运河航线。

⑦技术状态

老旧船或失修船或发生事故仅做临时性修理的船舶，船员的业务技术水平不够理想的船舶，应选择风浪小的航路。

⑧装载状况

满载与空载使船舶的吃水、稳性、受风面积和操纵性能均有所变化。船舶是否进行良好的封舱、货物的系固情况等，都是应考虑的因素。

(2)气象水文条件

世界灾害性天气、大洋风带与季风、涌浪与异常涌浪、流、冰况等。

(3)海岸、岛屿及水下障碍物

①水下障碍物

②未经精测的水域与疑存的浅点。

③岸礁。

(4)受限制区域

①有关当局公布的航行受限制区域

②有关公约规定的航行受限制区域

3. 航线设计的步骤

(1)选定计划航线

在分析和掌握航海资料的基础上，根据本船条件和航海经验，选定进出港航行、沿岸航行和大洋航行等的计划航线。

(2)初画航线

先在小比例尺总图上画出计划航线，求出概略航程。

(3)确定船速

在考虑水文气象条件下，估计船舶可能达到的实际速度。

(4)估算航行时间

根据概略航程和估计的实际速度，估算航行时间。

(5)检查修改

根据上述估算，检查初画航线并做必要的修改。

(6)预画航线并列出航线表

在大比例尺航用海图上，准确地画出进出港航线、沿岸航线和近海航线，在空白定位图上画出大洋航线，并准确量出计划航迹向和航程，列表备查。在备注栏中，主要填写该航段应注意的特殊水文气象情况、重要航行障碍物和该航区的航行注意事项，或记入该航段应该参阅的航海图书资料的名称和页数。在航线上，应标出进出港预计到达重要转向点的时间等。

五、航海日志

航海日志(Log book)是船舶重要情况的原始记录。航海日志的作用是记录和分析航行情况，积累航海资料，总结航行经验。

航海日志还是船舶的重要法定文件，填写航海日志是值班驾驶员的重要职责之一。发生海事时，航海日志是分析海事原因，做出符合实际的判断和处理的重要依据。

1. 航海日志填写内容

航海日志分左页和右页。左页是主页，右页是记事栏。

(1) 左页填写的内容

①航行记录部分：时间、航向、航程、航速和风流压差等。

②气象海况记录部分：风向、风力、气压、云和气温等。

③舱水测量记录和中午统计记录部分。

(2) 右页填写的内容

凡左页不能包括但与航海有关的内容，均应记入右页。如船舶动态、货物装卸情况、前后吃水、船位和天气海况等。

右页的重大记事栏，由船长、大副填写，记载船上非经常性及较重大事件，如发生海事、应急演习、到离港货物以及对航海日志填写中严重疏漏的更正等。

2. 航海日志填写要求

(1) 由值班驾驶员负责用蓝黑墨水笔填写，不论航行或停泊都不得中断。所记内容要简明、完整、确切，不能含糊其词，不得随意更改。所记内容，应能全面反映出船舶航行和停泊情况。必要时，事后应能根据填写内容重新画出船舶的航迹。

(2) 按时间和页码顺序记载，不得留有空页和空格。所有缩写和符号，都应按规定使用。应当记载直接观测的和直接读取的原始数据，如记罗航向、计程仪读数及其误差数据，而不是直接写入改正后的数值。

(3) 记载如有错误，可用笔划去后改写，但被划去的部分仍应清晰可见，并在改写处由修改人签名以示负责。不得用橡皮或小刀擦改和修补，更不准整页撕掉。交班时应在本班记载内容之后签名。

(4) 船舶发生海事时，应详细记载当时情况，以便事后进行海事分析和处理。

3. 航海日志管理要求

(1) 航海日志由大副具体负责管理和保存。船长对监督航海日志填写之正确和完整负全部责任。

(2) 用完的航海日志，由船上保存三年后交主管部门。

(3) 决定弃船时，船长必须将航海日志及有关海图随身携带离船，妥善保存，以供海事调查之用。

任务二　船舶交通管理

船舶交通管理

一、船舶交通管理

几个世纪以来，船舶运输一直是进行世界贸易的主要运输手段，保障船舶安全、提高航行效率有着十分重要的作用。为此，各国在各自的沿海水域设置了助航设施。早期的助航设施是浮标和灯标；随着无线电技术的发展，先后又有了无线电信标、雷达信标等无线电助航设施。航运的迅速发展，船舶数量、吨位的不断增加以及船速的提高，对船舶航行的安全高效提出了更高的要求，并由此产生了对船舶交通进行管理的问题，出现了各种被动的船舶管理技术。如建立分道通航制，建立禁航区、预警区，采用单向航行系统及其他有关的定线航行措施，限制船速等。这些被动的船舶管理技术在沿海水域对航行安全的改善发挥了显著作用。但是在进港水域以及狭窄航道，由于船舶密集、交通拥挤，不仅耽误了船舶运输时间使航运效率受到影响，而且使得发生事故的可能性增加，造成的人命财产损失和环境污染更加严重。解决这些问题的有效途径是在岸上建立一个系统，这个系统具备监视水域中船舶运动并能对船舶提供信息、建议和指示的手段，它能与船舶相互作用并能有效控制交通流，从而获得最大的港口营运效益同时使船舶交通事故和环境污染的风险减至最小。这种与船舶相互作用的管理（服务）系统称之为船舶交通管理（服务）系统，简称 VTS（Vessel Traffic Services）。

按照国际航标协会的定义，“VTS 是由主管机关实施的，用于提高船舶交通安全和效率及保护环境的服务。在 VTS 覆盖水域内，这种服务应能与交通相互作用并对交通形势变化做出反应”。由此定义可知，VTS 不包括用交通法规等措施对船舶交通进行静态管理的方面，而是指用交通信息进行交通控制从而对船舶交通实施动态管理的方面；它不是指用航标、视觉信号和无线电信标等设施及巡逻船等传统手段进行交通控制的那部分，而是指用先进的信息系统和现代的管理方法进行交通控制的那部分。

实际上，一个区域内的船舶交通可以看成由许多相关联的控制环路组成的一个相互作用的动态系统，称之为交通总控制环，简称 TGCL。（Traffic General Control Loop）。TGCL 包含许多以信息为媒介的相互关联的决策系统，VTS 是其中的一个组成部分。从控制论的观点来看，控制是控制主体对被控客体的一种作用，作用的结果力图使系统的状态符合预定的目的；控制过程是获取、加工和利用信息的过程。而 VTS 在 TGCL，中对船舶交通所起的控制作用，实质上是 VTS 以信息方式影响船舶，最终由船舶自己对运行做出决策的过程。

VTS 首先从数据收集开始，然后对各种数据进行综合处理，按照一定的准则（取决于系统的目的）进行评估决策，根据评估决策结果进一步对船舶交通施加影响。对于每一艘船舶来说，涉及船舶有效航行与操纵的决定权仍属于船长。

上述 VTS 的概念与组成是广义的。从狭义的或工程技术的观点来看，可将、VTS 认为是由实施管理所需的岸基技术设施构成的系统。从上面的讨论可知,它实质上或基本上是由若干先进的电子信息设备构成的搜集、处理和传输交通管理信息的信息系统,有时,我们特称之为 VTS 信息系统。

二、VTS 主要功能

VTS 的主要功能是对水域中的船舶提供信息服务、助航服务和交通组织服务,以及协助进行联合服务和应急服务等。

1. 信息服务

信息服务是一种确保船舶在航行决策过程中及时地获取必不可少的信息的服务。这种信息可涉及:船舶交通——位置、意图和目的地;VTS 区域——所公布的界线、程序、无线电频道和频率、报告点等信息的修改或变化;影响船舶航行的因素,例如气象、能见度情况、航行通告、助航设备的状况,交通拥挤、特种船舶(其操纵性不良可能使其他船舶的航行受到限制)或者任何其他潜在的航行障碍。

一般信息通过广播向所有船舶提供。广播可以是固定时间的、一定时间间隔的,也可以是 VTS 当局认为必要时以其他任何时间进行广播。在受到船舶请求时,或者当 VTS 认为需要时,也可以向特定的船舶提供信息。广播通常包含警告以及对于所有船舶都重要的信息,其中也包括仅仅通过保持守听参加 VTS 的小船和内河船舶。给予个别船舶的信息是在需要时才发出,它包含与该船舶相关的情况。

2. 助航服务

助航服务是一项协助船舶做出航行决策,并监视其效果,特别是在困难的航行或气象条件下,或者在船舶有故障或缺陷的情况下实施的服务。

VTS 能提供航行信息,从而对决策过程做出贡献,例如:船舶的实迹航向和航速;相对于航道轴线和航路基准点的位置;周围船舶的位置、识别和意图;对个别船舶的警告等。

VTS 能通过提出航行建议参与决策过程,例如:航向建议。

3. 交通组织服务

交通组织服务是一项在 VTS 区域内防止危险情况产生和保证交通安全及高效航行的服务。交通组织涉及航行的预先计划,特别适用于交通繁忙时或者有特种运输船航行可能影响其他交通流量的情况。监视交通和强制遵守的管理规则和条例是交通组织的不可分割的部分。这项服务可以包含建立和运行一套交通许可制度,包括航行的优先权、空间的分配、航行的强制性报告、确立应走的路线、要遵守的速度限制和其他 VTS 认为需要的措施。VTS 主管机关可考虑在程序上把为了提高效率或者为了联合协调而制定的航行计划,与为了安全、可能影响一般交通流的计划区别开来。VTS 主管应当声明强制性地要求遵守航行计划的船舶或船舶类型。一个航行计划应经船舶和 VTS 双方认可。在执行计划会影响一般交通流时,VTS 应公布详细情况。航行计划应视为船舶和 VTS 之间的协议,只要可行就应遵守。

VTS 当局应按照当地情况规定所有船舶或特种船舶在航行计划中应有的信息。在特殊情况下,航行计划可以根据 VTS 的要求进行补充。考虑到交通情况或特殊环境,VTS 可建议改变计划。船舶和 VTS 之间就航行计划达成协议后,船舶就允许加入 VTS 并且应尽力维护该计划。在特殊情况或交通安全需要时,VTS 可要求船舶遵循一个修订的航行计划,并向船方表明修正的理由。在无自动跟踪设施的区域,可以要求船舶定时报告船位。

在 VTS 被授权向船舶发布指令时,该指令应该仅仅是导向性的、"面向结果的",应将执行的细节留给船舶。VTS 操作不要侵犯船长指挥安全航行的责任或扰乱船长和引航员之间的传统关系。

4. 与联合服务、港口作业、应急服务和相邻 VTS 合作

这是一种不增加船舶报告的负担,而增加交通的安全和效益以及对环境的保护,提高 VTS 的有效性的支持活动。一般说来,它可以通过数据交换、共同数据库和双方的活动协议来实现。

与联合服务的合作是以安全和效率两方面为目标的。它应该是一个连续的过程,在制定航行计划,并需要各种服务协作行动时显得特别重要。应该建立起互相间的合作程序。虽然与港口作业的合作主要以效率为目标,但在制定航行计划中也可能是一个重要因素。

搜寻救助和污染控制等应急服务的偶然合作应依照预先建立的应变计划进行,其中制定了合作的程序并确立了职责。VTS 之间的合作可能涉及有共同边界的 VTS。如果要建立一个航行计划,在边界处的行动协议是必不可少的。如果各 VTS 由海域来划分,应该认识到 VTS 之间进行数据交换可以互相给出船舶到达的预先通知,从而减轻船舶报告的负担。VTS 之间的合作也能给出交界海域中交通、货物流量等有价值的管理信息以便准备好对付环境方面的紧急情况。

三、VTS 的分类

根据管理水域的类型,将 VTS 区分为:港口 VTS(港口及进港航道),也可称为终端 VTS;航路 VTS(江河、运河、湖泊、海湾、海峡、海岸);区域 VTS(海岸、国际水道),也可称为海上 VTS;综合 VTS(港口 VTS+航路 VTS,也可包括区域 VTS);保护性 VTS (大桥、靶场、石油开采区、渔捕区)等等。管理水域的类型不同,工程的规模、所用设施的种类与性能以及管理的内容、管理机构都会有所不同。根据 VTS 中主要技术手段的特点,还可将 VTS 区分为:基本监视 VTS;雷达 VTS;ARPA(自动雷达标绘仪)VTS;RDP(雷达数据处理)及 TDP(交通数据处理)VTS 等等。

另外,根据 VTS 建设与运行的不同思路,形成了侧重面不同的 VTS。

关于 VTS 的建设与运行,目前有两类不同的思路。一种思路是促进商务营运,提高船舶运输效率,使得港口对货主更有吸引力、更富有竞争性因而更可赢利。另一种思路则是确保安全航行和保护环境。后一思路始终是建立和运行 VTS 的必不可缺的重要因素。一个航运安全不可靠的港口对货主而言是最无吸引力的。但在安全与商务之间要有某种平衡,这是始终要做好的。尽管人们有意识地把重点放在促进商务一边,但 VTS 的引入和发展却已对航行安全带来明显的改善。VTS 的运行对一个港口或航道有三个好处:即有利于商务,提高航行安全和改善环境保护,附带地增加了竞争力。现代的 VTS 必须顾及这三要素及其各自的用户。根据上述两类思路可形成两类 VTS:沿海的 VTS 和港、河的 VTS。沿海的 VTS 着重于提供船舶安全迅速地通过沿海水域的服务,特别是在海上交通密度高的区域或环境敏感的区域,以及由于地理上的限制或近海岸线勘探可能航行困难的水域提供这种

服务。港、河的 VTS 是当船舶进出港、河航行或者通过限制船舶操纵的类似水域时，提供帮助船舶高效和安全航行的服务。

四、VTS 信息系统组成框图

VTS 是应用现代的技术手段和管理方法，通过交通信息进行交通控制，从而实施对船舶运行的动态管理的系统。VTS 要完成它的功能，实施各种服务，必须在任何时候都能全面掌握交通态势。为此，VTS 必须能够收集数据、评估数据并且向船舶等用户发布通过评估而得到的结果。VTS 需要收集多方面信息。主要收集的信息为：

1. 交通情况数据，包括船舶实时运动数据、航行计划，以及船舶所载货物、机器状况、船舶装备和人员配备等数据；

2. 交通环境数据，包括航道情况、助航设备工作状态、气象水文情况，以及港口设备和装备情况等。

上述信息可以通过雷达子系统、VHF 通信子系统、环境监测予系统和 VHF 测向、雷达应答器、无线电应答器、低照度电视、红外线设备等其他信息收集设备，以及与联合服务的有关部门和邻近 VTS 的合作加以收集。另外，有些视觉信息可由 VTS 操作人员直接提供或由其他参加 VTS 的船舶提供。有关船舶状况、航道和港口状况的常量数据以及环境的预报数据可以来自岸上有关部门，通常通过公用电话网由电话、电传、传真或自动数据传输系统获得。而变量数据，特别是船舶动态数据需通过雷达、VHF 通信等手段获得。由雷达获得的数据进入雷达数据处理子系统进行评估，并在交通显示与操作控制子系统的综合显示器上显示，评估得到的结果一般由 VHF 通信子系统传达到船舶用户。远处雷达的数据需要经过信息传输子系统进入雷达数据处理子系统。由其他传感器获得的信息进入交通显示与操作控制子系统（远处传感器信息也需通过信息传输子系统传递，如图 6-5-1 中箭头虚线所示）。交通显示与操作控制子系统的图像、语音、数据等信息可由信息记录子系统进行记录，其船舶数据进入船舶数据管理子系统。图 7-2-1 所示为 VTS 信息系统的技术组成框图。

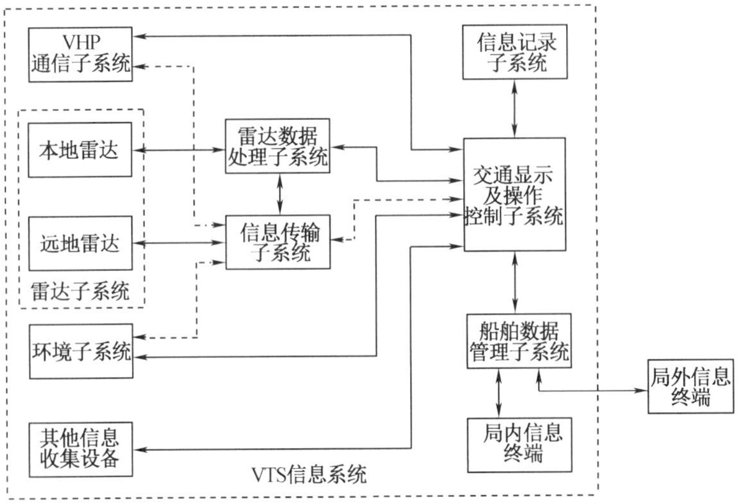

图 7-2-1　VTS 信息系统

五、航行在船舶交通管理区域的船舶应注意的问题

建立船舶交通管理系统的国家和地区，为了加强船舶交通管理，保障船舶交通安全，提高船舶交通效率，保护水域环境，都根据相应的法律、法规制定了相应的管理规则。我国在1998年1月1日开始实施《中华人民共和国船舶交通管理系统安全监督管理规则》，明确规定了船舶报告和船舶交通管理的内容，具体如下：

1. 船舶在VTS区域内航行、停泊和作业时，必须按主管机关颁发的《VTS用户指南》所明确的报告程序和内容，通过甚高频无线电话或其他有效手段向VTS中心进行船舶动态报告。

2. 船舶在VTS区域内发生交通事故、污染事故或其他紧急情况时，应通过甚高频无线电话或其他一切有效手段立即向VTS中心报告。

3. 船舶发现助航标志异常、有碍航行安全的障碍物、漂流物或其他妨碍航行安全的异常情况时，应迅速向VTS中心报告。

4. 船舶与VTS中心在甚高频无线电话中所使用的语言应为汉语普通话或英语。

5. 在VTS区域内航行的船舶除应遵守《1972年国际海上避碰规则》和《中华人民共和国内河避碰规则》外，还应遵守交通部和主管机关颁布的有关航行、避让的特别规定。

6. 船舶在VTS区域内航行时，应用安全航速行驶，并应遵守交通部和主管机关的限速规定。

7. 船舶在VTS区域内应按规定锚泊，并应遵守锚泊秩序。

8. 任何船舶不得在航道、港池和其他禁锚区锚泊，紧急情况下锚泊必须立即报告VTS中心。

9. 船舶在锚地并靠或过驳时，必须符合交通部和主管机关的有关规定，并应及时通报VTS中心。

10. VTS中心根据交通流量和通航环境情况及港口船舶动态计划实施交通组织。VTS中心有权根据交通组织的实际情况对航行计划予以调整、变更。

11. 船舶在VTS区域内航行、停泊和作业时，应在规定的甚高频通信频道上正常守听，并应接受VTS中心的询问。

12. 在VTS区域内航行的船舶和船队的队形及尺度等技术参数均应符合交通部和主管机关的有关规定。

航行在VTS区域内的船舶应遵守有关规定，及时报告相关信息，服从交通管理，保证航行水域的交通安全。

任务三　船舶定线制

一、概论

船舶定线制是海上船舶交通管理的一个组成部分，是由岸基部门用法律规定或推荐形式指定船舶在海上某些海区航行时所遵循或采用的航线。《船舶定线》(Ships' Routeing)是国际海事组织(IMO)文件，包括有关船舶定线和避航区的资料，其主要作用是对国际船舶使用的定线制的工作进行管理。《船舶定线》是一活页式出版物，出版后发布修正资料(Amendments)进行修正，修正资料以替换页和增页的形式给出，现行版为2003年第八版。

《船舶定线》共有以下八部分内容：

第一部分：船舶定线的一般规定(Part A-General provisions on ships' routeing)

第二部分：分道通航制(Part B-Traffic Separation schemes)

第三部分：深水航路(Part C-Deep-water routes)

第四部分：避航区(Part D-Areas to be avoided)

第五部分：其他定线措施 (Part E-Other routeing measures)

第六部分：有关航行的规则和建议(Part F-Associated rules and recommendations on navigation)；

第七部分：强制船舶报告制(Part G-Mandatory ship reporting systems)

第八部分：岛屿间航路采用、指定和替代(Part H-Adoption、Designation and substitution of archipelagic sea lanes)

其中，自第而二部分以后的各部分为国际海事组织采纳的世界各水域的各种定线制和规则等的详细资料，并附有图式，船舶航行至相关区域时可结合海图使用。现仅对第一部分做介绍。

二、船舶定线的一般规定

这一部分就船舶定线的目的、定义、程序与责任、方法、规划、设计标准、分道通航制的临时调整、定线制的使用和海图上的表述方法等9个方面做出具体规定。

1. 目的

船舶定线的目的是增进船舶在汇聚区域、交通密度大的区域和由于海域有限、存在航行障碍物、水深有限或气象条件不利使得船舶操纵受到限制的水域中的航行安全。其具体的目的都将根据其要缓和的特定危险环境而定，可以包括以下1项~7项中的部分或全部：

(1)分隔方向相反的交通流，以减少船舶对遇情况；

(2)减少在设定的通航分道内航行的船舶与穿越船之间的碰撞危险；

(3)简化船舶会聚区域内的交通流形式；

(4)在沿海勘探或开发活动集中的水域内组织安全的交通流；

(5)在对所有船舶或某些等级的船舶航行有危险的或不理想的水域内及其附近组织交通流；

(6)在水深不明或存在危险的水域为船舶提供指导，以减少搁浅的危险；

(7)指导船舶避开渔场或整顿通过渔场的船舶交通。

2. 定义

对与船舶定线有关的 14 个术语进行了具体定义：

(1)分道通航制(TSS, traffic separation schemes)：是通过适当方法建立通航分道，分隔相反方向交通流的一种定线措施；

(2)双向航路 (two-way route)：是确立了双向通航交通的航路，其目的是在航行困难或危险水域内为通航船舶提供安全航路，该航路上不允许有第三方向的交通；

(3)推荐航路 (recommended route)：经过了特别调查，能确保船舶航行无危险而被推荐的航路；

(4)避航区 (area to be avoided)：航行特别危险，因而所有船舶或某种船舶必须避离的区域；

(5)沿岸通航带(inshore traffic zone)：是指分道通航制的向岸一侧边界与相邻海岸之间的水域。该水域内一般不允许过境交通使用，并适用地方性特别规定；

(6)环行航道 (round about)：在限定的范围内，由分隔点或圆形风隔带与一圆形通航分道组成的航路。在该航道内船舶绕分隔点或圆形分隔带逆时针循通航分道环行，从而实现交通流的分隔；

(7)警戒区 (precautionary area)：船舶必须谨慎驾驶的区域，该区域内的交通流方向可能被推荐；

(8)深水航路 (deep water route)：水深已经过准确测量的适于深吃水船舶航行的航路；

(9)分隔线(带)(separation line (zone))：将相反或接近相反方向行驶的交通流的通航航路分隔开，或将通航航道与相邻海区分隔开，或将同方向行驶的特殊种类船舶的指定通航航道分隔开的线(带)；

(10) 通航分道 (traffic lane)：其中确立了单向通航的限定区域——船舶的通航航路，其边界可以是指定的，也可能是由自然碍航物所构成的；

(11)交通流的指定方向 (established direction of traffic flow)：指定交通流的方向，船舶要顺其航行，在图上用空心实线箭矢表示其方向；

(12)交通流的推荐方向 (recommended direction of traffic flow)：在不可能或不必要采用指定交通流方向时，建议船舶通航的交通流方向，在图上用空心虚线箭矢表示其方向；

(13)过境交通 (through traffic)：指不驶往某水域内的港口，不在该水域内锚泊或从事其他活动，而只是驶经这一水域的交通，相对于该水域为过境交通；

(14)地方交通 (local traffic)：只在某水域内、或要进入该水域从事各种活动的船舶交通为该水域内的地方交通。

三、船舶定线的方法

船舶定线的方法

为达到船舶定线的目的，可以根据水域的自然环境条件、交通状况等因素，采用船舶定线制中的一种或多种方式组合，最终建立起最有利于水域船舶航行安全的最佳船舶定线制。这种组合方法有：

1. 采用分隔带，在无法采用分隔带时采用分隔线，分隔相反方向的交通流（图 7-3-2）。

在这种组合方法中，相反或接近相反方向的交通流 4 被设立的分隔线 1 和分隔带 2 分隔。图中的虚线 3 表示通航分道的边界，箭矢 4 表示通航分道中交通流的设定方向。在海图上，分隔线仍是具有一定宽度的着色线表示的，要注意与分隔带的区别。

2. 利用自然碍航物和地理位置明确标示的物标分隔相反方向的交通流（图 7-3-3）。

这一方法适用于有岛屿、浅滩和岩礁的水域，这些碍航物限制了船舶的航行，但也给船舶提供了与相反方向的交通流分离的参照物。

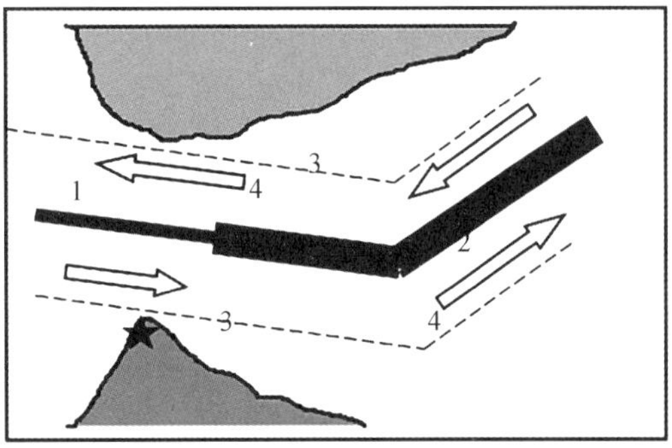

图 7-3-2　分隔带

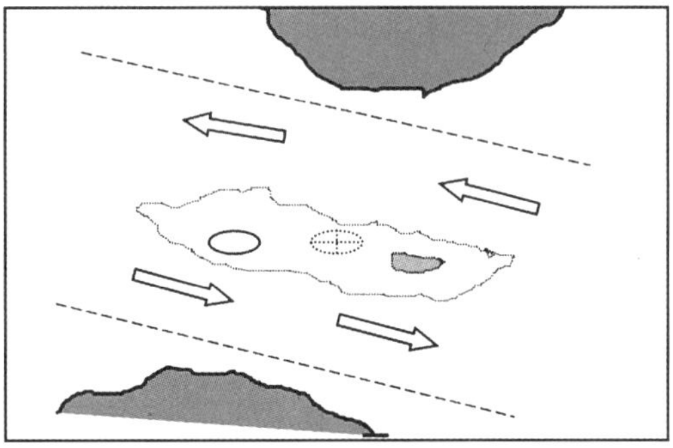

图 7-3-3　自然碍航物分隔

3. 利用沿岸通航带分隔过境船舶和地方船舶的交通（图 7-3-4）。

在分道通航区向外海一侧的边界之外水域，船舶可以以任何航向航行。向岸一侧的分道的外边界与沿岸通航带之间可设分隔线或分隔带。这种方式使得过境船舶交通和地方船舶交通分离，而过境船舶通常只能使用分道通航区通过该水域。

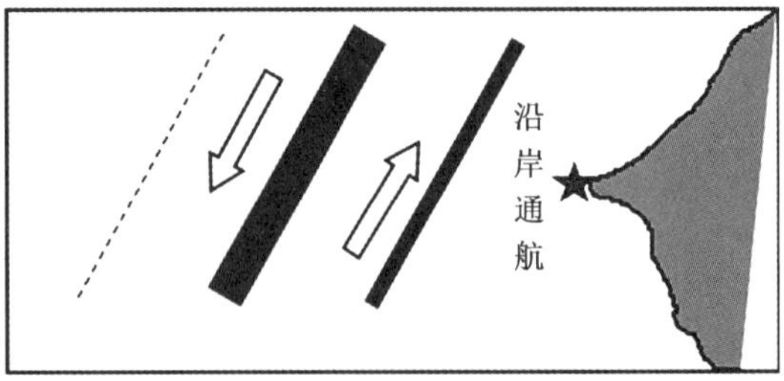

图 7-3-4　沿岸通航带分隔

4. 在交通汇聚区附近，设置扇形通航分道；

在船舶从各个方向汇聚到一点或一狭小区域如港口进出口处，海上引航站，近陆浮标或灯船设置处，狭水道和河口等，可设置扇形通航分道（图 7-3-5），以分隔不同方向汇聚来的交通流。

5. 在交通汇聚区、航道连接处或航道交错区,可从如下定线制方式中选择最合适的定线制方法:

(1)环行航道:在交通汇聚区，可设置环行航道(图7-3-6)，使不同方向的来船绕环行航道按逆时针方向航行。

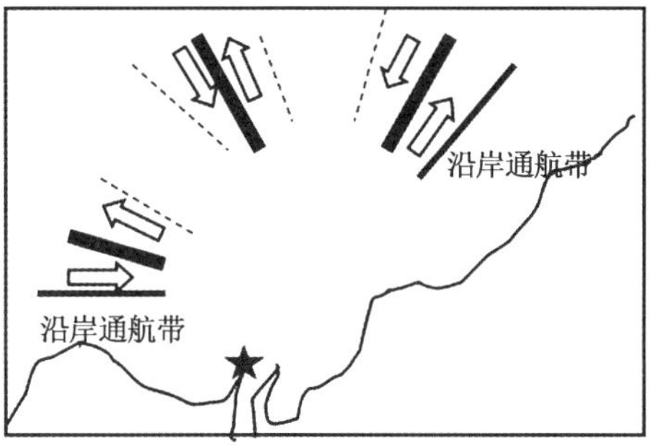

图7-3-5　扇形通航分道

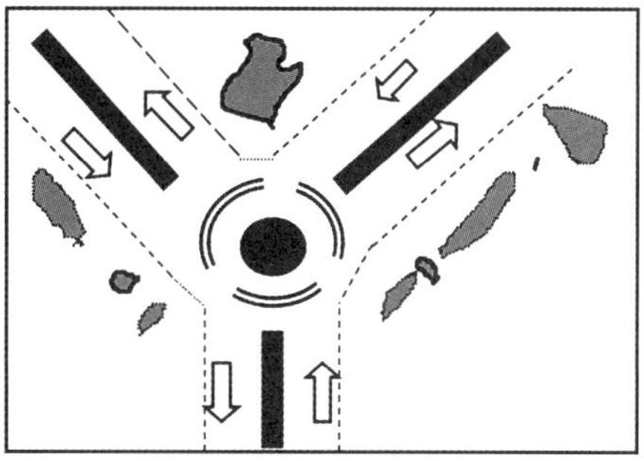

图7-3-6　交通汇聚区、连接处定线制

(2)交叉航道:两条航路连接处或交叉处,可采用图7-3-7和图7-3-8所示的方法。

在连接或交叉处的各部分交通流方向按相应的相邻通航分道内的交通流设定。分隔带的中断是为了强调船舶应以正确的航行方法通过该区域。在中断处应谨慎驾驶。

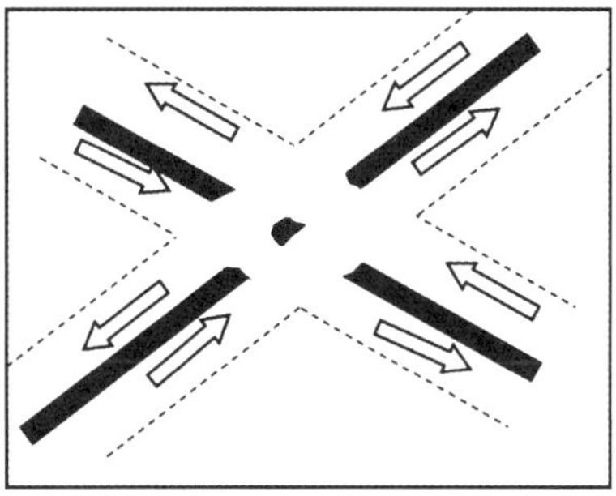

图7-3-7　交叉航道定线制

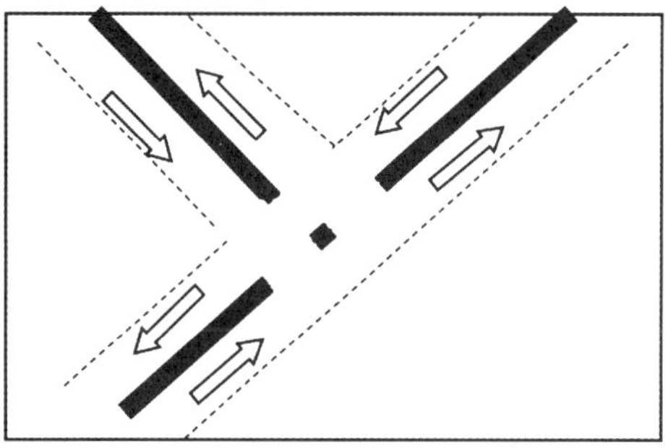

图7-3-8　交叉航道定线制

(3)警戒区:在交通汇聚处,也可不设环行道而设置如图7-3-9、7-3-10所示的警戒区,以强调在此处应谨慎驾驶。

6. 其他定线方法

其他定线方法还有很多,如深水航路(图7-3-11)、避航区(图7-3-12)、双向航路(图7-3-13)及推荐航路(图7-3-14)等。

以上所介绍的方法只是基本方法,各国、各地会根据当地水域条件、地方的习惯做法而建立稍有区别的航路指定形式。

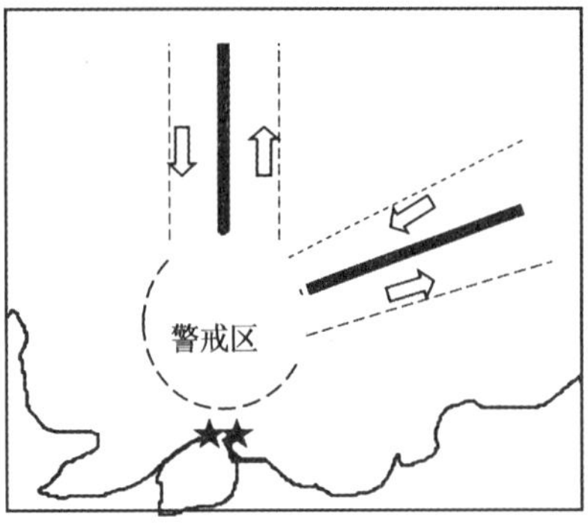

图 7-3-9　警戒区

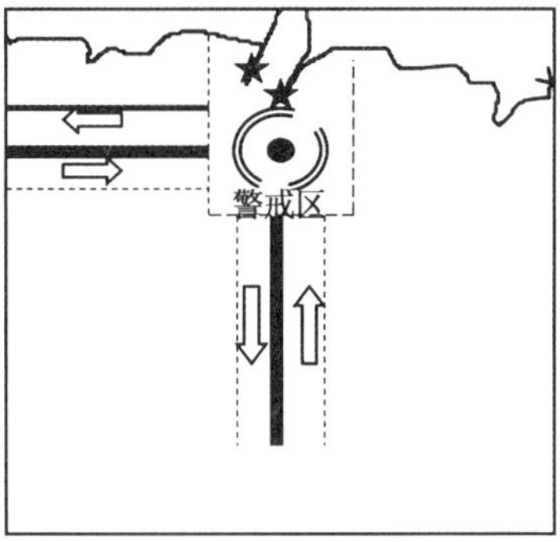

图 7-3-10　警戒区

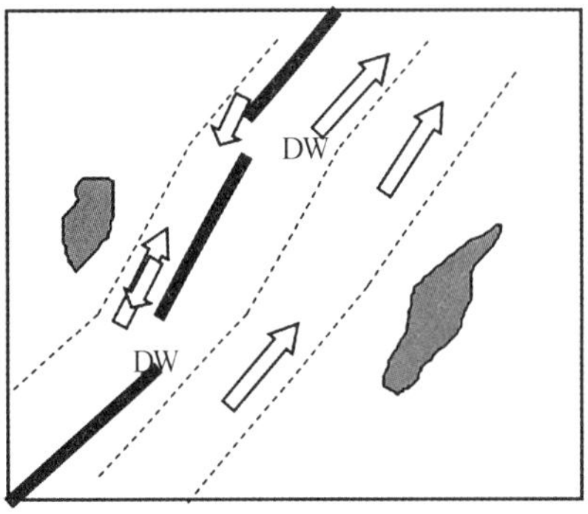

图 7-3-11　深水航路

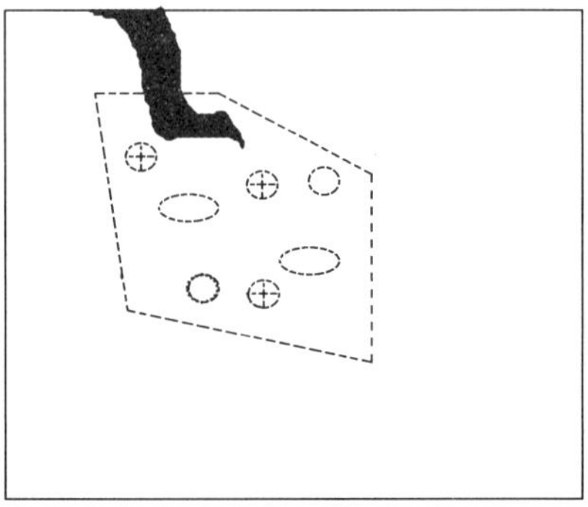

图 7-3-12　避航区

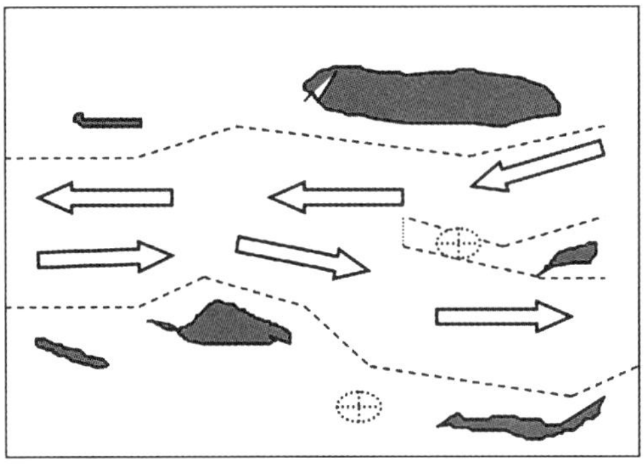

图 7-3-13　双向航路

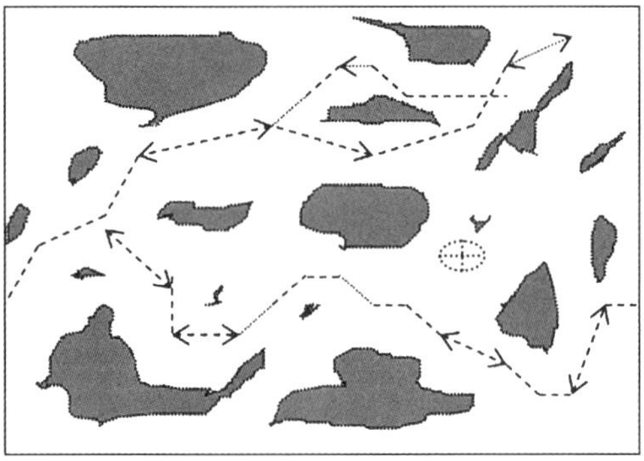

图 7-3-14　推荐航路

四、在船舶定线制区域船舶的航行与操纵

在某一水域建立船舶定线制的最终目的,显然是为了提高船舶的航行安全。因此,船舶应以积极的态度利用船舶定线制。此外,航路指定通常是由有关部门依法进行的,指定航路的使用、航路内的航行方法等一般均是法规规定了的,船舶应予以遵守,按章在指定航路内航行。

指定航路内的航行操纵,根据航路所在地点不同可适用当地法规或《国际海上避碰规则》。在 IMO 的《船舶定线制一般规定》中,对指定航路的利用也有具体的建议。

《船舶定线制一般规定》中的建议是:

1. 船舶定线制中的指定航路及其航行方法在不冻水域和不需要特殊操船行动或不需要破冰船援助的薄冰区域内,任何时间、任何气象条件下均适用。

2. 除有特殊说明外,一般指定航路及其航行方法对所有船舶适用。当船舶利用指定航路时,应考虑到水深问题,出现问题的后果是由船舶承担的。

3. 在 IMO 认可的分道通航区或其附近航行的船舶必须遵守国际海上避碰规则第十条的规定,且该规则的其他条款在所有情况下均适用。

4. 在船舶汇聚区域,完全的通航分割实际上是行不通的。因此,在这种区域内船舶应十分谨慎,且任何船舶均无任何特权。

5. 深水航路是考虑到船舶吃水、水域内的水深,为有必要利用这种航路的船舶提供的。可不考虑这些因素的船舶应尽可能不使用深水航路。

6. 在双向航路(包括深水双向航路)上,船舶应尽可能地靠右行驶。

7. 海图上所标示的指定航路中的交通流方向箭矢仅示交通流设定或推荐的大致方向,船舶没有必要严格按其所指方向航行。但船舶的航迹要与航路内交通流设定或推荐的方向保持一致。

8. 不利用与通航分道或深水航路相连接的警戒区的船舶或进出附近港口的船舶,在可能情况下应当避离警戒区航行。

9. 在《国际信号规则》中规定了信号"YG",其意为"你现在好像没有遵守分道通航制",以提醒船舶遵守分道通航制。

地方性交通管理法规中,有的也涉及船舶定线制。这种法规的制定考虑了当地水域实际情况,国家的管理策略以及管理方法,也可能会参考有关的国际法规和规定。所以,船舶应随时随地了解航行水域内的适用法规,并在航行中予以遵守。

《国际海上避碰规则》第十条仅就分道通航制这一指定航路形式,规定了这种航路上的航行方法、避让关系及责任等,对其他形式的指定航路上的航行问题没有涉及。

五、船舶在定线制区域内的航线设计

1. 分道通航制

(1)沿岸通航区

沿岸通航区名称中"通航"两字并非指所有的船舶皆可通航。"过境"船舶切勿随意将航线画入沿岸通航区,除非起始港或本船目的港与引航站在此区域内。

(2)出入航道分道

当设计航线拟驶出或进入通航分道的端部或中段时,应与通航分道的交通流向形成尽可能小的交角。避免在通航分道的端部将航线画成近直角右转或近直角左转。如条件许可,转向点尽量设在离开通航分道的端部稍远的外方,如此可避免与大量进出通航分道的船舶交会,或避免与多艘船舶形成交会态势。

(3)通航分道内的航向

在相应的通航分道内,应顺着该分道交通流方向画出航线,然后量出其航向。如果为了减少转向的次数而过分地使航向与交通流方向不顺,是不应当的。在海图上找到以空心箭矢表示的交通流方向,仅表示交通流设定或推荐的大致方向,船舶没有必要将其作为真航向航行，但船舶的航迹要与航路内交通流设定或推荐的方向保持一致。

如果通航分道呈喇叭形而航道的宽度又很大，则可采用以航线靠近一侧的界限方向或表示界限的数个航标连线方向作为航向。若航道宽度很小，则应以喇叭形航道两侧界限方向的等分线方向为航向。

(4)通航分道内的航线

一般条件下，应将航线画于通航分道的中线上。但当两对驶的通航分道仅有一线(分割线)之隔，或只有一个很狭窄的分隔带相隔，则宜将航线置于离分割线或分隔带稍远些，以减少与左侧来船形成紧张局面。反之，若通航分道的左侧有很宽的分隔带或有很好的航标显示其界限，而通航分道的右侧边缘仅有海图上的一条线而无航标显示其界限，此时，为减少与右侧误入或临近本通航分道右侧的对驶船形成紧张局面，则宜将航线稍偏向左侧的分隔带。

(5)穿越通航分道内的地点选择

在画航线时，若需横穿通航分道，则应尽量以直角通过。除靠近目的港所在之处外，一般可选择分隔带较宽且长的区段穿越，以利本船在分隔带中有等待最佳机会直角通过通航分道。不宜选择通航分道端部或附近几条通航分道的会合处、环行道或水上交通频繁的警戒区。

2. 深水航路

深水航路在英版海图上以 DW 表示。当深吃水船或限于吃水的船舶设计其航线时，应选择深水航路。一般吃水的船舶在选择航路时，可不采用深水航路，但实际行驶中未发现在深水航路有深水船或限于吃水的船舶航行或不会妨碍它们的行动时，其他船舶也可随时驶入，除非有明文规定或设有专门的控制台、信号台，须经其批准后才能驶入。

有关深水航路的详细资料，可从 IMO 出版的《船舶定线》一书中或有关海图上查找。

3. 避航区

避航区与禁区的不同在于，避航区在公海上或部分在公海上，而禁区在临海内，所以避航区要得到国际上的承认。

不同的避航区针对不同的船舶对象，法国罗契波尔内舍附近的避航区是针对油船的，南非奥尔法尔德浅滩附近的避航区是针对所有船舶的，俄罗斯萨哈林角附近的避航区是针对 1 000 总吨以上载油或危险品的船舶

除 IMO 采纳者外，还存在有关国家政府自定的避航区，例如厄瓜多尔在科伦群岛离岸 50 n mile 以内定位生态保护区，禁止船舶通过。

有关避航区的详细资料，可从 IMO 出版的《船舶定线》一书中或有关海图上查找。

任务四　船舶报告系统

一、船舶报告系统

船舶报告系统

为了实施海上交通管理或提供船舶交通服务，首先必须获得有关整个交通情况及各个船舶动态的充足信息。这些原始信息主要靠岸基监测雷达和通过船岸通信获得。所谓船岸通信即船舶报告系统(Vessel Reporting Systems, VRS)。它要求船舶在适当地点以适当时间间隔，通过无线电通信或其他手段向岸基组织提供、搜集和交换船舶救助、交通管理、防污和天气预报等有关信息。船舶报告系统是实施交通管理和服务的一项重要内容。目前主要有以船舶救助为目的的报告系统和以船舶交通管理为目的的报告系统。这两种报告系统都兼顾海洋水域污染和天气预报所需要信息的收集、交换和提供。

1. 以搜索救助为主要目的的船舶报告系统

(1)目的和作用

以搜索救助为主要目的的船舶报告系统，主要是监视海难事故是否可能发生、提供避免海难事故发生的信息、在事故发生后及时对遇难船实施搜救、保护船舶财产和船员的人命安全以及防止船舶造成海洋污染。其具体作用有以下几点：

①缩短从与船舶失去联络至开始搜救活动的时间；

②迅速确定能及时提供救助支援的船舶；

③在有限区域内准确确定搜索范围；

④及时向无医生在船的舰艇提供医疗援助或建议。

(2)服务方式

以搜索救助为主要目的的船舶报告系统，一般以较大海域为服务对象水域，对象船舶不予限定，服务一般是免费。船舶要加入和退出该系统都比较简单。向报告系统提交了航行计划报告就被视为加入；做出最终报告即被视为退出。船舶要做的就是按照报告系统的规定程序、内容、方法、时间等准确无误地进行报告，尤其是要按时报告。

这种报告系统将被引入已建立的全球海上遇险安全系统中，它也是船舶交通服务的一部分内容。在这种系统中，船岸之间相互按一定程序和要求交换有关信息，如船舶基本参数、航行计划、船位、气象海况数据等。

岸上主管部门负责：

①对实施船舶报告的船舶的航迹进行标绘，跟踪船舶；

②按照规定的程序、时间、报告格式接受船舶的报告；

③对信息予以记录、处理，向船舶提供所必需的咨询。

2. 为船舶交通管理服务的船舶报告系统

为船舶交通管理服务的船舶报告系统,一般隶属于船舶交通管理系统。其目的是收集管理水域内航行船舶的有关参数、航行计划、载货状态等信息,建立与船舶的联系,随时进行相应的信息服务和助航服务等。建立这种报告系统对实施交通管理十分必要。通过船舶报告才能全面掌握整个交通的详细情况以及每艘船的数据和动态,从而进行良好、可靠的服务和妥善的交通组织。在船舶交通管理系统中,船舶报告对某些船舶是强制的,应进行报告的船舶要严格按规定进行报告。

二、船舶报告的种类

船舶报告的种类,随报告系统的不同而有所区别,IMO 的 A. 598(15)号决议将其归纳为八种报告,建议各国参照制定本国的报告系统。其主要内容如下:

1. 航行计划报告(Sailing plan,SP):这是船舶将要进入报告系统覆盖区域,或在离开覆盖区域内某一港口之前发出的报告。它的内容一般包括船舶资料、航行计划、报告时的位置与时间等,是船舶加入报告系统后第一次报告。

2. 船位报告(Position report,RP):这是在必要时刻为保持报告系统有效而做出的报告。它的内容比较少,一般只有船名、时间、船位。

3. 变更报告(Deviation report,DR):这是在实际船位与已报告的预计船位相差甚远,或改变航行计划,或船长认为必要时做出的报告。其内容是当前的船位以及航行计划中改变的项目等。

4. 最终报告(Final report,FR):这是船舶到达目的地或离开报告系统覆盖区域时做出的报告。其内容仅包括船名、时间。

5. 危险货物报告(Dangerous goods report,DG):这是当船舶运载的危险货物在距岸 200 n mile 范围内因故散失时所做出的报告。其内容包括船名、时间、船位、船舶电台呼号、载货情况、船舶损失情况、污染物情况、天气、船舶代理、船舶的参数及其他内容。

6. 有害物品报告(Harmful substances report,HS):这是当散装的有毒液体货物(依据 73/78,MARPOL 附录 I)或燃油(依据 73/78,MARPOL 附录Ⅱ)因故散失或可能散失时做出的报告。其内容包括船名、时间、船位、航向、航速、航线信息、船舶电台呼号,下次报告时间、载货情况、船舶损坏情况、货物散失情况、天气、船舶的代理、船舶参数及其他内容。

7. 海洋污染报告(Marine pollutants report, MP):这是国际海上危险货物运输规定中被定义为海洋污染物的有害物品因故散失或可能散失时做出的报告。其内容与危险货物报告大致相同。

8. 其他报告:这是除程序规定的上述报告之外的任何其他报告。其内容视具体情况而定。

需要指出的是,并非每个船舶报告系统都设立了上述报告。有的进行了取舍,种类较少;有的则进行了合并,如将危险物、有害物品、海洋污染报告并为事故报告,并增加了其他事故报告;有的则增加了上述报告之外的报告,如锚泊报告等。从具体内容看也有差异。应详细了解,正确利用。

三、IMO船舶报告标准格式

表 7-4-1　IMO 船舶报告标准格式

报告项目名称		表示的内容	要求的信息及其格式
电报	无线电话		
系统名称	系统名称	系统名称	船舶报告系统的名称如 AMVER,CHISREP
SP PR DR FR DG HS MP 其他报告则为全称	报告种类名称	报告的种类	根据报告种类选择相应的缩写或全名,对某些报告要用这种报告的全称
A	Ship(alfa)	船舶	船名、呼号或船舶识别码,船旗国
B	Time(bravo)	日期和时间	6位数字。前2位为日期,后4位为时间(时、分各2位)。当不使用世界协调时时加注使用的区时符号
C	Position (charlie)	船位	纬度:4位数字加N或S,精确到分;经度:5位数字加E或w,精确到分
D	Position(delta)	船位	物标名称、方位、距离。方位用3位数字精确到度,距离单位为海里(n mile),后加注物标名称
E	Course(echo)	航向	真航向,3位数字
F	Speed(foxtrot)	航速	3位数字,前2位为小数点前数字,后1位为小数点后数字,单位为节(kn)
G	Departed(golf)	出发港	最后一挂靠港名称
H	Entry(hotel)	进入系统的日期、时间、位置	日期、时间表示方法同B,地点表示方法同C或D
I	Destination and ETA(india)	目的港及预计抵达时间	港名及日期时间(表示方法同B)
J	Pilot(juliet)	引航员情况	说明有无海上或港内引航员在船
K	Exit(kilo)	退出系统的时间、位置	要求同H
L	Route(1ima)	航路信息	计划航线情况
M	Radio Communication (mike)	无线电通信	船舶电台全称及保护频率

表 7-4-1(续)

报告项目名称		表示的内容	要求的信息及其格式
电报	无线电话		
N	Next Report (november)	下次报告时间	要求同 B
O	Draught(oscar)	当前的最大吃水	4 位数字,用米和分米表示
P	Cargo(papa)	船载货物	货物情况及可能对人或环境有危害的危险货物,以及有害物品和气体的细节
Q	Defect, Damage, Deficiency, Limitation (quebec)	缺陷、损坏、不足、限制	缺陷、损坏、不良状态或其他缺陷、限制的细节
R	Pollution, Dangerous goods lostoverboard (romeo)	危险货物、污染物散失船外的描述	描述散失于船外的污染物(油、化学品)或危险物种类的细节及地点。地点的表述同 C 或 D
S	Weather(sierra)	天气状况	当前天气和海况的简要细节
T	Agent(tango)	船舶代理或船东	船舶代理、船东的名称及特殊事项的细节
U	Size and Type (uniform)	船舶尺度、种类	船长、船宽、吨位、船舶种类等详细情况
V	Medic(victor)	医务人员	医生、护士等医务人员情况
W	Persons (whiskey)	在船人数	人数
X	Remark(x-ray)	其他事项	任何其他事项、信息

项目八

电子海图显示与信息系统

任务一　电子海图信息基础

电子海图(electronic chart,EC)是用数字形式描述海域地理信息和航海信息为主的海图。其内容以海域要素为主,详细表示水深、碍航物、助航标志、港口设施、潮流、海流等要素,陆地着重表示沿海的航行目标和主要地貌、地物。电子海图可在屏幕上显示,所以也称为“屏幕海图”。电子海图没有显示之前只是以一定格式存储的数据,所以电子海图又称为电子海图数据。

电子海图显示与信息系统

电子海图和其应用环境组成电子海图系统。由于人类长期使用纸质海图的习惯,航海实践中无论电子海图数据或电子海图系统都被称作电子海图,这可以认为是一定程度上的广义称谓,但严格定义的电子海图就是电子海图数据。

一、电子海图

电子海图按其数据格式分为光栅电子海图(raster charts)和矢量电子海图(vector charts)两大类。

1. 光栅电子海图

光栅电子海图是指以栅格形式表示的数字海图,通过对纸质海图的光学扫描形成的数据信息文件,以像素点的排列反映出海图中的要素。因此光栅电子海图可以看作纸质海图的复制品,包括的信息(如岸线、水深等)与纸质海图一一对应。由于光栅电子海图从其制作原理决定了它在技术上和应用上的局限性,使用者不能对光栅电子海图进行查询式操作(如查询某一海图要素特征)、选择性显示或隐去某类海图要素等。因此,光栅电子海图常被称为“非智能化电子海图”。

2. 矢量电子海图

矢量电子海图是将数字化的海图信息分类存储的数据库,海域中的每个要素以点、线、面等几何图元的形式存储在电子海图数据文件中,使用者可以选择性地查询、显示和使用数据,并且它可与其他船舶系统相结合,提供诸如警戒区、危险区的自动报警等功能。因此,矢量电子海图常被称为“智能化电子海图”。

二、电子海图系统

电子海图,无论是光栅电子海图还是矢量电子海图,都仅是将海上空间信息按照数据的方式进行组织和存储而形成的数据文件,无法单独使用。因此,需要计算机和相应的软件将电子海图数据进行处理,并且将处理后的数据和其他传感器诸如罗经、GPS、雷达和数据通信设备等的数据相结合,完成信息显示、船位标绘、航线设计等一系列导航功能,从而形成完整的电子海图系统。简单说,电子海图系统包括数据、软件和硬件三大部分。

三、相关国际标准

相关国际组织通过颁发相应的标准统一了电子海图的数据格式,规范了电子海图系统的性能标准。在电子海图生产、应用过程中执行的相关标准主要出自三个国际组织——国际海事组织(International Maritime Organization,IMO)、国际海道测量组织(International Hydrographic Organization,IHO)和国际电工委员会(International Electrotechnical Commission,IEC)等。这些标准将符合要求的电子海图系统命名为电子海图显示与信息系统(Electronic Chart Display and Information System,ECDIS)

1. IMO ECDIS 性能标准

1995 年 11 月,在 IMO 第 19 届大会上以 A. 817(19)号决议正式批准 IMO ECDIS 性能标准[Performance Standard for Electronic Chart Display and Information System(ECDIS)],此后海安会在 1996 年、1998 年分别通过 MSC. 64(67)决议、MSC. 86(70)决议对性能标准进行修订。2006 年 12 月,通过了 MSC. 232(82)决议,该决议对性能标准进行了较全面的修订,使之成为现行的 IMO ECDIS 性能标准。

MSC. 232(82)建议各国政府确保:

(1)在 2009 年 1 月 1 日或以后安装的 ECDIS 设备,符合不低于本决议附件所规定的性能标准;和

(2)在 1996 年 1 月 1 日或以后但于 2009 年 1 月 1 日以前安装的 ECD1S 设备,符合不低于经 MSC. 64(67)决议和 MSC. 86(70)决议修正的 A. 817(19)决议附件所规定的性能标准。

该性能标准给出了 ECDIS 相关定义、海图信息的提供、更新与显示、比例尺、其他航行信息的显示、显示模式和邻近区域的生成、颜色和符号、显示要求、航线设计、航行监控和航行记录、计算和精度、性能试验、故障报警和指示、备用配置、与其他设备连接、电源等内容。

2. IHO 关于 ECDIS 的相关标准

IHO 关于 ECDIS 的标准主要涉及电子海图数据及显示,主要有:

(1)IHO S-52:电子海图的内容和 ECDIS 显示标准

IHO S-52 标准为电子海图的内容和 ECDIS 显示标准(IHO Specifications for Chart Contentand Display Aspects of ECDIS),该标准规范了 ECDIS 显示 ENC 信息时的方式,包括颜色、符号样式、线型等一系列问题,从而保证了不同厂商生产的 ECDIS 显示海图信息的方式、基本海图功能都是一致的,以利于航海人员的识图和使用。

(2)IHO S-57:关于数字化海道测量数据的传输标准

IHO S-S7 标准为数字化海道测量数据的传输标准(IHO Transfer Standard for Digital Hydrographic Data),该标准描述了用于各国航道部门之间的数字化海道测量数据的交换以及向航海人员、ECDIS 的生产商发布这类数据的标准。该标准是具有法律效力的矢量电子海图[IMO ECDIS 性能标准定义为电子航海图(Electronic Navigational Chart,ENC)]的数据交换和传输标准。

(3)IHO S-63:数据保护方案

IHO S-63 标准为数据保护方案(IHO Data Protection Scheme),该标准主要用于规范电子航海图数据的分发与服务,包括防盗版、防伪造、选择性存取、数据制作者一致性和原始设备制造商(OEM)一致性等条款,是安全结构与操作规程的推荐性标准,使用对象为数据发行机构(如国家海道测量部门)、ECDIS/ECS 设备制造厂商和最终用户。

(4)IHO S-100:通用海道测绘数据模型

尽管 S-57 有很多优点,但其仍存在一定的局限性,例如,S-57 几乎是专门用于 ECDIS 使用的 ENC 编码;没有被地理信息系统(GIS)领域广泛接受;维护机制不灵活;不支持未来发展的要求(如栅格测深、时变信息等)等。

为了解决这些局限,进一步扩充 S-57 的适用范围,更好地适应国际空间信息交换标准的发展,满足栅格海图、多媒体信息等信息交换的需要,IHO 开始了 S-57 新版本——S-100(IHO Universal Hydrographic Data Model,IHO 通用海道测绘数据模型)——的研究。

S-100 的主要目的是支持更为广泛的海道测量数字数据源、产品和用户,包括影像和栅格数据、增强元数据规范、无约束编码格式和更灵活的维护体制。因此可以开发诸如高密度测深、海床分类、海洋 GIS 等超出传统的海道测量范围的新应用。S-100 设计用来满足扩展要求及未来要求,例如 3D 数据、时变数据以及需要时可以很容易加载的用来采集、处理、分析、存取和显示海道测量数据的网络服务。

(5)其他

除了以上标准外,IHO 还制定了以下电子海图相关标准:

①S-S8《ENC 有效性检验推荐标准》(Recommended ENC Validation Checks):作为 ENC 生

产中质量控制的参考标准,它规定了 ENC 检核工具软件开发者开发的数据检核软件最低限度应检查的 ENC 科目。

②S-61《光栅航海图产品规范》[Product Specifications for Raster Navigational Charts (RNC)]:这是关于标准光栅电子海图(IMO 定义为光栅航海图)制作的主要标准。

③S-62《ENC 生产机构代码》(ENC Producer Codes):给出了所有 ENC 生产机构及其代码。

④S-64《IHO ECDIS 测试数据集》(IHO Test Data Sets for ECDIS):用于测试 ECDIS 能否正确显示某些 ENC 符号。

⑤S-66《关于电子海图及其使用要求的实际情况说明》(Facts about Electronic Charts and Carriage Requirements):该说明对 ECDIS、ENC 等基本概念进行了介绍,对 IMO 关于

ECDIS 强制配备规定做出导读,对一些常见相关问题进行了解释。

3. IEC 61174:ECDIS 硬件设备性能和测试标准

国际电工委员会发布的 IEC61174《海上导航和无线电通信设备及系统——电子海图显示与信息系统(ECDIS)——操作和性能要求,测试方法和要求的测试结果》[Maritime Navigation and Radiocommunication Equipment and Systems—Electronic Chart Display and Information System (ECDIS)—Operational and Performance Requirements, Methods of Testing and Required Test Results]。该标准明确了对 ECDIS 进行测试的方法和应该出现的测试结果。

任何厂家生产的 ECDIS 系统必须按该标准经严格测试并达到标准要求的结果,才能被官方认可投入市场。换句话说,通过该标准的测试是 ECDIS 合法地成为船用设备的基础。通过了按照该标准测试的 ECDIS 便得到了类型认证,可以合法地成为船用设备。

四、标准的电子海图

符合上述有关国际标准的光栅电子海图和矢量电子海图,分别被称为光栅航海图(raster navigational chart, RNC)和电子航海图(electronic navigational chart, ENC),便是标准的电子海图。

1. 光栅航海图

符合 IHO S-61 标准的光栅电子海图,是由国家海道测量局或其授权出版的纸质海图通过数字复制而成的图像文件,可以是单一海图也可以是系列海图。

RNC 具有以下属性:

(1)由官方纸质海图复制而成;

(2)根据国际标准制作;

(3)内容的保证由发行数据的水道测量局负责;

(4)根据数字化分发的官方改正数据进行定期改正。

目前世界上主要的光栅航海图产品有英国水道测量局(UKIHO)生产的 ARCS 和美国国家海洋及大气管理局(NOAA)生产的 RNC。

2. 电子航海图

ENC 是内容、结构和格式均标准化的数据库,该数据库由政府或政府授权的海道测量机构或其他相关政府机构发布并符合 IHO 标准,供 ECDIS 使用。ENC 包含安全航行所需的所有海图信息,并可包含纸质海图上没有但可视为安全航行所需的补充信息(例如航路指南)。

ENC 具有以下属性:

(1)内容基于主管海道测量局的原始数据或官方海图;

(2)根据国际标准进行编码和编制;

(3)基于 WGS-84 坐标系;

(4)内容的保证由发行数据的海道测量局负责;

(5)由国家主管海道测量局或机构发行;

(6)根据数字化分发的官方改正数据进行定期改正。

虽然 RNC 也符合有关国际标准,但由于其本质上的非智能的缺陷,主要应用在电子海图发展初期。因此现在通常所说的标准电子海图一般是指 ENC。

不符合标准的电子海图、由非官方机构按自己数据格式生产制作的电子海图数据均属于非标准电子海图。相对于 ENC,非标准电子海图存在如下缺点,给用户带来航行安全隐患:

(1)不是官方海道测量机构制作的,不能保证数据的权威性;

(2)不直接从事水道测量,数据的实时更新不能得到保证;

(3)通用性较差。

五、标准的电子海图系统

1. 电子海图显示与信息系统

IMO 定义的标准电子海图系统即电子海图显示与信息系统(Electronic Chart Display and Information System,ECDIS)。

电子海图显示与信息系统是一种航行信息系统,如果这个系统具有适当的备用配置,便能被接受为符合 1974 年 SOLAS 公约中第 V 章第 19 和 27 条关于改正至最新的海图的配备要求。该系统可有选择地显示系统电子航海图中的信息以及从导航传感器获得的位置信息以帮助航海人员进行航线设计和航行监控,并且能够按要求显示其他与航海相关的信息。

定义中所述的系统电子航海图(System Electronic Navigational Chart,SENC)是由电子航海图内容及其改正数据无损转换为制造商的电子海图显示与信息系统的内部格式而形成的数据库。这个数据库被 ECDIS 直接用来显示电子海图以及完成其他航海功能,并且与最新的纸质海图等效;还可包含航海人员添加的信息和来自其他信息源的信息。

2. 光栅海图显示系统

IMO 性能标准指出,当船舶航行于 ENC 数据不能满足航行需求的水域时,ECDIS 可以使用 RNC,此时 ECDIS 处于光栅海图显示系统(Raster Chart Display System,RCDS)。

光栅海图显示系统为一种航行信息系统,显示 RNC 信息和来自导航传感器的位置信息以帮助航海人员进行航线设计和航行监控,如有需要,还可显示其他关于航行的信息。

与 ECDIS 相比,RCDS 有很多的局限性,如海图变向显示可能影响海图资料的读取、不能够通过查询方式获取海图物标的附加信息等,因此当 ECDIS 处于 RCDS 模式时,必须与适当配置的纸质海图一起使用,即不能完全取代纸质海图。

3. 电子海图系统

目前,将经检验不符合 IMO 关于 ECDIS 相关国际标准的电子海图系统称为电子海图系统(Electronic Chart System,ECS)。这里提及的两个电子海图系统并不相同,前者泛指一般意义的电子海图系统,而后者 ECS 特指不符合国际标准要求的电子海图系统。ECS 不能满足 IMO 关于 ECDIS 的相关要求,因而也不能满足 SOLAS 公约第 V 章关于海图的配备要求,不能替代纸质海图。

需要说明的是,我国海事局在关于船载电子海图系统的管理规定中,要求我国国内航行船舶安装的系统即为电子海图系统,并在《国内航行船舶船载电子海图系统(ECS)功能、性能和测试要求(暂行)》中给出了 ECS 的性能标准和测试要求,包括电子海图来源、系统功能、系统技术指标等。相比较而言,该 ECS 相关要求略低于 ECDIS,ECDIS 中一些必须具备的功能,在 ECS 中并不强制要求,例如临时标绘等。因此,该 ECS 的使用范围也受到限制,仅适用于中国海事局制定的《国内航行船舶船载电子海图系统和自动识别系统设备管理规定》中的船舶。

六、电子海图显示与信息系统

ECDIS 的组成和一般的电子海图系统类似,主要包括硬件、软件、数据三部分,如图 8-1-1 所示;所不同的是硬件、使用数据以及功能方面的标准应根据国际标准进行设计和配置。

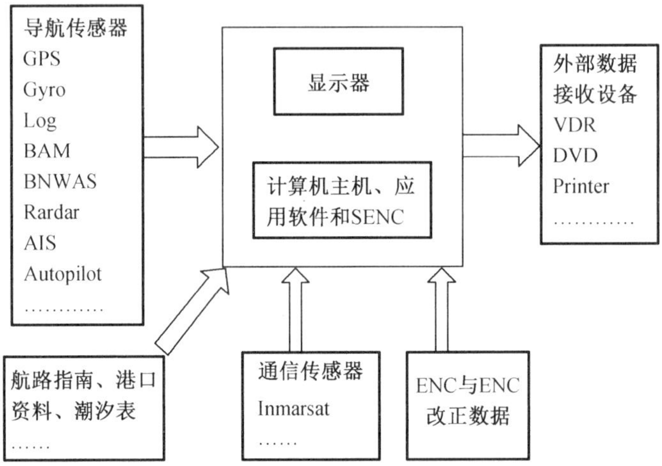

图 8-1-1 电子海图显示与信息系统组成

1. 系统硬件组成

ECDIS 由一个具有高性能的内、外部接口,符合 S-52 标准要求的船用计算机系统和相应传感器组成。系统的核心是高速中央处理器和大容量的内部和外部存储器。外部存储器存储容量应保证能够容纳整个 ENC、ENC 更新数据和 SENC。

中央处理器、内存和显存容量应保证显示一幅电子海图所需时间不超过 5 s。

系统显示器可以配置 1 个或多个,其尺寸、颜色和分辨率应符合 IHO S-52 的最低要求。无论配备几个显示器,海图显示区的最小有效尺寸应为 270 mm×270 mm,不少于 64 种颜色,像素尺寸小于 0.312 mm。

文本可以与海图显示在同一个显示器的海图要求的最小区域(270 mm×270 mm)的外部,也可以单独设立文本显示器。文本显示区或显示器用于显示航行警告、航路指南、航标表等航海咨询信息。

内部接口应包括图形卡、声卡、硬盘和光盘控制卡等。以光盘等为载体的 ENC 及其改正数据,以及用于测试 ECDIS 性能的测试数据集可通过内部接口直接录入硬盘,船舶驾驶员在电子海图上所进行的一些手工标绘、注记以及电子海图的手动改正数据的输入等可通过键盘和鼠标实现。与扬声器连接的声卡,用以实现语音报警。

利用打印机可实现电子海图和航行状态的硬拷贝,以便事后分析。外部接口一般是含有 CPU 的智能接口,保证从外部传感器接收信息(如 GPS、罗经、雷达、AIS、计程仪、测深仪、风速风向仪、自动舵等设备的信息)并按照一定的调度策略向主机发送这些信息。

通过船用通信设备不仅可以自动接收 ENC 的改正数据,实现电子海图的自动更新,还可以接收其他数据,诸如气象预报等。

通过与其他传感器连接,ECDIS 可以接收、解析、处理各种传感器数据并以文字或图形等方式显示,从而可以为航海人员集成显示所需信息并提供有效的决策支持。定位设备(如 GPS、DGPS 等)、陀螺罗经、航速与航程测量设备(如计程仪)是性能标准所要求的必须与 ECDIS 连接的三类传感器,对于未装有陀螺罗经的船舶,可采用首向发送装置代替。此外,性能标准也对 ECDIS 与雷达、AIS 的连接要求做了较为详细的规定,但并没有强制要求与这两类传感器连接。实际上,许多 ECDIS 产品均可实现与主要船舶助航设备的连接,如测深仪、风速风向仪、自动舵等。

2. 电子海图显示与信息系统功能

ECDIS 作为现代航海中的一项新技术,在保障航行安全和提高航行工作效率方面发挥了显著的作用,其功能主要包括:

(1)海图显示

依据 S-52 标准显示海图内容;在给定的投影方式下合成和显示海图(在使用墨卡托投影方式时,可以选取适当的基准纬度以减小海图的投影变形);以"正北向上"或其他方向显示海图;以"真运动"或其他运动方式显示海图;随机改变电子海图的比例尺(缩放显示及漫游);分层显示海图信息(隐去本船在特定航行条件下不需要的信息)。

(2)海图作业

在电子海图上进行计划航线设计(依照推荐航线进行手工设计或进行大圆航线计算);以灵活的方式计算任意两点间的距离和方位(如利用电子方位线、可变距标圈等方式);标绘船位、航迹和时间。

(3)海图改正

能够接受由官方 ENC 制作部门提供的正式改正数据以及由航海人员从纸质航海通告或无线电航行警告中提取的改正数据,实现 ENC 的自动和手动改正。

(4)定位及导航

能够同计程仪、陀螺罗经、GPS、测深仪、气象仪等设备连接,接收来自这些传感器的信息,并进行综合处理,求得最佳船位;能够进行各种陆标定位计算、航迹推算。

(5)航海信息咨询

获取电子海图上要素的详细描述信息以及整个航线上的航行条件信息,如潮汐、海流、气象等。

(6)雷达和 AIS 信息处理

将雷达图像、雷达跟踪目标信息、AIS 信息叠加显示在电子海图上,提供本船、本船周围的静态目标、本船周围的动态目标三者之间的位置关系。航海人员可据此判断避碰态势,做出避碰决策。同时,还可以在电子海图上检测该避碰决策可行与否。

(7)航行监控

在船舶航行过程中,ECDIS 能够自动计算船舶偏离计划航线的距离,必要时给出报警和指示,实现航迹保持。ECDIS 还能够自动检测到航行前方的暗礁、禁航区、浅滩等,帮助船舶避礁、防搁浅。

(8)航行记录

ECDIS 能够以 1 min 为间隔自动记录前 12 h 内使用过的 ENC 单元及其来源、版本、日期、改正历史、船位、航速和航向等,一旦船舶发生事故,这些信息足以再现当时的航行情况;能够记录整个航次的船舶航迹和不超过 4h 为间隔的时间标记。记录的信息不允许被操作和改变。也就是说,ECDIS 具备类似“黑匣子”的功能。

3. 电子海图替代纸质海图问题

结合 SOLAS 公约有关条款的规定、ENC 与 ECDIS 的有关国际标准,可以明确电子海图显示与信息系统替代纸质海图的条件为:

(1)通过类型认证的 ECDIS;

(2)使用改正至最新的官方 ENC(官方海道测量部门提供的符合 IHO S-57 标准,具体内容、显示方式、颜色和符号的使用等要符合 IHO S-52 规范);

(3)配备适当的备用配置。

只有上述条件同时满足,方能达到替代纸质海图的条件,满足船舶海图配备要求。

满足备份要求的选择方案有以下几种:

①另外一部使用独立电源和独立 GPS 位置传感器的 ECDIS;

②满足整个航次所需的改正到最新的最新版纸质海图;

③另外一部使用 RCDS 模式的 ECDIS;

④一部基于雷达的、符合 IMO“海图-雷达”性能标准的“海图雷达”系统。

怎样才能具备 ECDIS 的“足够有效”的备用装置,最终由各国海事局来决定。

任务二　数据显示与识读

一、数据显示

所谓数据显示即将海图数据在屏幕上显示出来形成可视海图。与纸质海图一次性形成不同,ECDIS 虽然也是根据地图投影原理进行制图显示,但其可根据不同航海需要随时以特定的形式选择性地显示所需数据。

1. 显示优先级

ECDIS 处理的全部数据,包括海图信息、雷达信息和其他传感器的数据,按照 S-52 标准进行了数据分层与显示优先级管理。在显示过程中,当发生信息空间重复时,要优先保证级别高的信息能够清晰、完全被显示,级别排列靠后的信息不能覆盖其前级信息。

S-52 标准规定,ECDIS 应将处理的数据至少分成 10 级(1 级内可以分为多层信息,1 层内可分为多种要素),分级信息如下:

(1)ECDIS 视觉报警/指示(如坐标系、深度基准面异常警告、显示比例尺大于或小于 ENC 原始比例尺的警告);

(2)海道测量组织(HO)数据:点、线、面和官方更新;

(3)手动输入的航海通告和无线电航海警告;

(4)ENC 警告(海图上的警告和注意信息);

(5)IHO 的颜色填充区域数据;

(6)IHO 提供的,根据用户要求显示的数据;

(7)雷达信息;

(8)用户数据:点、线、面(用户在电子海图上做的标注);

(9)ECDIS 制造商的数据:点、线、面;

(10)用户的颜色填充区域数据。

显示优先级主要是在 ENC 制作阶段供编辑人员参考以确定各类海图信息显示的优先顺序。一旦制作完成,各类信息的显示优先级便已确定,航海人员无法更改。

2. 显示分类

由于电子屏幕尺寸的局限性、SENC 信息的多样性、显示比例尺的缩放等,使得显示在电子屏幕上的信息可能会出现杂乱无章而无法辨别的状况。因此,电子海图信息的显示进行了三种分类层次的控制,以方便航海人员对海图信息的筛选显示及查看。

(1)基础显示(display base)

基础显示是指不能从显示中去除的 SENC 信息层,是由那些不论何时、何地、何种情况下都要显示出来的信息所组成。应注意,这种显示并没有将所有与安全有关的信息都显示出来,因此不能满足航行安全的需要。基础显示是标准显示的子集,主要包括:

①海岸线(高潮水位);

②本船的安全等深线(由航海人员设定,默认为 30m);

③在安全等深线所确定的安全水域内,水深小于安全等深线的水下孤立危险物;

④在安全等深线所确定的安全水域内的水上孤立危险物,例如固定结构、架空电缆等;

⑤比例尺、量程和指北符号;

⑥深度和高程单位;

⑦显示模式。

(2)标准显示(standard display)

标准显示是指在基础显示的前提下,再增加一些与航行安全有关的物标的显示。IMO ECDIS 性能标准规定,在 ECDIS 首次启动时应缺省选择标准显示设置。该显示模式下,航线设计和航行监控的数据可以由航海人员根据需要控制显示或不显示,主要包括:

①基础显示;

②干出线;

③浮标、灯标、其他助航设备和固定结构;

④航道、海峡等边界;

⑤视觉和雷达显著物标；

⑥禁航区和限制区；

⑦海图比例尺界限；

⑧警告注记标志；

⑨船舶定线和渡轮航线；

⑩群岛海上航路。

(3)其他信息(all other information)

其他信息是指根据航行监控需要，可以由航海人员控制显示或不显示的信息，例如：

①水深点；

②海底电缆和管道；

③所有孤立危险物的详细信息；

④助航标志的详细信息；

⑤警告注记的内容；

⑥ENC 版本日期；

⑦最近海图更新编号；

⑧磁差；

⑨经纬线图网；

⑩地名。

二、电子海图的识读

纸质海图已经有了几百年的历史，海图符号的形状、颜色、大小等已被航海人员所熟悉。考虑到纸质海图和电子海图还将长期共存，所以 S-52 在设计和规定电子海图符号时尽量遵循纸质海图的使用习惯。由于 ECDIS 中海图颜色及符号的有效显示同时受到多种因素的影响，例如目的(如航线设计或航行监控)、驾驶台环境(白昼或夜间)、人的因素(色彩识别和感受)等，这就需要对传统符号进行一定的简化和改变，从而在一定程度上优化系统运行速度和显示效果，提高人机交互的效果。因此，ENC 数据的显示符号与传统的纸质海图图式既有相同之处，又在形状、颜色和尺寸上存在一定的差别。

为帮助航海人员认识和理解 ECDIS 中的信息显示特点与符号特征，S-52 通过 ECDIS Chat1 给出了 ECDIS 常用的海图图式，它包含了一套名为 AANC1XXX.000(“N”为海图的航海用途)的 S-57 文件。英国水道测量局出版了 NP5012《ECDIS 中使用的 ENC 符号指南》(Admiralty Guide to ENC Symbols Used in ECDIS)，详细列出了各类 ENC 符号的样式、含义、适用物标，并给出了与纸质海图图式(NP5011)的关联，便于航海人员查阅和比较。

此外，在 ECDIS 中，航海人员还可以利用光标查询功能查询某一符号的属性或附加信息。

限于篇幅，这里仅介绍主要的 ENC 信息与符号的识读，以帮助航海人员熟悉和了解各种海图符号的含义及其他航海信息，从而最大限度地发挥 ECDIS 的导航作用。

1. 单元名称和版本

每个 ENC 单元的数据都要单独存储，而且有唯一的单元名(文件名)，数据文件大小不超过5MB。S-57对ENC的数据文件命名的基本原则做出了统一要求，由8位字符编码和三位数字的扩展名构成，如C1511381.000。其中，前两位表示生产机构标识码，该标识码由IHO分配，具体可参阅IHO S-62，如C1代表中国海军航保部；第三位表示航海用途，共分6类，具体含义见表8-2-1；后5位表示单元标识代码，命名方式由海图生产机构确定。不同机构生产的ENC，其单元标识代码的命名方式也有所不同。

表8-2-1 ENC数据航海用途编码

编码	航海用途	比例尺范围
1	总图(Overview)	<1:1499999
2	大洋航行图(General)	1:350000-1:1499999
3	沿海航行图(Coastal)	1:90000-1:349999
4	近岸航行图(Approach)	1:22000-1:89999
5	港内航行图(Harbour)	1:4000-1:21999
6	靠离泊用图(Berthing)	>1:4000

扩展名可分为两种情况。基本单元文件的扩展名为“000”。如C1511381.000，是中国海军航保部出版发行的大连港港口图(原始版本或新版本)，图号是11381。对更新单元文件，扩展名是更新的编号，范围从“001”到“999”。这些编号不能省略且必须按顺序使用。如C1511381.001、C1511381.002…C1511381.006，是中国海军航保部出版发行的大连港港口图的更新数据文件，图号是11381，分别对应第1、2…6号更新文件。ENC单元的更新必须严格按照改正数据文件扩展名的先后顺序依次完成，这样可以有效避免出现漏改的情况。

2. 强调显示

为了清晰地区分水深的差异和界限，IHO S-52引入了本船安全水深、安全等深线等概念，从而使浅点、浅水区域等视觉明显，使航海人员容易发现和识别搁浅风险，具体如下：

(1)安全等深线(safety contour)

根据航海人员选择并设置的安全等深线，高亮或粗体强调显示等于或临近所设安全等深线的海图等深线。

安全等深线的设置应考虑本船吃水和富余水深等实际情况，具体参见本章第七节参数设定部分。

(2)安全水深(safety depth)

当显示水深点时，ECDIS高亮或粗体强调显示海图上等于或小于航海人员所设安全水深值的水深。深于安全水深的水深采用灰色显示，等于或小于安全水深的水深采用黑色(夜晚显示背景采用白色)表示，以便于航海人员及时识别浅水点。

(3)双色水深区(two depth zone shades)

以安全等深线为界，浅于该值的水域用深色度填充，深于该值的水域用浅色度填充，形成明显的双色区域。通过使用两种颜色显示海图的水深区域，可以使航海人员直观感知水域的“浅、深”,快速判定安全深度水域,如图 8-2-1 所示。

当显示的整个水域都小于安全等深线,特别是在夜晚显示背景时,水深区域的颜色深浅差别较小,不易判定当前水域是浅水区域还是深水区域。为强调显示浅水区域,避免观察判断错误,ECDIS 可以对浅水区采用暗格填充模式进行加重显示,通过这种“浅水模式”可以更加明确地标示出浅水区,如图 8-2-2 所示。

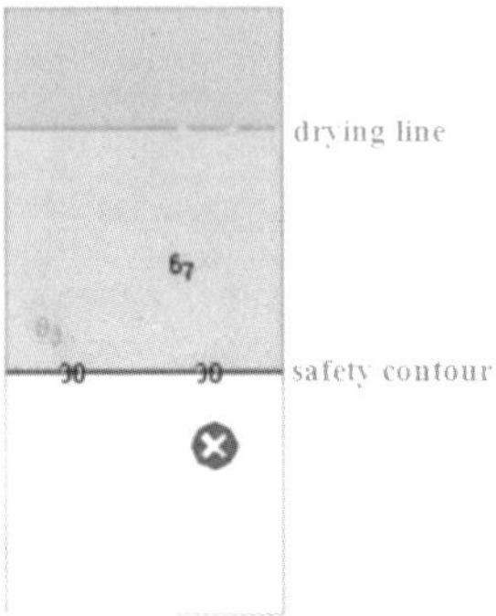

图 8-2-1　双色水深区示意图

图 8-2-2　浅水模式示意图

(4)四色水深区(four depth zone shades)

以安全等深线、浅水等深线(shallow contour)和深水等深线(Deep Contour)为界,将水深区划分为四个深度等级,分别用不同色度填充,使航海人员直观感知水域的“很浅、较浅、较深、更深”,方便对安全深度水域的判定,如图 8-2-3 所示。

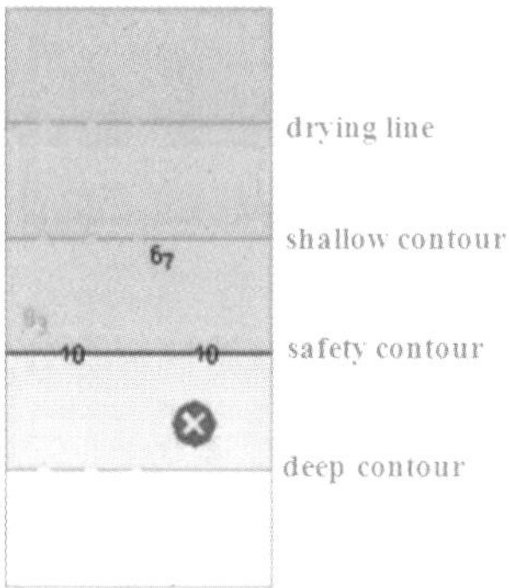

图 8-2-3　四色水深区示意图

与双色水深区显示相比,四色水深区降低了相邻水深区的对比度,使得在一定光线条件下难以区分安全水域和危险水域,特别在夜晚显示背景下不推荐采用四色水深区模式。

(5)孤立危险物(Isolated Dangers)

如果孤立危险物(如礁石、沉船、障碍物等在水面下的危险物)位于由安全等深线确定的安全水域内,但相应水深小于安全等深线(这里的安全等深线为设定值),则 ECDIS 应以如图 8-2-3 所示的带有叉形的紫色圆形符号强调显示。如有必要,位于危险水域的孤立危险物也可强调显示。此外,孤立危险物不适用于水深点。

需要说明的是,在浅水区内显示的孤立危险物属于标准显示,而深水区内的孤立危险物属于基础显示。

3. 简单符号和传统符号

对于点状物标而言，ECDIS 允许航海人员选择使用简单符号或传统符号显示，两者的特点和区别如下：

如表 8-2-2 所示，对点状物标，使用实心点、圆圈、矩形、菱形等简单符号显示。其优点是显示速度快，符号简洁清晰，特别是在夜晚显示背景下易于观察；缺点是表象性差，符号代表的物标不易识别。与纸质海图类似的符号称为传统符号，也称纸质海图符号。其优点是显示的符号符合航海习惯，类似传统的海图图式，符号代表的物标明确且易于识别；缺点是绘画占用大量计算机资源，影响系统运行速度，特别在非白天背景下显示时，符号清晰度差，容易造成看不到符号的情况，带来航行风险。

比较典型的可以采用简单符号和传统符号显示的点状物标便是浮标和立标，主要是为了能够清楚地显示浮标和立标的位置，既辅助航行，又可避免碰撞浮标和立标。

以浮标为例，侧面浮标、方位浮标、孤立危险物浮标及安全水域浮标的简单符号采用其倾斜的顶标符号表示，方位浮标采用黄色显示，孤立危险物浮标采用红色显示，其他浮标均采用相应颜色显示。如果某浮标在 ENC 中描述信息不全，或者表示库中没有定义相应的符号，则该浮标采用默认浮标符号表示，即灰色填充的圆圈，具体如表 8-3-2 所示。

如果显示浮标的名称或编号，应在相应的名称或编号前加前缀“By”，以避免编号和水深混淆。

4. 简单边界与符号化边界

如表 8-2-2 所示，对于锚地、航道、禁航区等区域性物标的边界，ECDIS 可以使用不同颜色和宽度的实线、短划线等简单线型表示，称为简单边界。同时，ECDIS 也可使用直观的符号化线型来表示区域性物标的边界，称为符号化边界。

表 8-2-2　常用简单符号/简单边界与传统符号/符号化边界对应表

简单符号/简单边界	传统符号/符号化边界	释义
		右侧标
		左侧标
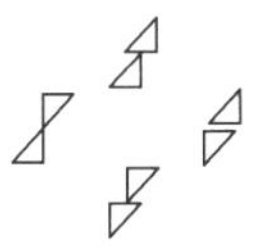	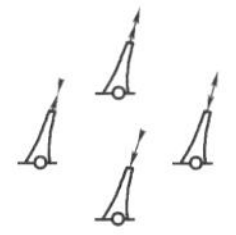	方位标
	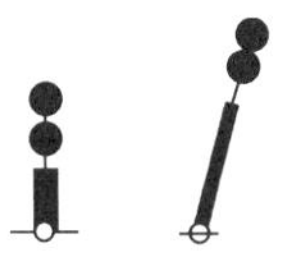	孤立危险物标志

表 8-2-2(续)

简单符号/简单边界	传统符号/符号化边界	释义
		安全水域标志
	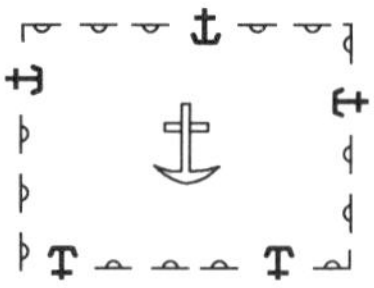	锚地

对于同一物标,航海人员可以根据情况和需要选择使用简单边界或符号化边界。在显示比例尺较小时,采用简单边界可以保证显示界面清晰。在显示比例尺较大时,特别是某一区域无法全部显示时,符号化边界可以直观地反映该区域的性质和类型,同时还能表明相应的区域范围应该位于界限的哪一侧。

此外,对于较为重要的区域,边界线采用紫色标示;对于一般性区域,边界线采用灰色标示。ECDIS 还通过颜色、图案或纹理、符号填充或显示等方式更加清晰、直观地表明区域的边界、性质。

5. 其他重要符号

除了上述重要变化外,下列符号也是 ECDIS 新增的或与纸质海图图式差异较大的:

(1)未知物标或属性

对于点状物标,如果在 ENC 中无法确定其显示方式,则采用紫色的问号标示;对于线形物标及区域物标,则在相应的(边界)线上标紫色的问号,具体如表 8-2-3 所示。

导致该情形的原因有很多,例如:

①ECDIS 不符合最新版本 S-52 表示库的要求,因此不能正确描述、显示 ENC 数据中包含的新物标;

②ENC 数据中的某物标缺少关键的属性信息,导致 ECDIS 无法准确绘制该物标;

③ENC 数据中的某物标含有非标准的属性信息。

对于第一种情况,ECDIS 将在相应位置处显示一较大的问号,可以通过光标查询功能进一步查看详细信息。对于后两种情况,ECDIS 将在相应符号旁边显示一较小的问号。

表 8-2-3 未知物标图式及释义

符号样式	释义
?	未知的点状物标
 ?	缺少关键属性的通用立标
	交通流未知的同航分道

(2)新物标

鉴于航行安全的发展要求,可能出现不能被现有符号描述的新物标。针对这种可能性,S-57 提供了两种解决方案:

①及时更新表示库内容,定义新物标的属性、符号等,以供 ECDIS 识别、显示。

②采用带有紫色圆圈的感叹号标志表明该物标无法被准确描述,图 8-2-4 自上而下分别给出了新的点状物标、线形物标和区域物标。航海人员可通过光标查询功能查看该新物标的具体属性信息。

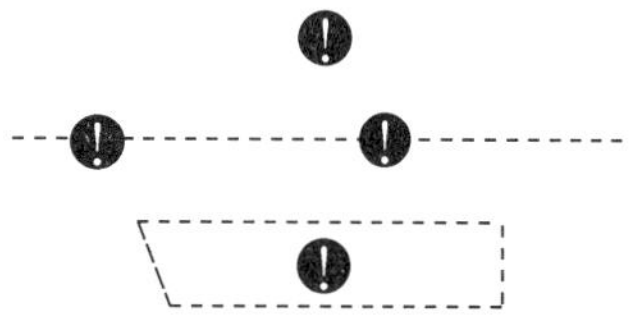

图 8-2-4　新物标

(3)精度较低的物标

①对于位置精度较低的沉船、礁石、碍航物及点状陆地等,用一黑色的问号指向相应的物标。

②对于测量精度低的水深点采用圆圈圈注,类似于纸质海图的疑深(ED)。

③对于精度较低的线形物标采用由矩形构成的虚线表示,并采用不同的颜色表示不同的物标类型。

(4)附加信息

有些信息是无法通过符号完整地表述出来的,例如与航行安全有关的特殊性规定、某一陆标的对景图等。ECDIS 可以通过警告注记或信息注记的方式提供类似的附加信息。警告注记一般是与航行安全关系较为密切的警示性信息,信息注记多是与航海有关的一般性信息。

为了避免直接显示大量文字或者图片信息而引起显示界面混乱或者覆盖其他重要的海图信息,ECDIS 中,采用一圆圈圈注的感叹号表示该点或某一区域存在警告注记(caution note),通过一矩形框圈注的"i"来表示信息注记(information note)的存在。

不论是警告注记还是信息注记,具体的信息内容均可以通过光标查询功能进一步查询。ENC 生产机构、ECDIS 生产商、航海人员均可添加有关信息,由 ECDIS 通过不同颜色的警告注记或信息注记符号加以区别显示,以达到提示航海人员查看其所含具体信息的目的。

在航线设计阶段,航海人员可以通过警告注记或信息注记的形式添加 ENC 未包含的、与航行安全有关的重要信息,诸如"通知机舱备车"或"与引航站联系"等,实现类似于传统航线设计中的航线标注的功能。

综上所述,ECDIS 在保留一些传统的纸质海图符号的基础上,一方面对一些传统符号做出了调整,一方面又增加了新的图式和表现形式。

6. 辅助显示

为增强电子海图的显示能力和效果,ECDIS 提供诸多辅助显示手段,帮助航海人员理解和判定当前的显示状态,更好地使用和利用 ECDIS。

辅助显示主要包括指北符号、比例尺棒和纬度尺、经纬线网格、比例尺索引等。

(1)指北符号

ECDIS 可以采用多种显示方向(如北向上、航向向上等),这就要求在电子海图上指示出相应的方向基准。指北符号(如图 8-2-5 所示)应始终显示在海图显示区的左上角,且要确保其显示清晰,即使比例尺棒占了海图显示区的整个左侧高度。如果显示方向不是北向上,则要旋转指北符号以时刻指示真北。

(2)比例尺棒符号和纬度尺符号

ECDIS 可以改变显示比例尺,一方面可以保证航海人员能够准确、直观地了解本船与周围其他物标特别是危险物标的距离,另一方面可以帮助航海人员及时确定避让等操作的时机。IHO S-52 要求 ECDIS 应显示比例尺棒及量程指示。

当显示比例尺大于 1:80 000(例如 1:50 000)时,绘制代表长度为 1 n mile 的比例尺棒符号(如图 8-2-6 所示)。当显示比例尺为 1:80 000 或更小(例如 1:250 000)时,绘制代表长度为 10 n mile 的纬度尺符号(如图 8-2-7 所示)。

图 8-2-5　指北符号

图 8-2-6　1 n mile 比例尺棒符号

图 8-2-7　10 n mile 纬度尺符号

比例尺棒/纬度尺符号为基础显示类,应时刻在海图显示区的左侧距底边约 3 mm 处显示。

受显示的地理区域(如纬度高于 70°的区域)或者投影方式(在不同方向上的投影变形差异超过 5%)的影响,当显示区域内各点的比例尺不一致时,ECDIS 应给出指示,说明当前的比例尺棒/纬度图尺是基于本船船位还是海图显示区中心而言的。

实质上,比例尺棒或纬度尺只能帮助航海人员概略地判定距离,如果需要精确量取两点间的距离,则可根据情况利用光标或可变距标圈实现。

(3)经纬线网格

经纬线网格属于其他信息类,因此航海人员可以控制显示或不显示经纬线网格,以方便观察与判定船舶或其他物标的位置。

(4)海图比例尺索引

ECDIS 总是试图通过无缝连接的方式载入可用的 ENC 单元数据以充满整个海图显示区,这就意味着,当前显示的海图信息可能来自多个 ENC 单元,其原始比例尺也很可能并不相同,甚至相差较大。

ECDIS 应显示出两种比例尺 ENC 单元的交界,如图 8-2-8 所示,其中粗线表示不同比例海图分界,双细线一侧表示大比例尺海图。这里的两种比例尺是指原始比例尺不属同一个航海用途分类。通过海图比例尺索引提示航海人员当前有些区域的海图数据处于超比例尺显示状态及船舶可能跨越不同航海用途的 ENC 单元。ECDIS 可选择控制是否显示海图图廓,以便在需要时(如航线设计)查看某区域不同比例尺海图的存在情况,确定如何显示和利用。

所有显示的 ENC 单元应以相同比例尺显示。因此，为匹配原始比例尺较大的 ENC 单元，原始比例尺较小的 ENC 单元需要被放大显示。如果放大程度达到 2 倍，则应在海图比例尺索引中体现出超比例尺区域，如图 8-2-9 中所示的条纹区域。这种显示仅适用于 ECDIS 为匹配显示比例尺而自动进行的超比例显示调整。对于由人为操作导致的超比例尺显示，ECDIS 不提供相应的索引指示，而是根据 IMO ECDIS 性能标准的要求提供超比例尺显示的警示。

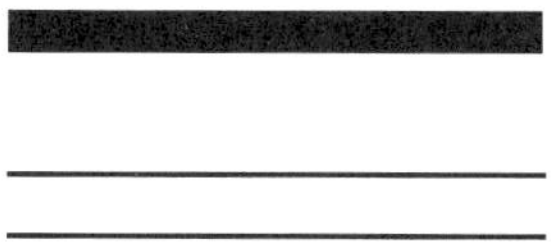

图 8-2-8　两种比例尺 ENC 单元的交界

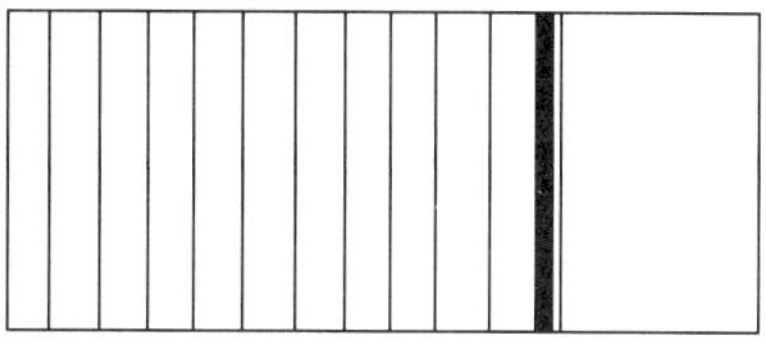

图 8-2-9　海图比例尺索引中的超比例尺区域

此外，与纸质海图相比，ECDIS 还增加了 IEC 为 IMO 制定的有关航海要素符号，如计划航线、本船符号等，具体特征将在后面陆续介绍。

三、测量精度

由于测量时间和技术等众多因素的影响和制约，海图物标的有些信息在精度上存在差异。为此 ENC 生产机构根据位置精度、深度精度和海底覆盖面将 ENC 划分成不同测量质量的区域。每一区域作为一个元物标——数据质量（M_QUAL），并赋予 6 个置信度区（CATZOC）属性值，即 A1、A2、B、C、D、U。

在其他信息显示模式下，ECDIS 会在每个区域显示相应的置信度区符号，具体形式和含义如表 8-2-4 所示。

表 8-2-4　置信度区符号及含义

属性值	符号	位置精度	深度精度	海底覆盖面
A1	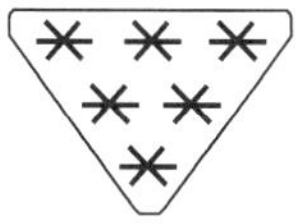	±5 m	0.5 m+1%水深，例如水深 30 m 的测深精度为 0.8 m	全部区域测量过，所有显著海底地形探测过并深度测量过
A2	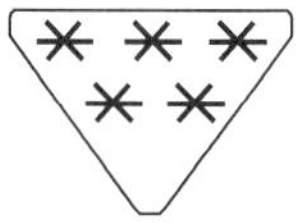	±20 m	1.0 m+2%水深，例如水深 30 m 的测深精度为 1.6 m	全部区域测量过，所有显著海底地形探测过并深度测量过
B	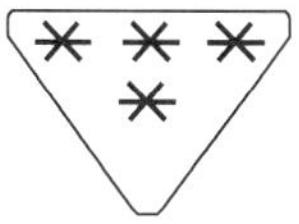	±50 m	1.0 m+2%水深，例如水深 30 m 的测深精度为 1.6 m	未达到全部区域测量，预期没有未标绘的水面航行危险物标，但有可能存在

表 8-2-4(续)

属性值	符号	位置精度	深度精度	海底覆盖面
C	✱ ✱ ✱	±500 m	2.0 m+5%水深,例如水深 30 m 的测深精度为 3.5 m	未达到全部区域测量,预期深度会出现异常
D	✱ ✱	比置信度区 C 更差	比置信度区 C 更差	未达到全部区域测量,预期深度会出现较大异常
U	U	未评定的		

由表 8-3-6 可见,5 星和 6 星符号为采用现代设备和技术进行的高精度测量;4 星符号表示中等精度测量,位置精度不是很高,海底覆盖面也不能得到完全保证;3 星和 2 星符号则表明低精度测量,可能有一些重要物标被遗漏。在决定某一区域的数据质量时,ENC 生产机构通常依据三项标准中的最低值决定。

此外,S-57 标准还规定了其他一些属性供 ENC 生产机构应用以进一步说明数据质量,如 TECSOU(水深测量技术)、SOUACC(测深精度)、POSACC(位置精度)等。

任务三 数据更新

IMO ECDIS 性能标准要求 ECDIS 所使用的海图信息应为政府或政府授权的海道测量机构或其他相关政府机构发布并经官方更新而改正至最新的版本,且符合 IHO 标准。这就是说,与纸质海图一样,电子海图同样存在更新问题。通过更新来确保 SENC 的内容是足够的和最新的,从而达到 SOLAS 公约第 V 章第 27 条的规定。

一、更新方式

S-52 专门在附录 1 电子航海图更新指南中详细规定了电子海图的更新方式和手段,具体可分为以下方式:

1. 自动更新

ECDIS 通过已经建立的通信链路,或者通过载有更新数据的实体介质,实现更新数据的获取、验证、接收、存储,自动完成电子海图的数据更新,并将更新数据融合到 SENC 中。更新的数据在显示方面与 ENC 数据没有区别。自动更新的途径按目前的技术状况可进一步分为:

(1)全自动更新

全自动更新是不必任何人员介入即可使更新信息从分发人处直接传入 ECDIS,例如通过合适的远程通信网络完成传送。在确认或接收过程完毕后，ECDIS 即可自动处理更新信息，并传送给 SENC。由于不需人员的介入便可自动处理更新信息，更新十分方便、及时。不过鉴于船舶网络的现状，该更新方式还未能在航海实践中普及。

（2）半自动更新

半自动更新是需要人员介入才能在传输介质和 ECDIS 之间建立通道（例如，插入更新盘，或者建立电话通信线路）的更新方法。在确认或接收过程完毕后，ECDIS 即可自动处理更新信息并传送给 SENC。尽管需要人员的介入，但操作过程非常简单。一般情况下，航海人员依据说明书的指导便可轻松、快速地完成。

2. 手动改正

由航海人员手工将信息键入 ECDIS。为使 ECDIS 能够接受手动更新数据，更新信息必须以某种合理的结构输入，其结构至少应与有关的 ECDIS 标准相符，并能够区别显示。

由于自动更新特别是半自动更新的周期比较长，另外许多 ENC 供应商不负责临时性通告和预告的改正，为了保证海图信息能够及时、准确地反映实际的航海环境，航海人员可将手动改正作为自动更新的有效补充。

手动改正信息应该仅仅被看作临时性手段，这种信息应该尽早被权威发行机构颁布的 ENC 更新信息所取代。

电子海图手动改正主要特点如下：

（1）改正与记录

①改正：能够以方便的途径和方式添加、删除或移动点、线、区域类物标和文字信息。可以通过鼠标在屏幕上选取空间位置或通过表格输入坐标值的方式确定物标空间位置，再通过符号或属性的选择确定修改的方式，以达到改正的效果。

②改正记录：保证所键入的全部与新情况和更新信息来源有关的更新文本信息均由系统加以记录，以便根据需要予以显示。

③报警与指示：如同处理综合 ENC 更新信息时一样，ECDIS 应该能够检测与手动改正信息有关的报警信号和指示信号。

（2）显示与查询

手动改正的信息应作为 SENC 信息并采用同样的符号进行显示，并在原有物标位置处叠加特殊标记符号（海图原始数据不允许修改），以示与原始 ENC 数据的区别。叠加的标记符号（颜色均为橙色）特点为：斜杠“/”为删除，底端带小圆圈的竖杠 为添加的点物标，小圆圈“O”为添加的线或区域物标的边界，而物标的修改则为添加和删除标记符号的组合。具体显示方式如下：

①添加物标

点物标：在对应位置上添加物标，再叠加 显示符号，如图 8-3-1 所示。

线物标：在添加的线上，均匀分布叠加显示“O”符号，如图 8-3-2 所示。

图 8-3-1　添加点物标实例

图 8-3-2　添加线物标实例

区域物标:在添加区域的边界线上,均匀分布显示“O”符号,在中心符号上再叠加显示符号。

②删除物标

点物标:在原物标符号上叠加显示“/”符号,如图8-3-3所示。

线物标:在原来的线上均匀分布叠加显示“/”符号,如图8-3-4所示。

区域物标:在区域的边界线上,均匀分布叠加显示“/”符号,在中心符号上叠加显示“/”符号。

图8-3-3　删除点物标实例

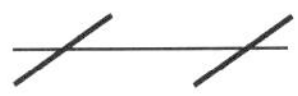

图8-3-4　删除线物标实例

③移动物标

原来的物标按删除物标处理。

移动到新位置的物标按添加物标处理。

④修改物标

如果修改仅仅是附加(例如一个已有的浮标附加一个雷康,没有其他改变),则按添加处理,即在原物标符号上叠加显示 符号。

如果修改仅仅是部分删除(例如一个已有的浮标去掉一个雾号),或者同时添加和删除部分内容,则要引起一个改变和一个删除,应同时进行添加与删除处理,标记如下:

点物标:在原物标符号上叠加 显示和“/”。

线物标:在原线边界上叠加显示“O”和“/”。

区域物标:在原区域边界上叠加显示“O”和“/”,中心符号叠加 显示和“/”。

二、更新要求

电子海图的更新处理,主要由ECDIS完成,要点如下:

1. 数据完善性

只有官方发布的ENC更新信息,例如,那些由负责船用ENC的权威发行机构颁布的、以数字化格式提供的更新信息才能够被接收进SENC。ECDIS应查验ENC更新信息权威发行机构的身份识别以与相应ENC识别特征相符,应能够处理ENC更新数据且不能降低ENC的信息内容或者ENC更新数据的质量。例如,必须考虑数据的属性、逻辑关系、几何形状以及拓扑特性等。

2. 更新验证

ECDIS应该提供一种方法,让使用者能够通过查看当前的更新数据内容或在海图上的显示,以确保更新数据已被正确地接收进SENC。

3. 更新显示

更新信息应该能够从显示器上清楚地被辨认,自动更新的数据应与原始ENC数据没有任何区别,而手动改正数据应能区别显示。

4. 分别存储

ECDIS应该将全部更新信息与ENC分别存储,即不应改变ENC。

5. 复读显示

ECDIS 应该能够根据需要用高亮度显示的方式复阅查看原先存储的更新信息。

6. 记录文件

ECDIS 应该通过一个记录文件随时记录所收到的更新信息，这个记录文件应该包括每一条被接受的或者被拒收的更新数据的下述信息：

(1)接受/拒收日期和时间；

(2)类似 S-57 产品规范中所描述的完整且毫无歧义的标识特征；

(3)更新过程中遇到的任何异常现象；

(4)更新类型：手动/自动。

7. 数据错序

当某一个 ENC 更新数据的顺序(如当前更新的版本与 SENC 中现有的更新记录版本非顺序部接)出现错误时，ECDIS 应该能够向用户报警，终止更新作业，并将 SENC 恢复到开始更新之前的文件状态。顺序查验主要执行下述序列编号查验，以保证按照正确的顺序积累更新信息：

(1)ENC 更新信息的文件扩展名；

(2)ENC 更新信息的编号；

(3)ENC 更新信息中个体记录的更新序列编号。

8. 更新信息的修改

航海人员对于更新信息的拒收或者修改要利用手动改正的方法实现。有疑义的更新信息应该在记录文件中被标注为异常信息。

9. 一致性查验

应该将过去未能成功接收的 ENC 更新信息全部通知使用人。

10. 总结报告

每一份由权威发行机构发布的官方更新文件在接收完毕之后均应提交总结报告，其中至少应包括下述内容：

(1)权威发行机构的身份识别；

(2)更新文件的更新编号；

(3)有关地理单元的单元识别特征；

(4)所涉地理单元的版本编号和日期；

(5)有关地理单元中的更新信息数量。

为了进一步便于航海人员、主管机关核查 ECDIS 的数据状态，IHO S-63(1.2.0 版)新增了 ENC 更新状态报告功能。ECDIS 既可以给出某一特定航线或部分航段涉及的 ENC 单元数据的状态报告，又可以给出系统内所有已载入 SENC 的 EC 单元的状态报告。

三、临时性通告和预告的处理

通常，电子海图的更新数据集包括了与纸质海图有关的所有永久性航海通告的内容。对于临时性通告和预告，不同 ENC 生产机构采用的处理方式相差较大，例如：

有些海道测量机构所提供的更新数据既包含永久性航海通告，也包含了临时性通告和预告(如果可能的话，这取决于其信息的具体程度)。这些更新数据均被写入 ENC 数据内的相关物标及其属性。如果某项改正性质为临时性通告或预告，则海道测量机构将在其开始生效时提供其更新内容，在失效时再将其移除。

有些海道测量机构也发布标准的 ENC 更新文件，通过时变属性来控制某项临时性通告或预告是否显示，例如开始日期（DATSTA）和终止日期（DATEND）属性、定期开始日期（PRESTA）和定期终止日期（PREEND）属性等。为了便于对临时性通告或预告管理，有些 ECDIS 在手动更新时，允许航海人员输入具体的开始生效的时间及终止时间等属性信息，这样 ECDIS 便可根据系统时间确定是否显示这些更新内容。

如果临时性通告或预告的内容非常概略，难以直接采用某一图式表示，有些海道测量机构会插入一覆盖相应 ENC 单元的警告注记符号，并与一包含该临时性通告或预告内容的文本文件链接以供查看具体信息。

然而，有些 ENC 生产机构并不提供任何临时性通告和预告的更新信息，因此，航海人员必须依据相应的航海通告内容进行手动更新，或者利用英国海道测量局提供的 AIO（Admiralty Information Overlay）服务。

在航海实践中，可参阅区域性 ENC 协调中心（Regional ENC Co-ordinating Centres，RENCs）与 UKIHO 提供的各国家和地区 ENC 生产机构是否提供临时性通告或预告的信息改正服务的汇总表，以帮助确定船上 ENC 数据的更新情况。

任务四　基本功能

一、海图显示控制

电子航海图的数据特点为 ECDIS 提供了极其丰富的多样化显示。航海人员可以根据不同的条件、环境及要求选择适当、合理、实用的显示方式，以满足显示和观察的需要。

IHO S-52 要求，在监控模式下，海图显示的基本原则是选择本船位置处最大比例尺的海图进行显示。然而在实际应用中，这一原则可能难以完全满足和符合航海人员的需求，因此，ECDIS 允许航海人员根据需要进行控制或选择海图显示。

1. 海图载入

在 ECDIS 中，海图载入的方式可以分为自动载入和手动载入两种。

（1）自动载入模式

ECDIS 将根据搜图原则，在 SENC 中查找符合当前显示比例尺且能够覆盖当前位置电子屏幕的海图，把覆盖海图显示区中心的海图作为显示的当前图，再用其他海图填充未被当前显示海图填充的区域。

（2）手动载入模式

为了能够准确查阅某一海图单元的信息，有些 ECDIS 允许航海人员通过海图列表手动选择某一海图单元载入显示。海图列表可能是覆盖当前船位的列表清单，也可能是系统已经安装的所有海图清单。

2. 显示背景

IMO ECDIS 性能标准要求显示方式应确保所显示的信息能使一个以上的观察员在船舶驾驶台正常光线条件下白天、晚上都可看清楚。驾驶台的光线亮度变化极大。白天,驾驶台上的光线从日出到日落在不断变化,太强的光线会冲淡显示的信息,这就要求电子海图必须具有明显的对比度。夜间,从显示屏上发出的光必须减弱到不影响航海人员夜视和正常瞭望为宜。

基于上述考虑,IHO S-52 定义了三种颜色表,即白天、黄昏、夜晚,以确保各类信息在不同驾驶台光线条件下均能清晰显示。因此,航海人员应根据驾驶台的光线条件设置合适的显示背景(颜色表),以获得最佳的观察效果。

需要指出的是,不同的显示背景可能不会完全满足实际使用的需要,因此,在实践中,还可以通过显示器的亮度和对比度调节、增设适当的滤光器或遮光板来得到更加理想的显示效果。

3. 运动模式

ECDIS 一般可以采取以本船相对海图的真运动(true motion,TM)或相对运动(relative motion,RM)两种模式。

(1)真运动模式

真运动模式以海图内容为固定的参照物,描绘本船位置及其他活动目标(如 AIS 目标等)

在地球表面运动的情况。通俗地讲,就是船动图不动。该运动模式是 IMO ECDIS 性能标准所要求的 ECDIS 必须具备的显示方式。

(2)相对运动模式

相对运动模式以固定在显示器屏幕上的本船位置为参照物,相对移动海图和其他活动目标。通俗地讲,就是图动船不动。

4. 显示方向

目前 ECDIS 所采取的显示方向主要有以下方式:

(1)北向上(north up)

北向上以海图真北对准屏幕竖向向上为基准显示 SENC,是一种常规的习惯显示方法,有

利于观察和比较目标相对关系(如真方位)。该显示方向是 IMO ECDIS 性能标准所要求的 ECDIS 必须具备的显示方式。

(2)首向上(head up)

首向上以本船船首向对准屏幕竖向向上为基准显示 SENC,方便观察周围情况和比较目标相对关系(如舷角)。由于船首向的不稳定,特别是大幅度地转向时,容易导致图像频繁变化或抖动,影响显示效果。

(3)航向向上(course up)

航向向上以本船运动方向对准屏幕竖向向上为基准显示 SENC。其显示特点同首向上,不同的是航向向上显示的图像是稳定的,但转向后应重新设定,以保持当前航向向上。此外,有些 ECDIS 还提供航线向上(route up)的显示方式,即以航行监控中的本段航线对准屏幕竖向向上为基准显示的方式。

不论以何种方式显示,海图上所有的点状符号与字符缩写等必须保持在屏幕画面上可以正视。因此在北向上以外的模式下,符号、文字等均应做相应的旋转变换,但应按足够大的步幅改变,以避免海图信息显示不稳定。

5. 比例尺变换

对于电子海图而言,比例尺分为编辑比例尺(compilation scale)和显示比例尺(display scale)。编辑比例尺是指为满足 IHO 关于海图精度的要求而由相关海道测量组织在数据最初编辑阶段时建立的比例尺,也称为原始比例尺。显示比例尺为两点间的显示距离与其实际距离的比值。显然,对于某一海图单元而言,编辑比例尺是由 ENC 生产机构在编辑阶段根据需要所设定的定值,一旦制作完成便不可修改,如同纸质海图的基准比例尺;而显示比例尺是可以由航海人员在使用过程中随时改变的。

IMO ECDIS 性能标准要求电子海图应能通过适当的方式(例如通过海图比例尺值或海里为单位的量程)改变显示比例尺。也就是说,与纸质海图只能按照固定的比例尺显示不同,电子海图除可按原始比例尺显示外,还可以在不同级别的显示比例尺下变换显示。为使海图内容充满整个海图显示区,ECDIS 可能需同时载入、无缝显示多个原始比例尺不同的 ENC 单元,自动调整并使其采用相同的显示比例尺。实际操作中,不同的 ECDIS 可能采用以下方式中的一种或几种供航海人员进行比例尺的手动变换操作。

(1)放大:当前海图中心不变,根据缩放比例放大显示,即海图范围变小。

(2)缩小:当前海图中心不变,根据缩放比例缩小显示,即海图范围变大。

(3)预设比例尺级别:当前图中心不变,根据选择的常用比例尺级别,快速变换显示。有些 ECDIS 允许航海人员手动输入具体的比例尺值。

(4)鼠标拉框放大:利用鼠标在屏幕上拖拽出矩形框,将其放大到充满整个海图显示区,也称无级比例尺显示。

(5)滚轮缩放:利用鼠标的滚轮功能实现快速缩小和放大。

对于放大和缩小,有些 ECDIS 会提供缩放比例,有些系统则缺省用 1 倍比例。不同类型的电子海图在比例尺变换时,会出现不同的特点和效果,使用时需要注意。

光栅电子海图在放大或缩小时,会出现像素密度的变化,导致图像模糊不清,难以识别。对于矢量电子海图,由于其空间的数值性和显示符号的规定性,在放大或缩小时,海图在空间上按比例扩大或缩小,不存在图像失真。

需要引起重视的是,当海图显示比例尺改变后,会引起视觉的测量误差,可能导致对物体之间相对关系的错误判断,增加航行风险。当显示比例尺与原始比例尺相差较大时,ECDIS 应给出警示。

另外,为方便快速以原始比例尺显示当前海图,航海人员应能通过单一操作恢复到当前显示海图的原始比例尺。所谓单一操作,是指由不超过一个硬键或软键动作完成的程序,不包括任何必要的指针运动,或使用编程编码的声响激活。

6. 变换显示海区

ECDIS 中的海图显示区比传统纸质海图的图幅要小得多,这必然导致其显示的地理范围十分有限,特别是在显示比例尺比较大的情况下。因此,为了能够全面、方便地查看其他区域的情况,就需要变换海图显示的地理区域。

在航线设计或航行监控阶段,航海人员可能会根据需要查看当前没有显示的地理区域的情况,以便进行航线的延展设计和对前方水域的查看,促进航行安全。

由此可见,在 ECDIS 的使用过程中,显示海区的变换是十分必要的。ECDIS 一般可通过以下四种方式实现:

(1)比例尺变换

通过改变显示比例尺来增大或缩小显示的地理范围,从而实现海图显示区域的变换。

(2)手动载入海图

如果知道与该区域有关的海图单元,可通过海图列表或者查询功能选择并载入该海图单元,变换显示区域。

(3)海图漫游

航海人员可利用鼠标或轨迹球通过简单的操作实现显示区域的变换,该操作称为海图漫游。如有些 ECDIS 可以通过直接按住鼠标左键拖曳实现海图漫游。此外,航海人员还可以精确输入一坐标值,然后按当前比例尺显示以输入位置为中心的地理区域,实现比较精确的海图漫游。

(4)海图自动变换

在真运动模式下,随着时间的推移和船舶的运动,本船符号与海图显示区边界的距离将越来越近,ECDIS 中显示的本船前方的水域范围也随之不断缩小,势必影响航海人员对船舶航行态势的预测和对周围航行环境的查看。为此,航海人员应能设定本船与海图显示区边缘的最小距离,当实际距离达到该设定值时,ECDIS 应能重新调整本船在海图显示区的位置,并随之调整海图显示区的海图内容,从而实现显示海区的自动变换。

在显示海区的变换过程中,本船船位很可能会不在海图显示区内,难以进行有效的航行监控。为避免由此带来的不便和风险,航海人员应能通过单一操作立即恢复到覆盖本船位置的显示状态。此外,有的 ECDIS 产品提供了双窗口功能,即将海图显示区分为两部分,一个窗口可随意变换显示海区,另一个窗口则始终覆盖当前船位,以保证对船舶航行状态进行连续有效的监控。

7. 显示内容的选择

除可根据显示优先级等自动筛选确定显示的海图信息种类外,ECDIS 还允许航海人员通过显示分类(即基础显示、标准显示和其他信息)手动选择显示内容,以满足不同的航海需要。针对显示分类,IMO ECDIS 性能标准要求 ECDIS 应能在任何时候仅靠操作员的单一操作提供标准显示。当一幅海图最初在 ECDIS 上显示时,应当使用 SENC 中显示区域的最大比例尺的数据提供标准显示。从 ECDIS 显示中应能容易地增加或删除 ECDIS 显示的信息,但不能删除基础显示的信息。S-52 同时也规定航海人员应能够通过操作单独增加或删除标准显示或其他信息中的某项内容。如果消除标准显示中的信息种类以按指定规格显示,对此应有永久标示。ECDIS 在关闭或断电后打开时,应恢复至最近手动选择的显示设置。

在 ECDIS 的使用中,应充分考虑显示分类的功能作用,根据本船实际情况和航行水域特点,合理选择、控制显示模式及其内容,在满足航行安全需要的基础上获得最好的观察界面。如在大洋航行时可选择基础显示;在近岸航行时可选择标准显示;在港区航行时,通过选择其他信息并挑选必要的航行信息(如水深点)加以显示,以利于航行安全的判断与观察。为了提升显示内容选择操作的便利性,IHO S-52 要求 ECDIS 应允许航海人员预先设定并存储不同情况下的显示内容设置,这样,航海人员可以在需要时直接调用相应设置。航海人员应清醒地意识到,不论如何设置显示分类,都有可能存在某些未被显示的信息。如果航海人员仅仅依靠海图显示内容进行航线设计或航行监控,则可能因为信息不全而导致判断失误。

正常情况下,航海人员在进行航线设计时与 ECDIS 显示屏的视距为 70cm 左右,因而显示内容在不致混乱的前提下,应尽可能详尽以确保计划航线的安全合理。

航行监控模式下,航海人员与 ECDIS 显示屏的视距可能达数米远。这种情形下,特别是在发生紧急情况时,航行监控模式应仅显示直接相关的信息,以确保信息提取迅速、明确而非模棱两可。需要特别指出,电子海图上的字符读取比较困难且易导致混乱。因此,在航行监控显示中应尽可能少使用字符。

实际上,ECDIS 的显示受到众多因素的影响,如系统内可用 ENC 单元的原始比例尺、物标的最小比例尺属性、ECDIS 的海图载入规则、ECDIS 内可用的比例尺变换幅度、航海人员关于显示的设定等。不同的 ECDIS 对相关标准存在不同的理解,可能采用不同的缩放幅度或海图载入规则,给出不同的显示结果。因此熟悉所用 ECDIS 的运行方式是非常重要的。

若显示模式的设置或者被其他显示信息覆盖导致有些特征物标无法显示出来,ECDIS 仍应能够探测到上述物标的存在,并根据设定给出报警。尽管如此,航海人员也不应过分依赖自动报警功能。

二、航海测量

航海测量主要是指经纬度、方位和距离的量取与标绘。航海人员可利用分规和航海三角板或平行尺在纸质海图上进行标绘或测算。与传统方式相比,电子海图上的航海测量则简便得多。

1. 经纬度测量

ECDIS 可动态显示光标所对应位置的经纬度。查看某地经纬度时,只需通过鼠标或轨迹球移动光标使其中心对准该点即可。

2. 方位距离测量

在 ECDIS 中,可通过电子方位线和可变距标圈方便地量取任意两点间的方位、距离。一般可以利用鼠标或轨迹球直接选取相应位置点,有些 ECDIS 也允许直接输入精确的地理坐标来确定位置点。通常有如下两种处理方法:

(1)本船方位距离:量取本船与某地理位置点的方位距离。

(2)任意两点方位距离:量取海图上任意两点间的方位距离,一般以第一点为基准点。

三、陆标定位、航迹推算

除可与连续定位系统连接从而直接获取本船的位置外,ECDIS 还可使航海人员方便快捷地完成目前在纸质海图上所做的船舶定位工作,如陆标定位、航迹推算等。

1. 陆标定位

为避免航海人员过分信赖定位传感器提供的船位信息,IMO ECDIS 性能标准在 2009 年做出修正,要求 ECDIS 应允许航海人员手动输入和标绘获得的方位和距离位置线,并自动计算出本船的观测船位。

与传统的陆标定位方式相比,基于 ECDIS 可以极大地简化在纸质海图上绘制方位或距离位置线的过程,并可减少人为绘制误差,甚至是失误;对应的观测船位也可由系统自动计算并显示出来,从而减轻航海人员的工作负担。

2. 航迹推算

根据 IMO ECDIS 性能标准的要求,通过上述方式获取的观测船位还可作为航迹推算的起算点。许多 ECDIS 也允许航海人员手动输入或确定航迹推算的起点。

陀螺罗经、测量航速与航程的设备是必须连接的传感器,所以 ECDIS 基于这两类传感器提供的航向、航程信息可推算出本船具有一定精度的航迹与船位。许多 ECDIS 允许航海人员手动输入航向、航速数据作为航迹推算的依据。

可见,基于 ECDIS 可以大大减少传统的在纸质海图上进行的航迹推算的工作量,减轻航海人员工作负担。此外,由于 ECDIS 可以同时显示本船的船首矢量线和航行矢量线,所以可以简便、准确地获取实际的风流压差,从而大大提高航迹推算的精度。

需要说明的是,针对通过陆标定位、航迹推算等方式获取的非连续船位,ECDIS 应采用黄色符号加以体现,以提醒航海人员注意船位的精确性。

四、光标查询

对某一海图物标而言,可能只有部分特征信息可以从其显示符号中直接获取,这是因为如果将所有的信息都显示出来可能导致显示内容相互重叠、杂乱且难以识别。因此,描述该物标的许多属性信息并不自动显示,尽管相关信息均已包含于 ENC 数据中。

从电子海图数据模型中我们知道,矢量海图数据是由空间和特征属性组成的。因此,通过空间可筛选查询某位置的物标及其特征属性,如灯塔的名称、高度、灯质等。

IMO ECDIS 性能标准要求,对操作员确定的任何地理位置(例如通过光标点击),ECDIS 应在要求时显示与该位置相关的海图物标的信息。IHO S-52 标准要求显示的位置相关物标应是正在显示、肉眼可见的物标。这里位置相关的物标包括:

(1)位置在该点处的点物标:如灯塔、沉船、本船、引航站等;

(2)通过该点的线物标:如等深线、海岸线、海底电缆等;

(3)包含该点的区域物标:如避航区、锚地、限制区、无数据区域、该区域的单元数据(如原始比例尺等)等,这里的区域不能超过覆盖该点的 ENC 单元边界;

(4)位置在该点的文字:如信息符号、文本串等。

光标查询功能可有效帮助航海人员查看那些通常不被自动显示但与航行安全密切相关的重要属性信息,特别是在基础显示或标准显示模式中大量海图信息没有被显示出来的情况下。

任务五　导航传感器的使用

ECDIS 的强大功能是通过综合处理连接的外部导航传感器传递来的数据并统一显示在电子海图上实现的。因此,导航传感器的正确使用、设备的正常运行,将直接影响 ECDIS 的使用效果。

理论上讲,ECDIS 可以与所有船舶导航设备或具有数字信息输出的其他设备连接,这也是 ECDIS 被人们接受为船舶信息核心的原因。根据 IMO 性能标准要求,ECDIS 应强制接入定位设备(如 GPS、DGPS 等)、陀螺罗经、航速与航程测量设备(如计程仪),对于未装陀螺罗经的船舶,可采用首向发送装置代替。同时,IEC 61174:2015 要求 ECDIS 必须有能力接入 BAM(Bridge Alert Management)、BNWAS、VDR、ECDIS 备用配置,同时雷达、AIS、测深仪、NEVTEX 等为选配接口。当 ECDIS 与其他传感器连接时,ECDIS 不能降低任何传感输入设备的性能,也不能由于连接其他设备而降低自身的性能。

ECDIS 通过串口与这些外部传感器设备连接。此外,IEC 针对电子设备之间的数据交换与传递,制定了接口协议(RS232/RS422)和数据传输协议 NMEA-0183。在实际操作中,ECDIS 一般通过配置对话框提供其连接的外部传感器的连接参数配置(选择连接设备、对应串口编号、波特率等),航海人员可根据具体情况进行设置以选取合适的传感器并能及时获取有关信息。

一、定位设备、陀螺罗经、测量航速与航程设备

通过与定位设备、陀螺罗经、测量航速与航程设备(如计程仪)的连接,ECDIS 可以获取本船的位置信息、船首向、航速与航程等信息,从而可以实现对本船位置、运动状态的监控。

1. 显示位置

为了便于查看本船周围的环境状态,ECDIS 允许航海人员根据需要设定本船在海图显示区的位置。有些 ECDIS 提供了以下两种模式:

(1)居中显示:本船始终显示在海图显示区中心。

(2)偏心显示:本船显示在海图显示区某侧固定距离。

有些 ECDIS 则没有明显区分上述两种模式,只需通过简单操作即可直接改变本船在海图显示区的位置。

航行监控时,只要显示覆盖所在区域,所选航线和本船位置就会出现。如果在航行监控时由于预前显示(look ahead)、航线设计等操作导致 ECDIS 显示海区未覆盖本船位置,自动航行监控功能(例如更新船舶位置、提供报警和指示)应能通过单一操作立即恢复到覆盖本船位置的航行监控显示。

2. 本船符号

通过与 GPS 等定位设备连接,ECDIS 可以实时地把本船的航行状态用图形符号在其位置处显示出来。根据 S-52 的规定,本船的显示符号可以由航海人员控制或显示基本符号

样式,或显示比例船形样式,具体见表 8-5-1。在当前显示比例尺下换算所得的本船显示长度小于 6mm 时,只能使用基本符号。在近岸、狭水道航行或靠离泊操作时,比例船形可以比较直观地显示船舶外部边缘与周围水域环境的关系,有助于进行操船判断和决策。

本船符号的基点为本船的指挥位置(conning position),需要根据定位设备的天线位置换算至该点。

表 8-5-1　本船符号、航行矢量线和船首矢量线符号

符号样例	特征描述	释义
	黑色双圆圈	本船基本符号(固定大小)
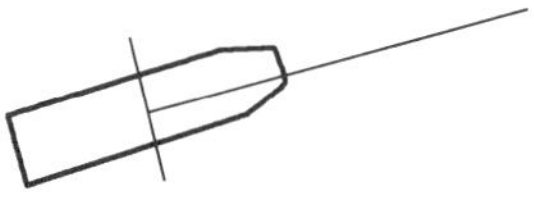	船形轮廓符号	本船比例船形:根据船长和船宽,按显示比例尺进行屏幕尺度换算绘出 短横线表示本船正横 细实线表示本船船首线
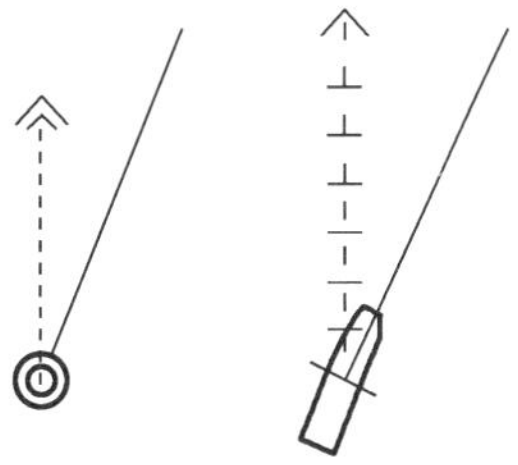	细实线和带箭头的粗实线	细实线表示本船船首线 粗实线表示本船航行矢量线 航行矢量线上的短横为时间刻度 单箭头表示对水模式 双箭头表示对地模式

3. 本船矢量线、航迹的显示

(1)航行矢量线

航行矢量线是设定显示时间长度,然后根据航速换算得到矢量长度,从船舶符号基点开始,以航行方向为基准,画出带有箭头的矢量线。矢量线上可标有间隔 1 min 的时间标记,每隔 6 min 应加粗强调显示。航行矢量线可为对地模式,也可为对水模式,如表 8-6-1 所示。

有些 ECDIS 提供曲线形状的航向矢量线以表明船舶正在转向。

有些 ECDIS 提供航行预测功能。这里的预测功能并不是操作模拟,不同于雷达的“试操船”功能,而是类似于智能的航迹推算。ECDIS 根据当前位置、船首向、转向速率、对地航速计算和显示出船舶在未来一定的时间跨距内(如 1 min)的位置和方向。当船舶在受限水域航行,特别是转向时,该功能十分有效。该功能仅需实时的传感器数据,无须预先设定船舶操作特性,因此适合各种类型船舶。该功能只有结合比例船形才能有效使用。

(2)船首矢量线

船首矢量线是以陀罗北为基准,从船舶符号基点开始,画出一定长度的线条,如表 8-6-1 所示。

有些 ECDIS 允许设定船舶符号纵向与船首矢量线一致,或者与航行矢量线一致,这与传统助航设备的显示方式可能存在差异,在实际使用时应加以注意。

(3)航迹

航迹是在本船当前位置后显示设定时间段内的历史航迹，并可在航迹上显示时间标记。时间标记可以在需要时手动显示，也可以按选定的 1 min 和 120 min 之间的时间间隔自动显示。如果 ECDIS 同时从两个定位源获取本船的位置信息，则会相应形成主、辅两条航迹。在不同的显示背景下，主、辅航迹采用不同颜色、形状的线条显示加以区别，如在白天显示背景，主航迹采用黑色显示，辅航迹采用灰色显示。主航迹采用粗线条表示。

4. 设备的使用

(1)定位设备的使用

对于 ECDIS 而言，高精度的定位系统是最重要的传感器。通过与定位设备(如 GPS/DGPS 等)连接，ECDIS 可以自动连续显示本船的实时船位，这在沿岸，狭水道、港口等水域航行时显得尤为重要。

尽管目前 GPS/DGPS 的定位精度已经比较高，但是仍可能由于设备故障、连接故障等而导致数据无法传输或传输错误；由于多径效应、气象干扰、其他船载设备(如 Inmarsat 通信设备、VHF)的无线电干扰等而降低位置精度。航海人员如果不能及时发现 ECDIS 显示船位是错误的或存在较大的误差，将可能产生极其危险的后果。鉴于此，ECDIS 性能标准要求在可能的情况下应提供第二个独立的且最好是不同类型的定位源。这样，ECDIS 可以同时显示两种方式确定的船位，通过辨别两者的差异来判断定位系统的可靠性和船位的准确性，避免由于航海人员不加分析地接受船位而引起的危险。

除可与两个定位源连接获取“双船位”并相互比较检验外，航海人员还可利用陆标定位、航迹推算、传统的在纸质海图上标绘确定船位的方式等各种可能的手段，对比、检验当前显示船位的准确性。ECDIS 应指出连续定位系统获得的位置和人工观测获得的位置(如陆标定位、航迹推算等)之间的差异，实现船位的校验。

如果发现船位错误或者存在较大的偏差，应及时进行修正。

(2)船首向与航速传感器

通过与陀螺罗经和计程仪等助航设备连接，ECDIS 可以获取本船的船首向和航速。ECDIS 根据航海人员设定的时间长度，显示本船的航行矢量线，有利于航海人员直观地查看船舶的运动状态、预测船舶的运动趋势。

需要注意的是，ECDIS 显示的航行矢量线可能是对水的，也可能是对地的，两者间的区别在于是否考虑水流对船舶运动的影响。因此，航海人员应明确所采用的矢量稳定模式，以准确把握本船与其他目标的运动态势，做出正确的导航和避碰决策。

二、雷达

1. 雷达图像与雷达跟踪目标的叠加显示

关于雷达图像与雷达跟踪目标的叠加显示，相关标准主要有如下要求：

(1)雷达图像和雷达跟踪目标的信息都可以传递到 ECDIS 中，至少应能显示 40 个雷达跟踪目标。

(2)雷达图像应该能够自动根据天线的位置调节到指挥位置。

(3)如果在 ECDIS 显示界面上叠加显示雷达图像，必须做到使雷达图像和 ECDIS 海图数据在比例尺和显示方向上保持一致。

(4)雷达图像以绿色显示,可以采取透明和不透明方式或采用透明度可调节的方式叠加显示。

(5)能够以"一键式"单一操作隐去雷达信息。

(6)绿色浮标或灯弧上叠加绿色雷达图像使得对比度不良时,浮标和灯弧要画在雷达图像上面,所有灯弧要用黑轮廓包围。

(7)雷达跟踪目标一般采用圆点或圆圈表示,带有的横向短线表示目标的形体横向,并体现雷达跟踪目标的状态,如表 8-5-2 所示。

2. 雷达的使用

ECDIS 可以控制在电子海图上显示或不显示雷达图像、雷达跟踪目标。

通过在电子海图上叠加显示雷达图像、雷达跟踪目标,航海人员可以直观地查看本船、本船周围的静态目标和动态目标三者之间的位置关系,据此判断碰撞态势,做出避碰决策;同时便于航海人员快速准确地识别雷达回波。

叠加时,海图和雷达图像的比例尺、投影方式和显示方向等应自动匹配,以保证图像信息的一致性。通过比较海图与雷达图像的匹配是否一致,可以帮助航海人员检验两者的可靠性。

尽管在 ECDIS 上叠加显示雷达图像、雷达跟踪目标可以在一定程度上促进航行安全,但在使用时仍需注意如下问题:

(1)IMO ECDIS 性能标准要求,叠加显示雷达图像时,ECDIS 与雷达不应相互降低性能。但如果风浪、雨雪较大,雷达图像可能存在较多的杂点,叠加之后会影响海图信息的显示和读取。

(2)如果仅仅叠加显示雷达跟踪目标,则海图叠加显示的只是已录取的目标。这样,本船周围可能存在一些目标没有叠加显示,航海人员在进行避让操作时必须清醒地意识到这一点。正是基于此,在实践中完全依赖 ECDIS 进行避让是不可取的。

(3)由于设备的参考点不同或其他因素对设备性能的影响,雷达图像与海图物标可能难以完全重合,如潮汐或海冰的影响导致实际海岸线回波与海图上海岸线并不一致。

(4)由于 ECDIS 和雷达的扫描周期不同,前后存在时间差,这样雷达图像中物标回波的位置和海图中对应物标的位置存在一定的位移偏差,一般情况下,这个位移偏差是比较小的。

三、AIS

1. AIS 目标的叠加显示

AIS 目标一般采用等腰三角形显示,尖头方向表示目标的形体纵向,也可显示船首向矢量线和航行矢量线,具体见表 8-5-2。

如果连接并可显示 AIS 目标时,应达到下列要求:

(1)至少能够显示 40 个激活的 AIS 目标;至少能够显示 240 个各种状态的 AIS 目标(包括 A 类 AIS、B 类 AIS、AIS 航标、AIS 基站、AIS-SART 等)。

(2)可以通过过滤设置(如距离、CPA/TCPA、休眠/激活等)确定显示某一类或几类 AIS 目标,以提高显示效果。这种情况应有重要指示来表明过滤设置的使用,且对应的过滤设置应可便于读取。

(3)可以显示 AIS 目标的航行矢量,且应于雷达跟踪目标的矢量参数一致。

(4)可以显示选择 AIS 目标的数据信息,如船舶识别信息、航行状态、船位、距离与方位、航向、航速、CPA、TCPA、航次数据等。

(5)能够以“一键式”单一操作隐去 AIS 信息。

表 8-5-2　常用航行目标符号

符号样例	特征描述	释义
	蓝色圆圈(带矢量线的)	雷达跟踪目标
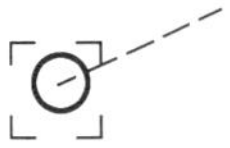	被四角边框包围的圆圈	被选中(查询)的雷达跟踪目标
	带十字线的圆圈	丢失的雷达跟踪目标
	较大蓝色等腰三角形	运动的 AIS 目标顶角表示目标的船首向
	较小蓝色等腰三角形	静止的 AIS 目标顶角表示目标的船首向
	红色等腰三角形	危险的 AIS 目标
	被四角边框包围的等腰三角形	被选中的 AIS 目标短划线表示目标的航行矢量线
	带十字线的等腰三角形	丢失的 AIS 目标
	带等腰三角形的船形轮廓符号	AIS 目标的比例船形
	蓝色右弯折线	AIS 目标向左转向
	蓝色左弯折线	AIS 目标向右转向
	带十字线的菱形	AIS 岸台

2. AIS 的使用

ECDIS 可控制在电子海图上叠加显示或不显示 AIS 目标。

通过在海图上叠加显示 AIS 目标,可以查阅 AIS 目标的静态信息(如船名、呼号、船长等)和动态信息(如船位、航速、航向等),并可基于这些数据解算出避碰所需要的信息,帮助航海人员制订操船决策。有些 ECDIS 还提供 AIS 消息接收和发送功能,航海人员可在电子海图上实时查阅他船发来的消息,可直接进行消息回复,可单一或群发 AIS 消息。

通过将雷达图像、雷达跟踪目标和 AIS 目标叠加显示在电子海图中,航海人员能够更加方便、直观地观察本船周围的航行局面,做出快速、正确的判断和操船决策。需要注意的是,ECDIS 扫描周期、雷达扫描周期、AIS 信号发送周期的不同等,可能造成 AIS 目标、雷达跟踪目标不完全重合。

四、其他传感器

ECDIS 还可以从下列传感器设备接收、查看、发送相应的数据信息:

(1)测深仪:给出本船测深仪所在位置处的水深。

(2)风速仪:根据设定解析并提供真风或视风的风向、风速等要素数据。

(3)NAVTEX:接收、查阅、管理 NAVTEX 接收到的航行警告,并可对接收的航行警告类型和站台进行设置。

(4)自动舵:以 ECDIS 监控航线为基准,实现自动舵或航迹舵功能,达到对船舶运动的控制。

(5)VDR:向 VDR 传送电子海图数据使用情况、系统运行状况和船舶运动信息等,便于海事原因的分析和调查。

任务六　参 数 设 定

参数设定贯穿于 ECDIS 使用的整个过程。参数是 ECDIS 进行相关运算的重要依据,参数设定的正确与否直接影响到运算结果的准确性,继而影响 ECDIS 信息、报警或指示的可信度,最终影响航海人员据此做出的决策。由此可见,参数设定对发挥 ECDIS 作用和保证航行安全有着重要影响。

不同的 ECDIS 产品,参数设定的内容和方式存在较大的差别,一般可以分为船舶参数、系统参数、安全参数、航次参数、航线参数等。本节主要介绍前三项参数设定,航次参数与航线参数的设定在第八节详细介绍。

一、船舶参数

船舶参数主要给出了本船的基本资料和操纵性能,一般包括船名、船长、船宽、夏季满载吃水、呼号、MMSI、指挥位置、定位设备天线位置、船舶最大旋回速率等信息。

在利用比例船形显示本船位置时,需要根据设定的船长、船宽等尺度参数和当前的显示比例尺进行换算求取比例船形的大小。

指挥位置、定位设备天线和雷达天线可由其距船中纵截面、横截面的距离表示,这样定位设备和雷达等基于自身天线所获取的位置信息就可以转换至指挥位置,从而保证所有位置均基于一致性共同参考点,消除天线偏离指挥位置引起的位置偏差。

在航线设计或航行监控时，ECDIS 可依据相应的操纵性能在海图上显示船舶的旋回路径，帮助航海人员确定转向时机以及时准确地转到新的计划航线上。

上述参数在 ECDIS 安装调试阶段已经设定，除非船舶结构发生重大改装等导致船舶参数或操纵性能变化，一般不应重新设定，以免产生较大的运算误差。有的 ECDIS 产品对船舶参数的设定采用密码保护的形式来避免由于航海人员的误操作而导致船舶参数的变化。

二、系统参数

系统参数主要是指与系统运行和海图显示等方面有关的参数，例如：

(1)传感器配置：对传感器接口进行分配、设置，保证数据传输的畅通，如定位设备(包括主定位设备、辅定位设备)是选用主 GPS、辅 GPS 还是航迹绘算等。连接至少两套同一功能的传感器(如两台雷达)，还需设定具体的信号来源。

(2)显示背景：白天、夜晚、黄昏。

(3)显示方向：北向上、航向向上、船首向上等。

(4)运动模式：真运动、相对运动等。

(5)航迹显示的时间长度：设定本船航迹的显示长度。

(6)航行矢量线的时间长度：设定本船或其他目标航行矢量线的显示时间长度。

三、安全参数

ECDIS 依据安全参数可以检验航线的有效性、监控船舶航行安全，并据此给出相应的报警或指示。安全参数主要包括：

(1)安全等深线

航海人员可以根据本船吃水和富余水深要求，考虑纵、横倾增加吃水，船体下沉量，潮汐资料，海图水深的精度，底质，波高，公司或者其他机构及规章的要求等因素，设定合理的安全等深线。

如果航海人员没有设定安全等深线，ECDIS 将默认采用 30m 等深线作为本船的安全等深线；如果航海人员设定的安全等深线或默认等深线不在显示的 SENC 中，或者源数据改变而导致在用的安全等深线无法使用，所设安全等深线应自动转换为下一个较深的等深线；在上述各种情况下 ECDIS 均应给出警示。

可见，在设定安全等深线时，航海人员除应参考上述因素外，还应考虑相关海图中等深线的分布情况。有些 ECDIS，航海人员可通过光标查询功能或其他方式查看某一水域内 ENC 数据存在的等深线，这样可直接选定某一合适的等深线作为安全等深线。

(2)安全水深

航海人员同样应根据本船吃水和富余水深要求设定合理的安全水深。安全水深应与安全等深线设为一致。这样，当 SENC 中无合适的安全等深线时，安全水深可以作为补充手段用以控制水深信息的显示。例如，航海人员在综合考虑相关因素的基础上设定本船的安全等深线为 11 m，而系统内存在的相邻等深线有 10 m、20 m，则 ECDIS 将采用 20 m 等深线作为安全等深线强调显示，即 ECDIS 认为 11~20 m 之间的水域也是不安全的，可能会产生不必要的报警或指示。此时，若设置安全水深为 11 m，则处于 20 m 安全等深线以内的浅水区但大于 11 m 的水深点同样是安全的，表明船舶在必要的时候是可以进入的。

(3)安全距离

设定离特殊区域、危险物(例如障碍物、沉船、岩石)或航标的距离,用于判断计划航线是否离特殊区域、危险物过近或者航行过程中船舶是否有进入特殊区域或碰撞危险物的危险。

(4)偏航报警距离(XTE)

设定船位偏离计划航线的最大距离,以保证船舶航行在安全水域。有些 ECDIS 可以分别设定偏离航线左右两侧的最大距离。偏航报警距离也是由航海人员设定而得出的安全距离。航海人员应综合考虑各种因素,设定合适的偏航报警距离。例如在航道、狭窄水域内航行时,偏航距离应适当小一些,避免船舶驶入附近危险水域。在大洋等开阔水域,偏航距离可适当大一些,减少不必要的报警。

偏航报警距离设定后,会形成以计划航线为轴、偏航报警距离为界限的航行带。

(5)安全时间

以本船指挥位置为起点,根据当前的航向和航速,判定船舶在设定的时间内是否有穿越安全等深线或进入特殊区域或离危险物小于安全距离的可能。有些 ECDIS 还可设定偏向角度,从而在本船前方形成以航向线为轴的一扇形探测区,扩大检测区域。特殊区域主要包括:分道通航区、沿岸通航带、限制区、警戒区、近海生产区域、避航区、用户定义的避航区、军事演习区、水上飞机降落区、潜水艇航道、锚地、渔场/水产养殖场、PSSA(特殊敏感海域)等。

航海人员应综合考虑航行水域、航速、船舶的操纵性能、能见度、风流、海图及船位精度、通航密度、航海人员的技术水平和心理素质、公司或其他机构及规章的要求等因素,设定合理的安全距离或安全时间,确保船舶在设定的距离或时间内能够及时避免紧迫或危险局面的发生。

(6)关键点预警时间

关键点(如转向点等)到达预警时间,如果船舶按当前航速航行,将经设定时间到达关键点。除了上述性能标准所规定的参数外,下列参数也是目前有些 ECDIS 或 ECS 产品所提供的。

(7)安全高度

通过设定安全高度,确定船舶能否安全通过架空障碍物(如桥梁、架空电缆等)。航海人员需依据潮高、本船在水面上最大高度、架空障碍物的净空高度等因素设定合理的值。

(8)定时

设定具体的时刻或者时间间隔以达到类似闹钟的提醒功能。

(9)锚位监控

在锚泊时,根据船舶尺度、松出锚链长度等因素设定船舶偏荡的最大范围,据其判定是否存在走锚的可能。

(10)碰撞报警

通过设定 CPA 与 TCPA,判定本船与其他目标(如雷达跟踪目标、AIS 目标)是否存在碰撞危险。

总之,不同的 ECDIS 产品,所需设定的参数不尽相同,参数设定的方式也存在差异,需要航海人员对所用 ECDIS 产品的属性和功能十分熟悉。在参数设置过程中,应综合考虑各种影响因素;参数设置完毕后,航海人员也应根据本船状态(如装载状态等)和外界条件(如气象、潮汐、交通流密度等)的变化及时修改相关参数。参数的合理设置是充分发挥 ECDIS 功能的基础。

任务七 航线设计与航次计划

航次计划(航线设计)是保证船舶按计划、按任务高效率执行航次任务的基本条件。航海实践中,航海人员根据航次任务,参考航行环境,借助纸质海图和航海资料,设计出合理的航线和完善的航次计划,这种传统的制订航次计划的程序仍完全适用于 ECDIS,但可利用 ECDIS 更快速、更简单、更精确地实现。因此,本节不再详述航线设计的基本原理、航次计划的制订原则等内容,而是主要介绍如何利用 ECDIS 进行具体的航线设计与航次计划的制订。

一、航线设计

只要确定(输入)了转向点,ECDIS 就会自动地将航线标绘出来,并自动计算出各航段的航程和航向、总航程等要素。在航线设计过程中或者完成后,除了可以进行传统的视觉检查外,ECDIS 还能够根据 SENC 内可用的最大比例尺数据和预先设定的参数对整个航线进行有效性检验,确保航线的合理性。

(一)航线参数

航线参数是构成航线自身以及进行航线跟踪报警所使用的相关量值,可分为航线基本参数和航线监控参数。

(1)航线基本参数

航线主要由转向点和航段组成。转向点是航线的基本内容,每相邻的转向点组成一个航段。每一航段的航线类型可以是恒向线或大圆航线。此外,ECDIS 可自动计算出每一航段的计划航向和航程,还可计算出自第一个转向点至该转向点的累计航程、该转向点至最后一个转向点的剩余航程。

(2)航线监控参数

通过设定航线监控参数,ECDIS 可以据其判断航线的执行情况,并及时给出相应的报警或指示,以保证船舶严格地沿计划航线航行,促进航行安全。除第七节参数设定部分提及的偏航报警距离、关键点预警时间外,常见的航线监控参数还包括:

①旋回速率

ECDIS 可以根据设定的旋回速率运算并显示船舶的旋回半径,直观地帮助航海人员确定转向时机和船舶的旋回路径,以确保船舶准确地转到新的计划航线上。

②最大航速

最大航速是许可的最大航速。由于航行环境(如水深、交通流密度等)、规章制度(如主管机构对某些特殊水域的限速规定)等,有些水域对船舶的航行速度具有上限要求。ECDIS依据设定的最大航速可以实现对船舶航速的监控。

此外,有些 ECDIS 或 ECS 还会提供转向点到达距离参数,即当船舶离该转向点的距离达到设定值时,系统便认为船舶已抵达该点,自动跳转至下一转向点进行监控。此外航海人员也可手动选择所要监控的转向点。

ECDIS 通常将这些参数定义为通用参数,可以在航线通用参数设置中进行设置,在航线设计时缺省地引用这些量值,若有必要也可以进行特殊修改。航海人员应根据航行条件和本船性能等因素设定合理的参数,如港速与海速的差异等。

(二)航线编辑

航线设计过程中,要根据设计进程的需要,适当调整海图显示的比例尺,并选取显示合适的海图信息内容,以方便航线设计和信息获取。在航线设计初始阶段,要适当缩小比例尺以扩大海图范围,将整条或大部分航线涉及水域范围显示出来,同时可减少显示信息类别以保持界面的清洁,添加主要的转向点将航线的整体走向概要地绘制出来;然后要适当放大比例尺以缩小海图范围,同时可增加显示信息类别以获取尽可能全面的信息,以便综合考虑各种因素在细节上对航线逐段进行完善,最终设计安全、经济的完整航线。

无论是创建新航线,还是对原有航线进行修改,航线绘制的流程主要涉及以下几个方面:

(1)设置通用参数

在设计新航线前,应检查航线通用参数是否合适,以避免在航线设计完毕后由不合适的参数引用带来的修改麻烦。

(2)添加转向点

航线的基本形成就是靠添加一个个转向点而实现的,可以一个接一个地顺序添加,也可以在当前的转向点前或后添加。

(3)移动转向点

转向点的量值可以修改以进行错误纠正或更加准确的处理。

(4)删除转向点

删除设计错误或不需要的转向点。

(5)修改航线参数

通过前面的操作完成航线的设计,考虑到各航段航行条件和安全要求的差异,需要对航线的参数进行必要的调整,如大洋航线和沿岸航线的偏航报警距离就应不同。

IMO ECDIS 性能标准要求 ECDIS 应能利用字母、数字或图形调整计划航线,实现转向点的添加、删除,移动等操作。目前,多数 ECDIS 产品编辑航线的方式不外乎图形编辑和表格编辑两种。前者是利用鼠标直接在海图界面上快捷地对转向点进行编辑,后者则是通过表格或对话框的形式对转向点和参数进行编辑。在实际应用中,要充分利用图形编辑的快捷直观特点和表格编辑的详尽能力,完成航线的编辑。

1. 图形编辑

(1)连续标画转向点:当设计新航线或当鼠标处于航线首尾点时,拖拽鼠标到适当位置点便可实现转向点的连续添加。

(2)移动转向点:当鼠标选中某转向点时,可以直接将其拖拽至新位置。

(3)插入转向点:当鼠标选中某转向点或某航段时,可以在该点或该航段处插入一个新转向点。

(4)删除转向点:鼠标选中某转向点后通过简单操作即可删除该转向点。

2. 表格编辑

(1)添加转向点:在当前转向点行前或后(取决于 ECDIS 产品的设计)插入一个新转向点,等待输入。

(2)移动转向点:输入当前转向点的新坐标即可实现移动。

(3)删除转向点:将当前转向点行删除。

(4)航线其他参数修改:对航段(转向点)的各个参数,如航段的航线类型、偏航报警距离、旋回速率等进行输入修改。

类似于传统的在纸质海图上进行的航线设计,航海人员可以对已有航线添加相关的标注信息,例如:

(1)方位避险线;

(2)危险物强调,手动选择并强调显示航线附近的危险物、危险水域等,便于航海人员观察与识别,类似于传统航线设计中的“禁入区域"(No Go Area)的标注;

(3)航海人员添加的信息注记,如“向 VTS 报告”“开启测深仪”等;

(4)航海人员添加的警告注记,如“航道内限速 10kn”“航道内严禁追越”等。

航海人员可以在海图上标绘有助于航行安全的注记信息,并将其归结到显示分类的其他信息中进行显示控制。这些注记信息通常可采用文字或简单的点、线、区域等符号,其操作方法与手动改正的添加物标类似。一般可通过鼠标在屏幕上直接点击或输入经纬度坐标来确定空间位置,也可以利用鼠标直接拖动实现位置移动,可以随时删除。航海人员标绘的显示一般明显区别于海图数据,通常用橙色。

除可采用上述方式实现航线的创建和编辑外,许多 ECDIS 可在已有航线的基础上快速生成新的航线。

3. 航线连接

ECDIS 可以依次连接现有的多条航线或航段生成一条新的航线。如在中转港取消或者分段设计航线完毕的情况下,可以利用该功能快速编辑和连接生成满足航次需求的完整航线。

4. 反向航线

当需要沿已有的航线反向航行,即将原目的港改为出发港、将出发港改为目的港时,ECDIS 通过颠倒转向点的顺序来实现航线的反向。需要注意的是,这种简单的转向点顺序的颠倒,尚不足以成为事实的反向航线,必须考虑航行规则和航行安全的需要,对其中的某些航段进行适当的修改,例如:

(1)通航分道的转换:在分道通航水域,要将“正向”航道内的航线航段,修改到另一侧的“反向”航道内。

(2)危险物的绕行:对某些航线附近的危险物或重要物标,可能存在总是“右”或“左”侧绕行的航法要求。

(3)报警参数的修改:如航段的偏航报警距离、转向点处的转向速率等。

(三)航线检验

传统的航线设计,需要人工对水深、离岸距离、离危险物距离等方面进行核查,判断是否存在航行危险。ECDIS 则能根据规定的报警条件(如海图中的特殊区域、无 ENC 海图等)和预先设置的报警参数对航线的有效性进行自动检验。报警参数主要包括安全水深、安全等深线和安全距离等。

根据 IMO ECDIS 性能标准的要求,ECDIS 不是根据当前显示的海图而是利用 SENC 中可用的最大比例尺海图数据进行检验。由于不同 ECDIS 生产商对标准的理解和解释存在差异,不同的 ECDIS 产品对航线检验的原则也存在一定的区别。例如,有些 ECDIS 根据系统所有的 ENC 数据对航线进行检验;有些 ECDIS 则允许航海人员设定一具体的最小比例尺值,并依据原始比例尺大于该设定值的 ENC 数据进行检验。在设定最小比例尺时,航海人员应确保其小于计划用于检验的 ENC 的最小比例尺。所以在利用 ECDIS 对航线进行检验时,航海人员应熟悉和明确 ECDIS 的特性和检验原则。

在航线检验开始前,应设定好航线的预计航行日期,以便更准确地评估、检验带有时变属性的物标对航行安全的影响。这种情况下,ECDIS 应有指示,表明所用日期非当前实际日期。

ECDIS 首先根据船舶操纵特性检验航线的可行性。船舶的旋回路径应在检验前准确地标绘、显示出来。

根据设定的船舶操纵特性,如果船舶不能完成计划航线中的某一转向,检验进程将被终止,直至该错误被清除。只有该项检查完毕后,ECDIS 才开始检查是否有海图危险物影响航线。这是因为,一旦重新设定转向速率,则每个转向点附近船舶旋回路径也随之改变,也就是说,航线覆盖的水域发生改变。

一旦确认航线本身是可行的,ECDIS 将对航线及其附近水域进行检验,并在下列情形给出报警或指示:

(1)航线穿越了非官方海图:系统在某航段处没有标准的 ENC 海图数据(此处的航行不能参照电子海图)。

(2)穿越安全等深线:航线跨越了安全等深线,存在搁浅的危险,提醒检查确认。

(3)穿越特殊区域:航线中的航段进入了避航区等特殊区域,给出报警信息。

(4)临近危险物:航线附近的沉船、障碍物、浮标等小于设定的安全距离,提醒检查确认。

此外,在架空障碍物的净空高度小于安全高度时,可以设定安全高度的 ECDIS 也会给出报警。

有些 ECDIS 可以在航线编辑的同时对航线进行检验,也可以在航线编辑完成后再检验;有些 ECDIS 可以对整条航线进行检验,也可以选择航线中的部分航段进行检验。无论何种方式,ECDIS 都会给出航线检验的结果,列出航线可能存在危险的位置及性质。ECDIS 会以醒目的标记符号等在海图显示区对应强调显示航海人员选中的某一结果。航海人员应根据航线检验结果,结合海图信息和相关资料调整航线,消除不合理的航段,以保证航行安全。修改完毕后,应对航线重新进行检验,直至确保航线安全合理为止。

需要强调的是,ECDIS 可能在有些情况下(如系统内无较大比例尺的 ENC 等)无法全面准确地对航线进行检验,或者由于参数设置不合理等原因而导致检验结果存在一定的偏差,这就要求航海人员不能完全信赖 ECDIS 的检验结果,仍需结合相关资料和经验对航线进行全面系统的视觉检查。

当部分航线没有海图数据时,ECDIS 无法检验航线,航海人员应根据纸质海图进行传统的检查。

当部分航线海图为光栅航海图时,ECDIS 也无法检验航线,除非航海人员提前手动添加了诸如安全等深线等信息,航海人员应根据光栅航海图和纸质海图进行视觉检查。

如果 ECDIS 进行了更新操作,航线相关的海图内容则可能发生了变化,例如航线附近出现了新的危险物。这种情况下,以前的检验结果不再值得信赖,应重新进行全面的航线检验和传统的视觉检查。对于定线船舶而言,这一点更不容忽视。

(四)航线管理

ECDIS 中针对航线主要有如下管理功能:

(1)创建新航线:根据当前的通用航线参数,创建编辑新的航线。

(2)航线保存:将航线的相关信息资料保存在计算机内部。为方便管理,航线应以便于记忆和识别的方式进行命名保存。

(3)航线查询与修改:在海图界面上显示航线图形并在转向点表格中列出航线参数数据,供航海人员查看并可进行航线编辑。

(4)航线删除:过期或作废的航线,应该及时删除,避免占用系统空间和影响工作效率。

(5)航线导出:ECDIS 提供将航线输出到外部设备/文件的功能。

(6)航线导入:ECDIS 能够将一定格式的航线数据导入到航线数据库中。

第 4.0 版 IEC 61174 标准统一了航线文件格式,扩展名为 RTZ。文件内容包括航线名、作者、航路点、偏航距、预计到达时间、船舶信息等,采用 XML 格式进行编写,这极大方便了不同品牌的 ECDIS 设备之间、不同的船舶设备之间(如 ECDIS 与雷达)、不同的选图软件之间、船舶与陆地之间的航线数据交换,从而大大提升了 ECDIS 的航线管理功能,减少船员在航线设计上的重复劳动。

二、航次计划

ECDIS 中的航次计划是指针对某航次的航线所制订的时间计划,一般体现在每个转向点处的航次参数。目前,多数 ECDIS 已经将其集成到了航线设计中一起进行。

1. 航次参数

航海人员可以通过每个转向点及其航段的开航时间、停留时间、计划航速和预计抵达时间等参数制订一个完善的、合理的航次计划,各参数含义如下:

(1)预计开航时间:一般只应用在航线的第一个转向点上,精确到分。

(2)停留时间:在转向点处预计停滞的时间段,一般用分计算。

(3)预计抵达时间:到达转向点的预计时刻。

(4)计划航速:一般表示在当前转向点前或后的航段设置的预计航行速度。

上述四个参数对每个转向点(航段)具有逻辑条件排斥性,如当某转向点具有了开航时间,且下一转向点也设定了预计抵达时间,则这个航段的速度就是已知的,不能再进行设置。

有些 ECDIS 或 ECS 产品还提供了人员与燃油配备、航行注意事项、航次基本信息（如目的港名称、船舶吃水）等内容，进一步完善了航次计划的内容。

2. 计划编制

航次计划的编制是对航次参数的设定与综合计算的过程，可分为创建新计划和修改已有计划两种情形。航次计划制订结束，需要保存，以便在进行航行监控时使用。一般，ECDIS 能提供两种模式进行计划编制，即自动模式和手动模式。

（1）自动计划编制

当航线设计完成后，根据本船的计划航速，不计在转向点上的停留时间，自动计算该航线的时间计划。第一转向点的时间为 00：00，最后一点的时间就是整个航线所需的航行时间。以此为基础，只要确定开航时间并根据实际航行需求修改其他相关的参数，即可获得一个完整的航次计划。在该模式下，只要修改了某转向点上的某个航次参数，系统便自动重新计算并生成新的航次计划，这极大地方便了航次计划的审核与修改。

（2）手动计划编制

手动计划编制是一种半自动化的计划编制方式。航海人员根据需要，按照逻辑关系在适当的转向点上设置相应的航次参数，系统据此计算整条航线的时间计划得到完整的航次计划。

3. 计划管理

航线是航次计划的重要组成内容，所以航次计划的管理与航线的管理是密不可分的。与航线管理类似，航海人员利用 ECDIS 也可实现航次计划的创建、保存、查询与修改、删除、打印等功能操作。

任务八　航 行 监 控

航行监控，主要是针对本船的位置和航行趋势与航行依据的航线、海图物标、其他目标等的相互关系进行实时动态显示与监控报警。

一、监控航线

1. 选择监控航线

在 ECDIS 中，设计的航线和监控的航线在概念上是不同的。前者的含义是于传统的航线设计阶段，在海图上进行航线绘制、计算和计划确认，而后者则是根据当前的航行，在已经设计好的航线上进行航行状态的比对、航行情况的标记。因此，在航线设计完毕后，通常要将其退出显示状态，避免海图显示区内被不必要信息充斥。在航次开始时，选择本航次的计划航线作为当前要监控的航线。

2. 选择备用航线

ECDIS 可选择一条备用航线用于航行过程的观察补充和紧急情况下的航行监控调整。

3. 监控参数的核查

在对航线进行监控之前，应对相关的安全参数进行核查，确保所有参数的设定符合船舶实际情况和安全要求，从而保证 ECDIS 航行监控功能的正确运用和有效发挥。

4. 监控航线的显示

为了与海图其他信息以及备用航线明显区分，监控航线通常被特殊显示。S-52 对于不同状态的航线分别给出了相应的表现形式，具体如表 8-8-1 所示。

（1）颜色：一般以红色为基本色调。

（2）线型：通常用比设计航线粗一倍的点状线。

（3）转向点：从第一点（一般自动记为 0 或 1）开始递增地顺序标号，一般采用加粗的红色单圆圈表示，其中下一个转向点采用加粗的红色双圆圈表示。

表 8-8-1 航线相关图式及释义

符号样例	特征描述	释义
	深红色单圆圈	监控航线转向点
	深红色双圆圈	监控航线下一转向点
	深红色粗虚线	监控航线
	橙色单圆圈	备用航线转向点
	橙色细虚线	备用航线

5. 航线信息显示

为了直观地显示监控航线和方便查看航线信息，ECDIS 提供了在监控航线的转向点及航段上控制显示航线计划和航行辅助控制相关参数的功能，主要包括：

（1）转向点编号/名称：显示每个转向点的编号或名称。

（2）转舵线（弧）：根据需要显示各转向点处的施舵点及根据旋回半径所绘出的旋回路径。

（3）剩余航程：各转向点距离最后一个转向点的累计航程。

（4）航段属性：各航段的航程、计划航向、计划航速等。

（5）标有日期和时间的预计抵达位置。

（6）方位避险线。

此外，ECDIS 还可以在航线左右两侧，用特定颜色或填充样式标绘出以偏航报警距离为宽度的偏航带。

二、航线执行状态与航行预测

航行监控中，除可直观地观察海图显示区进行监控外，还可以通过查询功能进行详细的航行状态查询和航行趋势预测。

1. 航线执行状态查验

实时显示监控航线的执行情况信息，如当前转向点信息（如编号、计划航向、航程等）、下转向点信息（如编号、航向、计划速度、预抵时间、航段距离等）、选择转向点信息（如编号、预抵时间、航程等）、偏离航线的情况等。

2. 转向点预抵时间推算

选择相应转向点，输入预计速度（可以是当前实际航速，也可以是前一段时间的平均航速或航线设计阶段设定的计划航速，或者手动输入具体航速值），ECDIS 即可计算得出沿监控航线航行到该转向点的预计抵达时间。

3. 转向点航速推算

选择相应转向点，输入预计抵达时间，ECDIS 即可计算得出沿监控航线航行到该转向点的预计平均速度。

三、航行状态

ECDIS 将来自传感器的信息与电子海图信息融合在一起，通过显示控制，实时给出本船的航行状态信息，使得航海人员可以快速地观察、判断船舶是否正常航行在预计的航路中以及是否存在航行危险。需要注意的是，ECDIS 显示的航行状态信息来自 ECDIS 的主定位设备，所有的航行运算也是基于该主定位设备，而辅定位设备只显示轨迹以提供主、铺定位设备的比较。

航行状态信息可以从海图显示区上直接看到符号表达，也可以从附加的窗口中显示出具体的量值，主要包括：

（1）船位：以船舶符号或具体的经纬度坐标显示，包括观测船位和推算船位标记及相应的时间。

（2）定位时间：当前时间（可能存在刷新周期的误差）。

（3）轨迹：可在海图显示区上显示带有时间标志的本船主航迹和辅航迹。

（4）航向：在船舶符号处以矢量线形式或在特定位置以具体的数值形式表示。

（5）船首向：以陀罗北为基准，在船舶符号处以矢量线形式或在特定位置以具体数值形式表示。

（6）航速：在船舶符号处以矢量长度或在特定位置以具体的速度量值显示，可以控制是对地还是对水模式。

（7）位置线与转移位置线及时间。

四、报警（Alert）与指示（Indication）

在 ECDIS 使用初期，由于其容易产生大量的报警，甚至是误报警而饱受诟病，甚至因为报警过多造成航海人员忽视了有效报警，进而导致海难事故的发生。为此，IEC61174 标准对 ECDIS 的报警要求做了较大的改进，以期在提升监控效率的同时尽量减少报警的数量。

报警：说明发生了需要注意的异常情况和形势。报警被分为三个优先级别：警报(alarm)、警告(warning)、注意(caution)。其中警报是优先级别最高的报警，要求航海人员即刻注意并采取措施以保证船舶航行安全。警告是不需要航海人员立即注意或采取行动的情况。发出警告是鉴于预防原因使航海人员了解变化的情况，这些情况尚无紧迫的危险，但如果不采取措施可能会成为危险。注意是报警的最低级别，需要意识到的不构成警报或警告的情况，但仍需要对非正常情况或已知信息注意。

指示：显示常规信息和情况，不作为报警管理的一部分。

报警与指示的状态功能要求如表 8-8-2 所示。

表 8-8-2　报警与指示的状态功能要求

状态	视觉指示	听觉信号
警报，未确认	红色，闪烁	伴随听觉信号，例如 3 个短脉冲声音信号，在 7~10 s 范围内重复
警报，静音	红色，闪烁	静音
警报，确认	红色	静音
警告，未确认	偏黄的橙色，闪烁	伴随听觉信号，例如 2 个短脉冲声音信号至少 5 min 重复一次，或者被警报取代
警告，静音	偏黄的橙色，闪烁	静音
警告，确认	偏黄的橙色	静音
注意	黄色	静音
重要指示	黄色	静音
指示	无特殊需求	静音

(一)报警或指示类型

1. 海图报警或指示

ECDIS 关于海图的报警，是由 S-52 标准规定的自动求算报警功能，是对航行安全的一种保护性警示或指示。

(1)超比例尺指示：当前海图显示的比例尺大于或小于海图的原始比例尺，系统应给出重要指示。此时，图形中显示的空间尺度在海图原始空间尺度基础上进行了一定程度的放大或缩小，可能造成航海人员在视觉上的空间判断失误。

有些 ECDIS 会在屏幕的适当位置指示当前的放大倍率，以帮助航海人员识别。通常认为放大倍数超过原始比例尺的 2 倍时便存在较大的危险。

(2)存在更佳的 ENC：如果有多个均可以覆盖当前船位的 ENC 单元，而当前显示的 ENC 的原始比例尺并非最大的，则 ECDIS 应给出重要指示，提醒航海人员切换显示更佳的 ENC。

(3)无适合导航的 ENC 指示：在当前水域，如果系统内没有比例尺适合导航的 ENC，应标示出该水域界限并给出指示，提醒航海人员参阅纸质海图或 RCDS 操作模式。

(4)非官方海图指示:当前显示的海图数据全部或部分为非官方来源,则 ECDIS 根据具体情况给出相应指示。

①若仅有限的非官方数据添加到官方数据中一起混合显示以增加海图信息,则非官方数据应按照 S-52 相关标准特别显示。

②若同一水域既有官方数据又有非官方数据,而航海人员根据当时情况和需要可能选择显示非官方数据,或者海图显示区内两水域分别使用官方数据和非官方数据,则 ECDIS 应提示显示内容为非官方数据,并建议参阅官方 RNC 或纸质海图,同时在海图显示区内标明非官方数据的范围。若海图显示区内所有数据均为非官方来源,则仅需做出提示即可。

(5)无矢量海图指示:当前显示的区域中仅存在光栅电子海图。由于光栅电子海图不具备运算能力,此时,虽然能够进行视觉的海图监视,但在安全方面与无海图数据的状态类似,应结合纸质海图使用。

(6)无海图数据指示:当前显示区域中有些区域无海图数据。在没有海图数据的区域,

ECDIS 针对海图数据进行的一切航行监控都将无法实现,此时,就不能依赖 ECDIS 进行航行监控,需使用纸质海图,并借助瞭望或其他有效手段保证航行安全。

(7)安全等深线指示:如果显示的 SENC 中不存在航海人员设定的或默认的安全等深线时,系统将以下一个较深的等深线作为依据运算判断,此时 ECDIS 会给出指示。

2. 设备报警或指示

如果 ECDIS 没有外部传感器数据,它将只相当于一幅纸质海图。因此,外部传感器的状态对航行监控功能的实现是十分重要的。ECDIS 将在下列情形给出设备有关的报警或指示:

(1)连接故障:设置了连接,但未检测到连接的设备。

(2)运行故障:连接的设备无信号或其他故障,如定位设备发生故障便会激发警告。

(3)数据错误:传递的数据无法正确解析。

(4)坐标系注意:如果定位设备和电子海图的坐标系不一致,则系统应给出报警。

(5)复示设备报警信息:ECDIS 应只用指示手段表明从定位设备、航向及航速传感器等设备传来的任何报警或指示。

(6)系统故障警告:ECDIS 在系统运行发生故障时应给出警告。

(7)系统测试指示:进行系统测试时发生故障或异常,ECDIS 给出相应指示。

3. 航行报警或指示

(1)偏航警报:当本船船位偏离计划航线的距离大于预设的距离限定值时激发的报警。一般情况下,偏航警报是自动进行的,但有些 ECDIS 生产商会提供开关功能来决定是否报警。

(2)安全等深线警报:保持当前的航速和航向,船舶经设定的时间后将穿越安全等深线进入浅水区,造成搁浅的危险,ECDIS 将给出警报。在航线设计阶段,ECDIS 应针对该情形给出指示。可能穿越的安全等深线及进入的浅水区采用红色线条和边框突出显示。ECDIS 应提供可以开启或关闭这种图形化突出显示的功能。若关闭该功能,则系统应给出指示。

(3)特殊区域警告或注意:对特殊区域或危险区域,应该提供在船舶即将进入该类区域前进行警告或注意的功能。实现该功能需要预先设置提前报警的时间(如 6 min),ECDIS 将根据本船的航速和航向判断是否存在进入某特殊区域的趋势。在航线设计阶段,ECDIS

应针对该情形给出指示。

(4)危险物注意:对危险物(如沉船、障碍物、礁石等),ECDIS 根据本船的航速和航向、安全距离,判断与本船周围危险物的距离是否小于安全距离、本船的航行趋势是否接近该危险物。若存在碰撞趋势,则给出注意。在航线设计阶段,ECDIS 应针对该情形给出指示。IHO S-52 第 4.0 版表示库新增加了危险物的强调指示符号,点状物标(危险沉船)、线性物标(渔栅)、区域性物标(限制区域),采用黄色线条或边框突出显示。ECDIS 应提供可以开启或关闭这种图形化突出显示的功能,其中各类区域性物标可以分别选择开启或关闭。若关闭该功能,则系统应给出指示,可以查询所涉及的区域性物标的清单。

(5)关键点注意:设置到达下一关键点(如转向点等)的提前报警时间,到了预定时间,ECDIS 报警,提醒航海人员及时采取相应措施。

(6)双船位偏差指示:如果 ECDIS 同时从两个定位源获取本船的船位信息,当两个船位的位置偏差超过预设值时,系统给出指示。

(7)走锚警告:通过确定锚位和走锚监视半径,形成一监视圈,当本船漂移出监视圈时,ECDIS 给出走锚报警信息,警告本船可能已经走锚。如果该警告在 2 min 内未得到确认,且本船仍漂移出监视圈,则升级为警报。

除了上述国际标准要求的报警或指示外,有些 ECDIS 或 ECS 产品在下列情形也会给出相应的报警或指示:

(1)漫游报警:在航行监控时,当使用了海图漫游模式或其他操作导致本船船位不在海图显示区时,ECDIS 会给出船位丢失的报警提示。通过确认该报警信息或恢复至航行监控模式,即可将本船符号快速恢复显示到海图显示区。

(2)偏向报警:当船舶航行的方向与当前航段计划航向之间的夹角超过了设定的偏向报警角度时激发该报警。需要注意的是,偏向不等于偏航,如船舶正在恢复到计划航线上,它只是提示当前的航向与计划航向不同,存在偏航的可能。

(3)航行超时:制订航次计划时,可人工输入或根据相关航次计划参数自动计算出各转向点的 ETA,开航后,如果船舶抵达转向点的实际时间与预计时间相差较大,超过设定的时间间隔则激发报警。

(4)定时提醒:ECDIS 一般能够提供两种定时提醒功能,一是一次性定时报警,即设置一个时刻,当时钟到达该报警时刻时即启动报警提醒;二是周期性报时提醒,即设置报警开始时刻和周期间隔,则当时钟到达设置的开始时刻时,即给出报警提醒,并此后每过一个周期,就报警提醒一次。利用该功能可以实现换班提醒(有些 ECDIS 具有值班管理功能,因此就会有单独的换班提醒功能操作)、定位提醒等。

(5)CPA/TCPA 警报:在设置了最小会遇距离 CPA 和最小会遇时间 TCPA 临界值后,ECDIS 将根据本船与其他各目标船的航行状态,逐个计算与本船的会遇局面。如果达到会遇紧迫局面时,即 CPA 和 TCPA 同时进入设定的临界值范围内时,就会给出预警信息。

(6)距离/方位报警:航行中,有时需要监控本船与某地理位置点的距离/方位。在 ECDIS 上,选择要监测的地理位置点,设置提前报警提示的距离/方位限定值,启动距离/方位报警功能,ECDIS 就会实时进行计算并在本船与该地理位置点之间的距离/方位满足预设值时自动给出报警。

(7)驶过航线报警:船舶驶过航线最后一个转向点时,系统给出报警。

(8)远离下一转向点报警:船舶离下一转向点的距离越来越远时,系统给出报警,提示监控航线没有得到执行。

(9)浅水报警:如果 ECDIS 与测深仪连接,当测深仪水深小于该设定值时给出报警,提示水深较浅,有搁浅的风险。

在航行过程中,ECDIS 会根据本船的航行状态对船舶的航行态势进行预测。如果存在航行危险,则及时提醒航海人员,以采取有效措施避免危险的发生。如果系统给出穿越安全等深线、进入特殊区域或离危险物过近的报警,航海人员应及时核实船位以及与安全等深线或特殊区域的位置关系,采取有效措施避离浅水区、特殊区域及危险物。

如果与其他目标存在碰撞危险,航海人员可综合利用 ECDIS、雷达以及 AIS 等,根据相对位置关系、周围航行条件等按照避碰规则采取合理有效的避碰行动。

需要注意的是,在有些区域,ECDIS 可能重复产生大量的报警。纸质海图多在标题栏内给出一些重要的信息,如某一区域存在大量的海底电缆和管道等。在 ENC 中,这些信息一般作为警告区(CTNARE)物标的形式处理。有些 ENC 生产机构可能将这些信息作为一个覆盖整个单元、包括所有信息的警告区物标处理,有些 ENC 生产机构可能对每条信息分别作为一个警告区物标处理。这样,只要船舶距该 ENC 单元任何部分的距离或时间小于设定值,ECDIS 就会给出报警或指示,而船舶可能离具体相关的区域(如海底电缆)很远;但当船舶到达该区域时,ECDIS 报警却不会再提醒航海人员,导致航海人员可能忽视该危险情形。

(二)报警与指示的处理

针对 ECDIS 给出的报警或指示,航海人员首先应给予正确理解。正确理解有两层含义:一是要确认报警或指示的真伪,即确定是正确的报警或指示,还是由不当设置或误操作等引起的误报警;二是要正确理解报警或指示的含义。

确认报警或指示后,应及时采取有效的处理措施,消除紧急情况。例如:

(1)如果系统给出偏航报警,航海人员应及时核实船位的准确性,确认船舶偏航后,应及时调整航向,使船舶回到计划航线上。

(2)如果系统给出转向点到达报警,航海人员应根据本船的操纵性能、航速、稳性状态、风流情况、转向幅度等因素,参考海图上的旋回路径改变船舶航向,以准确地转到新的计划航线上。

ECDIS 产生的报警或指示,有些能够在报警条件变为不满足时自动消除;有些则会一直在界面上显示(这种情形会造成显示混乱或影响视觉效果),需要航海人员确认(表示该报警已经被知晓)并处理(危险已被消除)才能完全解除。

总之,航海人员应及时发现、正确解读、快速有效地处理报警或指示。只有这样,才能充分发挥 ECDIS 的功能,使船舶远离危险物或特殊区域,有利于船舶避碰、防搁浅,保证船舶沿计划航线航行,有利于促进航行安全。

任务九 航行记录

与传统航海相同,ECDIS 也应记录并可查看船舶历史航行过程,以利于航行经验的总结发生事故时提供分析证据。

一、记录存储

IMO ECDIS 性能标准要求,ECDIS 应以 1 min 的时间间隔记录下列数据,以重现过去 12h 航行过程和验证所使用的官方数据库:

(1)本船航迹:时间、船位、船首向和航速;

(2)使用过的官方数据:ENC 信息源、版本、日期、单元和更新历史。

此外,ECDIS 应以不超过 4h 的间隔记录整个航次的全部航迹。显然,轨迹存储的信息和时间间隔要比航行记录大得多,其目的是粗略地推断出船舶的航行路线。带有时间标记的船舶轨迹可以显示在海图上。

ECDIS 应有能力保存前 12h 的记录以及航次航迹的记录。ECDIS 中的航行记录存储通常默认以日期命名保存,以便于识别和选取。

航海人员可以查询已有的航行记录,但不能伪造、修改记录。

为了使航行记录更加完整,有些 ECDIS 或 ECS 产品允许航海人员在记录中添加文字描述信息加以补充说明,并在下列情况下自动向航行记录中增加保存一条新记录:

(1)必要事件:主要包括系统开启、系统关闭、过转向点等;

(2)航海人员设置参数:主要包括调用或取消监控航线、启动或停止报警功能等;

(3)设备:连接设备、断开设备;

(4)系统报警:产生任何报警时;

(5)变换海图显示:主要包括分类控制、筛选物标、变更比例尺、自动换图、手动换图等;

(6)强制保存:航海人员在需要时可手动强制添加一条航行记录。

二、记录查询与打印

为了便于总结航行经验和改进航线,航海人员可能需要查阅已有的航行记录。

1. 记录查询

记录通常按时间先后顺序排序。查询时,航海人员可根据记录存储时保存的记录列表,选择某时间(记录名称)的记录文件,对记录信息进行浏览查看。有些系统会提供在默认情况下只显示系统自动存储的必要信息记录,而对其他记录信息则可根据记录的事件性质,提供筛选性查询。

2. 记录打印

有些系统提供航行记录查询结果打印功能。

三、航迹再现

在纸质海图上，航海人员需逐张查看航用海图上的海图作业记录来浏览查阅航行历史。在 ECDIS 中，只需选择某时间段的航行记录或轨迹记录，就可以利用航迹再现功能在海图显示区内观看历史轨迹和当时的航行环境（包括使用的海图）。

ECDIS 通常以表格形式列出每个记录（轨迹）点的数据信息，同时在电子海图上显示出记录点的符号图形信息。表格的记录行和图形中的记录点之间可以互动查询，即在表格上选中某个记录点（行），图形上也跳至该点的对应显示状态。航迹再现包括航行再现和轨迹再现两种方式。

航行再现是指 12 h 内的航行记录条件下的航行状态再现。航行再现以足够的频率记录了本船的航行状态、海图的使用情况等信息，因此可以比较真实地反映过去一段时间的航行过程，因此航行再现也称为“航行回放”（有些系统会提供类似录放机式的操作模式）。轨迹再现是指对较长时段的航次轨迹的记录再现。其记录间隔较长，类似传统的船位标记，因此它只能反映出以往某航次的概要航行经历。

任务十　使用电子海图显示与信息系统的风险

ECDIS 虽然功能强大，但它只是一种助航仪器。其自身的局限性、显示误差和故障、系统设置和使用中的不适当或错误、传感器的误差等都要求航海人员对其绝不能过分依赖。

所用海图数据的准确性，ECDIS 本身硬件和软件的状态、导航传感器信号的传输与解析、航海人员的操作和对相关信息的理解等直接影响到 ECDIS 的运行和使用，任何环节的异常都可能危及航行的安全。

一、海图数据误差

海图数据误差主要是海图数据的形成过程中产生的误差和不同数据来源所依据的基准差异引起的误差。

1. 海图数据误差

海图数据的质量主要依赖于数据测量的精确性、数据制作的精确性、数据是否覆盖所有水域范围、数据是否完整以及是否及时更新等。目前电子海图数据主要来源于纸质海图，纸质海图的海道测量数据及其标示的位置可能由于测量技术和测量时间等而导致与实际情况存在差异；从纸质海图到电子海图的转换过程中数据扫描可能有遗漏，如在海图之间出现缝隙或丢失数据，也有可能出现一些不必要的、冗余的、无关的信息；还有可能出现某个区域的两个数值矛盾。

2. 坐标系误差

在世界许多地区，纸质海图是基于各种各样的当地坐标系绘制的。有些坐标系与 WGS-84 坐标系之间的转换是未知的或是不可靠的，据英国水道测量局估测，多达 20%的英版纸质海图采用的大地坐标系参数是不确定的,因此根据该海图转化成的ENC将无法准确地修正为WGS-84坐标系。此外,相邻的两个ENC单元可能采用略微不同的量值转换到WGS-84坐标系,也会导致一定的位置差异。

3. 数据不一致问题

由于海图编绘资料的多源性以及以单幅数据进行生产的作业模式,数据生产者在数据质量评价时都将关注点放在单幅数据的检校上,却忽视了数据之间的不一致问题。例如:

(1)ENC内部不一致性

如由于生产过程中某一环节的疏漏(如某个目标的强制属性缺失),某一要素的编码与标准或者与现实世界不符。

(2)邻接ENC之间不一致性

该不一致性的一个典型现象便是相邻ENC单元间出现几何接边不匹配。比较直观和常见的实例便是相邻两个ENC单元间的等深线不吻合,这可能是由编绘资料的多源性、海图深度基准面的不连续和跳跃等因素导致的。

(3)重复ENC之间不一致性

重复ENC之间不一致性体现在同一要素在多个ENC中都有记录,但是不匹配。编绘资料的多源性以及数据更新不同步是导致该问题发生的主要原因。同一区域的ENC数据通常具有相同的地理要素,这些地理要素来自不同数据源,主要是各种比例尺的纸质海图。例如:某一航标是从大比例尺纸质海图中获得并编码到大比例尺ENC数据中,而同一航标又通过小比例尺纸质海图数字化到小比例尺ENC中,这导致了该航标的空间几何和属性的不一致。换言之,同一物标在不同ENC中显示的位置和符号可能存在差异。

二、设备故障与误差

1. ECDIS设备

(1)ECDIS异常

ECDIS异常是指未能预料或意外的情况影响到ECDIS的正常使用或使用者的航行决策。例如无法正确显示导航物标,据英国船东互保协会(UK P&I Club)报告,由于ECDIS软件尤其是早期版本软件的操作异常,有些ECDIS不能正确显示某些海图物标和属性组合,且在少数情况下可能无法显示重要的导航信息。

(2)硬件故障

硬件故障是由于硬件损坏等原因导致ECDIS无法正常运行或者某些功能达不到相关标准的要求,例如随着显示器老化,图像保真度下降,导致有些海图符号不易辨别等。

2. 外部设备(传感器)

(1)传感器本身固有的误差

由于工作原理、制造工艺、工作环境等原因,各种传感器设备的数据本身存在一定的误差,这种误差在正常情况下一般属于系统误差。例如,尽管GPS或DGPS的定位精度已经非常高,其提供的船位数据仍存在一定的位置误差。

在ECDIS中,海图数据所依据的方位是以真北为基准测算的,而导航设备一般是以陀罗北为基准的,如雷达等。真北与陀罗北间的差异产生了方位误差。方位误差的大小取决于罗经校正是否准确。

使用时间过长、部件老化等都可能引起设备的使用性能下降,而无法达到其设计使用的标准。如定位设备的精度可能由使用初期的 10 m 以内降低到 20 m 以内,测深仪的误差可能由原来的厘米级下降到分米级,从而导致 ECDIS 获得的数据从来源上就存在不稳定性和不准确性。

(2)定位设备天线位置

定位设备(如 GPS)提供的位置数据是其天线所在位置的地理坐标,而 ECDIS 显示的本船位置应以指挥位置为基准点。实际上,船舶的定位设备天线不可能恰好位于船舶的指挥位置,因此应将定位设备天线位置换算至指挥位置。如果输入的两者间的位置偏差不准确,或者更换定位设备后没有及时修正位置偏差,都会导致显示的船位与指挥位置不一致。尽管这个误差通常以米级为单位,但在一些受限水域仍应给予足够的重视。

(3)坐标系不一致

如果定位设备所依据的坐标系与海图数据的坐标系不一致,则会导致叠加显示在海图上的船位不可避免地存在偏差。

(4)数据延时

ECDIS 中,本船船位一般来自 GPS 传感器,其他目标的位置数据主要来自雷达、AIS。一般情况下,GPS 每秒应输出至少 1 个位置数据,对于高速船而言,应每 0.5 s 输出至少一个位置数据。雷达一般以 3 s 为一个扫描周期。同理,AIS 的信息更新也存在一定的周期性。ECDIS 本身也是每隔 1~3 s 刷新一次海图数据和其他航海信息。由此可见,上述设备给出的信息并不是即时数据,是具有一定的延时的。所以,ECDIS 并非实时显示海图数据、本船及其他目标的位置,存在一定的数据延时。

(5)连接故障

如果 ECDIS 与外部传感器间的连接出现故障,ECDIS 将无法及时从外部传感器获取数据,无法提供准确的信息。

(6)突发故障

突发的硬件故障可使 ECDIS 获得的数据出现严重的失真,使其给出的信息无法置信,甚至可能导致灾难性后果。

三、系统使用不当

如果航海人员对 ECDIS 的工作原理、数据产生机制缺乏必备的知识和经验,或者对某些特殊情况产生了误解,或者由于工作疏忽而没有进行必要的证实或分析,则会导致盲目地接受或错误地决定。

1. 忽视海图超比例尺显示

超大比例尺显示可能导致海图显示范围过小,影响航海人员对前方水域的查看和船舶航行态势的预测。

超小比例尺显示可能导致海图显示信息的变化,例如有些物标在较小比例尺时会自动隐藏,还可能导致信息冗余、界面混乱、清晰度降低。

2. 忽视显示控制

显示背景、显示方向、显示信息分类、显示比例尺等设置不当,可能导致识读错误或困难。过多的信息内容可能造成海图信息冗余、系统过载、运行速度减慢、显示界面混乱、重要的信息被覆盖或淹没,影响信息的查找和界面的清晰;如果选择的信息过少,则可能无法满足航海安全的需要。在显示分类中,每种显示都存在某些种类的海图物标没有被显示出来的可能。在基础显示模式下,还有很多可能造成航行危险的物标没有被显示出来(如固定和浮动的助航标志、禁航区和限制区域等)。这样,在根据海图显示界面上的内容进行航行局面评估时,就会存在潜在的问题。

3. 参数设置不当

只有参数设置合理准确,才能有效地发挥出 ECDIS 的相关功能。例如偏航报警,如果设置的报警限制值过小,就会经常发生报警(可能是不必要的);如果过大,就会在应该报警的时候无法给出。再如安全时间报警,如果设置的提前报警时间过短,虽产生了报警,但由于没有给后续的操船留有充裕的时间,进入浅水区的危险就有可能无法避免。

4. 缺乏分析地接受显示船位

过于依赖 ECDIS,不加分析地接受船位以及相关的状态显示,没有认真核实报警或指示是否是真实情况的反映,忽视了显示船位是观测船位而非真实船位的事实都是缺乏分析地接受显示船位的表现。

5. 忽视假显示

ECDIS 中,很多显示是以某种假设条件为基础的。例如在自动航迹跟踪控制模式中,无论本船距离计划航线的关系如何,都会将船位显示到航线上,但会有其他方式来显示本船与航线的关系(如偏航报警)。因此,如果忽视了报警,忽视了控制模式,轻信了这种假显示,极易导致错误的判断和决策。

6. 不清楚不同的矢量稳定模式

ECDIS 可以显示本船的航行矢量线,用以对本船的运行态势进行预测。ECDIS 也可以叠加显示带有航行矢量线的雷达跟踪目标和 AIS 目标,方便航海人员判定本船与其他目标的相对关系。无论是本船还是其他目标,航行矢量线的稳定模式体现出对外界风流条件的考虑差异。对水稳定模式下的航向和航速是以水为参考点的,仅考虑了风对船舶运动的影响。对地稳定模式下的航向和航速则是相对于海底的,既考虑了风对船舶运动的影响,也考虑了流的影响。由此可见,如果航海人员对不同稳定模式下的航向和航速缺乏认知或判断错误,就无法准确把握船舶的运动态势,甚至导致错误的决策。

7. 盲目信赖航线检验结果

航海人员不能盲目信赖 ECDIS 航线检验的结果,这主要是因为 ECDIS 没有给出报警并不意味着航线的绝对安全,例如:

(1)有些 ECDIS 可能无法对 ENC 显示的所有陆地发出警报,即使该陆地被浅水等深线环绕。虽然 ECDIS 一般能清楚识别陆地区域(如岛屿等),某些显示配置可能由于其他细节如等深线标记的干扰,很难识别较小的岛屿。当只有小比例尺的 ENC 可用时,这种可能性更大。

(2)有些 ECDIS 只能依据较大比例尺的 ENC 进行航线检验,因此当系统内部没有较大比例尺的 ENC 时,ECDIS 可能无法准确检验航线,从而不能给出相应的报警。

8. 操作错误

操作错误是由动作失误或选择错误造成的。例如,选择操作菜单时,由于鼠标操作不熟练或疏忽而选择了邻近的菜单行。操作错误应当在 ECDIS 使用中尽量避免。

通过对 ECDIS 的风险分析可以看出:尽管 ECDIS 功能强大,但仍具有一定的局限性,使用过程中仍存在一定的风险。因此,航海人员应将 ECDIS 作为一种导航方式,但绝不能过分依赖它。要坚持导航手段多样化,通过其他有效手段检验和校核 ECDIS 的显示信息,及时发现系统可能存在的问题和缺陷。例如,要经常利用一些独立于定位设备传感器的方式去检验 ECDIS 显示船位的准确性。

任务十一　正确使用电子海图显示与信息系统

航海人员应了解 ECDIS 的运行机制,全面掌握其性能,熟悉其功能、作用及其正确使用方法;还应准确理解 ECDIS 自身的弱点和可能产生的问题,在航行过程中充分利用正规的瞭望和独立于 ECDIS 的手段和方法检验其有效性、合理性和准确度,以充分利用其功能,避免风险的发生,真正实现促进航行安全的目的。

一、海图数据

应使用权威机构发行的电子航海图。如果使用了其他数据,要甄别其来源是否可靠和坐标系是否统一。商业公司制作和推广的电子海图,其海图数据多依赖于海道测量机构或授权,权威性和时效性较之于官方 ENC 逊色。区分电子海图数据是否为官方 ENC,在购买数字产品时,注意检查发行机构是否为官方或由官方授权;在显示电子海图时,按 ECDIS 性能标准规定,如果不是官方的 ENC,则在显示器上会出现特定的指示信息。

如果 ECDIS 处于 RCDS 操作模式,即采用 RNC,应明确其在航线检验、航行监控等功能应用方面的局限性,应与适当比例尺的纸质海图结合使用。如果采用其他非官方数据,航海人员应明确其局限性和可能存在的风险,应以全套的纸质海图作为主要导航方式。

官方 ENC 也需要定期更新,可以通过改正光盘或登录国际互联网实现自动更新,也可以根据航海通告等手动改正。

航海人员应特别注意临时性通告和预告的改正。因为有些 ENC 生产机构并不提供临时性通告和预告的改正服务,这就需要航海人员通过手动改正的方式及时添加、撤销。此外,航海人员也可参阅系统的更新记录或者航海通告等检查 ECDIS 的更新情况。

此外,选购海图时,航海人员应确保 ENC 的数据范围能够覆盖整条航线,原始比例尺大小、过渡适当,以满足预定航次的需求。有些 ENC 生产机构对任一水域仅生产单一航海用途的 ENC。当发行大比例尺的 ENC 后,他们将进行裁剪以使小比例尺的 ENC 环绕该大比例尺 ENC 单元,确保在所有比例尺的 ENC 均载入的情况下实现无缝覆盖。如果某海道测量机构采用该方式生产 ENC,航海人员需选购该区域所有可用的 ENC 以确保全面覆盖航行区域。

二、ECDIS 设置

熟悉 ECDIS 的不同显示方式及其特点。在不同水域、不同时间或使用不同的监控功能选用合适的显示方式。

注意报警参数的正确输入和报警功能的合理使用。

航海人员在对相关参数进行设置时，应综合考虑航行环境、水文环境、本船状态和性能、航海人员技术水平和心理素质、其他特殊要求等多方面的信息，设定合理的参数，以有效运用 ECDIS 的报警与指示功能。应尽量避免由于参数设置不合适而引起的不当报警，甚至误报警。

在使用过程中，航海人员应经常检验参数的设置是否合理，特别在相关条件发生变化时，应及时调整参数的设置。例如，新的航次开始后，船舶吃水发生变化，则安全等深线、安全水深的设置需要做出相应的修改；本船航速发生变化，则转向点提醒时间、穿越安全等深线的预警时间等参数也应做出调整。

偏航报警设置或防搁浅设置一般使用于港外航行。在进出港口时，航道的宽度有限，与定位精度、偏航报警阀值等不相称，所以要充分利用港口设置的各种导航标志。

三、正确解读相关信息与提示

ECDIS 提供的信息种类繁多，航海人员只有熟悉其产生原理、运行机制、表现形式等，才能获取正确的信息，并据其做出正确的判断和决策，例如：

（1）显示信息的明确性：清晰、无歧义地理解和判断相应显示信息的内容。例如，航行矢量线的稳定模式是对水还是对地。

（2）显示信息的对比参照性：要尽可能地利用系统功能，获得显示信息的对比判断信息。例如，根据辅助定位设备对主定位系统进行定位精度监测，以确保位置信息的可靠性。

（3）信息基准的一致性：为减少误差来源，确保各种类似信息是基于同一基准而言的，如 GPS 的坐标系与海图坐标系是否一致。

（4）信息的同步性：有些信息值（如本船船位）是随时间变化的，这就要求航海人员应明确所显示的信息在时间上的同步性，适当考虑 ECDIS 及各传感器自身工作周期的影响。

（5）报警与指示信息的解读：一般情况下，报警与指示给出的均是与航行安全或设备运行密切相关的信息，因此，航海人员应认真辨别报警与指示的真伪，及时采取行之有效的措施。

（6）未显示信息的解读：在 ECDIS 的运行过程中，有很多信息是没有显示出来的，而这些信息可能又是对航行安全有一定影响的，所以航海人员不应忽视这些未显示的信息。例如，在基础显示模式下，很多海图信息被屏蔽（不显示），仅依据看到的海图物标，不能完全保证航行安全的识别。

四、系统运行

1. 软件方面

系统的稳定运行离不开软件，软件出现故障可能降低系统性能，甚至导致系统崩溃。软件的运算能力、查询能力等都直接影响到系统的运行效率。例如，能否根据相关参数准确运算并判断是否存在航行危险，能否快速给出相关物标的信息或者显示查询的区域。

航海人员应及时对软件进行升级更新。一方面，相关国际组织、机构在不断地修订 ECDIS 相关标准，修订现有要求或者增加新的要求。IHO S-52 和 IEC 61174 均要求 ECDIS

能够提供显示显示库的版本号,可便于航海人员核实是否符合最新版的 IHO 有关标准。另一方面,各 ECDIS 产品在使用过程中可能发现存在一些缺陷或不足,这就要求 ECDIS 生产商需要不断对系统软件进行维护。因此航海人员需要对船上的 ECDIS 及时更新升级,以完善其功能,符合最新标准要求。

要坚持专机专用,不能将设备挪作他用,否则容易影响设备的性能或感染计算机病毒。删除数据或文件都可能会影响 ECDIS 的运行,航海人员不得随意删除与航行安全有关的数据。

2. 硬件方面

ECDIS 工作时间长,从开航前拟定航行计划开机到抵达目的港关机,往往要持续几天甚至几十天的时间。船舶可能跨越的空间大,从低温地区到高温地区,从干燥地区到潮湿地区,设备硬件要经受各种不同环境的考验。因此,航海人员应制订完善的保养计划,做好硬件的维护,确保其处于良好的工作状态。

驾驶台要保持合适的温度,要注意防尘、防潮。配备双套 ECDIS 的船舶,要定期转换使用,让每台设备都得到休整。长时间不使用时,要定期通电除潮。

船方应根据生产商建议在船备有关键性备件,以便在 ECDIS 发生故障时用于更换,特别是当船舶航行在偏远水域时。

ECDIS 需要备用配置,以在紧急情况下取代主系统执行各种功能,直到安全抵达下一港口。如果 ECDIS 发生故障,备用配置应能及时接替其执行航行监控任务,确保完成航次剩余部分的安全航行。

五、传感器配置

注意 ECDIS 与船舶其他传感器之间的匹配。安装同一制造商的产品,有利于各系统之间的兼容;互不兼容的设备之间要通过信号转换装置来连接。要正确地进行系统设置,如 DGPS 选用的坐标系应该与电子海图的坐标系一致。要熟悉和掌握 ECDIS 中各种传感器的原理、特性和功能,使各种传感器工作在最佳状态。要充分认识到各种传感器的局限性,特别是影响数据准确性的因素,最好将定位数据、导航参数等进行比较分析,选择精度高和可靠性好的船位。

并非 ECDIS 中接入的传感器数据越多,安全保障就越高。实际应用中,航海人员要根据实际情况选择适当的数据来识别航行态势。例如,是否同时使用雷达图像、雷达跟踪目标、AIS 目标进行相互关系的运算,是否接入测深数据进行搁浅预警计算等。

六、性能测试

为确保 ECDIS 能够正常运行,要定期执行设备的性能检测,保证各项指标的正常。

1. 外部设备检测

应定期对外部设备进行性能检测,及时掌握设备的运行状况以及可能存在的误差,保证传递的数据达到要求。

2. ECDIS 自检

为确保 ECDIS 功能的正常运行,要定期自动或手动对 ECDIS 进行主要功能的在船测试,包括传感器输入数据的完整性测试、航行监控功能的实现等。ECDIS 自检应依据使用手册的操作指导进行。

3. IHO 测试数据集检验

为帮助航海人员判定所用 ECDIS 能否正确显示相关物标的符号，能否显示 IMO 最新采用的物标，IHO 开发了一套测试数据集 S-64，并给出了详细的操作说明。

按照说明进行相应设置后，如果 ECDIS 不能正确显示数据集内包含的物标，航海人员应与 ECDIS 生产商联系以确定原因并及时解决。

七、电力供应

ECDIS 的电源，通常会有直流 24 V 和交流 220 V 两种接口（插头），一般会与船舶电源插口相匹配，不致连接错误。

（1）常规电源：要根据船舶电源的稳定情况，选择适当的接口进行连接。

（2）应急电源：应该在其他导航设备，特别是定位设备已经具备应急电源的前提下，在 ECDIS 上使用应急电源；否则，如果仅仅是给 ECDIS 准备了应急措施，也将因为没有航行监控的来源数据而无法充分发挥其功能 IMO ECDIS 性能标准要求，从一电源转换到另一电源或不超过 45 s 的断电时不需要手动重新启动设备。

八、备用配置

ECDIS 作为船舶助航设备，不可避免地存在局限性和风险。在航行过程中，可能因 ECDIS 出现故障导致其不能正常实现相应的功能要求，为保证船舶安全驶完剩余航程，性能标准要求船舶应配备适当的、独立于 ECDIS 的备用配置。

1. 备用配置的性能要求

在 ECDIS 出现故障时，备用配置能够安全接替其执行航行监控任务，避免导致紧急局面的出现，保证以辅助手段完成航次剩余部分的安全航行。

如果备用配置采用电子设备，应能标绘船位，量取航向、距离和方位，显示计划航线、带有时间标记的轨迹；应采用符合国际标准的改正至最新的海图数据，并可显示至少等同于标准显示的信息；海图显示的有效尺寸应不小于 250 mm ×250 mm 或直径 250 mm；电源应与 ECDIS 分开，并符合 ECDIS 性能标准的要求；应与提供连续定位能力的系统连接；不降低任何提供传感输入的设备的性能。

由此可见，ECDIS 备用配置的性能在有些方面可以低于 ECDIS（如显示信息等同于 ECDIS 的标准显示即可），但能够进行基本的海图显示、航线设计、航行监控、航行记录、本船状态显示和所有的航行报警，以确保在 ECDIS 发生故障时能够利用备用配置继续保持安全航行。

2. 备用配置的形式

ECDIS 性能标准尽管对备用配置的性能做了较为具体的要求，但并没有明确指出认可的备用配置的形式。怎样才能具备 ECDIS 的“足够有效”的备用配置，这最终要由各国海事主管机关来决定。每个国家定义的 ECDIS 备用配置都有各自的“携带要求”，但 ECDIS 备用配置会因船旗国或港口国制定的规则的不同而不尽相同。港口国也会提供相应的服务（如提供 ENC 数据和更新），使 ECDIS 在自己国家的水域里正常使用。

从性能标准的描述中可以看出，备用配置可以是电子设备，也可以是非电子设备，原则上可采用下列两种普遍接受形式：

(1)一部使用独立电源、与具备连续定位能力传感器连接的 ECDIS

在实际应用中，很多船舶都购置两套相同的 ECDIS 互为备用配置。其优点是，两者完全相同，不必进行特殊的操作掌握。此外两套 ECDIS 可共享航线信息、海图数据等，一旦一套设备故障，另一套设备可及时接管航行监控任务。

(2)满足整个航次所需的数据改正到最新的最新版纸质海图

安装和使用 ECDIS 的主要原因之一是为了满足 SOLAS 公约关于海图配备的要求，以促进航行安全和减轻航海人员工作负担，取代传统的纸质海图。显然，依靠最新的纸质海图来作为 ECDIS 的备用配置并非最佳方案。

此外，性能标准提出，符合 IMO MSC. 192(79)航海雷达设备性能标准、具有 ENC 海图信息覆盖范围选定部分的雷达，可以作为备用配置的一部分。

3. 备用配置的使用

不论备用配置采用何种形式，关键应能在 ECDIS 发生故障时及时接管航行监控任务，保证船舶安全完成剩余航程。为此，在使用备用配置时应做到：

(1)使用官方的海图数据，并保证海图数据改正至最新。

(2)在航次开始前，应该将航线资料等航行监控所需信息数据同步到备用配置上。

(3)当主设备发生故障时，应及时切换(连接)到备用配置上，并启动运行。此时，备用配置就能够根据本船的当前状态和航行监控参数(如监控航线)，继续进行航行监控。特别是在能见度不良、恶劣天气、狭水道航行、船舶通航密度大的水域航行等特殊情况时，应提前开启备用配置。如果采用纸质海图作为备用配置，海图的更新和航线、船位的标绘等传统的海图作业仍应保持。

参 考 文 献

[1] 郭禹. 航海学[M]. 大连:大连海事大学出版社,2014.

[2] 章文俊. 航海学(二/三副)[M]. 大连:大连海事大学出版社,2013.

[3] 吴兆麟. 海上交通工程[M]. 2 版. 大连:大连海事大学出版社,2004.

[4] 赵仁余. 航海学[M]. 北京:人民交通出版社,2009.

[5] 刘德新,王志明. 航海学(航海地文、天文和仪器)[M]. 北京:人民交通出版社,2012.

[6] UKHO. Symbols and Abbreviations Used on Admiralty Paper Charts(Chart 5011)[R]. 5th ed. London: The United Kingdom Hydrographic Office, Taunton, 2011.

[7] IMO. International Convention for the Safety of Life at Sea[R]. London:IMO, 2011.

[8] International Maritime Organization. The Manila Amendments to the Seafarers' Training, Certification and Watchkeeping (STCW) Code[R]. STCW/CONF. 2/34, 2010.

[9] International Hydrographic Organization. IHO S-57 Transfer Standard for Digital Hydrographic Data[R]. Ed. 3. 1. Monaco: The International Hydrographic Bureau, 2000.